# ARS LATINA

古典
ラテン語
文典

中山恒夫 著

白水社

装丁　伊勢功治

# はじめに

　初学者のための入門練習帖と既習者が再確認するのに便利なマニュアルとを合わせて一本にしたような文法書があれば，さまざまな利用者のあらゆる要求にただ1冊で即応することができるだろう．本書は，そのような欲の深い考えに基づいて，次のような方針で記述した．
　1．入門者のために，易しい短文を多数掲載する．文法は抽象的な規則の説明によって覚えられるものではない．平易な例文を多数読むことによって，「自然に」文法を理解するようになることが理想的である．せめて西洋の高校の短期コースの教科書に匹敵するくらいの量の例文を初級段階で読むことが望ましい．
　2．古典文献は高度な修辞と文体の工夫によってきわめて晦渋に書かれているから，そのまま引用すれば，初習者を挫折させることになりかねない．そこでまず，西欧のラテン語教師たちが長い間に蓄積してきた膨大な量の平明な例文を利用させていただくことにする．理解を深めるために，同一の例文を別の箇所で繰り返し使用することも辞さない．
　3．その上で，中級の段階で古典文献から選んだ短文を織り交ぜるようにすれば，初習者もついて行けるだろうし，既習者の不満も和らげられると思われる．
　4．同一項目を同一箇所に集めて体系的に記述すれば，既習者には便利であるけれども，初学者には荷が重い．そこで，初めのうちは文法概念に慣れることに主眼を置いて，同じ項目を一箇所に集めずに，細切れにして少しずつ説明していく．動詞は，一部の規則動詞の一部の時称，一部の法，一部の態に限定して，慣れてから他の規則動詞や不規則動詞に範囲を広げる．名詞は，第5章までは分散的に，それ以後はできるだけ集中的に記述する．
　5．I 初級篇は形態論を中心に，初学者の負担の軽減のための漸進的記述から徐々に体系的記述へと移行する．統語論は例文の理解に必要なものに限定する．II 中級篇では統語論を全面的かつ体系的に扱い，古典文献から取った例文を織り交ぜる．しかしそれにも限界があるので，その埋め合わせとして文法終了後に原典の抜粋を掲載して，III 上級篇講読とする．

6. 標準的な語形以外にも古い時代の語形が，古い文献（碑文を含む）やその引用に現れるのみならず，古典期の作家のオリジナルな文章にも用いられている．その特徴はほとんど語末に集中しているので，「語形変化表」に先行する「語末一覧表」に語末の部分を掲載することによって，詳細な解説を省略する．ただし古典期にも活力を失っていないもの，とくに詩人が格調を重んじてわざわざ用いている重要なものについては，別途説明する．古代末期に現れる語形もとくに区別せずに「語末一覧表」に加える．

  以上のような方針に従って，あれもこれもと貪欲に取り入れたけれども，読者の要求に応えられるものになったかどうか，ご批判を仰ぎたい．

  なお，この計画を支持してくださった白水社のかたがた，とくに発案の時点からさまざまな支援をしていただいた編集部の中越昌一氏に心からの感謝を表明したい．

2007 年春  
著　者

# 目　次

はじめに .................................................................................. 3
凡例 ........................................................................................ 13

序　章 .................................................................................... 14
　A. ラテン語とは　B. ラテン文法の特性　1. 語形変化　2. 格変化　3. 人称変化　4. 文の特徴　5. 語順　C. 文字と音韻　1. 文字　2. 母音　3. 子音　4. 長母音または長音符号の特例　5. ギリシア語系の固有名詞のカナ書き　D. 音節とアクセント　1. 音節　2. アクセント　3. 前接辞のアクセント

## I　初級篇――形態論を中心に

第1章 ..................................................................................... 29
　1. 例文　2. 規則動詞第1活用と第2活用の直説法現在3人称　3. sum の現在と未完了過去3人称　4. 第1変化名詞　5. 第1変化名詞の例外　6. 格の基本的用法　7. 前置詞 in
　余録1.「中」と「上」: 前置詞 in

第2章 ..................................................................................... 36
　1. 第2変化名詞 -us　2. deus の格変化　3. 未完了過去3人称　4. 前置詞 ad と ā (ab)　5. 接続詞 et　6. 疑問代名詞 quis, quid　7. 疑問副詞 ubi と quō　8. 不定法

第3章 ..................................................................................... 42
　1. 第2変化名詞 -um　2. 所有者の与格　3. 前接辞 -que　4. 動詞の現在幹　5. 規則動詞［1］［2］の直説法現在　6. 不規則動詞 sum の現在と未完了過去　7. 全文疑問文

第4章 ..................................................................................... 48
　1. 第1第2変化形容詞 -us, -a, -um　2. 形容詞の用法　3. 形容詞の名詞化　4. 人称代名詞と再帰代名詞　5.［1］［2］の未完了過去　6. 広がりの対格　7. 歴史的現在
　余録2. 西洋古典と西洋古典学

第5章 ..................................................................................... 54

1. 第1変化男性名詞 -a  2. 第2変化女性名詞 -us  3. 第2変化中性名詞 -us  4. -er (-ir) に終る第2変化男性名詞  5. -er に終る第1第2変化形容詞  6. 所有形容詞  7. ローマ人の名前

## 第6章 ......................................................... 61
1. 現在と未完了過去の受動態  2. 行為者  3. 中動的受動態  4. 非人称受動  5. 命令法 (1)第1命令法 (2)第2命令法 (3)命令法受動態  6. 規則動詞[1][2]と sum の未来

## 第7章 ......................................................... 68
1. 関係代名詞 quī, quae, quod  2. 関係文  3. 第4変化名詞  4. 第5変化名詞  5. 二重対格  6. 時の奪格  7. 原因の奪格

余録3. ラテン文学の受難

## 第8章 ......................................................... 74
1. 完了系3時称能動態 (1)完了幹 (2)完了 (3)過去完了 (4)未来完了 (5)子音 v の消失  2. 完了の用法 (1)歴史的完了 (2)現在完了 (3)格言的完了  3. 過去完了の用法  4. 未来完了の用法 (1)未来完了 (2)第2未来

## 第9章 ......................................................... 80
1. 第3変化名詞  2. 子音幹名詞  3. 子音幹名詞の格変化  4. 子音幹名詞語幹別分類

## 第10章 ......................................................... 86
1. 完了受動分詞  2. 完了系3時称受動態  3. 完了受動態  4. 完了受動不定法  5. 過去完了受動態  6. 未来完了受動態  7. 不定法句  8. 接続法の活用  9. 接続法現在  10. 接続法未完了過去  11. 接続法完了  12. 接続法過去完了

## 第11章 ......................................................... 92
1. 主文の接続法  2. 要求の接続法 (1)勧奨 (2)禁止 (3)命令  3. 願望の接続法 (1)実現の見込まれる願望 (2)実現の見込みのない願望(非現実願望) (3)譲歩  4. 非現実の接続法と非現実条件文 (1)非現実 (2)非現実条件文  5. 可能性の接続法と可能的条件文 (1)可能性 (2)可能的条件文 (3)懐疑

## 第12章 ......................................................... 98
1. 中性 i 幹名詞  2. 男性・女性 i 幹名詞  3. 複子音幹名詞  4. 第3変化名詞の変化形の混乱  5. 第3変化の ū 幹

余録4．ラテン文学とヘレニズム

## 第13章 ............................................................................................. 105
1. 第3変化形容詞の格変化　2. 第3変化形容詞の例文　3. 第3変化形容詞の変化形の混乱　4. 現在分詞　5. 分詞の述語的連結（連結分詞）　6. 副文の接続法と時称対応（1）副文の接続法（2）時称対応

余録5．ラテン文学と古典主義

## 第14章 ............................................................................................. 112
1. 間接疑問文　2. 目的文（1）名詞的目的文（2）副詞的目的文　3. 結果文　4. 理由の cum と物語の cum　5. sum の複合動詞 possum と prōsum　6. 第3活用動詞の未完了系3時称

余録6．ローマの神々

## 第15章 ............................................................................................. 119
1. 完了幹の種類　2. 母音交替　3. 第3活用動詞の完了系3時称能動態　4. 完了受動分詞と動詞の3基本形　5. 第3活用動詞の完了系3時称受動態　6. 目的分詞　7. 関係文中の接続法

## 第16章 ............................................................................................. 126
1. 規則的比較形　2. 原級を欠く比較形　3. 不規則的比較形　4. 比較級と最上級の用法

余録7．天皇と皇帝

## 第17章 ............................................................................................. 133
1. 形容詞などからの副詞　2. 副詞の比較形　3. 指示代名詞 is, ea, id　4. 指示代名詞 hic と iste と ille

## 第18章 ............................................................................................. 140
1. 指示代名詞 ipse　2. 指示代名詞 īdem　3. 代名詞型形容詞　4. 同格名詞　5. 第4活用動詞未完了系　6. 第4活用動詞の完了幹と目的分詞幹　7. 恐怖文

余録8．ジェンダーと古典語

## 第19章 ............................................................................................. 147
1. 第3変則活用動詞未完了系　2. 第3変則活用動詞の完了幹と目的分詞幹　3. 動名詞　4. 動形容詞

余録9．働くことは悪いことか

## 第20章 ............................................................................................. 155

— 7 —

1. 動名詞に代る動形容詞　2. 形式受動態動詞
第**21**章 ................................................................. 161
　　1. 半形式受動態動詞　2. 非人称動詞　3. 不定代名詞　4. 否定代名詞 nēmō と nihil　5. 二重否定
第**22**章 ................................................................. 167
　　1. 未来分詞と未来不定法　2. 未来分詞の用法　3. 分詞の用法　4. 完了受動分詞の述語(述語形容詞)　5. 分詞の付加語的用法　6. 分詞の名詞的用法と名詞化　7. 不規則動詞 eō　8. 未来受動不定法
第**23**章 ................................................................. 173
　　1. 不規則動詞 ferō　2. 不規則動詞 fīō　3. 不規則動詞 volō, nōlō, mālō　4. 不規則動詞 dō　5. 不規則動詞 edō　6. 幹母音動詞と語根動詞　7. 不完全動詞
第**24**章 ................................................................. 182
　　1. 基数詞　2. 配分数詞　3. 数副詞　4. 順序数詞
　　余録 10. ラテン語系の英語の動詞

## II　中級篇―統語論を中心に

第**25**章 ................................................................. 191
　　1. 主語的属格と目的語的属格　2. 形容詞の目的語　3. 関連の属格　4. 形容詞化した他動詞の現在分詞に伴う目的語的属格　5. 動詞の目的語になる属格　6. 所有の属格　7. 説明の属格　8. 部分の属格　9. 材料の属格　10. 裁判関係の属格と奪格　11. 性質の属格　12. 価値の属格　13. 分離の属格　14. 感嘆の属格
第**26**章 ................................................................. 199
　　1. 動詞の目的語の与格　2. 所有者の与格　3. 共感の与格　4. 利害の与格　5. 心性的与格　6. 判断者の与格　7. 行為者の与格　8. 目的の与格　9. 動形容詞による目的の与格　10. 方向の与格
第**27**章 ................................................................. 206
　　1. 直接目的語の対格　2. 内部目的語　(1)同族対格　(2)内容対格　3. 副詞的対格　4. 関連の対格　5. 受動態に伴う対格　6. 二重対格　7. 感嘆の対格　8. 目的地の対格　9. 広がりの対格

第28章 ............................................................ 214
  **本来の奪格** 1. 分離の奪格 2. 系統の奪格 3. 材料の奪格 4. 比較の奪格　**共格に由来する奪格** 5. 随伴の奪格 6. 仕方の奪格 7. 性質の奪格　**具格に由来する奪格** 8. 手段の奪格 9. 原因の奪格 10. 判断の基準の奪格 11. 差異の奪格 12. 関連の奪格 13. 価格の奪格　**地格に由来する奪格** 14. 時の奪格 15. 場所の奪格　**地格と場所の表現**

第29章 ............................................................ 226
  1. 前置詞 (1) 主な対格支配前置詞 (2) 主な奪格支配前置詞 (3) 奪格・対格支配の前置詞　2. 複合動詞と音韻変化 (1) 子音の変化 (a) 子音同化 (b) 語中子音脱落 (c) 語頭子音脱落 (d) 語末子音脱落 (e) 子音異化 (f) ロータシズム (g) 子音延長 (h) 子音挿入 (2) 母音の変化 (a) 母音融合 (b) 母音延長 (c) 母音短化 (d) 母音弱化 (e) 母音同化 (f) 語頭母音消失 (g) 語中母音消失 (h) 語末母音消失 (i) 母音挿入　3. 母音交替
  余録11. 孤立的異化

第30章 ............................................................ 237
  1. 名詞・形容詞の述語的連結　2. 部位を表す形容詞　3. 分詞の述語的連結(連結分詞)　4. 絶対的奪格　5. 絶対的奪格の特例

第31章 ............................................................ 243
  1. 不定法の種類　2. 不定法の性質　3. 人称的動詞の目的語　4. 非人称的述語の主語　5. いわゆる「主格＋不定法」　6. 歴史的不定法

第32章 ............................................................ 248
  1. 意志伝達動詞の目的語　2. 意欲動詞の目的語　3. 発言動詞,知覚・思考動詞の目的語　4. 感情動詞の目的語　5.「対格＋分詞」　6. 不定法句の中の再帰代名詞　7. 非人称述語の主語　8. 感嘆の不定法句
  余録12. 純正ラテン語散文の創造

第33章 ............................................................ 256
  1. 主文(独立文)　2. 平叙文(主張文)　3. 疑問文　4. 要求文　5. 並列関係　6. 接続詞のない並列　7. 対等接続詞による並列 (1) 結合の接続詞 (2) 相反的接続詞 (3) 選言的接続詞 (4) 理由の接

続詞 (5)結論の接続詞

**第34章** .................................................. 265
1. 複合文(文の従属)  2. 副文の分類  3. 接続法の副文(概観)  4. 時称対応  5.「以後」の時称対応  6. 不定形の時称対応  7. 従属における元の直説法の副文  8. 従属における元の未来の副文  9. 法(および時称)の牽引
余録 13. 歴史書の散文

**第35章** .................................................. 272
1. 間接引用の接続法  2. 直接再帰と間接再帰  3. 接続法の副文の絶対時称  4. 直説法の副文の絶対時称  5. 直説法の副文の相対時称  6. 主文の従属化  7. 人称と法の変更

**第36章** .................................................. 278
1. 間接疑問文  2. 間接疑問詞 an  3. 間接疑問詞 quīn  4. 間接疑問詞 sī  5.「nesciō+語句疑問詞」
余録 14. 叙事詩のラテン語 (1)ウェルギリウス以前

**第37章** .................................................. 283
1. 目的文の概要  2. 配慮・要求動詞とともに  3. 説明の ut  4. 発言動詞とともに  5. 恐怖動詞とともに  6. caveō, interdīcō とともに  7. 妨害動詞とともに  8. 目的文の接続詞 quīn  9. 副詞的目的文  10. 目的の表現のいろいろ

**第38章** .................................................. 290
1. 結果文の概要  2. 非人称動詞の主語として  3. 他動詞の目的語として  4. 説明の ut  5. 未来不定法の書き換え  6. 副詞的結果文(傾向文)  7. 結果文の接続詞 quīn  8.「比較級+quam ut」

**第39章** .................................................. 295
1. 時の文の概要  2. cum+直説法 (1)時の cum (2)条件的 cum (3)反復の cum (4)説明の cum (5)倒逆の cum  3. cum+接続法 (1)物語の cum (2)随伴の cum (3)理由の cum (4)譲歩・対照の cum  4. dum (dōnec, quoad, quamdiū)  5. priusquam, antequam  6. postquam (posteāquam)  7. ubi, ut, simul

**第40章** .................................................. 303
1. 理由文の概要  2. 関係代名詞 quod からの意味の発展  3. 説

明の quod　4. 感情動詞+quod　5. 理由の quod　6. quod+接続法（1）部分的間接話法の quod　（2）間接引用接続法の転嫁（3）結果文に由来する quod　（4）理由の却下　7. 理由の cum+接続法

## 第41章 ..................................................... 309
1. 条件文の概要　2. 事実の(論理的)条件文　3. 可能的(想定的)条件文　4. 過去の可能的条件文　5. 非現実条件文　6. 非現実表現のいろいろ　7. 条件文のいろいろ　8. 接続詞 sī の特殊用法　9. modo, dum, dummodo+接続法

## 第42章 ..................................................... 316
1. 譲歩文の概要　2. quamquam+直説法　3. 譲歩の cum+接続法　4. 対照の cum+接続法　5. 譲歩の ut, nē+接続法　6. quamvīs+接続法　7. licet+接続法　8. sī, etsī, tametsī, etiamsī

## 第43章 ..................................................... 320
1. 比較文の概要　2. 比較の ut　3. 相関詞による同等比較文　4. 比例的比較文　5. 比較の quam　6. 比較の ac, atque　7. 比較文の特殊用法　8. 接続法の比較文

余録15．叙事詩のラテン語（2）ウェルギリウス

## 第44章 ..................................................... 327
1. 関係文の概要　2. 普遍化関係詞　3. 先行詞　4. 述語名詞　5. 関係文中での先行詞の反復　6. 関係文中への先行詞の取り込み　7. 関係文中の不定法句　8. 関係文と第2の副文または絶対的奪格との組み合わせ　9. 関係文の独立

## 第45章 ..................................................... 335
1. 目的の関係文　2. 結果(傾向)の関係文　3. 理由の関係文　4. 譲歩・対照・限定の関係文　5. 条件の関係文　6. 間接引用の接続法　7. 可能性と非現実の接続法　8. 限定句の接続法　9. 牽引による接続法

## 第46章 ..................................................... 340
1. 間接話法の概要　2. 間接話法の例文　3. 修辞的疑問文と独立関係文の間接話法　4. 条件文の間接話法　5. 迫真表現

余録16．叙事詩のラテン語（3）Golden Line

## III　上級篇―講読

1. カエサル『ガッリア戦記』第Ⅰ巻より ..................................... 351
2. コルネーリウス・ネポース『伝記』23「ハンニバル」より
   .................................................................................................. 352
3. ゲッリウス『アッティカの夜な夜な』第5巻より ................... 354
4. リーウィウス『首都建設以来』第5巻より ............................. 356
5. 『神君アウグストゥスの業績(アンキューラ記念碑)』より ...... 358
6. セネカの風刺文『神君クラウディウスの神になる記』(俗称
   『瓢箪になる記』)より ................................................................ 360
7. オウィディウス『変身物語』第6巻より ................................. 362
8. ティブッルス『詩集』第1巻第1歌より ................................. 365
9. ウェルギリウス『牧歌』第5歌より ......................................... 369
10. ホラーティウス『カルミナ』第1巻第17歌 ........................... 372
11. キケロー『詩人アルキアース弁護演説』より ......................... 375
12. キケロー『ラエリウス 友情について』より ........................... 377
13. タキトゥス『アグリコラ伝』の序文 ......................................... 379

## IV　付　録

I. 変則的な名詞 ................................................................................ 383
II. ギリシア語系の名詞 .................................................................... 387
III. 韻律の概要 .................................................................................... 391
IV. 暦 .................................................................................................... 407
V. 度量衡と通貨 ................................................................................ 411
VI. 語形変化表 .................................................................................... 414

　　参考文献 ........................................................................................ 459
　　引用文出典 .................................................................................... 462
　　文法用語索引 ................................................................................ 466
　　単語集 ............................................................................................ 478

## 凡　例

1. ラテン語の文法用語は必ずしも充実していなかった．必要なものは英語などで補う．
2. 本文中では文法用語のアルファベット略号の使用を，*m*（男性），*f*（女性），*n*（中性），*sg*（単数），*pl*（複数）など，ごく少数に限定する．
3. 記号:　【　】注
　　　　　→　「見よ，参照せよ」; 時には「〜に変える」「〜へ進む」などの意味でも．
　　　　　<　変化の由来（from）
　　　　　>　変化の方向（to）
　　　　　*　想定形

# 序　章　ラテン語とは　ラテン文法の特性
# 　　　　文字と発音　音節とアクセント

### A.　ラテン語とは

　イタリア中部の州ラツィオ (Lazio) は，古代の呼び方ではラティウム (Latium) と言う．時代によってラティウムの範囲は異なるけれども，おおよそのところはローマから南東方向に広がる平野地帯で，ここに住んでいたラティウム人が使っていた言葉がラティウム語，つまりラテン語 lingua Latīna である．その祖先(祖語)は，比較言語学の方法によって紀元前数千年までさかのぼることのできるインド・ヨーロッパ語(印欧語祖語)で，これが度重なる民族移動の末に枝分かれして生まれた多数の言語の1つがラテン語である．だからラテン語は，サンスクリット，ギリシア語，英語，ドイツ語，アイルランド語，ロシア語等々と親族関係にあり，共通の言語構造をもっている．

　ラテン語にも多くの方言があったけれども，ローマという小さな都市国家が急速に勢力を拡大して，ラティウムのみならず，イタリア全土を支配し，やがて帝国を築く間に，他の方言は消滅して，ローマの方言だけが生き残った．けれどもローマ人はこれをローマ語とは言わず，ラテン語と呼び続けた．少数の金石文を別にすれば，最古の文献は紀元前3世紀のもので，この点ではサンスクリットやギリシア語ほど古くはない．けれどもこのときすでにラテン語はのちの古典期のラテン語とほとんど変らない言語になっており，それがまたたく間に帝国の西半分に広まったために，ラテン語には方言差はもちろんのこと，時代差もあまり見られない．

　これは，私たちが通常目にする文献に使われているラテン語が，日常会話の話し言葉(口語)ではなく，詩人や散文家によって練り上げられた書き言葉(文語)であるからである．後者は古典ラテン語 (Classical Latin)，日常語のほうは俗ラテン語 (Vulgar Latin) と呼ばれることがある．日常語は時代と共に変化し，また中央の力が弱くなるにつれて，各地域で独立した発展を見せ，やがてイタリア語，フランス語，イスパニア語，ルーマニア語などのロマンス諸語になった．俗ラテン語というのは，実を言うと，ロマンス諸語から比較言語学の手法

によって再構築したものであって、古代の文献にはあまり出て来ない。

これに対して、古典ラテン語のほうは、有名作家の使った権威ある言葉として、後続の詩人や文人たちによって守られ、さらにいっそう磨きをかけられていく。こうなると、日常語との隔たりは次第に大きくなり、学習が大変な、難解な言語となって、個人の能力の限界を超えてしまう。だから厳密に言うと古典語もまた変っていく。古代末期のラテン語 (Later Latin) は古典期のラテン語とはずいぶん異なる。それでも文筆家は意識的に古典語の伝統を守ろうとしているから、少なくとも文法が著しく変ったとは言えない。

西ローマ帝国が滅亡して、中世に入ると、聖職者たちの努力にもかかわらず、ラテン語は大混乱を起こす。これは中世ラテン語 (Medieval Latin) と呼ばれるが、時代と地域と書く人とによってばらばらで、もはや古典語の知識だけでは理解されない言葉になった。それでも知識人は古典語を守ろうと努力し、その甲斐があって、近世のラテン語 (Modern Latin) はふたたび古典語に近づいて今日に至っている。だから20世紀に書かれたラテン語の文章も、語彙を別にすれば、古典語の知識で読むことができる。

古典期というのは、紀元前1世紀(より厳密には前80年から後14年まで)のことであり、キケロー (Cicerō) とカエサル (Caesar) の散文、ウェルギリウス (Vergilius)、ホラーティウス (Horātius)、オウィディウス (Ovidius) の詩、サッルスティウス (Sallustius) とリーウィウス (Līvius) の歴史書などのラテン語を模範的古典語と考える。呼び方は学者によって異なるが、古典期以前のラテン語はアルカイック期(前3世紀半ばまで)と初期(前3世紀後半から前2世紀)に分けられ、古典期以後は後期(2世紀半ばまで)と末期(5世紀まで)に分けられる。初期にはプラウトゥス (Plautus) とテレンティウス (Terentius) の喜劇、エンニウス (Ennius) の詩、後期にはセネカ (Seneca) の悲劇と散文、タキトゥス (Tacitus) の史書、クィーンティリアーヌス (Quīntiliānus) の弁論術教程などがあり、文法書はこれらの作家の文章も例文に使う。末期は主としてキリスト教作家の時代である。アルカイック期と初期のラテン語は合わせて古ラテン語と呼ばれるので、本書でも古典期の標準形とは異なるこの時期の語形を古形と呼ぶことにする。

本書が扱う語形は，原則として古典期のものに限る．その他の語形（古形，碑文や詩や末期の文献に特有な語形）は，少数の重要なものを除いて，「語末」のみを示す（下記 B 2 f および第 1 章 4 c～d, p 31 参照）．

　ラテン語は長い間，西ヨーロッパでただ 1 つの高級な書き言葉として，学問の記述に使われたために，近代諸言語に無数の語彙を提供してきた．子孫にあたるフランス語やイタリア語はいわずもがな，英語でさえも語彙の 9 割以上がギリシア語系およびラテン語系であることは，語の由来を調べればすぐに分かる．多くは近世になって合成された語であるから，古代の文献には載っていないけれども，根本的な意味を知るためには，古典ラテン語の知識が必要である．

## B.　ラテン文法の特性
### 1.　語形変化
　単語が文中の役割に従って形を変える「語形変化（屈折）」īnflectiō には，名詞類 nōmen の「格変化」（または単に「変化」あるいは「曲用」）dēclīnātiō と，動詞 verbum の「人称変化」（「活用」）coniugātiō の区別がある．

　「名詞類」nōmen (*pl* nōmina) とは，名詞 nōmen (substantīvum) と形容詞 adiectīvum の総称であるが，代名詞 prōnōmen も名詞類に準じた変化をする．

　その他の品詞（副詞 adverbium，前置詞 praepositiō，接続詞 coniūnctiō，感嘆詞 interiectiō）は語形変化しない．

### 2.　格変化
　格変化とは，「性」genus と「数」numerus と「格」cāsus に従って語形を変えることである．

　(a) 性．名詞はすべて，「男性」masculīnum，「女性」fēminīnum，「中性」neutrum のいずれかの性をもつ．自然の性に一致することもあるが，多くは文法上の性である．

　(b) 数．「単数」singulāris と「複数」plūrālis.

　(c) 格．おおざっぱに「バラが」「バラよ」「バラの」「バラに」「バラを」「バラで」というような日本語に対応するもので，この順に，

「主格」nōminātīvus,「呼格」vocātīvus,「属格」genetīvus,「与格」datīvus,「対格」accūsātīvus,「奪格」ablātīvus と呼び，変化表にこの順序で記載する．このほか，一部の名詞に「地格」locātīvus があり，また奪格には同形の「共格」sociātīvus と「具格」īnstrūmentālis が含まれている．

(d) 格の掲載の順序．本書の格の掲載順は，古来の伝統に従ったもので，2つの点で実用的な意味をもっている．

第1に，ラテン語の学習者には古典ギリシア語を別に学ぶことを強く薦めたいが，ギリシア語の文法書もたいていこの伝統的な順序に従っているから，ラテン語の格の並べ方もこれに合わせて混乱を防ぎたい．

第2に，名詞は単数主格を見出し語にするけれども，語幹を明示するために，単数属格の形を省略形で併記することになっている．呼格はほとんどが主格と同形であるから，この順序にしておけば，変化表で主格と属格が並ぶことになる．

(e) 代名詞と形容詞は本来的に性・数・格をもっているのではなく，対応する名詞に一致した性・数・格の形になるということである．この一致は，付加語(修飾語)の場合だけでなく，述語の場合にも現れる．名詞が文中に出ていなくても，代名詞や形容詞は理論上存在するはずの名詞に性・数・格を一致させる．

(f) 格変化の種類．名詞は語幹末音(語幹の最後の音)に従って5種類に分かれる．すなわち，第1変化(語幹末音 ā)，第2変化 (o)，第3変化 (i/子音)，第4変化 (u)，第5変化 (ē) である．語幹末音は語尾と結合して分からなくなっていることが多いので，通常は格変化表に「語末」(語幹末音+語尾)を掲載する．

形容詞は第1第2変化形容詞(女性が第1変化，男性・中性が第2変化)と第3変化形容詞の2種類になる．

代名詞の変化はさまざまで，形から分類することにはあまり意味がない．

## 3. 人称変化

動詞は，「法」modus,「態」vōx,「時称」(時制) tempus,「人称」persōna,「数」numerus という5つの文法機能を1つの語形で表し

ている.

(a) 法. 直説法 (indicātīvus), 接続法 (coniūnctīvus), 命令法 (imperātīvus), 不定法 (īnfīnītīvus) の4種類.

(b) 態. 能動態 (āctīva) と受動態 (passīva). 受動態には中動的受動態 (mediopassīva) も含まれる. また別に, 形が受動態で意味が能動の動詞 verba dēpōnentia があり, 本書では「形式受動態動詞」と名づけたが,「能動態欠如動詞」,「能相欠如動詞」,「形式所相動詞」などと呼んでいる文法書もある.「異態動詞」という訳語が言語学者の共通語になりつつある. なお, 文法書によっては vōx の訳語に「相」を当てるが, 本書では「相」は aspectus の訳語に用いる.

(c) 時称. 6時称で, 現在 (praesēns), 未完了過去 (imperfectum), 未来 (futūrum) の未完了系3時称と, 完了 (perfectum), 過去完了 (plūsquamperfectum), 未来完了 (futūrum perāctum) の完了系3時称に分けられる.

(d) 人称と数は英語と同じ. このようにして1つの語形が, たとえば「直説法・現在・能動態・1人称・単数」という5つの文法機能を一度に表すことになる.

(e) 他動詞と自動詞. これは近代の用語で, 古代の学者はこの区別をしなかった. 他動詞は対格を目的語にする動詞, 自動詞はそれ以外の動詞である. 形式受動態動詞にも他動詞と自動詞がある. ただし他動詞でも対格を伴わない用法がある (絶対的用法).

(f) 分詞. ラテン語の分詞 (participium) は種類が少なく, 時称分詞は, 現在能動分詞, 完了受動分詞, 未来能動分詞の3種類に限られる. このほかに分詞に準じるものとして, 目的分詞 (supīnum), 動名詞 (gerundium), 動形容詞 (gerundīvum) がある. 不定法も分詞と同様の動詞的名詞類の1つであるけれども, ラテン語では直説法, 接続法, 命令法と対等の「法」の1つに数えるほうが便利であるから, 不定詞とは呼ばない.

(g) 活用の種類. 規則動詞は語幹末の音 (ā, ē, e, ī) によって4種類に分けられ, 通常その順に, 第1活用, 第2活用, 第3活用, 第4活用と呼ばれる. 本書ではこれをそれぞれ[1], [2], [3], [4]と略記する. ほかに若干の不規則動詞[不]があり, また第3活用にはやや変則的なものがあり, 正則的なもの[3] = [3a]と区別して, [3b]と略記

する.

## 4. 文の特徴

ラテン語は一読して重厚な言語であるという印象を受ける.軽い単語を使う頻度が少ないからである.重厚な単語といっても長大な単語のことではなく,短くて意味の重い語のことである.意味の軽い代名詞,所有形容詞,前置詞,接続詞,感嘆詞,小辞などの使用頻度が低い.そもそも冠詞がない.対句では第1文に出ている語は第2文では省略する.

主語もまたなくてよい.それは述語が文の中心になるからである.述語とは話者が言いたいことを「記述する」言葉であり,主語は述語によって「記述される」もの,述語に「服従する (be subject to)」ものである.だから主語は不可欠ではない.よく,動詞の活用形から人称と数が分かるから,代名詞主語はつける必要がないと説明されているが,これは近代語を基準にした説明である.

これらの特徴が集合して,ラテン語を短くて重い言語に磨き上げた.だからこれは極めて人工的な言葉であって,訓練もせずに自然に口からほとばしるといったような軽薄な言葉ではない.無意識のうちに英語を念頭に置いている学習者は,かなり多くの英単語を補って考えないと意味が通らないかもしれない.この意味で,文法説明の中で古典原典から取った例文を使うことは,少なくともⅠ初級篇ではためらわれる.

## 5. 語順

ラテン語は語形変化で文中の語の役割を決めるから,語順はきわめて自由である.たとえば,述語動詞(定形動詞)が文頭にあることも,中央にあることも,文末にあることもある.付加語形容詞が名詞から離れていることもある.主語の位置も自由であり,しかも主語をつけなければならないという規則すらない.

その上で,あまり修辞的な色をつけない標準的語順を想定すると,「主語―間接目的語―直接目的語―副詞―動詞」というような語順になると思われる.

付加語形容詞は名詞の前にもあとにもつけられるが,属格付加語は

名詞のあとにつけることが多い．副詞は動詞のあとに（ただし文末では動詞の前に）置き，形容詞や副詞を修飾する副詞は前につける．疑問文は疑問詞で，副文は従属接続詞や関係詞で始める．前置詞は名詞や代名詞の前に置く，等々．

## C． 文字と音韻
### 1． 文字

　文字は英語と同じアルファベットで，w を除く 25 文字であるが，実を言うと i と j，u と v は同じ文字であるから，厳密には 23 文字である．古代には大文字しかなかったが，書体は現在の明朝体などとほぼ同じだった．文字の名前はあるけれども，末梢的であるし，混乱を招くだけであるから，英語読み「エイ，ビー，シー」でかまわない．

　i と j を区別するのは中世以後の習慣であり，古い文法書や辞書 (Gaffiot の 2000 年改訂版を含む) では今でも見ることができる．しかし 20 世紀の出版物からは j がほぼ消滅したから，本書でも使わず，子音にも母音にも i を用いる．

　u と v の区別もいずれはなくなって u（大文字は V）に統一されることが確実であるが，それでもまだ新しい出版物の多くがこの区別を採用しているから，それに慣れるように，本書もこの区別を採用する．しかし v の代りに u と書いても良い．大文字だけはどちらも V を使う習慣であるから，結果として，大文字 23，小文字 24 という数になる．ただし本書は大文字 U を用いる．

　固有名詞とその派生形容詞・副詞は語頭を大文字にする．文頭は必ずしも大文字にしない．多くの校訂本が文頭を小文字にしている．ただしパラグラフの最初だけは大文字にする．本書も長文ではこの書法を採用する．

　発音は 1 文字 1 音の原則で，だいたい日本語のローマ字表記と同じである．

### 2． 母音

　(a) 母音は a, e, i, o, u の 5 母音で，発音は日本語の 5 母音に対応する．「短母音」と「長母音」を区別しなければならないが，同じ文字を使っているので，入門書と辞書は長音符号 (¯) を上につけて長母音

であることを示している (ā ē ī ō ū)．また，とくに長音ではないことを強調するために，短母音に短音符号 (˘) をつけることもある．長短どちらも可能なケースでは ¯ と ˘ を重ねてつける．実際には長短の不明な母音が多数存在する．本書では母音の長短は，それに徹底的にこだわった Pertsch の辞典の見出し表記に従うことにする．ただし Pertsch も長短不明であることをいちいち記述しながら，どちらかを選択している．

　(b) 母音 y．ギリシア語系の語に使われる母音で，やはり長短の区別がある．発音はフランス語の u，ドイツ語の ü と同じ発音 [y] であるが，カナにすると「ユ，ユー」になってしまう．

　(c) 二重母音．ae アエ，oe オエ，au アウ，およびギリシア語系の eu エウ．まれに ei エイ，ui ウイが二重母音になることがあるが，通常はこの e と i，u と i は別々の母音（または i と u のいずれかが子音）である．ae, oe は，建前としては「アイ，オイ」であるが，聴覚印象はむしろ「アエ，オエ」に近かったと思われる．日本では，ギリシア語中心の古典学者(とくに言語学者)は「アイ，オイ」を好み，ラテン語重視の古典学者は「アエ，オエ」を好む．学習者には文字通りのほうが分かり易いから，本書では後者を使う．

## 3. 子音
(1) 分類

　　閉鎖音（破裂音）　19 世紀の文法学者は黙音と呼んでいるが，今は誤りとされる．

|  | 唇音 | 歯音 | 軟口蓋音 |
|---|---|---|---|
| 無声音 | p | t | c, k, qu (qu は唇音化軟口蓋音) |
| 有声音 | b | d | g |
| 無声帯気音 | ph | th | ch |

　摩擦音　s, f, z
　流音　　l, r
　鼻音　　m, n
　半母音　i または j = [j]; v または u = [w]
　気音　　h

(2) 主な子音の発音

b は，s または t の前で，p の発音になる．

　　c はつねに「カキクケコ」で，「ci シ，チ，ツィ，ce セ，チェ，ツェ」などと読んではならない．

　　g もつねに「ガギグゲゴ」であって，「gi ジ，ge ジェ」と読んではならない．

　　k はまれに使うだけ．発音は c と同じ．

　　q はもっぱら「qu+母音」の結合で用いる．この u は半母音，発音は英語と同じ [k$^w$]．

　　r と l を区別することは現代西洋語と同じ．

　　s は無声子音のみ．[z] にはならない．

(3) 子音 i と母音 i

　i は母音 [i] にも子音 [j] にも使われる．あとに母音が来れば子音（たとえば ia ヤ）になるのが原則であるが，しかし i の前に子音があれば i は母音であるという原則のほうが優先される．たとえば -lia という結合では i は母音であり，a も母音であるから，「リャ」ではなく「リ・ア」となる．この場合，li と a は別々の「音節」（下記）を作ると考える．fa-mi-li-a「ファ・ミ・リ・ア」

　ただしヤ行のイに相当するはずの ii (=ji) は i 1 字で済ませる．coniciō=con-jiciō「投げつける」．jaciō の ja が 2 番目の位置になったために弱化して，jiciō になったけれども，ji と i に発音上の区別がないので，iciō と書くことになった．それでも co- のあとに n と j の 2 子音があると見なす．

　j を使うようになったのは後世のことで，i が半母音から摩擦音に変化して，母音の i との開きが大きくなったからである．字形は i の下に鉤型の装飾をつけたもので，近世の活字で数字の iii を iij としゃれて書くことがあった．今日では j を使う出版物がなくなった．

(4) u と v

　u は母音 [u]，v は子音 [w] を表す．qua-, gue-, sua- などの音連続における u は子音ではなく半母音であると考えられて，v と書かない．音声学的には [k, g, s] が唇音化した [k$^w$, g$^w$, s$^w$] で，アクセント（後述）の決定にあたっては，これらの qu-, gu-（母音の前），su- (a や e の前）は，1 子音と見なされる．

(5) 二重子音

x は ks を 1 字にしたもので，つねに 2 子音として扱う．

z もギリシア語系の語に現れ，詩ではギリシア語に忠実に 2 子音 [zd, dz] としてあつかう．

(6) 重複子音

tt, ll, ss, rr などの重複子音は長子音とも呼ばれ，イタリア語と同じように，2 倍の長さにする積りで読む．本書では仮名書きするときに，ll, rr も tt, ss などと同じように促音「ッ」で表記するが，一般には「ル」「ル」を使うこともある．puella「少女」プエッラ，プエルラ，プエルラ．narrō「物語る」ナッロー，ナルロー，ナルロー．複合語の場合は「ル」にしたほうが，分かり易いかもしれない．interrogō「尋ねる」インテルロゴー．

(7) 気音と無声帯気音

気音 h は母音を有気母音に変えるだけで，独立の子音とは認められない．

帯気音 ph, th, ch はギリシア語系の語に出てくる子音で，正確な発音は $[p^h, t^h, k^h]$ であり，二重子音ではなく，有気の無声子音で，1 子音として扱う(厳密には「p, t, k＋有気母音」である)．ローマ人が実際にこれをどう発音したのか，分からない．ローマの学者はギリシア語の術語を盲目的に翻訳して使っているだけであり，真実を記述しているかどうか分からない．我々にも $[p^h, t^h, k^h]$ と [p, t. k] を区別して発音することはできない．

## 4. 長母音または長音符号の特例

長母音の中には，意味や文法に関係なく，音声上の理由のみによって例外なしに長くしてあるものがある．逆に本来の長母音が短母音化することもある．

(a) -ns, -nf の前の母音には例外なく長音符号がつけてある．これは母音と n が合体して 1 つの鼻母音に変化したことを示す．ただし n が消えて 2 子音が 1 子音 (-s-, -f-) に変ると，短音節 (cf. 下記「音節」の項) に変ってしまい，quantitās (音節の長さ) を重要視する言語としては大いに困る．そこでそれを避けて，鼻母音が長母音と同じ quantitās であることを示すために長音符号をつける．これはむしろ長音節符号と呼ぶべきであり，n を「ン」と読むならば，母音を長く

発音しなくてもよい.

(b) -ēiu-, -āiō- など,「長母音+i+母音(長短不問)」という母音連続においても,最初の母音の長音符号は長音節符号であって,実際には「-ei-iu- エイ・ユ, -ai-iō- アイ・ヨー」などと2音節に読むことになっている. たとえば人名 Gāius「ガイユス」は,「長音節 Gai+音節 ius」の2音節であるが, 文献には Gaiius ではなく Gaius と書かれている. ai と書かれる二重母音はラテン語の古典正書法にはないから, Gai-us「ガイ・ウス(長短)」とは読まれず, Ga-ius「ガ・ユス(単単)」という quantitās の誤った読み方をされるかもしれない. 長音符号はそれを避けるためにつけたもので, a が長母音であるからではない. なお詩では「ガー・イ・ウス」と3音節に読ませることもある. Gā-vi-os に由来するから間違いではない.

(c) mihī「私に」, egō「私は」, sibī「自分自身に」, ubī「どこに」など,「短音節1つと長母音に終る音節1つから成る2音節語」においては, 最後の母音が短くなることがある. mihi, ego, sibi, ubi など. これを英語で iambic shortening (短長を短短にすること) と呼ぶ. 詩では長短どちらも使われているから, 絶対的ではない. 本書では amō「私は愛する」, cavē「警戒せよ」, homō「人間は」のように最後の母音の長さが文法的に重要な語にはこれを適用しない. 詩中での短化には短音符号をつける (amŏ, cavĕ など).

## 5. ギリシア語系の固有名詞のカナ書き

ギリシア語の固有名詞はラテン語に入ってラテン語式の書き方に変っているが, 本書では変り方が小さい場合には, 原則としてギリシア語に忠実なカナ書きにする.

Apollō (*Gr.* Apollōn): アポッローン
Achillēs (*Gr.* Achilleus): アキッレウス

しかし変り方の著しい固有名詞はラテン語に忠実なカナ書きにする. 時には括弧内にギリシア語の読み方を記す.

Ulixēs (*Gr.* Odysseus): ウリクセース(オデュッセウス)
Lātōna (*Gr.* Lētō): ラートーナ(レートー)

## D. 音節とアクセント
### 1. 音節 syllaba

単語の中に意識的論理的に発音の切れ目を想定して音節とする．切れ目の位置がどこにあるのかについて考えることは重要ではないけれども，アクセントの位置を決定するために（また詩の韻律を作るために），音節が長いか短いかを決定しなければならない．音節の「長さ」というけれども，じつは長さではなく音量 quantitās であるが，時間的に長いと意識されたから，「長さ」と呼んで差し支えない．

音節には必ず母音が1つ含まれる．短母音，長母音，二重母音，どれでもよい．子音はあってもなくてもよい．

語の途中の1子音は，あとの母音につく．子音が2つ以上（x は2子音に分割）のときは，最初の子音だけが前の母音につく．ただし「閉鎖音 (p, t, c, b, d, g)＋流音 (l, r)」および qu のような「子音＋半母音」は1子音とみなす．exemplum「範例」＝ec-sem-plum, te-ne-brae「闇」, mul-ti-lo-quus「おしゃべりの」．ただし閉鎖音と流音が複合語の前後に分かれる場合には1子音扱いされない（abrumpō「引きちぎる」＝ab＋rumpō は a-brum-pō にならない）．

母音が長母音か二重母音ならば，その音節は子音に関係なく長音節である．「自然に（元々）長い」(long by nature) という．

母音が短母音でもあとに2つ以上の子音（音節の切れ目は無視する）が続けば，「位置によって長い」(long by position) という言い方で，長音節になる．「位置」というのはよく分からない．恐らく（詩人たちの）「申し合わせ，約束事」の意味のギリシア語の thesis に「位置」という意味もあるので，ローマの学者がその意味に取り，また「位置」とは「2子音の前の位置」のことで，短母音の位置を指すはずだったのに，音節の説明にそのまま用いたのであろう．だから「自然」と「人工」という反意関係からずれてしまった．

短音節とは，短母音のあとに子音がないか，あるいは1つしかないものである．

### 2. アクセント accentus

「最後の音節」を ultima,「最後から2番目の音節」を paenultima,「最後から3番目の音節」を antepaenultima と呼ぶ．

2音節語のアクセントは第1音節にある．多音節語の場合には，paenultima が長音節ならば，アクセントはそこ（paenultima）に来る．paenultima が短音節ならば，アクセントは antepaenultima に来る．

　　do-mi-nṓ-rum「主人たちの」，fe-nés-tra「窓」，té-ne-brae「闇」，
　　mul-tí-lo-quus「おしゃべりの」

　複合語のアクセントは元の2語のアクセントを維持するという説があるけれども，疑わしい．恐らく，inter＋rogō「尋ねる」のような独立性の強い2語からなる複合語の場合に元の2語を分けて読むためのアクセントを，誤って普遍化した説であろう．

　アクセントの種類(性質)は，古代の学者の記述では，ギリシア語式の高アクセント（pitch accent）であるとされる．しかし今では異論が唱えられている．日常語のアクセントは強アクセント（stress accent）だったけれども，古典語のほうは，学者がギリシア語のアクセントを記述する用語をそのまま適用したために，高アクセントと誤解されたものと思われる．実際に歴史以前のラテン語でも（ただし語頭アクセント），中世のラテン語でも強アクセントであり，間の時期だけが高アクセントだったということはきわめて疑わしい．

## 3. 前接辞のアクセント

　アクセントがなくて文頭に立つことができず，かならず第2の位置に来る語がある．このような語は一般に「前接語」encliticum と呼ばれるが，そのうち，-que「そうして，と」，-ne?「ですか」，-ve「それとも」などは他の語のうしろに続けて書かれる．その際にアクセントはその小辞の直前に来るとされる．

　　itá*ne*「そのようにですか」，omniá*que*「そうして万物が」，
　　deá*ve*「それとも女神が」

「前接辞(前の語に接する辞)」という訳語は誤解を招くかもしれないが，本書は『研究社新英和大辞典』の enclitic の訳語に合わせた．

# I

# 初級篇
―形態論を中心に―

# 第1章 動詞の3人称 第1変化名詞 格の基本的用法 前置詞in

**1. 例文**

初級段階では1つの文に複数の文法項目が初めて出てくるので，例文を先に挙げる．また，第1章に限って読み方をカタカナで示す．太字はアクセントの位置，tとdはなるべく「ト」「ド」と発音するなという意味．

Sicilia est īnsula. Sicilia et Sardinia sunt
スィキリア エスﾄ イーンスラ スィキリア エﾄ サルディニア スンﾄ
īnsulae. Italia paenīnsula est. Italia et Graecia
イーンスラエ イタリア パエニーンスラ エスﾄ イタリア エﾄ グラエキア
paenīnsulae sunt.
パエニーンスラエ スンﾄ

 シキリアは島である．シキリアとサルディニアは島である．イタリアは半島である．イタリアとギリシアは半島である．

Italia paenīnsula Eurōpae est. Italia et Graecia
イタリア パエニーンスラ エウローパエ エスﾄ イタリア エﾄ グラエキア
et Hispānia paenīnsulae Eurōpae sunt.
エﾄ ヒスパーニア パエニーンスラエ エウローパエ スンﾄ

 イタリアはヨーロッパの半島である．イタリアとギリシアとイスパニアはヨーロッパの半島である．

Minerva et Diāna deae erant. Minerva dea
ミネルワ エﾄ ディアーナ デアエ エランﾄ ミネルワ デア
sapientiae et prūdentiae erat, Diāna domina
サピエンティアエ エﾄ プルーデンティアエ エラﾄ ディアーナ ドミナ
silvārum et bēstiārum.
スィルワールム エﾄ ベースティアールム

 ミネルワとディアーナは女神であった．ミネルワは知恵と思慮の女神であった．ディアーナは森と野獣の支配者(であった)．

Tullia servam vocat. serva dominae pāret et
トゥッリア セルワム ウォカﾄ セルワ ドミナエ パーレﾄ エﾄ
advolat; corōnam apportat.
アdウォラﾄ コローナム アッポルタﾄ

トゥッリアが侍女を呼ぶ．侍女は女主人の言うことを聞き，跳んでくる．(彼女は)花冠を持ってくる．

Tullia statuam Minervae corōnā ōrnat. domina et
トゥッリア スタトゥアム ミネルワエ コローナー オールナｔ ドミナ エｔ
serva deam adōrant.
セルワ デアム アドーランｔ

トゥッリアはミネルワの彫像を花冠で飾る．女主人と侍女は女神を崇める．

Schola patet. iānitor in portā stat. Iūnia et
スコラ パテｔ ヤーニトル イン ポルター スタｔ ユーニア エｔ
Iūlia in scholam properant. amīcae iam in
ユーリア イン スコラム プロペラン t アミーカエ ヤム イン
sellīs sedent et magistram exspectant. magistra
セッリース セデンｔ エｔ マギストラム エクススペクタンｔ マギｓトラ
intrat et discipulās salūtat; puellae magistram
イントラｔ エｔ ディスキプラース サルータｔ プエッラエ マギストラム
resalūtant. magistra discipulās interrogat, discipulae
レサルータンｔ マギｓトラ ディスキプラース インテルロガｔ ディスキプラエ
magistrae respondent. tum puellīs fābulam narrat,
マギｓトラエ レスポンデンｔ トゥム プエッリース ファーブラム ナッラｔ
et dictat.
エｔ ディクタｔ

学校が開いている．守衛が玄関の中に立っている．ユーニアとユーリアは学校へ急いでいく．友達がもう椅子に座って，先生を待っている．先生が入ってきて，生徒たちに挨拶する．少女たちは先生に挨拶を返す．先生は生徒たちに質問し，生徒たちは先生に答える．それから(先生は)生徒たちにお話を話して聞かせて，書き取らせる．

## 2. 規則動詞第 1 活用と第 2 活用の直説法現在 3 人称

動詞の人称変化(活用)，法，態，時称，人称，数，および活用の種類については，序章 B–3 (p 17–18) を参照のこと．

第 1 活用 (ā 活用) 動詞 vocō と，第 2 活用 (ē 活用) 動詞 pāreō の現在 3 人称を挙げる．他の人称については後述する．なお，第 1 活用を[1]，第 2 活用を[2]と略記する．

|  | 3人称単数 | 複数 |
|---|---|---|
| vocō[1] 呼ぶ: | vocat | vocant |
| pāreō[2] 従う: | pāret | pārent |

## 3. sum の現在と未完了過去 3 人称

不規則動詞 sum「ある」の直説法現在と未完了過去の 3 人称は次のような語形になる．

|  | 3人称単数 | 複数 |
|---|---|---|
| 現　　在: | est | sunt |
| 未完了過去: | erat | erant |

Italia paenīnsula *est*. イタリアは半島である．
Italia et Graecia paenīnsulae *sunt*.
　イタリアとギリシアは半島である．
Minerva dea *erat*.　ミネルワは女神であった．
Minerva et Diāna deae *erant*.
　ミネルワとディアーナは女神であった．

## 4. 第 1 変化名詞

（a）名詞の格変化，性，数，格，および格変化の種類については序章 B-2（p 16-17）参照．
（b）第 1 変化名詞（ā 幹名詞）は単数主格が -a に終り，おもに女性名詞（*f* と略記）である．例として īnsula「島」の格変化を表示する．
（c）名詞の格変化表に「語末一覧表」をつける．「語末」とは，語幹末音と語尾とが融合していて区別できないときの便宜的な呼び方である．
（d）名詞の語末一覧表は，形容詞にもほぼ当てはまる．（　）内には特定の語に用いられる別形を，/ のあとには古形をはじめ，碑文，詩，末期などに特有の別形を挙げる．ただし古典期にも古形が意図的に使われることがあり，厳密な区別ではない．-ei- は碑文独特の書法による長母音である．

|格|「語　末」単数|複数|īnsula *f* 島 単数|複数|
|---|---|---|---|---|
|主/呼|-a|-ae|īnsula|īnsulae|
|属|-ae/-ās,-āī,-ai,-aes,-es|-ārum(-um)|īnsulae|īnsulārum|
|与|-ae/-āī,-ā|-īs/-eis(-ābus)|īnsulae|īnsulīs|
|対|-am|-ās|īnsulam|īnsulās|
|奪|-ā/-ād|-īs/-eis(-ābus)|īnsulā|īnsulīs|

（e）名詞は単数主格だけでは語幹が分からないことがあるので，属格を省略形で示す．

　　īnsula, -ae *f* 島

（f）呼格は通常主格と同形である．異なるのは後述の第 2 変化 -us の単数だけである．

（g）複数の与格と奪格は，すべての変化形を通じて同形になる．

## 5.　第 1 変化名詞の例外

（a）古形でも，次の 2 形は古典期にも使われている．

① 単数属格 -ās．もっぱら次のような結合のときの familia「家族」の属格．

　　pater *familiās* 家父長　　　māter *familiās* 主婦

② 単数属格 -āī．詩人がときに使っている．

　　aqua 水: aquāī
　　aula アートリウム（中庭式の広間）: aulāī

（b）別形 -ābus と -um

① 複数与格・奪格 -ābus．fīlia「娘」と dea「女神」は同系の第 2 変化男性名詞 fīlius「息子」，deus「神」と区別するために，複数与格・奪格を通常 -ābus にする．のちに他の語にも広まった．

　　fīlia: fīliābus　　　dea: deābus

② 複数属格 -um. ギリシア語系の固有名詞，数量単位を表すギリシア語系の普通名詞にみられる．詩人はときに本来のラテン語にも用いている．

Aeneadae アエネーアースの同伴者たち: Aeneadum
drachma ドラクマ(貨幣単位，銀貨): drachmum
amphora アンポラ，アムフォラ(両取っ手壺，計量単位): amphorum
caelicola 天の居住者，神: (詩) caelicolum
terrigena 大地の子 (*mf*)，巨人など: (詩) terrigenum

## 6. 格の基本的用法

(a) 主格は主語およびその同格の述語に用いる．述語は一般に動詞(定形動詞＝人称・数の定まっている変化形)のことが多いが，名詞類(名詞と形容詞の総称)も「つなぎ cōpula」(補助動詞)を介して述語になる．

*Sicilia* (主語) *īnsula* (述語) est (補助動詞)．シキリアは島である．

(b) 呼格は呼びかけに用い，文中で独立している．

O *Sicilia*! シキリアよ！

(c) 斜格．属格から奪格までを斜格と総称する．斜格は，動詞や形容詞や前置詞の目的語になったり，前置詞なしで副詞や形容詞の代わりをしたりする．用法が多いから，徐々に説明していき，第 25～28 章で総括する．ここでは基本的な用法のみ示す．

(d) 属格は付加語として，所有・所属を表す．

paenīnsula *Eurōpae*　　ヨーロッパの半島

(e) 与格は間接目的語に用いられる．

Serva *dominae* pāret.　女奴隷は女主人に従う．

(f) 対格は直接目的語になる．

Domina *servam* vocat.　女主人が女奴隷を呼ぶ.

(g) 奪格は道具や手段を表す.

Tullia statuam *corōnā* ōrnat.
　　トゥッリアは彫像を花冠で飾っている.

## 7.　前置詞 in
(a) 前置詞は対格支配,奪格支配,対格・奪格支配の3種類に分けられる.
(b) 前置詞 in「中,上」は対格・奪格支配で,基本的に,対格支配のときは移動(「中へ,上へ」)を,奪格支配のときは場所(「中に,上に」)を表す.

Iānitor *in* portā stat.　　守衛が玄関の中に立っている.
Amīcae *in* sellīs sedent.　友達が椅子に座っている.
Iūnia et Iūlia *in* scholam properant.
　　ユーニアとユーリアは学校へ急いでいく.

───── 余録　1.「中」と「上」: 前置詞 in ─────

　英語の in と on,ドイツ語の in と auf,フランス語の dans と sur,イタリア語の in と su などの区別になじんでいると,「の中に」でも「の上に」でも in でよいというラテン語にはとまどいを感じるかもしれない.しかしこれらの現代語の2つの前置詞の区別が言語間で一致しないことは,英語の in the country がドイツ語で auf dem Land になるような例から明らかであるし,またフランス語には en もあるから,単純な比較はあまり意味のあることではない.言語はそれぞれ独自の空間表現を持っており,in ひとつで「中」も「上」も表わせることは,むしろ便利であるとも言えよう.
　日本語の「の上に」と「の中に」は翻訳語であって,立体なら

ばともかく，平面には使わない表現である．日本語はむしろ「田舎にいる」「田舎で聞いた話」のように「に」と「で」で表わす．これが in であるか on であるかを究明することは無意味であろう．「田舎」を平面として捕らえて，その端や周辺や外ではないという見方をすれば「中」であり，地球の球面の部分と考えれば「上」かもしれない．in の反意語の sub はたしかに「下」を指すけれども，ときには「中」と訳すほうが日本語らしくなる(洞窟の中に，など) (第 23 章 1 の 3 つめの例文，p 173 参照)．

# 第 2 章　第 2 変化名詞 -us　動詞の 3 人称（続）　前置詞 ad と ā（ab）　接続詞 et　疑問代名詞　疑問副詞　不定法

## 1.　第 2 変化名詞 -us

(a) 第 2 変化 (o 幹) 名詞のうち，単数主格が -us に終るものは，次のように格変化する．語末表については，第 1 章 4d (p 31–32) 参照．

|  | 「語　末」 |  | dominus, -ī m 主人 |  |
|---|---|---|---|---|
| 格 | 単　数 | 複　数 | 単　数 | 複　数 |
| 主 | -us/-os | -ī/-oe,-ē,-ei,-eis | dominus | dominī |
| 呼 | -e | -ī/-oe,-ē,-ei | domine | dominī |
| 属 | -ī/-ei | -ōrum(-um)/-om | dominī | dominōrum |
| 与 | -ō/-oi | -īs/-eis | dominō | dominīs |
| 対 | -um/-om | -ōs | dominum | dominōs |
| 奪 | -ō/-ōd | -īs/-eis | dominō | dominīs |

(b) -us に終る第 2 変化名詞は通常，男性名詞である．女性名詞については後述する．

(c) すべての名詞を通じて，呼格が主格と異なる語形を示すのは，-us に終る第 2 変化の単数だけである．

　　主格 dominus　　呼格 domine

(d) -ius に終る語は，単主 fīlius, 呼 fīlī, 属 fīliī...のように変化する．ただし普通名詞で呼格をもつのは fīlius のみで，通常，次の言い方で用いられた．

　　mī *fīlī*　わが子よ

属格 -iī もたいてい -ī になる．

Appius アッピウス: Appiī, Appī

人名の -ius は呼格 -ī を持つ．アクセントは主格と同じ位置に来る．

Vergílius ウェルギリウス: Vergílī ウェルギリウスよ

-āius, -ēius＝-ai-ius, -ei-ius であるから，a, e は長母音ではないが（序章 C4），類推により呼格は -āī, -ēī となる．

Gāius ガイユス: Gāī
Pompēius ポンペイユス: Pompēī

(e) 複数属格が -um になるのは，
① 貨幣や容器の名が数量単位につかわれるとき:

nummus 金銭，アス（金銭単位）: nummum, nummōrum
modius モディウス（穀物の枡単位）: modium, modiōrum

② 人を表す語の特定の場合:

socius 同盟者: praefectus *socium* 同盟軍指揮官

③ 民族名

Danaī ダナオイ:（詩）Danaum
Argīvī アルゴス人，ギリシア人:（詩）Argīvum

(f) 例文

*Rhodanus* est *fluvius* Galliae. *Rhēnus* et *Dānuvius fluviī* Germāniae sunt.
　ロダヌス（ローヌ）はガッリアの川である．レーヌス（ライン）とダーヌウィウス（ドナウ）はゲルマーニアの川である．

*Neptūnus dominus Ōceanī* et *fluviōrum* erat, *Mercurius nūntius deōrum.*
　ネプトゥーヌスは大洋と川の支配者で，メルクリウスは神々の使者であった．

In īnsulā *Rhodanī fluviī* vīlla est. in rīpīs *Rhēnī* vīneae sunt.

> ロダヌス川の島の上に別荘がある．レーヌスの川岸にはブドウ園がある．

*Avus* in *vīcō* habitat; saepe aegrōtat. hodiē *medicus* adest. diū ad *lectum avī* sedet et causam *morbī* explōrat. deinde *aegrōtō* medicīnam praebet.

> 祖父は村に住んでいる．たびたび病気になる．今日，医者が来ている．長いあいだ祖父のベッドのそばに座って，病気の原因を調べている．それから病人に薬を与える．

## 2. deus の格変化

(a) 第 2 変化名詞 deus には単数呼格がないので，dīvus の呼格を借用するか，主格 deus を代用する．

(b) 複数主・呼格，与・奪格それぞれの 3 形の違いは音韻的なもの．複数属格 deum は古形であるが，古典期にも一定の言い方で用いられた．

deus, -ī *m* 神

| 格 | 単　数 | 複　数 |
|---|---|---|
| 主 | deus | deī, diī, dī |
| 呼 | dīve (deus) | deī, diī, dī |
| 属 | deī | deōrum, deum |
| 与 | deō | deīs, diīs, dīs |
| 対 | deum | deōs |
| 奪 | deō | deīs, diīs, dīs |

## 3. 未完了過去 3 人称

規則動詞の未完了過去 3 人称は，次のような形になる（1・2 人称は第 4 章 5，p 51）．

| | 3 人称単数 | 複数 |
|---|---|---|
| sēparō[1] 隔てる： | sēparābat | sēparābant |
| arceō [2] 防ぐ： | arcēbat | arcēbant |

Ōlim Rhēnus Gallōs et Germānōs *sēparābat*. ōlim Rhēnus Gallōs ā Germānīs *sēparābat*.
> かつてレーヌス川がガッリア人とゲルマーニア人を隔てていた．かつてレーヌス川がガッリア人をゲルマーニア人から隔てていた．

Aesculāpius deus medicīnae et medicōrum erat; morbōs et *sānābat* et *arcēbat*.
> アエスクラーピウスは医療と医者の神だった．（彼は）病気を治しも防ぎもした．

Ārae Mercuriī saepe in viīs *stābant*, Aesculāpiī in lūcīs.
> メルクリウスの祭壇がしばしば道端に立ち，アエスクラーピウスのは森の中に（立っていた）．

Rōmānī Neptūnō equōs et taurōs *immolābant*.
> ローマ人はネプトゥーヌスに馬と牛を犠牲に捧げた．

## 4. 前置詞 ad と ā (ab)

(a) 前置詞 ad「のそばに; へ」は対格を，ā（母音の前では ab）「から; によって」は奪格を支配する．

Medicus *ad* lectum avī sedet.
> 医師が祖父のベッドのそばに座っている．

Puella rosās *ad* lectum avī apportat.
> 少女がバラを祖父のベッドへ持っていく．

Ōlim Rhēnus Gallōs ā Germānīs sēparābat.
> かつてレーヌス川がガッリア人をゲルマーニア人から隔てていた．

(b) たいていの前置詞は動詞とともに複合動詞を作る．意味は多様になるが，元の前置詞と動詞の原義を保っていることも多い．ad と sum の複合動詞 adsum は「そばにいる」という原義から，「出席している，来ている」「助ける（与格支配）」などの意味になる．

Hodiē medicus *adest*.
> 今日，医者が来ている．

## 5. 接続詞 et

(a) 接続詞 et は「そして，また，と」を意味する結合の接続詞で，文と文，句と句，語と語を対等に接続する．

Rōmānī Neptūnō equōs *et* taurōs immolābant.
ローマ人はネプトゥーヌスに馬と牛を犠牲に捧げた．

(b) 両語句それぞれの前に et を置いて，et A et B「A も B も」とすることもある．

Medicus morbōs *et* sānābat *et* arcēbat.
医者は病気を治しも防ぎもした．

## 6. 疑問代名詞 quis, quid

(a) quis「だれ」は人について，quid「何」は物事について尋ねる．単数のみ．quid には主格・対格しかない．（ ）は他の表現による代用形．複数には疑問形容詞（関係代名詞と同形）を用いる（後述）．

| 格 | *m f* | *n* |
|---|---|---|
| 主 | quis | quid |
| 属 | cūius | (cūius reī) |
| 与 | cuī | (cuī reī) |
| 対 | quem | quid |
| 奪 | quō | (quā rē) |

(b) 前接辞 -nam をつけた強調形がある．

quisnam? いったいだれが

(c) 例文

*Quisnam* vocat? ― Domina vocat.
いったいだれが呼んでいるのか．―女主人が呼んでいる．

*Cūius* ārae in viīs stābant? ― Mercuriī.
だれの祭壇が道端に立っていたか．―メルクリウスのだ．

*Cuī* Rōmānī equōs immolābant? ― Neptūnō.
だれにローマ人は馬を犠牲に捧げたか．―ネプトゥーヌスにだ．

*Quem* Tullia vocat? ― Servam vocat.
   トゥッリアはだれを呼んでいるのか. ―侍女を呼んでいる.
Ā *quō* fābulās postulās? お前はだれにお話をねだっているのか.
*Quid* est Sardinia? ― Īnsula est.
   サルディニアは何ですか. ―島です.
*Quid* Tullia corōnā ōrnat? ― Āram ōrnat.
   トゥッリアは何を花冠で飾っているか. ―祭壇を飾っている.

## 7. 疑問副詞 **ubi** と **quō**

 ubi「どこに」は場所を, quō「どこへ」は方向を尋ねる. 返事に in を用いるとすれば, ubi には「in＋奪格」が, quō には「in＋対格」が対応する.

*Ubi* ārae Aesculāpiī erant? ― In viīs erant.
   アエスクラーピウスの祭壇はどこにあったか. ―道端にあった.
*Quō* discipulae properant? ― In scholam properant.
   女生徒たちはどこへ急いで行くのか. ―学校へ急いで行く.

## 8. 不定法

(a) 第1活用動詞[1]の不定法現在は -āre, 第2活用[2]では -ēre に終る.

immolō[1] 犠牲に捧げる: immolāre
praebeō[2] 差し出す: praebere

(b) 不定法は動詞の機能を持った中性単数名詞として, 主格または対格とみなされ, 主語, 述語, 動詞の目的語になる. 形容詞が不定法を取ることもある.

*Amāre* est *mīlitāre*. 愛することは従軍することである.
Medicus aegrōtō medicīnam *praebēre* solet.
   医師は病人に薬を与える習慣である.
Parātus sum *mīlitāre*. 私は従軍する用意ができている.

# 第 3 章　第 2 変化名詞 -um　所有の与格　前接辞 -que　規則動詞［1］［2］の現在　sum の現在・未完了過去　全文疑問文

**1.　第 2 変化名詞 -um**

（a）第 2 変化名詞のうち，-um に終るものは中性名詞（略号 n）である．中性名詞の主格・呼格・対格以外の格は男性と同形である．

（b）中性は主格・呼格・対格が同形になる．中性にはもともと主格・呼格がなく，対格を代用したためであると考えられ，他の変化（第 3 変化，第 4 変化，形容詞，代名詞）にも当てはまる．複数の主・呼・対格は -a に終る．別形は男性 -us の場合（p 36）に準じる．

oppidum, -ī n 都市

| 格 | 単数 | 複数 |
|---|---|---|
| 主/呼 | oppidum | oppida |
| 属 | oppidī | oppidōrum |
| 与 | oppidō | oppidīs |
| 対 | oppidum | oppida |
| 奪 | oppidō | oppidīs |

（c）-ium に終わる語の属格 -iī はたいてい -ī になる．

cōnsilium 計画: cōnsilī　　negōtium 仕事: negōtī
ōtium 暇: ōtī, ōtiī

（d）数量単位を表す語の複数属格にはよく -um が用いられる．

iūgerum ユーゲルム（畑の面積単位）: iūgerum; 与/奪（おもに）iūgeribus
stadium スタディウム（走路，長さ単位）: stadiōrum, stadium

（e）例文

*Tarentum oppidum* est. *Tarentum* et *Brundisium oppida* Italiae

sunt.
>   タレントゥムは都市である．タレントゥムとブルンディシウムはイタリアの都市である．

Germānīs ōlim *oppida* nōn erant.
>   ゲルマーニア人には昔は都市がなかった．

Rōmānī in Germāniā *castella* collocābant et *vallō* fossāque firmābant.
>   ローマ人はゲルマーニアに砦を設置して，塁壁と濠で固めた．

Gallī Rōmam occupābant et *Capitōlium* obsidēbant.
>   ガッリア人はローマを占領して，カピトーリウム丘を包囲していた．

*Ferrum*, nōn *aurum Capitōlium* servat.
>   カピトーリウムを守っているのは鉄だ，黄金ではない．

## 2. 所有者の与格

与格は sum とともに物（主格）に対してその所有者を表す．

*Germānīs* ōlim oppida nōn erant.
>   ゲルマーニア人には昔は都市がなかった．

## 3. 前接辞 -que

(a) 接続詞 -que は，意味は et と同じ「と，および」であるが，並列する2つの語（句，文）のうちの2番目の語（2番目の句や文の最初の語）のあとにつける．アクセントは -que の直前の音節に移るとされる．

>   fīlius fīliá*que* = fīlius et fīlia 息子と娘が
>   Gallī Rōmam occupābant Capitōliúm*que* obsidēbant.
>   >   ガッリア人はローマを占領して，カピトーリウム丘を包囲していた．
>   
>   (Capitōlium*que* = et Capitōlium)

(b) 同じ形をしていても，複合語ではアクセントは通常のアクセント規則に従う．

>   itá*que* = et ita そうしてそのように
>   ítaque だから

**4. 動詞の現在幹**

(a) 現在，未完了過去，未来の3時称を未完了系3時称と呼ぶ．未完了系3時称のすべての法と態，および現在分詞，動名詞，動形容詞が現在幹を用いる．

(b) 動詞の語幹は現在幹のほかに，後述の完了幹と目的分詞幹があり，この3語幹が3基本形を構成する．

(c) 動詞の能動語尾は，完了を除くすべての時称で，-ō（または-m），-s, -t; -mus, -tis, -nt となる．語尾を見れば人称と数が分かる．とくに強調するときでなければ，動詞の前に代名詞主語を置かない．

(d) 動詞の見出し語には，古来，直説法現在能動態1人称単数が使われている．しかしこれだけでは活用の種類を特定することができないので，見出し語に続いて不定法を省略形で挙げることになっている．不定法は現在幹に語尾 -re をつけたものである．

  amō, -āre 愛する  moneō, -ēre 警告する

(e) 現在幹の幹末の母音（ā, ē, e, ī）によって，規則動詞の活用は第1活用から第4活用までの4種類に分類される．本書ではこれを[1][2][3][4]と略記する．また第3活用に含まれる変則的なもの（第3変則活用）は[3b]，ときには不規則動詞も[不]と略記する．

  amō [1] 愛する  moneō [2] 警告する

**5. 規則動詞[1][2]の直説法現在**

(a) 現在時称は，英語の現在および現在進行形に相当する．

(b) 規則動詞[1][2]の直説法現在は，次のように活用する．現在幹の幹末母音は，語尾によっては短母音に変わり，あるいは脱落する．

|  | amō [1] 愛する<br>（不定法 amāre）<br>（現在幹 amā-） | | moneō [2] 警告する<br>（不定法 monēre）<br>（現在幹 monē-） | |
|---|---|---|---|---|
| 人称 | 単数 | 複数 | 単数 | 複数 |
| 1 | amō | amāmus | moneō | monēmus |
| 2 | amās | amātis | monēs | monētis |

3   amat   amant   monet   monent

【語末 -at, -et の古形 -āt, -ēt が古典期の詩にも見られる．ときに -mūs も】

Quid *vidētis* in templō?—In templō statuam Minervae *vidēmus*.
　諸君は神殿の中に何を見るか．—我々は神殿の中にミネルワの影像を見る．

Quō vīnum *apportātis*?—Ad sepulcrum avī *apportāmus*.
　諸君はブドウ酒をどこへ運んでいくのか．—祖父の墓へ運んでいくところだ．

Quid puellae in templō *vident*? quō servī vīnum *apportant*?
　少女たちは何を神殿の中で見ていますか．どこへ召使たちはブドウ酒を運んでいますか．

Cūr praeceptīs medicī nōn *pārēs*?—*Errās*; semper *pāreō* praeceptīs medicī.
　どうして君は医師の指示に従わないのか．—君は間違っている．私はいつも医者の指示に従っている．

Cūr mēnsam rosīs *ōrnās*?—Amīcās *exspectō*.
　どうしてテーブルをバラで飾っているのですか．—友達を待っているのです．

Cūr aegrōtus nōn *pāret* medicī praeceptīs? quem dominus *exspectat*?
　どうして病人は医者の指示に従わないのですか．主人はだれを待っていますか．

## 6. 不規則動詞 **sum** の現在と未完了過去

(a) 人称変化

sum [不] ある

| 人称 | 現在 単数 | 現在 複数 | 未完了過去 単数 | 未完了過去 複数 |
|---|---|---|---|---|
| 1 | sum | sumus | eram | erāmus |
| 2 | es | estis | erās | erātis |
| 3 | est | sunt | erat | erant |

(不定法 esse, 現在幹 es-)

(b) sum の現在幹には強い語幹 es- と弱い語幹 s- があって，強い子音 (m, n) の前には弱い語幹 s- が，弱い子音 (s, t) の前には強い語幹 es- が現れている．sm, smus, snt には発音の都合上，弱い母音 u が入る．2 人称単数 es は理屈上 es-s であるが，発音が同じであるから ess とは書かない．なお，これは共時的現象の解釈であって，歴史文法ではない．歴史的変遷ははるかに複雑だった．

(c) 未完了過去は，現在幹 es- に接尾辞 -ā- をつけたものを語幹にする．しかし歴史時代以前のある時期に，母音間の s が r に変化したロータシズム rhōtacismus のために，esā- が erā- になった．語尾の種類によって -ā- が -a- に短縮する箇所がある．

(d) 未完了過去は一般に過去の行為の継続・反復・習慣・試み・開始などを表し，「していた，いつも～した，しようとした，し始めた」という意味になり，「した」という一回的行為は表さない．しかし和訳は「した」でよいことが多い．

> Rōmānus *sum*. Rōmāna *es*. Quīntus medicus *est*. Iūlia discipula *est*.
>> 私はローマ人である．あなたはローマ人です．クイーントゥスは医者である．ユーリアは生徒である．
>
> Graecī *sumus*. Graecae *estis*. fīliī discipulī *sunt*. puellae discipulae *sunt*.
>> 我々はギリシア人である．あなたがたはギリシア人です．息子たちは生徒である．少女たちは生徒である．
>
> Discipula *eram*. discipulus *erās*. Quīntus discipulus *erat*.
>> 私は生徒だった．君は生徒だった．クィーントゥスは生徒だった．
>
> Discipulae *erāmus*. discipulī *erātis*. fīliī fīliaeque discipulī *erant*.
>> 私たちは生徒だった．君らは生徒だった．息子たちと娘たちは生徒だった．

## 7. 全文疑問文

いわゆる疑問詞のない疑問文のことで，疑問の小辞 -ne, num, nōnne を用いて疑問文にする．決定疑問文とも呼ばれる．また utrum ... an

などで二重疑問文(選択疑問文)を作る．

 Aegrōtās*ne*? あなたは病気ですか．
  (答) Aegrōtō. 病気です．/ Nōn aegrōtō. 病気ではありません．
 *Num* aegrōtās? まさか病気ではないでしょうね．(否定の答を期待する)
  (答) Nōn aegrōtō. 病気ではない．/ Nōn ita. そんなことない．/ Nōn vērō. 全くない．/ Minimē. 少しもない．/ Minimē vērō. 全く少しもない．/ Nihil sānē. ぜんぜんない．*etc*.
 *Nōnne* aegrōtās? 君，病気ですね？(肯定の答を期待する)
  (答) Aegrōtō. 病気だ．/ Ita est. そうだ．/ Sānē. まさに．/ Sānē quidem. まったくその通り．/ Vērō. ほんとうに．/ Certē. たしかに．*etc*.
 *Utrum* cantant *an* saltant?/ Cantant*ne an* saltant?/ Cantant *an* saltant?
  彼らは歌っているのか，それとも踊っているのか．
  (答) Cantant. 歌っている．
 *Utrum* cantant *an nōn*?
  彼らは歌っているか，いないか．
  (答) Cantant. 歌っている．/ Nōn cantant. 歌っていない．

# 第 4 章　第 1 第 2 変化形容詞　形容詞の用法　形容詞の名詞化　人称代名詞　再帰代名詞　[1][2]の未完了過去　時間の長さの対格　歴史的現在

## 1. 第 1 第 2 変化形容詞 -us, -a, -um

-us に終る形容詞は，男性と中性が名詞の第 2 変化と同形，女性が第 1 変化名詞と同形になるので，第 1 第 2 変化形容詞と呼ばれる．

bonus, -a, -um 良い

| 格 | 単数 | | | 複数 | | |
| --- | --- | --- | --- | --- | --- | --- |
| | 男 | 女 | 中 | 男 | 女 | 中 |
| 主 | bonus | bona | bonum | bonī | bonae | bona |
| 呼 | bone | bona | bonum | bonī | bonae | bona |
| 属 | bonī | bonae | bonī | bonōrum | bonārum | bonōrum |
| 与 | bonō | bonae | bonō | bonīs | bonīs | bonīs |
| 対 | bonum | bonam | bonum | bonōs | bonās | bona |
| 奪 | bonō | bonā | bonō | bonīs | bonīs | bonīs |

Discipulus *īgnāvus* est. paedagōgus discipulum *īgnāvum* vituperat.
　生徒は怠惰である．家庭教師が怠惰な生徒を叱る．

Discipulae *attentae* sunt. magistra discipulās *attentās* laudat.
　女生徒たちは注意深い．先生は注意深い女生徒たちをほめる．

*Malus* morbus aviam *īnfirmam* vexat; avus *anxius clārum* medicum *Graecum* advocat.
　悪い病気が弱い祖母を悩ます．不安な祖父は有名なギリシア人の医師を招く．

Cōnsilium amīcī *tuī perīculōsum* et *stultum* erat. *stultō* cōnsiliō numquam obtemperāre soleō.
　君の友人の忠告は危険で愚かだった．私は愚かな忠告には決して従わない習慣だ．

## 2. 形容詞の用法

(a) 形容詞は名詞の付加語になるときも,述語になるときも,その名詞に性・数・格を一致させる.代名詞に対してもこれに準じる.また名詞,代名詞がなくても,想定上の名詞に一致させる.これは名詞と形容詞の語尾の見かけ上の形が一致することを意味しない.一致するのは機能であって,文字ではない.

 magistra *bona* 良い女性教師  magister *bonus* 良い男性教師

(b) 性の異なる2つ以上の主語の述語になる形容詞は,人の場合には男性複数形,物の場合には中性複数形にする.ただし位置の近い語に性と数を合わせることもある

 Discipulus et discipula sunt *bonī*.
  (その)生徒と女生徒は優れている.
 Hortus et vīnea sunt *bona*.  (その)庭園とブドウ園はすばらしい.
 Templum et statua Minervae *bona* est.
  ミネルワの神殿と影像はすばらしい.

## 3. 形容詞の名詞化

(a) 一部の形容詞は名詞としても使われる.形容詞の名詞化と呼ばれ,人を表す男性形と女性形が多い.中性形もまれに見られる.

 aegrōtus, -ī *m* (aegrōta, -ae *f*) 病人
 bonum, -ī *n* 善,良いこと
 bona, -ōrum *n pl* 良いことの数々,財産,資産

(b) 民族名,部族名,ローマ人の氏族名はすべて形容詞の名詞化である.辞書によっては民族・部族名は男性複数形を見出し語に使い,単数形や形容詞はその下に入れているものもある.これは文献上,男性複数形しかない民族名が極めて多いからである.

 Rōmānus, -ī *m* / Rōmāna, -ae *f*  ローマ人
 Cheruscī, -ōrum *m pl*    ケルスキー人

(c) ローマ人の氏族名の場合は男性単数形を見出し語にして,女性

単数と形容詞をそのドに入れる辞書が多い．女性の名は，氏族名女性単数形を使う．

> Iūlius, -ī　ユーリウス（氏族名＝姓）
> Iūlia, -ae　ユーリア（アウグストゥスの娘）

## 4.　人称代名詞と再帰代名詞
(a) 格変化．（　）は別形．

|  | 1人称 |  | 2人称 |  | 3人称再帰 |
|---|---|---|---|---|---|
| 格 | 単数 | 複数 | 単数 | 複数 | 単・複数 |
| 主 | egŏ | nōs | tū | vōs | — |
| 属 | meī | nostrī, nostrum | tuī | vestrī, vestrum | suī |
| 与 | mihĭ(mī) | nōbīs | tibĭ | vōbīs | sibĭ |
| 対 | mē | nōs | tē | vōs | sē(sēsē) |
| 奪 | mē | nōbīs | tē | vōbīs | sē(sēsē) |

【sēsē は強調形．古形には mēmē, tētē もある．複属の古形に nostrōrum / -ārum（＝nostrum），vostrī（＝vestrī），vostrōrum / -ārum（＝vestrum）がある．-ŏ と -ĭ については→序章 C4(c), p 24】．

【強調の前接辞をつけることがある．① -met: egōmet, nōsmet, sēmet など．② tū は tūte とする（古形 tūtemet）．③ -pte:（まれ）mēpte など】

(b) 人称代名詞には1人称と2人称しかない．3人称には後述の指示代名詞を代用する．

> Medicus *tibi* adest.　　　　　　　　　医師が君を助ける．
> Fīlia parva ā *mē* fābulam postulat.　幼い娘が私にお話をせがむ．
> Amīcus meus *vōs* salūtat.　　　　　　私の友が諸君に挨拶する．

(c) 主格は強調や対照のために用いるのみで，通常は使わない．

> *Ego* semper pāreō praeceptīs medicī; cūr *vōs* medicō nōn pārētis?
> 　私はいつも医師の指示に従う．どうして君たちは医師に従わないのか．
> *Nōs* parātī sumus pūgnāre; cūr *tū* parātus nōn es?
> 　我々は戦う用意ができている．なぜ君は用意ができていないのか．

(d) 属格のうち, -ī に終るものは属格支配の動詞または形容詞の目的語として,「～のことを」の意味になる. -um に終るものは「部分の属格(～のうちの)」として用いる. 所有の意味は所有形容詞(次章)で表し, 人称・再帰代名詞の属格では表せない.

> Quis *nostrī* memor est? だれが私のことをおぼえているか.
> Multī *vestrum* mē vituperābant. 諸君の多くが私を非難していた.

(e) 再帰代名詞は主語と同じ人や物を指す目的語である. 従って主格はない. 人称代名詞の主格以外の格は再帰代名詞としても用いる.

> Amīcus tuus adversus mala *sē* parābat; cūr tū *tē* nōn parābās?
> 君の友は悪に対抗する覚悟をしていた. どうして君は覚悟していなかったのか.

(f) inter nōs, inter vōs, inter sē は「互いに」の意味になり, 相互代名詞の代用をする.

> Diū *inter sē* certābant. 彼らは長いこと互いに争っていた.

(g) 前置詞 cum「～といっしょに」との結合は, mēcum, nōbīscum, tēcum, vōbīscum, sēcum とする.

> Duae magistrae *nōbīscum* erant.
> 2人の先生が私たちといっしょにいた.
> Captīvus *sēcum* dēlīberābat: "Ubi sum?"
> 捕虜は内心考えていた:「自分はどこにいるのか」と.

## 5. [1][2]の未完了過去

規則動詞の未完了過去は, 現在幹に接尾辞 -bā- をつけてから語尾をつける. 語尾の種類によっては, -bā- が -ba- になる.

| 人称 | amō[1] 単数 | 複数 | moneō[2] 単数 | 複数 |
|---|---|---|---|---|
| 1 | amābam | amābāmus | monēbam | monēbāmus |
| 2 | amābās | amābātis | monēbās | monēbātis |

3　amābat　amābant　monēbat　monēbant

Hodiē cum Aemiliā amīcā meā in rīpā fluviī *sedēbam*. magnam cicōniam *observābāmus*; rānās *captābat* et *dēvorābat*.

 今日私は私の友達のアエミリアといっしょに川の岸に座っていた．私たちは大きなコウノトリを観察していた．それはカエルをつかまえてむさぼり食っていた．

Multa vocābula Latīna tibi nōta nōn sunt; nam et diū aegrōtus erās et paedagōgum nōn *habēbās*.

 ラテン語の多くの単語が君に知られていない（＝君の知らないラテン語の単語がたくさんある）．なぜなら，君は長いこと病気だったし，家庭教師を持っていなかったから．

Nōndum sānī et firmī erātis; cūr perīculum nōn *vītābātis*? cūr perīculum vītāre nōn *studēbātis*?

 君たちはまだ健康でも丈夫でもなかった．どうして危険を避けなかったのか．どうして危険を避けようと努めなかったのか．

Herī in culīnā eram et bonam cēnam *apparābam*. subitō amīca tua intrat et mē salūtat. duās hōrās ūnā erāmus et dē fēriīs *narrābāmus*.

 きのう私は台所にいて，おいしい食事を用意していた．とつぜんあなたの女友達が入ってきて私に挨拶する（＝した）．私たちは2時間いっしょにいて，休暇のことを話し合っていた．

## 6. 広がりの対格

対格は前置詞なしで時間の長さを表す．

*Duās hōrās* ūnā erāmus. 私たちは2時間いっしょにいた．

## 7. 歴史的現在

　過去の一回的な出来事を単に記述する時称は，普通は完了であるが，完了の代りに（ときには未完了過去の代りに）現在を用いることがある．これを「歴史的現在」または「物語の現在」と呼ぶ．現在を使うと，過去の事件が目の前に，あたかも今起こっているかのように，ありありと思い浮かべられるとされる．

Herī in culīnā eram et bonam cēnam apparābam. subitō amīca tua *intrat* et mē *salūtat*.

> きのう私は台所にいて，おいしい食事を用意していた．とつぜんあなたの女友達が入ってきて私に挨拶する(＝した)．

---

### 余録　2．西洋古典と西洋古典学

　西洋ではヨーロッパ史を，古代，中世，近代の3つの時代に大きく区分する．古代はギリシアとローマの時代，すなわち「古典古代」classical antiquity であり，この時代の文物を研究する学問は一括して「古典研究」「古典学」classical studies，あるいは「古典古代学」Klassische Altertumswissenschaft などと呼ばれる．古典語といえば古代のギリシア語とラテン語，古典文学といえば古代ギリシア・ローマ文学であり，それらを研究対象とする学問が「古典文献研究」classical philology である．

　もちろん古典 classic という言葉は，物理学にも，経済学にも，音楽にも，乗用車にも冠せられるように，適用範囲は古代に限定されないけれども，ただ「古典」といえば古代のギリシア・ローマの時代の文化，芸術を指すのが普通である．日本では日本および東洋の古典と区別するために，「西洋古典」とか「西洋古典学」という名称を用いる．

　古代と中世の区切りは西ローマ帝国がゲルマンに滅ぼされた紀元後476年に設定されているが，これはおそらく西ヨーロッパの歴史家が，東ローマ帝国を切り離して，ラテン語を共通語とする地域の事情で決めたものであろう．

　文学史は政治とは若干異なる切れ目を考えるために，『哲学の慰め』の著者ボエーティウスの没年(524)を古代ローマ文学と中世ラテン文学の区切りにすることが多い．

# 第5章　第1・第2変化の性　第2変化男性名詞 -er(-ir)　第1第2変化形容詞 -er　所有形容詞　ローマ人の名前

## 1. 第1変化男性名詞 -a

第1変化名詞の中には，自然の性として男性になるものがある．身分・職業を表す普通名詞，人種・民族名，および川(=男性神)の名は，第1変化でも男性である．

| | | | |
|---|---|---|---|
| agricola, -ae *m* | 農夫 | pīrāta, -ae *m* | 海賊 |
| nauta, -ae *m* | 船乗り | Belgae, -ārum *m pl* | ベルガエ人 |
| poēta, -ae *m* | 詩人 | Sēquana, -ae *m* | セーヌ川 |
| agricolae sēdulī | 勤勉な農夫たち | | |
| Persārum superbōrum | 思い上がったペルシア人たちの | | |
| Sēquana flāvus | 黄金色のセーヌ川 | | |

*Agricola* sēdulus cum fīliīs suīs in campō labōrat; novīs arātrīs arant.
　勤勉な農夫が自分の息子たちといっしょに野良で働いている．彼らは新しい犂(鋤，鍬)で耕している．

Vīlla *agricolae* prope Ōceanum sita est; saepe *nautās* fessōs cibīs et vīnō recreat.
　農夫の田舎家は大洋の近くにある．彼はたびたび疲れた船乗りたちを食べ物とブドウ酒で元気にする．

Horātius et Vergilius, clārī Rōmānōrum *poētae*, vītam *agricolārum* labōriōsōrum et modestōrum praedicant.
　ローマ人たちの(=ローマの)名高い詩人たちホラーティウスとウェルギリウスは，勤勉で質素な農夫たちの生活を賞賛している．

Graecī magnum *Persārum* superbōrum numerum nōn timēbant.
　ギリシア人は思い上がったペルシア人の多数(=大軍)を恐れなかった．

*Nautae* impavidī esse solent.
> 船乗りたちは恐れを知らぬのが常である．

*Sēquana* flāvus Gallōs ā Belgīs sēparābat.
> 黄金色のセークァナ(セーヌ)川がガッリア人をベルガエ人から隔てていた．

## 2. 第2変化女性名詞 -us

-us に終る第2変化名詞のうち，樹木(=女神ニンフ)，国，都市，小島の名は女性名詞である．ほかに，humus が女性名詞．

| | |
|---|---|
| fāgus, -ī *f* | ブナ |
| Aegyptus, -ī *f* | エジプト |
| Corinthus opulenta | 豊かなコリントス(市) |
| Samus bonō vīnō nōta | 良いブドウ酒で有名なサモス島 |
| humus fēcunda | 肥沃な土地 |

In pōmāriīs nunc multae *mālī* et *pirī* flōrent.
> 果樹園では今多数のリンゴとナシの木が花を咲かせている．

Agricolae fatīgātī in umbrā *fāgī* altae sedent.
> 疲れた農夫たちは丈の高いブナの木陰に座っている．

Saepe *pōpulī* prōcērae ōrnāmentum viārum lātārum sunt.
> しばしば背の高いポプラの木が広い道路の飾りになっている．

*Aegyptus* fēcunda erat; nautae inde Rōmānīs multum frūmentum apportābant.
> エジプトは肥沃だった．船乗りたちはそこから大量の穀物をローマ人のために運んできた．

*Humus* hortī meī fēcunda est.
> 私の庭園の土地は肥沃である．

*Mīlētus* et *Ephesus* propinquae sunt īnsulae *Samō*; *Samus* bonō vīnō nōta est.
> ミーレートスとエペソスはサモス島の近くにある．サモスは良いブドウ酒で有名である．

### 3. 第 2 変化中性名詞 -us

第 2 変化中性の -us はまれ．対格も同形の -us になる．

> vīrus, -ī *n* 毒
> vulgus, -ī *n* 民衆（vulgus, -ī *m* もあり，対格は vulgum）
> pelagus Āfricum アフリカの海

Apud Gallōs *vulgus* īrācundum erat.
> ガッリア人のところでは民衆は怒りっぽかった．

*Vīrus* taxī iam Gallīs nōtum erat.
> イチイの毒はすでにガッリア人に知られていた．

### 4. -er (-ir) に終る第 2 変化男性名詞

(a) 第 2 変化男性名詞には，単数の主格・呼格が語末 -us/-e をもたずに，-er または -ir に終るものがある．

(b) そのうち，-er に終るものはさらに，属格以下で語尾をつけるときに，-er の -e- を保持するものと落とすものの 2 種類に分かれる．前者を puer 型，後者を ager 型と呼ぶ．

(c) puer 型は本来の puerus/-e から語尾 -us/-e が落ちたもの，ager 型は agrus/-e から -us/-e が落ちたときに発音困難な agr に e が入った (cf. *Gr.* agros)．

(d) -ir に終るのは vir とその複合語のみである．

| | puer *m* 少年 | | ager *m* 畑 | | vir *m* 男 | |
|---|---|---|---|---|---|---|
| 格 | 単数 | 複数 | 単数 | 複数 | 単数 | 複数 |
| 主/呼 | puer | puerī | ager | agrī | vir | virī |
| 属 | puerī | puerōrum | agrī | agrōrum | virī | virōrum |
| 与 | puerō | puerīs | agrō | agrīs | virō | virīs |
| 対 | puerum | puerōs | agrum | agrōs | virum | virōs |
| 奪 | puerō | puerīs | agrō | agrīs | virō | virīs |

(e) 人を表す語の中には特定の場合に複数属格が -um になるものがある．

> vir とその複合語　　triumvirī 三人委員会: 複属 triumvirum

faber 手職人: praefectus fabrum 砲兵隊指揮官
līberī 子供たち: līberōrum, līberum

(f) 例文

*Puerum* aegrōtum epistula amīcī dēlectat.
　病気の少年を友達の手紙が喜ばせる．
Rūsticī dēfessī *vesperum* dēsīderant.
　疲れた農夫たちは夕暮れを待ち望む．
Quis *līberōs* Rōmānōrum ēducābat?
　だれがローマ人の子供たちを教育したか．
Avus meus *agrum* amplum habet.
　私の祖父は広大な農地をもっている．
Caesar prīmō bellī Gallicī *librō* bellum Helvētiōrum et bellum Ariovistī narrat.
　カエサルは『ガッリア戦記』の第1巻でヘルウェーティイー族との戦争およびアリオウィストゥスとの戦争を語っている．
Sparta mūrōs nōn habēbat; ibi *virī* erant prō mūrīs.
　スパルタは城壁をもたなかった．そこでは男たちが城壁の代りをしていた．

## 5. -er に終る第1第2変化形容詞

(a) 第1第2変化形容詞にも puer 型と ager 型の変化をするものがあり，いずれも男性単数の主格・呼格のみ語尾を失っている．

例外的に dexter「右の」は puer 型にも ager 型にも格変化する．
　dexter, dext(e)ra, dext(e)rum

miser, -era, -erum 哀れな

|   |   | 男 | 女 | 中 |
|---|---|---|---|---|
| 単 | 主/呼 | miser | misera | miserum |
|   | 属 | miserī | miserae | miserī |
|   | 与 | miserō | miserae | miserō |
|   | 対 | miserum | miseram | miserum |
|   | 奪 | miserō | miserā | miserō |

| 複 | 主/呼 | miserī | miserae | misera |
|---|---|---|---|---|
| | 属 | miserōrum | miserārum | miserōrum |
| | 与 | miserīs | miserīs | miserīs |
| | 対 | miserōs | miserās | misera |
| | 奪 | miserīs | miserīs | miserīs |

piger, -gra, -grum 怠惰な

| | | 男 | 女 | 中 |
|---|---|---|---|---|
| 単 | 主/呼 | piger | pigra | pigrum |
| | 属 | pigrī | pigrae | pigrī |
| | 与 | pigrō | pigrae | pigrō |
| | 対 | pigrum | pigram | pigrum |
| | 奪 | pigrō | pigrā | pigrō |
| 複 | 主/呼 | pigrī | pigrae | pigra |
| | 属 | pigrōrum | pigrārum | pigrōrum |
| | 与 | pigrīs | pigrīs | pigrīs |
| | 対 | pigrōs | pigrās | pigra |
| | 奪 | pigrīs | pigrīs | pigrīs |

Lupī adsunt; quis servat *tenerōs* agnōs?
　狼が来ている．だれがか弱い子羊を守るのか．

*Miserīs* adesse decet.
　哀れな人々を助けるのは適正なことである．

In *sinistrā* Rhēnī rīpā sita erat Bonna, in *dext(e)rā* Dānuviī rīpā Vindobona.
　ライン川の左岸にはボンが，ドナウ川の右岸にはウィーンがあった．

## 6. 所有形容詞

（a）所有形容詞は，第1第2変化形容詞で，そのうち noster, vester は ager 型になる．suus は再帰的な意味にのみ用いられ，再帰的ではない「彼の」などは指示代名詞属格で表す（後述）．

（b）meus の男性単数呼格は mī anime「わが心よ」のように，mī（おそらく人称代名詞に由来する）を用いるが，名詞が主格形を代用していれば meus ocellus「わが瞳よ」のように名詞に合わせる．

| | | | |
|---|---|---|---|
| meus, -a, -um | 私の | noster, -tra, -trum | 我々の |
| tuus, -a, -um | あなたの | vester, -tra, -trum | あなた方の |
| suus, -a, -um | 彼(彼女, 彼ら, 彼女ら)自身の, 自分の | | |

【複数属格古形: meum, nostrum, tuom, vestrom, suom】
【強調の前接辞 -pte をつけることがある. とくに単・奪 suōpte 等. まれに -met も】

Avus *meus* agrum amplum habet.
　私の祖父は広大な農地をもっている.
Cōnsilium amīcī *tuī* perīculōsum et stultum erat.
　君の友人の忠告は危険で愚かだった.
Agricola sēdulus cum fīliīs *suīs* in campō labōrat.
　勤勉な農夫が自分の息子といっしょに野良で働いている.
Mārcus et Quīntus, amīcī *vestrī*, in vīllā *nostrā* pernoctant.
　諸君の友人たちのマールクスとクィーントゥスが私たちの別荘に泊まる.

## 7. ローマ人の名前

(a) 男性自由人の名前は, 「個人名」praenōmen, 「氏族名」nōmen (nōmen gentīle/gentīlicium), 「家名」cognōmen の3つから成る. さらにこれに「添え名」agnōmen (これも cognōmen と呼ぶことがある) を1つ以上添えることもある. これらのうちの1つだけを挙げるときに, どれを選ぶかは規則化されていない. 個人名は家族内での呼び名で, 親しいからといっても他人が公式に呼ぶことはない. 氏族名が正式名であるが, Cornēlius 族や Valerius 族のような大氏族の場合には, それでは区別ができない. 家名は(添え名も)綽名に由来するから, あまり正式ではないが, 細分化されて, 氏族名よりも特定化が容易であるために, 氏族名に準じて公式に使われる. 1つだけ挙げる場合に, 氏族名, 家名, 添え名のいずれを代表名にするかは, 一人一人について慣習化されている.

　　Quīntus Horātius Flaccus → Horātius
　　Gāius Valerius Catullus → Catullus
　　Pūblius Cornēlius Scīpiō Āfricānus → Scīpiō またはむしろ Āfricānus

Gāius Iūlius Caesar Octāviānus Augustus→Caesar の養子に指名されてから前 27 年までは Caesar または Octāviānus, 前 27 年に Augustus の称号を得てからは Caesar または Augustus

(b) 個人名の略記法．読むときは省略せずに，しかも正しい格に変えて読む．

| | | | | | |
|---|---|---|---|---|---|
| A. | Aulus | L. | Lūcius | Ser. | Servius |
| App. | Appius | M. | Mārcus | S(ex). | Sextus |
| C. | Gāius | M'. | Mānius | Sp. | Spurius |
| Cn. | Gnaeus | P. | Pūblius | T. | Titus |
| D. | Decimus | Q. | Quīntus | Ti(b). | Tiberius |

Gāius と Gnaeus の略号は G. Gn. にならない．C はエトルーリア経由でギリシア文字の $\Gamma$ にさかのぼるが，エトルーリア語には語頭の有声閉鎖音がなかったために，[k] と発音された．ローマ人はのちに C に飾りをつけて G を作って，無声と有声を区別するようになったが，個人名の略号には古い習慣を残した．

(c) 女性の名前には氏族名の女性形のみが用いられた．

Tullia, Iūlia, Octāvia, Cornēlia

# 第6章　受動態　行為者　中動的受動態　非人称受動　命令法　未来

## 1. 現在と未完了過去の受動態

　未完了系3時称(現在，未完了過去，未来)の受動態は，能動態と同じ語幹に受動態語尾 -or(-r), -ris (または -re), -tur; -mur, -minī, -ntur (不定法[1][2]は -rī) を付ける．現在と未完了過去では，3人称単数の語尾 -tur の直前の母音が長くなる．未来は本章6.

### amō[1]　愛する

|  | 現在 | 未完了過去 |
|---|---|---|
| 単 1 | amor | amābar |
| 2 | amāris(-re) | amābāris(-re) |
| 3 | amātur | amābātur |
| 複 1 | amāmur | amābāmur |
| 2 | amāminī | amābāminī |
| 3 | amantur | amābantur |
| 不定法 | amārī (古形 amārier) | |

### moneō[2]　警告する

|  | 現在 | 未完了過去 |
|---|---|---|
| 単 1 | moneor | monēbar |
| 2 | monēris(-re) | monēbāris(-re) |
| 3 | monētur | monēbātur |
| 複 1 | monēmur | monēbāmur |
| 2 | monēminī | monēbāminī |
| 3 | monentur | monēbantur |
| 不定法 | monērī (古形 monērier) | |

Ager avī meī quotannīs rīvō *inundātur*.
　私の祖父の畑は毎年，水路によって灌漑される．

Caesar interdum cum Alexandrō Magnō *comparātur*.
　カエサルは時折アレクサンドロス大王と比較される．

Oppida Gallōrum ab Helvētiīs *expūgnantur* et *dēlentur*.
　ガッリア人の町々はヘルウェーティイー族によって攻め落とされ破壊される．

Puer aegrōtus epistulā amīcī *dēlectātur*.
　病気の少年は友達の手紙を喜ぶ．

Tū *dēlectāris* librīs, ego pictūrīs *dēlector*: vōs *dēlectāminī* librīs, nōs pictūrīs *dēlectāmur*.
　君は書物を楽しみ，私は絵画を楽しむ．諸君は書物を楽しみ，我々は絵画を楽しむ．

Hortus agricolae pluviā *vāstābātur*.
　農夫の庭園は雨によって荒らされていた．

*Līberī* multōrum Rōmānōrum ā servīs Graecīs *ēducābantur*.
　多くのローマ人の子供たちはギリシア人の奴隷によって教育された．

Superbīs et asperīs Vārī verbīs Germānī nōn *terrēbantur*.
　ワールスの傲慢で乱暴な言葉をゲルマーニア人は恐れなかった．

## 2. 行為者

(a) 受動の行為者「(人)によって」は「ā(ab)＋奪格」で表す．必要のない限り使わないから，実際には使用頻度が高くない．

　Puer *ab avō* amātur. 少年は祖父に愛されている．

(b) 物事は行為者になれないから，「(物事)によって」は手段の奪格で表す．

　*Superbīs verbīs* Germānī nōn terrēbantur.
　　高慢な言葉にゲルマーニア人はおびえなかった．

## 3. 中動的受動態

　受動態は受動の意味になるとは限らない．他動詞の受動態が自動詞の能動態と同じ意味になることがある．能動と受動の中間ということで，中動的受動 mediopassīva と呼ばれる．手段の奪格は中動的受動文では奪格目的語であるかのように訳されることがある．

　Puerum aegrōtum epistula amīcī dēlectat.—Puer aegrōtus

epistulā amīcī *dēlectātur*.
> 病気の少年を友達の手紙が喜ばせる．——病気の少年は友達の手紙によって喜ばされる(受動)；病気の少年は友達の手紙を喜んでいる(中動的受動)．

Superbīs et asperīs Vārī verbīs Germānī nōn *terrēbantur*.
> ワールスの傲慢で乱暴な言葉によってゲルマーニア人は脅かされなかった；ワールスの傲慢で乱暴な言葉をゲルマーニア人は恐れなかった．

## 4. 非人称受動

(a) 自動詞にも受動態を持つものがあり，非人称の受動文を作る．能動文の主格は他動詞の受動文と同じ扱いを受け(上記2行為者)，斜格は変更しない．

Mihi *invidētur* ab amīcīs.
> 私は友人たちにねたまれている．

Nōn facile *persuādētur* patrī.
> 父は容易に説得されない(父を説得することは難しい)．

(b) 非人称受動の意味は，行為そのものが「行われる」ということである．

Iam pūgnant in castrīs.——Iam *pūgnātur* in castrīs.
> 彼らは今や陣営の中で戦っている．——今や戦闘は陣営の中で行われている．

## 5. 命令法
(1) 第1命令法
 第1命令法は命令法現在とも呼ばれる普通の命令法で，2人称しかない．単数は現在語幹を語尾なしで使い，複数には語尾 -te をつける．

|   | amō[1] | moneō[2] | sum |
|---|---|---|---|
| 単2 | amā | monē | es |
| 複2 | amāte | monēte | este |

Domine, propitius *es* populō tuō!

主よ，あなたの民に対して恵み深くあれ．

Contentī *este* fortūnā vestrā, amīcī!
諸君の境遇に満足せよ，友人たち．

*Spērāte* bona et *parāte* vōs adversus mala!
良いことを望め，そうして悪いことに対抗する準備をせよ．

Memoriam *exercē*, puer! ― Memoriam *exercēte*, puerī!
少年よ，記憶力を鍛えよ．― 少年たちよ，記憶力を鍛えよ．

*Salvē*, Mārce! ― Tū quoque *salvē*, Antōnī!
こんにちは，マールクス．― 君にも，こんにちは，アントーニウス．

Officium mē aliō vocat; *valē*, mī fīlī!
勤務が私をほかのところへ呼んでいる．さらば，わが子よ．

(2) 第2命令法

第2命令法(命令法未来)は，法令，条約，遺言書，人生訓など，形式ばった表現に用いられる．2人称と3人称があり，否定詞には意図を否定する nē「ないように」を用いる．

|  |  | amō[1] | moneō[2] | sum |
|---|---|---|---|---|
| 単 | 2 | amātō | monētō | estō |
|  | 3 | amātō | monētō | estō |
| 複 | 2 | amātōte | monētōte | estōte |
|  | 3 | amantō | monentō | suntō |

Grātus *estō* ergā Deum. ― Grātī *estōte* ergā Deum.
神に感謝せよ．― 同．

Stichus, servus meus, līber *estō*.
わが奴隷スティクスが自由になること．【遺言書】

Bella semper iūsta *suntō*.
戦争は常に公正であるべし．

Reus modestē *respondētō*.
被告は謙虚に返答すること．

Nē temere *iūrātō*.
軽はずみに誓うべからず．

Probōs *laudātōte*, *castīgātōte* improbōs.

諸君は正直な者をほめ，不正直な者をこらしめるべきである．

Impiī nē *audentō* plācāre dōnīs īram deōrum.
神々をないがしろにする者どもが敢えて供物によって神々の怒りを鎮めようとすることのないように．

(3) 命令法受動態

能動態と異なり，第2命令法に複数2人称がない．一般動詞では実際には使われないが，形式受動態動詞(第20章2, p 156)の命令法がこの形になるので，ここには一般動詞の変化形のみを挙げて，例文は形式受動態動詞のところ(p 158)で扱う．

|     |     | amō[1]   | moneō[2] |
| --- | --- | -------- | -------- |
| 第1 | 単2 | amāre    | monēre   |
|     | 複2 | amāminī  | monēminī |
| 第2 | 単2 | amātor   | monētor  |
|     | 単3 | amātor   | monētor  |
|     | 複3 | amantor  | monentor |

## 6. 規則動詞[1][2]と sum の未来

(a) 第1活用と第2活用の未来は，現在幹に接尾辞 -bo-/-be- をつけてから人称語尾をつける．実際には接尾辞は弱まって，-b-/-be-/-bi-/-bu- などの形で出てくる．

(b) sum の未来は現在幹 es- に -o-/-e- をつけてから人称語尾をつける．実際には -o-/-e- は -u-/-i- に弱まっている．es- はロータシズム(第3章6c, p 46)によって er- に変っている．

|     |     | amō [1]  |           | sum              |
| --- | --- | -------- | --------- | ---------------- |
|     |     | 能動     | 受動      |                  |
| 単  | 1   | amābō    | amābor    | erō              |
|     | 2   | amābis   | amāberis  | eris             |
|     | 3   | amābit   | amābitur  | erit (古形 erīt) |
| 複  | 1   | amābimus | amābimur  | erimus           |
|     | 2   | amābitis | amābiminī | eritis           |
|     | 3   | amābunt  | amābuntur | erunt            |

moneō [2]

|   | 能動 | 受動 |
|---|---|---|
| 単 1 | monēbō | monēbor |
| 2 | monēbis | monēberis |
| 3 | monēbit | monēbitur |
| 複 1 | monēbimus | monēbimur |
| 2 | monēbitis | monēbiminī |
| 3 | monēbunt | monēbuntur |

Autumnō nōn *erō* in oppidō nostrō, sed cum cōnsobrīnō meō Italiam *peragrābō*.
> 秋には私は我々の町にいないであろう，私の従兄弟といっしょにイタリアを旅行するであろう．

Dōnec *eris* sospes, multōs *numerābis* amīcōs. (Ov. *Tr.* 1.9.5)
> 君は，恵まれている間は，多くの友を数えるであろう．【詩】

Quandō Italiam *vīsitābimus*? ― Fēriīs aestīvīs Rōmam *vīsitābimus*.
> 私たちはいつイタリアを訪れることになるのですか．―夏休みにローマを訪れるのです．

Magister, quī nōs docet linguam Latīnam, et duae magistrae nōbīscum Rōmam *vīsitābunt*.
> 私たちにラテン語を教えている先生と女の先生2人が私たちと一緒にローマを訪れることになります．【quī は関係代名詞→次章】

In clīvō Palātīnō ruīnās aedificiōrum antīquōrum investīgāre *licēbit*.
> パラーティウム丘の上で古代の建物の遺跡を調査することが許されるだろう．

Bonā memoriā vocābula *retinēbis*. ― Malā memoriā vocābula nōn *retinēbitis*.
> 君は良い記憶力によって単語を保持(=記憶)するであろう．―諸君は悪い記憶力によって単語を保持(=記憶)しないであろう．

Optimus discipulus praemiō *dōnābitur*.
> 最優秀の生徒は褒賞を贈られるであろう．

Nōn praeceptīs *arcēbor* ab iniūriā, sed meā cōnscientiā. minīs vērō neque terreor neque *terrēbor*.
>私は命令によってではなく，私の良心によって不正から守られる(=不正行為をしない)であろう．しかし脅迫にはおびえていないし，またこれからもおびえないであろう．

Quis aegrōtō *aderit*? ā quō *cūrāberis*, sī *aegrōtābis*?
>だれが病人の世話をするのですか．もしあなたが病気になったら，だれの世話になるのですか．

(c) 未来時称は未来のことを記述する(単純未来)ほか，普遍的な意味にも用いられる(普遍的未来)．

Dīves multōs amīcōs *numerābit*.
>金持ちは(金持ちになれば)多くの友を数えるだろう．
>金持ちは(金持ちというものは)多くの友を数えるものだ．

(d) 2人称の未来は命令の意味になることが多い(要求の未来)．

Statim *tacēbitis*! すぐ黙りなさい．

# 第7章　関係代名詞　関係文　第4変化名詞　第5変化名詞　二重対格　時の奪格　原因の奪格

## 1. 関係代名詞 quī, quae, quod

（a）関係代名詞は疑問代名詞と同じ語幹をもつために，混同されることもある．単数属格，与格には3性共通の代名詞語尾 -īus（母音のあとでは -ius），-ī が現れる．

（b）関係代名詞は原則として先行詞と性・数を一致させる．形容詞的用法もある．

|   | 単数 | | | 複数 | | |
|---|---|---|---|---|---|---|
|   | 男 | 女 | 中 | 男 | 女 | 中 |
| 主 | quī | quae | quod | quī | quae | quae |
| 属 | cūius | cūius | cūius | quōrum | quārum | quōrum |
| 与 | cuī | cuī | cuī | quibus | quibus | quibus |
| 対 | quem | quam | quod | quōs | quās | quae |
| 奪 | quō | quā | quō | quibus | quibus | quibus |

【古形: 属 quōius, 与 quoi, 奪 quī(d); 複与/奪 quīs(queīs)】

Magister, *quī* nōs linguam Latīnam docet, nōbīscum Rōmam vīsitābit.
　我々にラテン語を教えている先生が我々といっしょにローマを訪れるだろう．

Domina, *quae* in vīllā habitat, mē vocat.
　荘園に住んでいる女主人が私を呼んでいる．

Deus, *cūius* ārae in viīs stābant, Mercurius erat.
　その祭壇が道ばたに立っていた神はメルクリウスでした．

Neptūnus, *cuī* Rōmānī equōs immolābant, deus Ōceanī fluviōrumque erat.
　ローマ人が馬を犠牲に捧げていたネプトゥーヌスは，大洋と川の神だった．

Medicus, *ā quō* cūrābāris, Graecus est.
   君が治療してもらっていた医者はギリシア人だ．
Servae, *quās* Tullia vocābat, corōnās apportant.
   トゥッリアが呼んでいた侍女たちが花輪を持ってくる．
Aegrōtī, *quibus* medicus medicīnam praebet, vīcīnī meī sunt.
   医者が薬を与える患者たちは私の隣人たちである．

(c) 前置詞 cum「～とともに」との結合の仕方は，quōcum, quācum, quibuscum も，cum quō, cum quā, cum quibus もある．

(d) 疑問形容詞は関係代名詞と同形であり，疑問代名詞複数には疑問形容詞複数を代用する．前接辞 -nam をつけた強調形もある（第2章6, p 40）．

## 2. 関係文

関係文は関係代名詞や関係副詞によって導かれる副文（従属文）で，先行詞を修飾する．

Magister, *quī* nōs docet linguam Latīnam, aegrōtat.
   我々にラテン語を教えている先生が病気である．（quī=who）
In clīvō Palātīnō, *ubi* quondam Augustus habitābat, ruīnās investīgāmus.
   かつてアウグストゥスが住んでいたパラーティウム丘の上で我々は遺跡を調査する．（ubi=where）

## 3. 第4変化名詞

(a) 第4変化 (u 幹) 名詞は，単数主格が男性・女性 -us, 中性 -ū に終る．中性の属格・与格は男性・女性に準じる（( ) と / の使い分けについては，第1章4d, p 31–32）．

|   | 「語　末」 | | manus 手 | cornū 角 |
|---|---|---|---|---|
|   | 男・女 | 中 | *f* | *n* |
| 単主/呼 | -us | -ū | manus | cornū |
| 属 | -ūs/-uos, -uis, -uus, -ī | -ūs | manūs | cornūs |
| 与 | -uī(-ū)/-uei | -ū | manuī(-ū) | cornū |

| | | | | | |
|---|---|---|---|---|---|
| 対 | -um | | -ū | manum | cornū |
| 奪 | -ū | | -ū | manū | cornū |
| 複主/呼 | -ūs/-uus | | -ua | manūs | cornua |
| 属 | -uum/-ūm | | -uum | manuum | cornuum |
| 与 | -ibus(-ubus) | | -ibus | manibus | cornibus |
| 対 | -ūs/-uus | | -ua | manūs | cornua |
| 奪 | -ibus(-ubus) | | -ibus | manibus | cornibus |

(b) domus f「家」には第2変化の語形が混合している．

| | | | |
|---|---|---|---|
| 単主/呼 | domus | 複 | domūs |
| 属 | domūs/-uos, -uis, -ī, -uus | | domōrum/-uum |
| 与 | domuī/domō | | domibus |
| 対 | domum | | domōs, -ūs |
| 奪 | domō(-ū) | | domibus |

Crās Antōnius nōs vīsitābit; sed hōram *adventūs* adhūc īgnōrāmus.
　明日アントーニウスが我々を訪ねてくる．しかし到着の時間を我々はまだ知らない．

*Frūctūs* mālī nostrae nōndum mātūrī sunt; cavēte *frūctūs* immātūrōs!
　我らのリンゴの木の実はまだ熟していない．未熟の果実に注意せよ．

In *portibus* multa nāvigia vidēmus, quae *impetum* magnōrum *flūctuum* vītant.
　港の中に大潮の押し寄せるのを避けている多くの船が見える．

Apud Rōmānōs summus *magistrātus* erat *cōnsulātus*.
　ローマ人のもとでは(=ローマでは)最高の官職は執政官職であった．

*Cornua* bēstiārum et ōrnāmenta et arma perīculōsa sunt.
　野獣の角は装飾でも危険な武器でもある．

Rhīnocerōs aut ūnum *cornū* aut duo *cornua* in nāsō habet.
　犀は鼻の上に1本か2本の角をもっている．

Patriciī Rōmānī *domōs* suās avōrum simulācrīs ōrnābant.
　ローマの貴族階級の人々は自分の家を祖先の肖像で飾っていた．

## 4. 第 5 変化名詞

(a) 第 5 変化 (ē 幹) 名詞は男性・女性に限られる．単数属格・与格は，-ēs の前に -i- のある語では -ēī に，-i のない語では -eī になる (/については，第 1 章 4d，p 31–32)．

|  | 「語末」 | diēs, -ēī *m* 日 | rēs, -eī *f* 物, 事 |
|---|---|---|---|
| 単主/呼 | -ēs | diēs | rēs |
| 属 | -ēī, -eī/-ei, -ēs, -ē, -ī | diēī | reī |
| 与 | -ēī, -eī/-ē, -ī | diēī | reī |
| 対 | -em | diem | rem |
| 奪 | -ē | diē | rē |
| 複主/呼 | -ēs | diēs | rēs |
| 属 | -ērum | diērum | rērum |
| 与 | -ēbus | diēbus | rēbus |
| 対 | -ēs | diēs | rēs |
| 奪 | -ēbus | diēbus | rēbus |

(b) すべての変化形が揃っているのはこの 2 語と diēs の複合語だけで，その他の第 5 変化名詞は，複数のないことが多く，たとえあっても主・呼・対格に限られる．

Ā prīmā *diēī* hōrā ad *merīdiem* frūstrā ab amīcīs exspectābāris.
　昼間の第 1 時間 (日の出からの 1 時間) から正午まで，君は友人たちによって待たれていたけれども無駄になった．

Vērus amīcus nōn sōlum in *rēbus* secundīs, sed etiam in adversīs *rēbus fidem* servat.
　真実の友は順境においてのみならず逆境においてもまた信義を守るものである．

*Reī* pūblicae *spēs* in concordiā nostrā sunt et industriā.
　国家の希望は我らの団結および勤勉にかかっている．

Sī sociī *reī* frūmentāriae prōvidēbunt, nōn dēspērābimus; post paucōs *diēs* frūmentum et pābulum aderunt.
　同盟者たち (=同盟国，同盟軍) が食料の補給に配慮してくれれば，我々が絶望することはない．数日後に穀物と飼料が来るだろう．

Quā *rē* Īdūs Mārtiae vōbīs nōtae sunt?
　　何事(=何)によって3月の中日(15日)は諸君に知られていますか.
　　【カエサル暗殺】


## 5. 二重対格

　対格を2つ取る2種類の動詞がある．1つは対格目的語とその同格述語(補語)を取るもので，受動では二重主格に変る．もう1つは人の対格と物事の対格の2つの目的語を取るもので，受動文の作り方は動詞によって異なり，一言にはまとめられない．

　　Exercitum ad pūgnam īnstrūctum Rōmānī cum aciē gladiī comparābant; ipsa quoque *pūgna* <u>*aciēs*</u> appellābātur. *ālās* exercitūs etiam *cornua* appellābant.
　　　戦闘を目的に配置された軍隊をローマ人は剣の刃 aciēs と比較した．戦闘そのものもまた aciēs と呼ばれた．軍隊の両翼を彼らは角とも呼んでいた．
　　Magister *nōs <u>linguam Latīnam</u>* docet.
　　　先生は我々にラテン語を教える．


## 6. 時の奪格

「いつ」という時は，前置詞のない奪格で表す．
　　autumnō 秋に
　　fēriīs aestīvīs 夏休みに


## 7. 原因の奪格

奪格は前置詞を伴わずに原因を表すことがある．

　　Corinthus clāra erat *templō* Neptūnī.
　　　コリントスはネプトゥーヌスの神殿で有名だった．
　　Samus *bonō vīnō* nōta est.　　サモスは良いブドウ酒で有名である．
　　Avus *morbō* labōrat.　　　　　祖父は病気で苦しんでいる．

## 余録　3. ラテン文学の受難

　中世から近代にかけて，人文主義者のような少数の専門家を別にすると，一般の知識人はギリシアの哲学や文学をラテン的教養のフィルターを通して理解した．それはラテン語を唯一の学問的言語，知識人の共通語とした西欧中世のラテン語万能の伝統がそのまま近代に続いていたからで，一般常識の程度ならば，ギリシアの哲学や文学はラテン語訳で，あるいは古代ローマ人がラテン語で解説，引用，紹介したものを通して理解するだけで，間に合ったからであろう．

　東ローマ帝国の滅亡の前後に多数のギリシア語の文献が西欧に避難してきて，人文主義者による研究が本格的になるが，初等中等教育が未整備の時代には，一般の人々にまで普及することはなかった．ようやく19世紀に，ギリシア独立戦争への全欧的共感とロマン主義の風潮の中で，ラテン的解釈を越えた直接的なギリシア研究が主流になった．ギリシアの再発見である．

　ところがその反動が思わぬところに露呈した．ラテン文学に対する評価が急速に低落してしまったのである．最高の詩人とされてきたウェルギリウスはホメーロスの猿真似，最高の散文家のキケローもただの模倣家，その他の作家については言わずもがな，という調子である．19世紀はラテン文学の受難期であった．

　この批判の中心は歴史家であったようである．しかしこの受難期にも真に才能のある学者は，「模倣」imitātiō の奥に潜む独創性を見逃さず，模倣の実態を克明に調べて，それが模倣であるよりもむしろ「競争」aemulātiō であるという読み方に傾き，やがて20世紀初頭にはラテン文学の再発見が行なわれて，猿真似説や模倣家説は影を潜めるようになり，世紀後半にはもう19世紀的評価を支持する批評は消えた．ただ日本人は客観的価値よりも好き嫌いで判断する傾向が強いし，そもそもラテン的教養の伝統がないから，ギリシア文学贔屓のほうが圧倒的に多い．

# 第8章　完了系3時称能動態　完了系3時称の用法

**1. 完了系3時称能動態**

(1) 完了幹

（a）完了系3時称の能動態は，語幹として完了幹を用いる．完了幹の種類は現在幹の種類と一致しないから，第1活用，第2活用という現在幹の分類を使わず，完了幹に特有の分類法を使う．

（b）それでも[1]には amāv- のような「v 完了」が，[2]には monu- のような「u 完了」と dēlēv- のような「v 完了」が多く，これらを規則的対応と呼んでもよい．これ以外の種類の[1]と[2]の完了幹は，第3活用動詞の完了幹を概観するときに，合わせて例示する（第15章 1, p 119–120）．

（c）不規則動詞 sum の完了幹は fu- である．

(2) 完了

（a）完了の語尾は直説法完了能動態のみに使われる特別の語尾 -ī, -istī, -it; -imus, -istis, -ērunt または -ēre; および不定法 -isse.

（b）複数3人称の語尾は -erunt または -ēre であったが，-ēre の影響で -erunt も -ērunt に変った．詩は古形を好むので，ときどき -erunt が現れる．

|  | amō[1] | moneō[2] | dēleō[2] | sum[不] |
|---|---|---|---|---|
|  | 愛する | 警告する | 破壊する | ある |
| 単 1 | amāvī | monuī | dēlēvī | fuī |
| 2 | amāvistī | monuistī | dēlēvistī | fuistī |
| 3 | amāvit | monuit | dēlēvit | fuit |
| 複 1 | amāvimus | monuimus | dēlēvimus | fuimus |
| 2 | amāvistis | monuistis | dēlēvistis | fuistis |
| 3 | amāvērunt, amāvēre | monuērunt, monuēre | dēlēvērunt, dēlēvēre | fuērunt, fuēre |
| 不定法 | amāvisse | monuisse | dēlēvisse | fuisse |

(3) 過去完了

過去完了は完了幹に -eram, -erās, -erat; -erāmus, -erātis, -erant を つける．これは sum の未完了過去と同形であるが，接尾辞 -erā- に人称語尾 -m, -s, -t; -mus, -tis, -nt がついたものである．

|  | amō[1] | moneō[2] | sum[不] |
|---|---|---|---|
| 単 1 | amāveram | monueram | fueram |
| 2 | amāverās | monuerās | fuerās |
| 3 | amāverat | monuerat | fuerat |
| 複 1 | amāverāmus | monuerāmus | fuerāmus |
| 2 | amāverātis | monuerātis | fuerātis |
| 3 | amāverant | monuerant | fuerant |

(4) 未来完了

未来完了は完了幹に -erō, -eris, -erit; -erimus, -eritis, -erint をつける．これも複数 3 人称以外は sum の未来と同形であるが，接尾辞 -eri- に人称語尾 -ō, -s, -t; -mus, -tis, -nt がついたものである．

|  | amō[1] | moneō[2] | sum(不) |
|---|---|---|---|
| 単 1 | amāverō | monuerō | fuerō |
| 2 | amāveris | monueris | fueris |
| 3 | amāverit | monuerit | fuerit |
| 複 1 | amāverimus | monuerimus | fuerimus |
| 2 | amāveritis | monueritis | fueritis |
| 3 | amāverint | monuerint | fuerint |

(5) 子音 v の消失

子音 v（発音は [w]）は半母音に近く，子音としては弱いので，2 つの母音に挟まれると，消えることがある．これは v 完了によく現れる現象で，とくに s または r の前で起こりやすく，並んだ 2 母音は融合して 1 母音になったり，あるいは弱まったりする．-āvi-, -āvē-, -āve- は融合して -ā- になり，同様に -ēvi-, -ēvē-, -ēve- も -ē- になる．やや異なる -īvī-, -īvi-, -īvē-, -īve- については後述する（第 18 章 6b, p 145）．

【上の表にvの消失による短縮形を当てはめると：完了単2 amāstī, dēlēstī, 複2 amāstis, dēlēstis, 複3 amārunt, dēlērunt; 完了不定法 amāsse, dēlēsse; 過去完了 amāram, amārās, *etc.*; 未来完了 amārō, amāris, *etc.*】

## 2. 完了の用法
(1) 歴史的完了

(a) 歴史的完了は「〜した」という過去の一回的な行為を記述または報告する．圧倒的多数の完了がこれに該当する．時間の長さは関係せず，一回的であれば長時間の状態でもかまわず，また「いつも」「しばしば」「何回」などの反復表現の副詞があっても，「その都度〜した」という感覚で用い，未完了過去とは異なる観点を示す．

 Rōmānī aliquandō sub imperiō Etrūscōrum *fuērunt*.
  ローマ人はかつてエトルーリア人の支配下にいた．
 Ubi herī *fuistī*, Licinia? ― In oppidō vīcīnō *fuī* et amitae *adfuī*.
  リキニアよ，あなたは昨日どこにいましたか．―隣の町へ行って，叔母の手伝いをしました．
 Iamne *fuistis* in novō circō, puerī? ― Iam bis ibi *fuimus*.
  君たちはもう新しい円形競技場へ行きましたか，少年たち．―もう2回そこへ行きました．
 Quid Caesar prīmō bellī Gallicī librō *narrāvit*? nōnne memoriā *tenuistī*？
  カエサルは『ガッリア戦記』の第1巻で何を語ったか．覚えたではないか．
 Nūper *spectāvī* sepulcrum, cuius titulus erat: "Tū *fuī*, ego eris."
  最近ぼくは「私は君だった，君は私になる（私もかつては今の君と同じ生者だった，君はいずれ私と同じ死者になる）」という碑銘の墓を見た．
  【墓石が死者の代弁をして通行人に話しかけるという形式の墓碑銘．tū と ego は主語ではなく述語】
 Frūstrā auxilium *rogāvisse* acerbum est.
  援助を頼んでも駄目だったことはひどいことだ．
 Nōn satis est amīcum *monuisse* et tantum cōnsiliīs eī *adfuisse*;

factīs amīcitia probātur.
> 友人に忠告してただ忠言で彼を助けただけでは十分ではない．友情は行動によって試される．

(b) 歴史的完了と未完了過去との違いは，時の違いでも時間の長さの差でもない．過去という時間の中での一回的な行為であるか，それとも行為の継続・反復・習慣・意図・開始であるか，という動作の仕方（Aktionsart）の相違，またはアスペクト（aspectus 相，観点）の違いである．一回的行為と継続的・反復的行為とを異なる時称で区別することができるのは，過去の特性であり，現在と未来にはこの区別がない．

Graecī Trōiam decem annōs *oppugnaverunt*.
> ギリシア軍はトロイアを10年間にわたって攻撃した．【一回的】

Graecī Trōiam diū *oppūgnābant*.
> ギリシア軍はトロイアを長いあいだ攻撃していた．【継続中】

(2) 現在完了

過去の行為の現在における結果を表す．通常は特定の動詞に限られ（最初の3例），一般の動詞の場合には特殊な効果を狙った詩的，修辞的表現である（最後の2例）．

Haec *nōvī*. 私はそれを知っている．
> 【nōvī は nōscō[3]「知る」の完了】

Vīvōrum *meminī*.
> 私は生きている人々のことを覚えている．
> 【meminī は現在幹のない動詞→第23章7b, p 180】

Māne ambulāre *cōnsuēvī*.
> 私は早朝に散歩する習慣です．
> 【cōnsuēvī は cōnsuēscō[3]「慣れる」の完了】

*Fuit* Trōia, *fuimus* Trōiānī.
> トロイアは存在した（＝今はもうない）し，我らはトロイア人だった（＝もうトロイア人ではない）．

*Vīxērunt*. 彼らはもう生きていない．
> 【vīxī は vīvō[3]「生きる」の完了】

(3) 格言的完了

　格言的な表現では完了を普遍的(すなわち現在的,無時間的)な意味に用いる．ギリシア語の格言的アオリストの模倣で，詩中の金言名句に多い．

> Nihil sine magnō vīta labōre *dedit* mortālibus.
> 　人生は大きな苦労なしには人間に何も与えないものだ．
> 【labōre＝labor「苦労」の奪格，dedit＝dō[1]「与える」の完了，mortālibus＝mortālis「死すべきもの，人間」の複数与格】

## 3. 過去完了の用法

　(a) 過去完了は過去よりも「以前」，すなわち過去の時点ですでに過去になっていたことを表す．

> Herī in oppidō vīcīnō fuī; anteā apud medicum *fueram*.
> 　昨日は隣町にいました．その前に医者のところへ行っていました．
> Iam bis in novō circō fuimus; nam et avus nōs *invītāverat* et avunculus.
> 　私たちはもう新しい円形競技場へ2回行きました．なぜなら，祖父も叔父も私たちを招待しましたから．

　(b) 過去，現在，未来という時間概念は，それ自身独立に扱われているので，それを表す時称は絶対時称である．これに対して「以前」「同時」「以後」は特定の時間との関係であるから，それを表す過去完了のような時称は相対時称である．
　(c) 副文では過去完了の代りに絶対時称の完了を使うことがある(後述)．著者の時点で見ればそれも過去であるからである．

## 4. 未来完了の用法

(1) 未来完了

　未来完了も未来との関係でそれ以前の出来事を描く相対時称である．未来完了の代りに完了を使うことはできない．

> Sī hodiē amitam meam *vīsitāveris*, Licinia, et eī *adfueris*,

semper tibi grāta erit.
> リキニアよ，もし今日あなたが私の叔母のところを訪れて，彼女のお手伝いをしたら，彼女はいつまでもあなたに感謝するでしょう．

Lēgātī Siculōrum, priusquam apud patrōnum *fuerint* et cum eō *cōnsultāverint*, mē accūsāre nōn audēbunt.
> シクリー人(シチリア人)の使者たちは，パトロンのところへ行って彼と相談するより前に，敢えて私を訴えようとはしないだろう．

Ubi in patriā *fuerō* ac populum *monuerō*, nē necem quidem timēbō.
> 祖国へ行って国民に忠告したら，私は殺されることさえも恐れないだろう．【necem=nex「殺害」の対格】

(2) 第2未来

主文の未来完了は，過去完了とは異なり，絶対時称として単に未来の意味に用いることができる．未来は不確実であり，実現するかどうか分からない．しかし約束のように確実性を保証しなければならないことがある．未来完了を使うと，完了というアスペクトの力で，実現の確実性が高められる．「確認の未来」とも呼ばれる．

Officium *praestiterō*.
> 私は必ず義務を果たします．
> 【praestiterō=praestō[1]「果たす」の未来完了】

Iam *vēnerō*.
> すぐ行きます．【vēnerō=veniō[4]「来る」の未来完了】

# 第9章　第3変化子音幹名詞

## 1. 第3変化名詞

(a) 第3変化名詞は種類が多くて，分類が容易ではない．それは本来の「子音幹名詞」と「i幹名詞」（例外的に ū 幹も含む）が混在して相互に影響しあって，単語ごとに異なるほどの混乱をきたしているためである．同じ単語の同じ格でも2種類の語尾が文献に出てくるから，単語ごとに子音幹か i 幹かを決定することも難しいことがある．したがって初めは規則に頼らず，1語ずつ覚えていくしかない．本章に述べる規則は大雑把なもので，100% 正しいことではないが，「子音幹名詞」を2種類に分けて，「i 幹名詞」とともに3本立てにするのがもっとも分かり易いと思われる．

(b) 第3変化名詞でも男性と女性は同形である．中性は主・呼・対格のみが男・女性とは別形で，その単数には語尾がなく，複数は -a に終る．

## 2. 子音幹名詞

(a) 子音幹名詞は語幹末が子音の名詞である．しかし語幹末が複子音（2子音または3子音）のものは，i 幹名詞の影響を強く受けて，子音幹か i 幹かが不明瞭になっている．そこで，本章では語幹の最後が1子音の名詞（1子音幹名詞）のみを，純粋子音幹名詞，略して「子音幹名詞」と呼び，複子音幹のものは別に「複子音幹名詞」という項目を立てて，「i 幹名詞」とともに第12章で扱うことにする．

(b) 性についても規則化は危険であるが，流音幹名詞には男性が，閉鎖音幹名詞には女性が多い．

(c) 子音幹名詞の男・女性の単数主格は，語幹末の子音と語尾 -s との間でさまざまな音韻上の変化を起こして，語幹を不明瞭にしていることが多い．また，中性も含めて，語幹末子音の前の母音も単数主格は語幹と異なることがある．だから見出し語の次に属格形を挙げることが，第1・第2変化の場合よりもいっそう重要になる．

(d) 実際に単数主格に -s がつくのは，男性と女性の閉鎖音幹 (p, b, t, d, c, g) と m 幹に限られ，流音幹 (l, r)，n 幹，s 幹からは音韻

上，または綴字上，-s が脱落する．

(e) 格変化表に挙げてない中性は，中性一般の規則（主・呼・対格同形，複数のそれは -a）に従う．

## 3. 子音幹名詞の格変化

(a) 次の格変化表に挙げるのは標準的な語形だけである．実際には単語ごとにさまざまな変種があり，格によっては i 幹名詞の語末を併せもつ語がかなりある．これについては複子音幹名詞を扱うところでいっしょに取上げることにする．

(b)「語末」一覧表の（ ）と / の使い分けについては，第 1 章 4d (p 31–32) の「語末一覧表」を参照のこと．第 12 章の i 幹名詞，複子音幹名詞の箇所では別形を省略するが，子音幹名詞とはば共通である．なお，中性の属格，与格，奪格の語末の欄は空白にしてあるけれども，中性の一般原則により，男・女性と同形になる．

|  | 「語　末」 |  | ① l 幹 | ② r 幹 |
|---|---|---|---|---|
|  | 男/女 | 中 | 執政官 m | 苦労 m |
| 単主/呼 | -s, — | — | cōnsul | labor |
| 属 | -is/-us, -es |  | cōnsulis | labōris |
| 与 | -ī/-ei, -ē |  | cōnsulī | labōrī |
| 対 | -em | — | cōnsulem | labōrem |
| 奪 | -e/-ei, -ī, -ed |  | cōnsule | labōre |
| 複主/呼 | -ēs/-eis, -īs | -a | cōnsulēs | labōrēs |
| 属 | -um(-ium) |  | cōnsulum | labōrum |
| 与 | -ibus |  | cōnsulibus | labōribus |
| 対 | -ēs(-īs)/-eis | -a | cōnsulēs | labōrēs |
| 奪 | -ibus |  | cōnsulibus | labōribus |

|  | ③ r 幹 | ④ n 幹 | ⑤ n 幹 | ⑥ s 幹 |
|---|---|---|---|---|
|  | 父 m | 似姿 f | 名前 n | 種類 n |
| 単主/呼 | pater | imāgō | nōmen | genus |
| 属 | patris | imāginis | nōminis | generis |
| 与 | patrī | imāginī | nōminī | generī |

| | | | | |
|---|---|---|---|---|
| 対 | patrem | imāginem | nōmen | genus |
| 奪 | patre | imāgine | nōmine | genere |
| 複主/呼 | patrēs | imāginēs | nōmina | genera |
| 属 | patrum | imāginum | nōminum | generum |
| 与 | patribus | imāginibus | nōminibus | generibus |
| 対 | patrēs | imāginēs | nōmina | genera |
| 奪 | patribus | imāginibus | nōminibus | generibus |

| | ⑦ p/b 幹 | ⑧ t/d 幹 | ⑨ t 幹 | ⑩ c/g 幹 |
|---|---|---|---|---|
| | 筆頭者 *m* | 兵士 *m* | 頭 *n* | 王 *m* |
| 単主/呼 | prīnceps | mīles | caput | rēx |
| 属 | prīncipis | mīlitis | capitis | rēgis |
| 与 | prīncipī | mīlitī | capitī | rēgī |
| 対 | prīncipem | mīlitem | caput | rēgem |
| 奪 | prīncipe | mīlite | capite | rēge |
| 複主/呼 | prīncipēs | mīlitēs | capita | rēgēs |
| 属 | prīncipum | mīlitum | capitum | rēgum |
| 与 | prīncipibus | mīlitibus | capitibus | rēgibus |
| 対 | prīncipēs | mīlitēs | capita | rēgēs |
| 奪 | prīncipibus | mīlitibus | capitibus | rēgibus |

*Caesar* diū et *cōnsul* et *dictātor* fuit.
　カエサルは長年執政官でも独裁官でもあった.

Post magnam victōriam *imperātōrēs* Rōmānī triumphābant.
　大勝利のあとローマの将軍たちは凱旋行進をした.

*Cōnsulēs* rem pūblicam gubernābant; *senātōrēs cōnsulibus* aderant cōnsiliīs.
　執政官たちは国政の舵取りをした. 元老院(元老院議員たち)は審議によって執政官たちを助けた.

*Iūnōnī*, *uxōrī Iovis*, *ānserēs* sacrī erant.
　ガチョウはユッピテルの妻ユーノーに捧げられていた(ユーノーの聖鳥だった).

Ex *arboribus* Minervae, deae sapientiae et litterārum, sacra erat olea, *Apollinī*, *tūtōrī* poētārum, laurus, *Plutōnī*, dominō

īnferōrum, cupressus.
> 木々の中で，知恵と学問の女神ミネルワにはオリーブが，詩人たちの守護神アポッローンには月桂樹が，死者の国の支配者プルートーンには糸杉が捧げられていた．

Grātus sum ergā *patrem* et *mātrem*.
> 私は父と母に感謝している．

Etiam nunc *pedum* et *cervīcis dolōribus* crūcior.
> 今でも私は足と首筋の痛みに苦しんでいる．

Nunc flūctūs Ōceanī altum *aggerem* dēlēvērunt.
> 今大洋の潮流が高い堤防を決壊した．

Nōnne crēbra *fulgura* tē terruērunt?
> 頻繁な稲妻が君を怖がらせたではないか．

*Foedera nātiōnibus* sāncta suntō!
> 条約は国々にとって神聖不可侵なものであれ．

## 4. 子音幹名詞語幹別分類

番号は上掲の変化表に対応する．ただし ⑪ と ⑫ は変化表にない．

① l 幹．

cōnsul, cōnsulis *m* 執政官; sōl, sōlis *m* 太陽; vigil, vigilis *m* 夜警; sāl, salis *n* 塩

② r 幹．r 幹のうち，-or に終るものには s 幹に由来するものがある．文献に出てくるものは（ ）で示す．s が歴史時代以前に母音間で r に推移したロータシズムが，類推によって主格にまで影響したためである．

labor (labōs), labōris (labōsis) *m* 苦痛; arbor (arbos), arboris *f* 木; agger, aggeris *m* 土塁; mulier, mulieris *f* 女; augur, auguris *m* 鳥占い師; uxor, uxōris *f* 妻; Caesar, Caesaris *m* カエサル; aequor, aequoris *n* 平面．海面; ebur, eboris *n* 象牙; iter, itineris *n* 道

③ r 幹特例．語尾がつくと語幹の母音 e が落ちるもの．第 2 変化の ager 型参照．

pater, patris *m* 父; māter, mātris *f* 母; frāter, frātris *m* 兄弟

④ n 幹男・女性．単数主格で語幹の n が落ちて，母音 ō で終わるものがある．しかし語幹が -en のものは n を残している．また，n が落ちて s がついている語もある．

imāgō, imāginis *f* 似姿; homō, hominis *m* 人間; nātiō, nātiōnis *f* 民族; pecten, pectinis *m* 櫛，筬（おさ）; sanguis, sanguinis *m* 血

⑤ n 幹中性．

nōmen, nōminis *n* 名前; flūmen, flūminis *n* 川

⑥ s 幹．男・女性の単数主格には語尾 -s がつくはずであるが，語幹に s があるからそれで代用していると考えられる．たとえつけても，語末では同じ発音になる．その他の格の母音間の s は r に変った．vās の s はもと ss だったので母音間でも r にならず，r 化が終わったあとで s になった．

> 【Caesar に母音間の s があるのは，彼が s の r 化が終わったあとでローマ人になった新人であることを証拠立てている】

mās, maris *m* 男; Cerēs, Cereris *f* ケレース（穀物の女神）; cinis, cineris *m* 灰; Venus, Veneris *f* ウェヌス（恋の女神）; flōs, flōris *m* 花; tellūs, tellūris *f* 大地; pecus, pecoris *n* （集合的に）家畜（牛馬を除く，羊，山羊，または豚）; aes, aeris *n* 銅，青銅; vās, vāsis *n* 容器

⑦ p/b 幹．

trabs, trabis *f* 梁; daps, dapis *f* （祭りの）ご馳走; plēbs, plēbis *f* 平民; prīnceps, prīncipis *m* 創立者; ops, opis *f* 力; auceps, aucupis *m* 鳥刺し

⑧ t/d 幹．t/d は s がつくと破擦音［ts］になるはずであるが，ラテン語にはこの音がなくて［s］になるために，結果として t/d が落ちる．

aetās, aetātis *f* 年齢; lampas, lampadis *f* 松明; seges, segetis *f* 畑

の作物; obses, obsidis *mf* 人質; līs, lītis *f* 喧嘩; nepōs, nepōtis *m* 孫; custōs, custōdis *mf* 番人; pēs, pedis *m* 足; hērēs, hērēdis *mf* 相続人; virtūs, virtūtis *f* 有能さ; palūs, palūdis *f* 沼: laus, laudis *f* 賞賛; pecus, pecudis *f*（個々の）家畜(牛馬を除く，羊，山羊，または豚)

⑨ t 幹中性．閉鎖音の 1 子音幹は 1 語のみ．

caput, capitis *n* 頭

⑩ c/g 幹．c/g は s がつくとどちらも x になる．

fax, facis *f* 松明; pāx, pācis *f* 平和; nex, necis *f* 殺し; rēx, rēgis *m* 王; auspex, auspicis *m*(*f*) 鳥占い師; cervīx, cervīcis *f* 首; vōx, vōcis *f* 声; dux, ducis *mf* 指導者; lūx, lūcis *f* 光; frūx, frūgis *f* 作物; faex, faecis *f*（酒の）おり

⑪ m 幹は 1 語．

hiems, hiemis *f* 冬

⑫ その他．

nix, nivis *f* 雪（複属 nivium）
bōs, bovis *mf* 牛（複属 boum, 与/奪 būbus, bōbus）

# 第 10 章　完了受動分詞　完了系 3 時称受動態　不定法句　接続法の活用

## 1. 完了受動分詞 (participium perfectum passīvum)

(a) 完了受動分詞 (単に「完了分詞」と略記することもある) は，現在幹とも完了幹とも異なる第 3 の語幹「目的分詞幹」(詳細は第 15 章 4, p 122) に第 1 第 2 変化形容詞の語尾をつける．不定法と完了の基本形が -āre, -āvī となる動詞の完了受動分詞は -ātus に，-ēre, -ēvī のものでは -ētus に，-ēre, -uī のものでは -itus になる．

amō[1]　愛する　　amāre, amāvī: amātus(-a, -um)
dēleō[2]　破壊する　dēlēre, dēlēvī: dēlētus(-a, -um)
moneō[2]　警告する　monēre, monuī: monitus(-a, -um)

(b) 動詞として使うときにも形容詞語尾をつけて格変化させる．
(c) 自動詞にも完了受動分詞を持つものがあり，3 人称単数中性形で非人称受動として用いられる (第 6 章 4, p 63)．

## 2. 完了系 3 時称受動態

(a) 完了系 3 時称の受動態は，完了受動分詞と sum の結合による複合時称になる．
　完　了: 完了受動分詞 + sum の現在
　過去完了: 完了受動分詞 + sum の未完了過去
　未来完了: 完了受動分詞 + sum の未来
(b) 完了受動分詞の性・数・格は，対応する主語のそれに一致する．

## 3. 完了受動態

|   | amō[1] | moneō[2] |
|---|---|---|
| 単 1 | amātus(-a, -um) sum | monitus(-a, -um) sum |
| 2 | amātus(-a, -um) es | monitus(-a, -um) es |
| 3 | amātus(-a, -um) est | monitus(-a, -um) est |
| 複 1 | amātī(-ae, -a) sumus | monitī(-ae, -a) sumus |

|   |   |   |
|---|---|---|
| 2 | amātī(-ae, -a) estis | monitī(-ae, -a) estis |
| 3 | amātī(-ae, -a) sunt | monitī(-ae, -a) sunt |

In carcere, quī ad Capitōlium sita erat, etiam Iugurtha, rēx Numidārum, et Vercingetorīx, dux Gallōrum, *necātī sunt*.
 カピトーリウム丘の脇にあった牢獄の中ではヌミディア人の王ユグルタやガッリア人の指導者ウェルキンゲトリークスさえも殺された.

Clāmōre sacrōrum Iūnōnis ānserum ōlim Capitōlium ē summō perīculō *servātum est*.
 ユーノー女神に捧げられたガチョウどもの叫びによって昔カピトーリウム丘は最大の危険から救われた.

Nunc altus agger flūctibus Ōceanī *dēlētus est*.
 今, 高い堤防が大海の大波によって破壊された.

Nōnne crēbrīs fulguribus *territus es*?
 君は度重なる稲妻におびえたではないか.


## 4. 完了受動不定法

（a）完了受動分詞に esse を添えて作る. 不定法の意味上の主語が文の主語と同じならば, 完了受動分詞の性・数は主語のそれに一致する. 本書ではこれが基本であるという観点から, 不定法の完了受動分詞を主格にしておく.

 amō[1] 愛する: amātus(-a, -um, -ī, -ae, -a) esse
 dēleō[2] 破壊する: dēlētus(-a, -um, -ī, -ae, -a) esse
 moneō[2] 警告する: monitus(-a, -um, -ī, -ae, -a) esse

（b）文法書によってはこの分詞を対格にしてある. それは「不定法の主語は主文の主語と異なるときには対格にする」という原則（下記第7項「不定法句」）によって, esse の有形無形の主語が対格になることが多いからである.

 Dūrum est iniūstē *vituperātum esse*.
  不当に非難されたことはひどいことである.

## 5. 過去完了受動態

| | | |
|---|---|---|
| 単 1 | amātus(-a, -um) eram | monitus(-a, -um) eram |
| 2 | amātus(-a, -um) erās | monitus(-a, -um) erās |
| 3 | amātus(-a, -um) erat | monitus(-a, -um) erat |
| 複 1 | amātī(-ae, -a) erāmus | monitī(-ae, -a) erāmus |
| 2 | amātī(-ae, -a) erātis | monitī(-ae, -a) erātis |
| 3 | amātī(-ae, -a) erant | monitī(-ae, -a) erant |

Frūstrā vigilēs aggeris ā mē *monitī erant*.
堤防の夜警たちは私によって警告されていたのに(警告は)無駄だった.

## 6. 未来完了受動態

| | | |
|---|---|---|
| 単 1 | amātus(-a, -um) erō | monitus(-a, -um) erō |
| 2 | amātus(-a, -um) eris | monitus(-a, -um) eris |
| 3 | amātus(-a, -um) erit | monitus(-a, -um) erit |
| 複 1 | amātī(-ae, -a) erimus | monitī(-ae, -a) erimus |
| 2 | amātī(-ae, -a) eritis | monitī(-ae, -a) eritis |
| 3 | amātī(-ae, -a) erunt | monitī(-ae, -a) erunt |

Nisi ā tē *vocātus erō*, amitam tuam nōn vīsitābō.
ぼくは君に呼ばれなければ,君の叔母さんを訪問しないよ.

## 7. 不定法句

不定法に主文の主語とは異なる主語が必要なときには対格の主語を添える.これを不定法句または「対格+不定法」(accūsātīvus cum īnfīnītīvō)と呼ぶ.不定法句も単独不定法と同様に名詞の中性単数主格・対格と見なされて,他の動詞の目的語,または非人称動詞や非人称的述語の主語になる.

*Mārcum* in flūmine *natāre* vidēmus.
マールクスが川で泳ぐのを私たちは見ている.

*Mārcum* ā puellā pulchrā *amātum esse* nōtum est.
マールクスが美少女に愛されたことはよく知られている.

## 8. 接続法の活用

(a) 直説法が何かを事実として描いたり主張したりする「現実の法」であるのに対して，接続法は現実を無視してただ思い浮かべるだけの「表象の法」である．

(b) 時称は現在と未完了過去，完了と過去完了の4時称である．人称変化は類推や混同によって直説法よりもいっそう規則化が進んでいる．

## 9. 接続法現在

第1活用では語幹末母音を直説法の ā から ē に，第2活用では ē から eā に変える．sum では弱い語幹 s に ī をつける．長母音は，直説法の場合と同様に，語尾によっては短母音になる．

|  |  | amō[1] | | moneō[2] | | sum[不] |
|---|---|---|---|---|---|---|
|  |  | 能動 | 受動 | 能動 | 受動 | |
| 単 | 1 | amem | amer | moneam | monear | sim |
|  | 2 | amēs | amēris | moneās | moneāris | sīs |
|  | 3 | amet | amētur | moneat | moneātur | sit |
| 複 | 1 | amēmus | amēmur | moneāmus | moneāmur | sīmus |
|  | 2 | amētis | amēminī | moneātis | moneāminī | sītis |
|  | 3 | ament | amentur | moneant | moneantur | sint |

【sim, sīs, sit, sint の古形: siem, siēs, siet, sient および fuam, fuās, fuat, fuant】

## 10. 接続法未完了過去

便宜的に，不定法能動態を語幹にして，それに語尾をつけると考えればよい．ただし不定法とは本来関係ない．語幹末母音は接続法現在と同じように長短を変える．

| 能動 | 単 | 1 | amārem | monērem | essem |
|---|---|---|---|---|---|
|  |  | 2 | amārēs | monērēs | essēs |
|  |  | 3 | amāret | monēret | esset |
|  | 複 | 1 | amārēmus | monērēmus | essēmus |
|  |  | 2 | amārētis | monērētis | essētis |

|  |  | 3 | amārent | monērent | essent |
|---|---|---|---|---|---|
| 受動 | 単 | 1 | amārer | monērer |  |
|  |  | 2 | amārēris | monērēris |  |
|  |  | 3 | amārētur | monērētur |  |
|  | 複 | 1 | amārēmur | monērēmur |  |
|  |  | 2 | amārēminī | monērēminī |  |
|  |  | 3 | amārentur | monērentur |  |

【essem, essēs, esset, essent の別形: forem, forēs, foret, forent】

## 11. 接続法完了

(a) 能動態は完了幹に接尾辞 -eri- をつけてから語尾をつける．1人称単数以外は直説法未来完了と同形であるが，混同によるもので，語尾の前の i はもと ī であった．v 完了では v が消失すれば，e も a に融合される．

(b) 受動態は完了受動分詞と sum の接続法現在とからなる複合形で，分詞は性と数を主語に一致させる(表は男性形で代表させてある)．

| 能動 | 単 | 1 | amāverim | monuerim | fuerim |
|---|---|---|---|---|---|
|  |  | 2 | amāveris | monueris | fueris |
|  |  | 3 | amāverit | monuerit | fuerit |
|  | 複 | 1 | amāverimus | monuerimus | fuerimus |
|  |  | 2 | amāveritis | monueritis | fueritis |
|  |  | 3 | amāverint | monuerint | fuerint |

【v 完了短縮形: amārim, amāris, etc.】

| 受動 | 単 | 1 | amātus sim | monitus sim |
|---|---|---|---|---|
|  |  | 2 | amātus sīs | monitus sīs |
|  |  | 3 | amātus sit | monitus sit |
|  | 複 | 1 | amātī sīmus | monitī sīmus |
|  |  | 2 | amātī sītis | monitī sītis |
|  |  | 3 | amātī sint | monitī sint |

## 12. 接続法過去完了

(a) 能動態は便宜的に，不定法完了を語幹にして，それに人称語尾

をつけると考えればよい．ただし不定法とは本来関係ない．語幹末母音は接続法現在・未完了過去と同じように，語尾によって長短を変える．

(b) 受動態は完了受動分詞と sum の接続法未完了過去からなる複合形で，分詞は性と数を主語に一致させる(表は男性形で代表させてある)．

| | | | | |
|---|---|---|---|---|
| 能動 | 単 1 | amāvissem | monuissem | fuissem |
| | 2 | amāvissēs | monuissēs | fuissēs |
| | 3 | amāvisset | monuisset | fuisset |
| | 複 1 | amāvissēmus | monuissēmus | fuissēmus |
| | 2 | amāvissetis | monuissētis | fuissētis |
| | 3 | amāvissent | monuissent | fuissent |

【v 完了短縮形: amāssem, amāssēs, etc.】

| | | | |
|---|---|---|---|
| 受動 | 単 1 | amātus essem | monitus essem |
| | 2 | amātus essēs | monitus essēs |
| | 3 | amātus esset | monitus esset |
| | 複 1 | amātī essēmus | monitī essēmus |
| | 2 | amātī essētis | monitī essētis |
| | 3 | amātī essent | monitī essent |

# 第11章 主文の接続法　要求の接続法　願望の接続法　非現実の接続法と非現実条件文　可能性の接続法と可能的条件文

**1. 主文の接続法**

(a) 接続法は「表象の法」で，現実を事実として描くものではなく，単に心に思い描いているだけのことを表す．要求はしたけれども，実現するか否かはまだ分からない．可能性はあるけれども，現実とは一致しないかもしれない．あるいは現実とは逆のことを想定する．このような「要求」「可能性」「非現実」という意味を，他の語によってではなく，動詞の「法」によって表現するのが接続法で，これに元「希求法（optātīvus）」だった「願望」が加わって，4つの用法に大別される．

(b) 要求と願望の否定には nē「ないように」，可能性と非現実の否定には nōn「ない」を用いる．

(c) 主文の接続法は絶対時称であるけれども，時称と時間の関係が直説法とは異なる．

|  | 時　称 | 時　間 |
|---|---|---|
| 接続法 | 現　在： | 現在（または未来） |
| 接続法 | 完　了： | 現在（または未来）；過去の「実現可能な願望」 |
| 接続法 | 未完了過去： | 現在の「非現実」；過去の「可能性」 |
| 接続法 | 過去完了： | 過去の「非現実」 |

**2. 要求の接続法**

(1) 勧奨（hortātīvus）

(a) 接続法現在の1人称複数で「～しましょう」と提案する．

　　Grātī *sīmus* ergā parentēs! 両親に対して感謝しよう．
　　*Sustineāmus*, amīcī! dum spīrāmus, *spērēmus*!
　　　辛抱しよう，友人たち．息をしている間は，希望をもっていよう．

Nē *excūsēmus* vitia, sed *vītēmus*!
　悪行を，弁解するのではなく，避けよう．

(b) 不特定の人を指す 2 人称単数で，警告を表す．

Nē *dēspērēs*! 絶望などしないことだ．

(2) 禁止（prohibitīvus）
　接続法完了の 2 人称に nē をつけて，命令法の否定とする（日常語では接続法現在でも）．

Nē *dēspērāveritis*! 諸君は絶望するな．
（日常語では Nē *dēspērētis*! も）
Nihil *timueris*! 何事も恐れるな．

(3) 命令（iussīvus）
　(a) 接続法現在の 3 人称で，3 人称への命令を表す．2 人称への命令は命令法（imperātīvus）で，3 人称への命令は命令の接続法（iussīvus）で，という使い分けをする．

Verba factīs *probentur*!
　言葉は行いによって試されるべきだ．
Modus *adhibeātur* in voluptātibus!
　欲望には制限がつけられるようにせよ
Invidia et discordia *absint* ā lūdīs vestrīs!
　嫉妬と不和が君たちの競技にはないようにしなさい．
Iūs gentium nātiōnibus sānctum *sit*!
　諸民族の法（＝国際法）は国々にとって神聖不可侵なものであるべきである．

(b) ただし日常語では 2 人称にも接続法を用いた．

Iniūriā semper *abstineās*!
　君はいつも不法行為を差し控えるべきだ．
*Valeās*! さらば．（＝Valē!）

## 3. 願望（optātīvus, dēsīderātīvus）の接続法
(1) 実現の見込まれる願望

現在の実現可能な願望には接続法現在，過去の実現可能な願望には接続法完了を用いる．願望の小辞 utinam または velim（「むしろ」の意味があれば mālim）をつけることが多い．否定文には utinam nē または nōlim を用いる．

> 【velim, mālim, nōlim はそれぞれ volō「欲する」，mālō「むしろ欲する」，nōlō「欲しない」の接続法現在 1 人称単数】

 Utinam *taceās*! / Velim *taceās*!  黙っていて下さるように．
 Utinam nē *taceās*! / Nōlim *taceās*! 黙っていないで下さるように．
 Vōbīs utinam vērē *augurāverim*!
  あなた方に予言したことが真実だったらと願っています．
 Utinam quiēs tibi iūcunda *sit*, pater!
  あなたにとって安静が好ましいものでありますように(=どうか静かにしていてくださればね)，お父さん．

(2) 実現の見込みのない願望（非現実願望）

utinam または vellem（「むしろ」の意味があれば māllem）を必ずつけて，現在の願望には接続法未完了過去，過去の願望には接続法過去完了を用いる．否定文には utinam nē または nōllem を用いる．

> 【vellem, māllem, nōllem はそれぞれ volō, mālō, nōlō の接続法未完了過去 1 人称単数】

 Utinam (Vellem) hominēs semper iūstī *essent*!
  人間たちがいつも公正であることが願わしいのだが．
 Utinam nē (Nōllem) pater discordiam vestram *vidēret*!
  お父さんがお前たちの仲たがいを見なければよかったのに．
 Utinam pater mortuus concordiam vestram *vidēret*! quantopere *gaudēret*!
  亡くなったお父さんが君たちの仲の良さを見ていたらいいのに．どんなにか喜んで下さるだろうに．
 Utinam patrōnus nōs in tempore *monuisset*!
  旦那様が私たちにちゃんとした時期に注意して下さったらよかったので

すが.

(3) 譲歩 (concessīvus)

実現の見込まれる願望に由来するので，現在の譲歩には接続法現在，過去の譲歩には接続法完了が用いられる．

> Nē *sit* summum malum dolor, malum certē est.
> 苦痛は最高の悪ではないとしても，悪であることは確かだ.
> *Fueris* prūdēns, pius nōn fuistī.
> 君は賢明だったとしても，敬虔ではなかった.

## 4. 非現実の接続法と非現実条件文

(1) 非現実 (irreālis)

事実に反することを想定する場合，現在の反事実には接続法未完了過去，過去の反事実には接続法過去完了を絶対時称として用いる．

> Sine tē *dēspērārem*.
> 君がいなければ，私は絶望しているだろう.
> Sine pecūniā beātus nōn *fuissēmus*.
> お金がなかったら，私たちは幸福ではなかったでしょう.

(2) 非現実条件文

事実に反することを想定する条件文．条件を示す副文 (= 前文 protasis) にも，帰結を述べる主文 (= 後文 apodosis) にも，非現実の接続法を用いる．前文を導入する接続詞は sī, その否定は nisi (sī nōn は語句の否定).

> Sī sānus *essem*, in scholā *essem*. sed etiam nunc pedum dolōribus crūcior.
> もし元気なら，私は学校へ行っているはずだ．ところが今でも足の痛みに苦しめられている.
> Sī tum sānus *fuissem*, in scholā *fuissem*. sed capitis dolōribus crūciābar.
> もしあの時元気だったら，私は学校へ行っていただろう．しかし頭痛に

苦しめられていた.
Nisi sociōs tam fīdōs *habērēmus*, *dēspērārēmus*.
もしこれほど信頼できる同盟軍を持っていなければ,我らは絶望するところだ.
Nisi sociōs tam fīdōs *habuissem*, *dēspērāvissem*.
もしこれほど信頼できる同盟軍をもっていなかったなら,私は絶望しただろう.
*Sānārēminī*, sī cōnsiliō medicī *obtemperārētis*.
もし医者の忠告に従っていれば,君らは癒されるだろうに.
*Sānātī essētis*, sī cōnsiliō medicī *obtemperāvissētis*.
もし医者の忠告に従っていたら,君らは癒されたはずなのに.

## 5. 可能性の接続法と可能的条件文

(1) 可能性 (potentiālis)

(a) 可能性の接続法は,「かもしれない,あり得る,だろう」というような意味を表し,表現を和らげる効果がある.現在の可能性には接続法現在と完了を区別なく用いる.単数しか見られず,しかも2・3人称は不特定の人を表す.

Nōn *errem* (*errāverim*).
私はたぶん間違っていないでしょう.
Quis *dubitet* (*dubitāverit*)?
だれが疑うでしょう.

(b) 過去にも可能性があり,接続法未完了過去で表す.これは不特定の人を表す2・3人称の単数の特定の言い方に限られる.

*Vidērēs* domūs flammāre.
(そこにいた)人はきっと家々が燃えるのを見たことでしょう.
Quis umquam *crēderet*?
だれがいつか信じたでしょうか.

(2) 可能的条件文

可能的条件文では副文 (=前文 protasis) にも主文 (=後文 apodosis)

にも可能性の接続法を用いる．過去の可能的条件文は，不特定の人を表す 2・3 人称の単数の特定の言い方に限られるが，現在の場合はこの制限がない．

 Sī tu mē nōn *amet* (*amāveris*), *errēs* (*errāveris*).
  もし君がぼくを愛していないなら，君は間違っているだろう．
 *Putārēs* mē esse caecum, sī *adessēs*.
  居合わせた人はぼくの目が見えないと思ったことだろう．

(3) 懐疑（dubitātīvus）
 疑問文で，懐疑，思案，憤懣を表す．「懐疑疑問文」と呼ばれ，現在の懐疑には接続法現在，過去の懐疑には未完了過去を用いる．通常は 1 人称に限られるが，まれに 3 人称もある．

 Nōn *moveāmur*?  我々は感動させられずにいられようか．
 Quid ego *timērem*? 何をこの私が恐れただろうか．

# 第 12 章　第 3 変化 i 幹名詞と複子音幹名詞　第 3 変化名詞の変化形の混乱　第 3 変化の ū 幹

## 1. 中性 i 幹名詞

(a) 中性 i 幹名詞は，単数主格に語尾がなく，-i が -e に変っている．ただし -āle と -āre に終る語の単数主格は -e を失い，-a- も短音化して -al, -ar に終っている．

(b) 語末の別形については，第 9 章 3b (p 81) 参照．

|  |  | 「語末」 | mare | animal | calcar |
|---|---|---|---|---|---|
|  |  | 中 | 海 n | 動物 n | 拍車 n |
| 単 | 主/呼 | -e, – | mare | animal | calcar |
|  | 属 | -is | maris | animālis | calcāris |
|  | 与 | -ī | marī | animālī | calcārī |
|  | 対 | -e, – | mare | animal | calcar |
|  | 奪 | -ī | marī | animālī | calcārī |
| 複 | 主/呼 | -ia | maria | animālia | calcāria |
|  | 属 | -ium | (marium) | animālium | calcārium |
|  | 与 | -ibus | maribus | animālibus | calcāribus |
|  | 対 | -ia | maria | animālia | calcāria |
|  | 奪 | -ibus | maribus | animālibus | calcāribus |

Aestāte proximā prīmum *mare* vidēbō.
　私は今度の夏に初めて海を見ることになる．

*Maria* variōrum *animālium* plēna sunt.
　海はさまざまな動物に満ちている．

Mārcum in *marī* natāre vidēmus.
　マールクスが海で泳ぐのを私たちは見ている．

Incolae prōvinciārum Rōmānīs magna *vectīgālia* pēnsitābant.
　属州の住民はローマ人に高い税金を払っていた．

## 2. 男性・女性 i 幹名詞

(a) 男性・女性 i 幹名詞は -is または -ēs に終る.

(b) 単数主格が -is に終るものは，① 純粋 i 幹(単数も i 幹)と ② 混合 i 幹(単数は子音幹)に分けられる．ただし純粋 i 幹と混合 i 幹の語形を併せもつ語が多く(対格 -em, -im; 奪格 -e, -ī)，画一的な区別は意味をなさない．

(c) 単数主格が -ēs に終るものは混合 i 幹である．

(d) 複数対格は紀元前 1 世紀まで -īs だったが，帝政初期から -ēs が多くなる．

(e) 語末の別形については，第 9 章 3b (p 81) 参照．

|  |  | 「語末」 | ① -is | ② -is | ③ -ēs |
|---|---|---|---|---|---|
|  |  | 男/女 | 塔 *f* | 丘 *m* | 狐 *f* |
| 単 | 主/呼 | -is, -ēs | turris | collis | vulpēs |
|  | 属 | -is | turris | collis | vulpis |
|  | 与 | -ī | turrī | collī | vulpī |
|  | 対 | -im, -em | turrim | collem | vulpem |
|  | 奪 | -ī, -e/-īd | turrī | colle | vulpe |
| 複 | 主/呼 | -ēs/-eis, -īs | turrēs | collēs | vulpēs |
|  | 属 | -ium | turrium | collium | vulpium |
|  | 与 | -ibus | turribus | collibus | vulpibus |
|  | 対 | -īs(-ēs)/-eis | turrīs(-ēs) | collīs(-ēs) | vulpīs(-ēs) |
|  | 奪 | -ibus | turribus | collibus | vulpibus |

① i) febris, -is *f* 熱; puppis, -is *f* 船尾; sitis, -is *f* 渇き; turris, -is *f* 塔.
ii) -is に終る都市と川の名．

    Neāpolis, -is *f* ネアーポリス(ナポリ)
    Tiberis, -is *m* ティベリス川

iii) vīs (*f* 力)は単数属格・与格を欠き，複数は異なる語幹を使う．

    vīs, —, —, vim, vī;（複 数）vīrēs, vīrium, vīribus, vīrēs, vīribus

② cīvis, -is *m f* 市民; hostis, *m f* 敵; ignis, *m* 火; nāvis, -is *f* 船
③ nūbēs, -is *f* 雲; clādēs, -is *f* 敗北; caedēs, -is *f* 殺戮; famēs, -is *f* 飢え

Cōnsuētūdinis magna *vīs* est. 習慣の力は大きい.

*Vim vī* prōpulsāre fās est.
    暴力を暴力によって撃退することは正しいことである.

Dēfēnsōrēs castrōrum, etsī aegrē *famem* et *sitim* tolerāre poterant, summīs *vīribus* repūgnābant.
    陣営の防衛隊は，辛うじて飢えと渇きに耐えられただけであったのに，力の限り反撃していた.
    【poterant「できた」→第 14 章 5, p 114】

*Hostēs* iam duās *turrīs ignī* dēlēverant et *moenibus* scālās admovēbant.
    敵はすでに 2 つの塔を火によって破壊してしまい，(今は)城壁に梯子を近づけつつあった.

Hodiē in *Tiberī* lavāmur; crās *Neāpolim* vīsitābimus.
    今日我々はティベリス川で水浴する．明日はネアーポリスを訪れる.

Salūs reī pūblicae suprēma lēx *cīvium* estō!
    国家の安寧が市民たちの最高の法律であれ.

Conglobātiōne ātrārum *nūbium* territae undique *nāvēs* portuī appropinquāvērunt.
    黒雲の結集に脅かされて，いたるところから船が港に接近した.

Memoria prīstinārum *clādium* fortitūdinem mīlitum Rōmānōrum augēbat.
    以前の敗北の記憶がローマの兵士たちの強さを増加させた.

### 3. 複子音幹名詞

(a) 複子音幹も混合 i 幹に同化して，単数は子音幹(対格 -em, 奪格 -e)，複数は i 幹(属格 -ium)になる．

(b) 複数対格は i 幹と同じように帝政初期には -īs から -ēs に変っている．

(c) 語末の別形は子音幹名詞(第 9 章 3, p 81)の場合とほぼ同じ.

|   |       | 男/女       | 中          | 都市 *f*       | 山 *m*         |
|---|-------|------------|------------|---------------|---------------|
| 単 | 主/呼 | -s, –      | –          | urbs          | mōns          |
|   | 属    | -is        | -is        | urbis         | montis        |
|   | 与    | -ī         | -ī         | urbī          | montī         |
|   | 対    | -em        | –          | urbem         | montem        |
|   | 奪    | -e(-ī)     | -e(-ī)     | urbe          | monte         |
| 複 | 主/呼 | -ēs        | -a         | urbēs         | montēs        |
|   | 属    | -ium       | -ium       | urbium        | montium       |
|   | 与    | -ibus      | -ibus      | urbibus       | montibus      |
|   | 対    | -īs(-ēs)   | -a         | urbīs(-ēs)    | montīs(-ēs)   |
|   | 奪    | -ibus      | -ibus      | urbibus       | montibus      |

|   |       | 芸術 *f*       | 夜 *f*         | 骨 *n*        | 心臓 *n*       |
|---|-------|---------------|---------------|--------------|---------------|
| 単 | 主/呼 | ars           | nox           | os           | cor           |
|   | 属    | artis         | noctis        | ossis        | cordis        |
|   | 与    | artī          | noctī         | ossī         | cordī         |
|   | 対    | artem         | noctem        | os           | cor           |
|   | 奪    | arte          | nocte         | osse         | corde         |
| 複 | 主/呼 | artēs         | noctēs        | ossa         | corda         |
|   | 属    | artium        | noctium       | ossium       | cord(i)um     |
|   | 与    | artibus       | noctibus      | ossibus      | cordibus      |
|   | 対    | artīs(-ēs)    | noctīs(-ēs)   | ossa         | corda         |
|   | 奪    | artibus       | noctibus      | ossibus      | cordibus      |

In Italiā et Siciliā multae colōniae *urbium* Graecārum erant.
　イタリアとシキリアにはギリシアの都市の多くの植民地があった．

In numerō clārārum *gentium urbis* Rōmae *gēns* Cornēlia fuit.
　ローマの都の有名な氏族の数の中にコルネーリウス氏族が入っていた．

## 4. 第3変化名詞の変化形の混乱

(a) 第9章と本章に表示したのは，いずれも第3変化名詞の標準的な語形であって，すでに述べたように，この標準規則に違反する形が頻繁に現れる．これを厳密に規則化することは不可能であるから，だいたいの傾向だけつかんで，あとは辞書に任せるのが実用的であろう．

(b) だいたいの傾向というのは次の3形のことで,

　　男性・女性 単数対格: -em, -im
　　男・女・中 単数奪格: -e, -ī
　　男・女・中 複数属格: -um, -ium

本来は子音幹が -em, -e, -um, i 幹が -im, -ī, -ium となるはずであるが, 実際には合併による混乱が生じているから, どちらの形も出て来る. これだけ留意していれば, 以下に述べることは気にしなくてもいい.

(c) 子音幹と i 幹の合併でいちばん多く混乱しているのは, 複数属格である. 閉鎖音幹 (まれに s 幹, r 幹) の中には複数属格が -ium になるものがある. とくに複子音幹に多いけれども, ときには l 子音幹にも見られる. その多くは i 幹に由来する. 逆に -is, -ēs に終るものにも複数属格が -um になる子音幹名詞がある.

(d) 中性の複子音幹. すべての語形が揃っているのは, 前節の表に挙げた2語のみ. 単数主格, 属格, 複数主格, 属格の順に挙げる.

　　ss 幹: os, ossis, ossa, ossium *n* 骨
　　rd 幹: cor, cordis, corda, cordium/-um *n* 心臓

(e) 男性・女性の複子音幹. 複数属格が -ium になるもの, または -ium と -um の両方を持つものを若干挙げる. 単数主格, 属格, 複数属格の順.

　　br 幹: imber, imbris, imbrium *m* にわか雨 (単数奪格 -e/-ī)
　　tr 幹: linter, lintris, lintrium *f* 小舟; venter, ventris, ventrium *m* 胃袋
　　ss 幹: as, assis, assium *m* 1 アス銅貨
　　rb 幹: urbs, urbis, urbium *f* 都市
　　rc 幹: arx, arcis, arcium *f* 要塞
　　nt 幹: mōns, montis, montium *m* 山; īnfāns, īnfantis, īnfantium/-um *m f* 子供; gēns, gentis, gentium *f* 氏族; parēns, parentis, parentum/-ium *m* 父, *f* 母
　　rt 幹: pars, partis, partium/-um *f* 部分; cohors, cohortis,

cohortium/-um *f* 大隊

ct 幹: nox, noctis, noctium *f* 夜

(f) 1 子音幹でもまれに -ium が見られる．

s 幹: mūs, mūris, mūrium/-um *m* ネズミ
t 幹: dōs, dōtis, dōtium/-um *f*（花嫁の）持参金; līs, lītis, lītium *f* 喧嘩; aetās, aetātis, aetātum/-ium *f* 年齢; cīvitās, cīvitātis, cīvitātum/-ium *f* 市民権
d 幹: fraus, fraudis, fraudum/-ium *f* 欺瞞; laus, laudis, laudum/-ium *f* 賞賛; palūs, palūdis, palūdium/-um *f* 沼
c 幹: [faux, faucis], faucium *f* のど; fax, facis, facium *f* 松明; artifex, artificis, artificium *m f* 芸術家; iūdex, iūdicis, iūdicium/-um *m(f)* 判事; supplex, supplicis, supplicium *m* 嘆願者

その他: nix, nivis, nivium *f* 雪

(g) 逆に -is, -ēs に終る子音幹もある．

canis, canis, canum *m f* 犬; iuvenis, iuvenis, iuvenum *m* 青年; pānis, pānis, pānum *m* パン; apis, apis, apium/-um *f* ミツバチ; mēnsis, mēnsis, mēnsium/-um *m*（暦の）月; senex, senis, senum *m f* 老人; struēs, struis, struum *f* 堆積; sēdēs, sēdis, sēdum *f* 住居; vātēs, vātis, vatum/-ium *m f* 預言者

## 5. 第 3 変化の ū 幹

第 3 変化に 2 つだけ ū 幹の grūs, *f*「鶴」と sūs, *f*「豚」がある．

|  | 単数 | 複数 | 単数 | 複数 |
|---|---|---|---|---|
| 主/呼 | grūs | gruēs | sūs | suēs |
| 属 | gruis | gruum | suis | suum |
| 与 | gruī | gruibus | suī | subus (suibus, sūbus) |
| 対 | gruem | gruēs | suem | suēs |
| 奪 | grue | gruibus | sue | subus (suibus, sūbus) |

―― 余録　4. ラテン文学とヘレニズム ――

　ラテン文学が始まった紀元前3世紀には，ギリシア文学はすでに古典期を終了して，ヘレニズム期に入っていた．ヘレニズムは，アレクサンドロス大王の東方遠征の結果，ギリシア文化が広く東方の異民族の間に広まったことを指すけれども，ラテン文学が発生したのはローマがイタリア南部のギリシア人支配地を占領した結果であるから，事情は異なる．けれどもギリシア文学の圧倒的影響下に生まれたラテン文学をヘレニズム文学の一環と考えることも間違いではない．プラウトゥスはほぼ同時代のギリシア新喜劇をローマ化し，カトゥッルスはヘレニズム・ギリシア文学(アレクサンドリア文学)に傾倒した．ウェルギリウスもヘレニズム・ギリシア文学の代表作の1つ，テオクリトスの牧歌をラテン文学に導入することに成功した．「占領されたギリシアが野蛮な征服者を捕らえ，粗野なラティウムに芸術をもたらした」というホラーティウスの名言 (Hor. *Ep.* 2. 1. 156) は，ローマの軍事的優越性とギリシアの文化的卓越性を見事に対比している．

　ウェルギリウスはその後，ヘーシオドスの教訓詩に倣った『農耕詩』と，ホメーロスをモデルにした叙事詩『アエネーイス』の創作に心血を注ぎ，ホラーティウスはアルキロコス，アルカイオス，サッポーに範を仰いでラテン語抒情詩を完成した．この二大詩人によってラテン文学もギリシア文学に並ぶほどの芸術性と崇高さの域に到達した．

# 第13章　第3変化形容詞　現在分詞　分詞の述語的連結（連結分詞）　副文の接続法と時称対応

## 1. 第3変化形容詞の格変化
(a) 種類
① 本来の i 幹形容詞は，単数主・呼格が男・女性 -is と中性 -e の 2 形に分かれる．
② 第3変化形容詞にも puer 型と ager 型があり，単数主・呼格のみ 3 形に分かれる．
③ 子音幹に由来する i 幹形容詞は単数主・呼格が 3 性同形である．
④ 子音幹形容詞も単数主・呼格が 3 性同形である．

① fortis 強い

|   |   | 男/女 | 中 |
|---|---|---|---|
| 単 | 主/呼 | fortis | forte |
|   | 属 | fortis | fortis |
|   | 与 | fortī | fortī |
|   | 対 | fortem | forte |
|   | 奪 | fortī | fortī |
| 複 | 主/呼 | fortēs | fortia |
|   | 属 | fortium | fortium |
|   | 与 | fortibus | fortibus |
|   | 対 | fortīs(-ēs) | fortia |
|   | 奪 | fortibus | fortibus |

② ācer 鋭い

|   |   | 男 | 女 | 中 |
|---|---|---|---|---|
| 単 | 主/呼 | ācer | ācris | ācre |
|   | 属 | ācris | ācris | ācris |
|   | 与 | ācrī | ācrī | ācrī |
|   | 対 | ācrem | ācrem | ācre |
|   | 奪 | ācrī | ācrī | ācrī |
| 複 | 主/呼 | ācrēs | ācrēs | ācria |
|   | 属 | ācrium | ācrium | ācrium |
|   | 与 | ācribus | ācribus | ācribus |
|   | 対 | ācrīs(-ēs) | ācrīs(-ēs) | ācria |
|   | 奪 | ācribus | ācribus | ācribus |

③ fēlīx 幸福な

|   |   | 男/女 | 中 |
|---|---|---|---|
| 単 | 主/呼 | fēlīx | fēlīx |
|   | 属 | fēlīcis | fēlīcis |
|   | 与 | fēlīcī | fēlīcī |
|   | 対 | fēlīcem | fēlīx |

④ vetus 古い

|   |   | 男/女 | 中 |
|---|---|---|---|
| 単 | 主/呼 | vetus | vetus |
|   | 属 | veteris | veteris |
|   | 与 | veterī | veterī |
|   | 対 | veterem | vetus |

|   |     |          |          |         |          |
|---|-----|----------|----------|---------|----------|
|   | 奪  | fēlīcī   | fēlīcī   | vetere  | vetere   |
| 複 | 主/呼 | fēlīcēs  | fēlīcia  | veterēs | vetera   |
|   | 属  | fēlīcium | fēlīcium | veterum | veterum  |
|   | 与  | fēlīcibus | fēlīcibus | veteribus | veteribus |
|   | 対  | fēlīcīs(-ēs) | fēlīcia | veterēs | vetera |
|   | 奪  | fēlīcibus | fēlīcibus | veteribus | veteribus |

(b) 語例

① 2形: fortis, forte 強い; facilis, facile 容易な; difficilis, difficile 難しい
② 3形: （puer 型）celer, celeris, celere 速い（1語のみ）
　　　　（ager 型）ācer, ācris, ācre 鋭い; celeber, celebris, celebre 賑わっている
③ 1形: （i 幹化）fēlīx, 属 fēlīcis 幸福な; sapiēns, 属 sapientis 賢明な
④ 1形: （子音幹）vetus, 属 veteris 古い; pauper, 属 pauperis 貧しい; dīves, 属 dīvitis 富んだ; prīnceps, 属 prīncipis 第一位の

## 2. 第3変化形容詞の例文

(a) 本来の i 幹形容詞

Sit tibi terra *levis*!
　あなたにとって土が軽くありますように．【墓碑銘】
Quid sīgnificat sententia: ōvum ōvō *simile* est?
　卵が卵に似ているという格言はどういう意味ですか．
Nihil est ab *omnī* parte beātum.
　どんなものもすべての面で恵まれているわけではない．
Amīcīs *omnia commūnia* suntō!
　親友にとってはすべてのものが共通であるべきである．

(b) puer 型と ager 型

Canis *ācer* noctū ad catēnam alligātus erat.

猛犬は夜は鎖につながれていた．

Epidaurus, urbs in Peloponnēsō sita, *celebris* fuit *illūstrī* Aesculāpiī templō.
ペロポンネーソスにある町エピダウロスはアエスクラーピウスの名高い神殿のためににぎわっていた．

Oppidānī *celerī* auxiliō egent.
町民たちは早急な援軍を必要としている．

(c) 子音幹に由来する i 幹

Vērus philosophus etiam in rēbus adversīs *cōnstāns* et *prūdēns* esse solet.
真の哲学者は逆境においてさえも毅然とし，聡明であるのが常である．

Opera virōrum *sapientium* et *prūdentium* generī hūmānō plūs prōsunt quam magnōrum ducum artēs bellicae.
知恵のある聡明な人たちの著作は偉大な将軍たちの戦争の技術よりも人類に貢献する．

【prōsunt→第14章5 (2)，p 115】

Vituperō tē, quia *neglegēns* es.
お前がいい加減だから，私はお前を叱る．

Gladiātor vulnerātus, quoniam *cōnstantī* animō pūgnāverat, ab imperātōre lībertāte dōnātus est.
負傷した剣闘士は，毅然とした精神で戦ったから，皇帝から自由を与えられた．

Īnfāns ab *audācī* adulēscente ē flūctibus Padī servātus est.
子供は大胆な若者によってパドゥス川（ポー川）の流れから救出された．

Ad Thermopylās Lacedaemoniī nōn timēbant *ingentēs* Persārum cōpiās, sed etiam *minācia* hostium verba rīdēbant.
テルモピュライでラケダイモーン人（スパルタ人）はペルシア人の大軍を恐れず，そればかりか敵の脅迫の言葉さえも笑い飛ばした．

(d) 子音幹形容詞

Saepe *dīvitēs* lēnem *pauperum* somnum dēsīderant.

金持ちはよく貧乏人の穏やかな眠りにあこがれる．

In *paupere* līberālitātem et hospitālitātem magis laudāmus quam in *dīvite*.
我々は金持ちよりもむしろ貧乏人に気前の良さと客あしらいの良さを認めて賞賛する．

Apud *veterēs* Germānōs *prīncipēs*, ut narrat Tacitus, prō victōriā pūgnābant, comitēs prō *prīncipe*.
古代のゲルマーニア人のもとでは，タキトゥスが語っているように，首領たちは勝利のために，従者たちは首領のために戦った．

## 3. 第3変化形容詞の変化形の混乱

(a) 形容詞の格形の混乱は名詞ほど多くない．子音幹の i 幹化がいっそう進んでいるからである．

(b) 中性複数主・呼・対格はほぼ -ia に統一され，-a になる語は vetus だけである．子音幹にはそもそも中性を欠く語が多い．

(c) 男・女性単数対格は -em に統一され，-im が見られない．

(d) 単数奪格に -ī と -e の両方が使われている語はかなりある．そのうち i 幹のものは通常，形容詞として使うときには -ī，名詞として使うときには -e になる．-e しかない語は名詞的用法しかないということであろう．

(e) 複数属格は名詞と同様に -um と -ium の混乱を示す．

## 4. 現在分詞 (**participium praesēns**)

(a) 現在分詞 (-āns, -ēns) は，現在幹に接尾辞 -nt- をつけた第3変化子音幹形容詞として格変化する．amō[1]: amāns, amantis; moneō[2]: monēns, monentis

(b) 現在分詞 amāns の格変化:

|   | 単 男/女 | 中 | 複 男/女 | 中 |
|---|---|---|---|---|
| 主/呼 | amāns | amāns | amantēs | amantia |
| 属 | amantis | amantis | amantium (-um) | amantium (-um) |
| 与 | amantī | amantī | amantibus | amantibus |
| 対 | amantem | amāns | amantēs (-īs) | amantia |

| | | | | |
|---|---|---|---|---|
| 奪 | amante(-ī) | amante(-ī) | amantibus | amantibus |

(c) 単数奪格は分詞としては -e, 形容詞的用法では -ī, 名詞化すれば再び -e となる.

(d) 単数主格 -āns, -ēns に古形 -ās, -ēs がある. これは s の前の n が弱かった(母音を鼻母音化した)ことを示す. Cf. cōnsul「執政官」の碑文省略形 COS.

## 5. 分詞の述語的連結(連結分詞)

(a) 分詞は動詞機能の一部(時称と態, 格支配, 副詞による修飾)と形容詞機能(格変化, 比較形, 名詞化)を併せもち, 述語動詞としても形容詞・名詞としても用いられるが, 現在分詞だけは, 述語動詞にならない. 述語になるのは形容詞化したもの, およびそれがさらに名詞化したものである.

(b) しかし文中のいずれかの名詞・代名詞に対して「述語的に」連結することは可能である. 古来「連結分詞」participium coniūnctum と呼ばれ, 文中では副詞(副詞的副文)と同じ機能を果たす(英文法の分詞構文). ただ単独では述語的連結であるかそれとも付加語であるか, 峻別できないことがあり, その都度解釈を必要とする(詳細は第 30 章 3, p 238).

Gladiātor humī *iacēns* scūtō adversārium prohibēbat.
  剣闘士は地面に寝て, 楯で相手(の攻撃)を防いでいた.
Nātūram *spectantēs* multa didicimus.
  自然を観察することによって, 我々は多くのことを学んだ.
【didicī は discō の完了】

## 6. 副文の接続法と時称対応

(1) 副文の接続法

(a) 副文の接続法は一般に相対時称で, 主文の時間との関係で時称が決定される. とくに副文が話者(著者)の言葉ではなく, 他者(たいてい主文の主語)の言葉の引用である場合は, 「間接引用の接続法」coniūnctīvus oblīquus と呼ばれて, つねに相対時称である.

(b) 間接疑問文のみならず, 目的文も一種の間接命令文として, 間

接引用の接続法を用いる．結果文の動詞も必ず接続法になるが，これは「可能性の接続法」に由来するので，必ずしも相対時称ではなく，上位文の時称に左右されない絶対時称のこともある．

(c) 接続法を用いる主な副文とその例文は第 14 章に挙げる．

(2) 時称対応

| 上位文 | 副文の接続法 | | |
|---|---|---|---|
| (主文) | 「同　時」 | 「以　前」 | 「以　後」 |
| 本時称 | 現　在 | 完　了 | 未来分詞+sim |
| 副時称 | 未完了過去 | 過去完了 | 未来分詞+essem |

(a) 接続法の相対時称は，主文(上位文)の表す絶対的な時が現在・未来であるか，それとも過去であるかによって左右される．これを時称の対応という．

(b) 現在または未来の時を表す時称を本時称，過去の時を意味する時称を副時称と呼ぶ．直説法では，現在，未来，未来完了が本時称，未完了過去，完了，過去完了が副時称，接続法では現在と完了が本時称，未完了過去と過去完了が副時称，命令法は本時称．

(c) 不定法と分詞は一般にそれ自体が相対時称であるから，それに支配される副文はさらにその上位にある(はずの)主文にさかのぼって時称対応が決定される．ただし不定法完了と完了受動分詞は，それに続く副文に対して副時称の上位文としての役割を果たす．

(d) 主文が本時称ならば副文も本時称，主文が副時称ならば副文も副時称になる．

(e) 主文が本時称のとき，副文の時間が主文の時間と「同時」ならば，副文は接続法現在になり，副文の時間が主文の時間より「以前」ならば，副文は接続法完了になる．

(f) 主文が副時称のとき，副文の時間が主文の時間と「同時」ならば，副文は接続法未完了過去になり，副文の時間が主文の時間より「以前」ならば，副文は接続法過去完了になる．

(g) 目的文の接続法はつねに「同時」になる．

(h) 結果文も「同時」であることが多い．しかし上位文が副時称でも，結果が事実として確定していれば，副文には絶対時称の接続法現在や完了を用いる．

(i)「以後」は間接疑問文の能動態に限り，それ以外の副文の接続法は「以後」の代りに「同時」を用いる．

### 余録　5．ラテン文学と古典主義

　ウェルギリウスとホラーティウスが親友だったことは，ドイツ古典主義文学の双璧ゲーテとシラーの友情に良く似ている．「古典主義」は「均整，調和，簡素」などの抽象概念によって説明されるが，具体的にはギリシア芸術をモデルにした 17–18 世紀ヨーロッパの芸術運動である．絵画や音楽の古典主義はどこがギリシア風なのか簡単には分からないけれども，建築のそれは，ギリシア神殿の様式を模倣した公共建造物が欧米にあふれているから，容易に理解できる．ただ，17–18 世紀はまだローマのフィルターを通してギリシアを見ていたから，一般には「ギリシア・ローマの芸術をモデルにした」芸術運動と説明されている．

　古典主義がギリシア芸術をモデルにしたものであるならば，最初の古典主義文学はラテン文学であり，ウェルギリウスとホラーティウスはまさに古典主義の詩人である．ローマ人にとってギリシア文学は，他文化圏の文学，異なる言語の文学であるけれども，自国の伝統にはなかったすばらしい文学，日夜努力して学ぶべき，模範にすべき文学であった．ホラーティウスはギリシア詩人たちに肩を並べるほどの詩人になってからでも，この努力を自らのモットーにし，若者たちに勧めている．

　ギリシア文学とラテン文学は，多くの共通点で結ばれて，一括して古典文学と呼ばれるけれども，研究が深まった 20 世紀には，表層の類似の下に隠れた両者の相違の大きさが次第に明らかになり，東西の間に横たわる越えがたい文化的深淵が少しずつ認識されている．

# 第14章 間接疑問文　目的文　結果文　理由のcumと物語のcum　possumとprōsum　第3活用動詞の未完了3時称

### 1. 間接疑問文
疑問詞は一般的に直接疑問文と同じ．詳細は第36章に．

Parentēs interrogant (interrogābunt), ubi soror tua *sit*.
　ご両親は君の妹がどこにいるか尋ねている（尋ねるだろう）．
Parentēs interrogant (interrogābunt), ubi soror tua *fuerit*.
　ご両親は君の妹がどこにいたか尋ねている（尋ねるだろう）．
Parentēs interrogāvērunt (interrogābant), ubi soror tua *esset*.
　ご両親は君の妹がどこにいるか尋ねた（尋ねていた）．
Parentēs interrogāvērunt (interrogābant), ubi soror tua *fuisset*.
　ご両親は君の妹がどこにいたか尋ねた（尋ねていた）．
Īgnōrō, ubi soror mea *futūra sit*.
　私の妹がどこへ行くことになるのか，私は知らない．
【futūraはsumの未来分詞futūrusの女性単数形】
Īgnōrābam, ubi soror mea *futūra esset*.
　私の妹がどこへ行くことになるのか，私は知らなかった．
Magistra mē interrogābit, quandō in Britanniā *fuerim* et cūr frātrēs nōn mēcum *fuerint*.
　先生は私にいつブリタンニアに行ったのか，またどうして兄弟が私と一緒に行かなかったのかと尋ねることだろう．
Num īgnōrās, cūr tē *vocāverim*?
　なぜ私が君を呼んだのか知らないのか．
Num īgnōrābās, cūr tē *vocāvissem*?
　なぜ私が君を呼んだのか知らなかったのか．
Nōtum est, quantā celeritāte Rōmānī post clādem exercitum *suppleverint*.

ローマ人がどれほどの速さで敗北後に軍隊を補充したか知られている．

## 2. 目的文
(1) 名詞的目的文
　主文に配慮や要求の意味の動詞があるときに，その目的語の役割をする副文を名詞的目的文と呼ぶ．間接要求文(間接命令文)に相当するので，間接引用の接続法を用いる．相対時称の「同時」のみ．接続詞は ut (utī)「～するように」，ut の否定は nē または ut nē「～しないように」．

> Cūr cessātis, equitēs? iam pūgnātur in castrīs. dux optat, ut *festīnētis*.
>> どうしてためらっているのか，騎兵たちよ．今は陣営の中で戦闘が行われている．将軍は諸君が急ぐことを求めている．
>
> Equitēs cessābant, quamquam dux imperāverat, ut *festīnārent*.
>> 騎兵隊は，将軍が急ぐようにと命令したのに，ためらっていた．
>
> Senātus optat, nē cōnsul diū *cesset*. Nam oppidānī, nē *dēspērent*, celerī auxiliō egent.
>> 元老院は執政官が長い間ためらっていないようにと願っている．なぜなら町民たちが絶望しないよう早急の援軍を必要としているからである．

(2) 副詞的目的文
　主文に配慮や要求を意味する動詞がない場合にも，「～するために」という意味で同じ構文が用いられる．意図文とも呼ぶ．

> Persae in Graeciam nāvigāvērunt, ut urbem Athēnās *dēlērent*.
>> ペルシア軍はアテーナイの都を滅ぼすためにギリシアへ船を進めた．

## 3. 結果文
　主文の事実を原因とする結果が副文に現れる．やはり同じ「ut (utī)＋接続法」であるが，可能性の接続法に由来するので，ut の否定は ut nōn になる．主文に程度を表す指示的な形容詞や副詞があることが多く，傾向文と呼ぶこともある．

Cōpiae sociōrum parvae erant, ut *dēspērārent*.
　同盟国の軍勢は少数だったから，絶望していた．
Cōpiae sociōrum tam parvae erant, ut *dēspērārent*.
　同盟国の軍勢は絶望するほどの少数だった．

## 4. 理由の cum と物語の cum

「理由の cum」は接続法をとる．「時の cum」も副時称では接続法を取ることが多く，これをとくに「物語の cum」または「歴史的 cum」と呼ぶ．したがって接続詞 cum が副時称の接続法を従えるときには，理由の cum と時の cum を兼ねていて，区別できないことがある．

Vituperō tē, cum neglegēns *sīs*.
　お前がいい加減だから，私はお前を叱る．
Cum Caesar in Galliam *venīret*, Gallī eī lēgātōs obviam mīsērunt.
　カエサルがガッリアに来ると，ガッリア人は使者たちを彼の出迎えに行かせた．
Gladiātor vulnerātus, cum cōnstantī animō *pūgnāvisset*, ab imperātōre lībertāte dōnātus est.
　負傷した剣闘士は，毅然とした精神で戦ったので，皇帝から自由を与えられた（毅然とした精神で戦ったときに負傷した剣闘士は，皇帝によって自由を与えられた）．

## 5. sum の複合動詞 possum と prōsum
### (1) 不規則動詞 possum

possum「できる」は形容詞 potis, -e の語幹 pot- と sum との複合動詞で，pot- は s の前では同化して pos- になる．また完了系では sum の完了幹 fu- の f が pot- のあとで落ちる．なお，基本形とは何かについては後述する（第 15 章 4b, p 122）．

　基 本 形:　possum, posse, potuī, ――
　直説法現在:　possum, potes, potest, possumus, potestis, possunt
　未完了過去:　poteram, poterās, poterat, poterāmus, *etc*.

| | |
|---|---|
| 未　　来: | poterō, poteris, poterit, poterimus, *etc.* |
| 完　　了: | potuī, potuistī, potuit, potuimus, *etc.* |
| 過去完了: | potueram, potuerās, potuerat, potuerāmus, *etc.* |
| 未来完了: | potuerō, potueris, potuerit, potuerimus, *etc.* |
| 接続法現在: | possim, possīs, possit, possīmus, possītis, possint |
| 未完了過去: | possem, possēs, posset, possēmus, *etc.* |
| 完　　了: | potuerim, potueris, potuerit, potuerimus, *etc.* |
| 過去完了: | potuissem, potuissēs, potuisset, potuissēmus, *etc.* |
| 不 定 法: | 現 在 posse; 完 了 potuisse |

【一部に複合しない potis sum または pote sum が見られる: potis sum, es, est, sunt, siem, sīs, sit, sint, erat; pote fuisset など. また sum を省いた potis (pote) もある. 不定法 potesse も複合不十分の語形】

Dēfēnsōrēs castrōrum, etsī aegrē famem et sitim tolerāre *poterant*, summīs vīribus repūgnābant.
　陣営の防衛隊は辛うじて飢えと渇きに耐えられただけであったけれども, 力の限り反撃していた.

## (2) 不規則動詞 prōsum

　prōsum「役立つ」は前置詞 prō と sum の複合動詞で, prō- は母音の前で prōd- となる.

| | |
|---|---|
| 基 本 形: | prōsum, prōdesse, prōfuī, — |
| 直説法現在: | prōsum, prōdes, prōdest, prōsumus, prōdestis, prōsunt |
| 未完了過去: | prōderam, prōderās, prōderat, prōderāmus, *etc.* |
| 未　　来: | prōderō, prōderis, prōderit, prōderimus, *etc.* |
| 完　　了: | prōfuī, prōfuistī, prōfuit, prōfuimus, *etc.* |
| 過去完了: | prōfueram, prōfuerās, prōfuerat, prōfuerāmus, *etc.* |
| 未来完了: | prōfuerō, prōfueris, prōfuerit, prōfuerimus, *etc.* |
| 接続法現在: | prōsim, prōsīs, prōsit, prōsīmus, prōsītis, prōsint |
| 未完了過去: | prōdessem, prōdessēs, prōdesset, prōdessēmus, *etc.* |
| 完　　了: | prōfuerim, prōfueris, prōfuerit, prōfuerimus, *etc.* |
| 過去完了: | prōfuissem, prōfuissēs, prōfuisset, prōfuissēmus, *etc.* |

不定法: 現在 prōdesse; 完了 prōfuisse

Opera virōrum sapientium et prūdentium generī hūmānō plūs *prōsunt* quam magnōrum ducum artēs bellicae.
  知恵のある聡明な人たちの著作は偉大な将軍たちの戦争の技術よりも多く人類に貢献する．

## 6. 第3活用動詞の未完了系3時称

regō[3]「支配する」の活用
基本形:　regō, regere, rēxī, rēctum

直説法能動態　　現在　　　　　　未完了過去　　未来
　単 1　　　　regō　　　　　　regēbam　　　regam
　　 2　　　　regis　　　　　　regēbās　　　 regēs
　　 3　　　　regit　　　　　　regēbat　　　 reget
　複 1　　　　regimus　　　　　regēbāmus　　regēmus
　　 2　　　　regitis　　　　　regēbātis　　regētis
　　 3　　　　regunt/古 -ont　 regēbant　　 regent
直説法受動態
　単 1　　　　regor　　　　　　regēbar　　　regar
　　 2　　　　regeris　　　　　regēbāris　　regēris
　　 3　　　　regitur　　　　　regēbātur　　regētur
　複 1　　　　regimur　　　　　regēbāmur　　regēmur
　　 2　　　　regiminī　　　　　regēbāminī　　regēminī
　　 3　　　　reguntur　　　　　regēbantur　　regentur
接続法　　　能　動　態　　　　　　受　動　態
　　　　現　在　　未完了過去　　現　在　　未完了過去
　単 1　regam　　　regerem　　　regar　　　regerer
　　 2　regās　　　regerēs　　　regāris　　regerēris
　　 3　regat/古 -āt　regeret　 regātur　　regerētur
　複 1　regāmus　　regerēmus　　regāmur　　regerēmur
　　 2　regātis　　regerētis　　regāminī　　regerēminī
　　 3　regant　　　regerent　　　regantur　　regerentur
命令法　　　能動態　　受動態

| | | | |
|---|---|---|---|
| 第1 | 単2 | rege | regere |
| | 複2 | regite | regiminī |
| 第2 | 単2 | regitō | regitor |
| | 単3 | regitō | regitor |
| | 複2 | regitōte | — |
| | 複3 | reguntō | reguntor |

【dīcō, dūcō の第1命令法単2は dīc, dūc. ただし古形 dīce, dūce もある】
不定法現在： 能動態 regere; 受動態 regī
現在分詞：　 regēns, -entis

Quō *dūcis* equōs tuōs? — Ad stabulum *dūcō*.
　君の馬をどこへ引いていくのか．― 厩へ引いていくところだ．
Equī tuī aegrōtī esse videntur; nam tardē *incēdunt*.
　君の馬たちは病気のように見える．なぜならのろのろ歩いているから．
Dominus in forō agāsōnem perītum *quaerit*, quī equōs cūrāre potest.
　飼い主が馬の世話をすることのできる腕の良い厩番を広場で探している．
Num potest caecus caecum *dūcere*? nōnne ambō in foveam *cadent*?
　盲人が盲人を導くことができるだろうか．2人とも穴に落ちるのではないか．
Quid nunc *agāmus*? *dīc*, quid nunc *agāmus*!
　我々は今何をしようか．我々が今何をすべきか言え．
Librōs *legentēs* multa *discimus*.
　本を読むことによって我々は多くのことを学ぶ．
Dictātor imperāvit, ut rūsticī vīcōs suōs *incenderent* et *relinquerent*.
　独裁官は農民が自分の村に放火して立ち去るように命令した．
Nātūrā omnēs *dūcimur* et *trahimur* ad scientiae cupiditātem.
　我々はみな自然に導かれて知識欲のほうへ引き寄せられる．
*Falleris*, amīce: nōn scholae, sed vītae *discimus*.
　友よ，君は間違っている．学校のためにではなく，人生のために我らは学ぶのだ．【scholae, vītae: 利害の与格→第26章4, p 200】

## 余録　6. ローマの神々

　ギリシア神話に比べると，ローマ神話はまったく貧弱である．軍神マールスの双子の息子たちが狼に授乳された話は有名であるが，それを含むローマ建国の神話を除けば，大した話がない．そもそも神々自身に神話がない．それにもかかわらず「ギリシア・ローマ神話」という一括した呼び方があるのは，これまたフィルターのお陰である．しかしフィルターをかけたのは，文学の場合と異なり，近代ではなくローマ人自身である．

　のちにローマの国教になるキリスト教は，一神教の常としてきわめて排他的で，ギリシア・ローマのみならずケルトやゲルマンの神々まで滅ぼしてしまう．しかし紀元前のローマは宗教的に寛大で，外来の神々に門戸を閉ざさなかった．ここまではギリシアも同じであったけれども，ローマの寛大さはギリシア以上で，節操がないとさえ言える．ローマはギリシアの神々を自分たちの神々と同一視して，ギリシア神話をローマの神々の名前で書き換えてしまった．

　こうしてたとえば，ユッピテルにはゼウスの，メルクリウスにはヘルメースの，ミネルワにはアテーナーの，ウェヌスにはアプロディーテーの，役割と属性と神話がすべて付与されて，名前は違っても同一神であるということにされた．このうち，ユッピテルとゼウスだけは印欧語族の天空神に由来する本来同一の神であることが比較言語学によって証明されており（Zeu- と Iu- は印欧祖語の *dieu- に由来する．-piter は pater「父」），最高神であるという地位も共通であるが，その他の6神は先住民族から継承した神々である．

　アポッローンのように対応する神がローマにいなければ，その名をそのまま使って，アポッローとラテン語化するだけで取り入れた．ヤーヌスのようにギリシアに対応する神がない神には神話がない．

　近代になってからも，学問的にはともかく，通俗的にはギリシアの神々をラテン名で呼ぶことが，ラテン系の言語ではもちろんのこと，英語のようなゲルマン系の言語でも習慣になっている．

# 第15章　完了幹の種類　母音交替　第3活用動詞完了系3時称能動態　完了受動分詞と動詞の3基本形　第3活用動詞完了系3時称受動態　目的分詞　関係文中の接続法

## 1. 完了幹の種類

前述のように(第8章1, p 74), 完了幹の種類は現在幹の分類と一致しない. 第3活用にはすべての種類の完了幹が揃っている. ここではすでに扱ったものも含めて, 第1, 第2, 第3活用動詞の完了幹を例示する.

(a) v 完了 (v の消失については第8章1 (5), p 75 参照)

 petō[3] 求める: petīvī/-iī    cognōscō[3] 知る: cognōvī

(b) u 完了

 vetō[1] 禁じる: vetuī    cōnsulō[3] 伺う: cōnsuluī

(c) 母音延長完了. a は ē に交替することもある.

 lavō[1] 洗う: lāvī    sedeō[2] 座る: sēdī
 legō[3] 読む: lēgī    agō[3] 行う: ēgī
 cōgō[3] 強いる: coēgī 【cōgō, coēgī＜coagō, coēgī】
 vincō[3] 征服する: vīcī 【vincō の n は現在幹のみにつく接中辞】

(d) 子音重複完了. 語頭の子音に e (時には o, u) をつけたものを子音重複 (reduplicātiō) と呼んで, 接頭辞のように冠する. 第2音節の母音が弱化する (a>e/i, ae>ī など) ことがある.

 stō[1] 立つ: stetī    cadō[3] 倒れる: cecidī
 caedō[3] 倒す: cecīdī    currō[3] 走る: cucurrī

tendō[3] 差し出す: tetendī　　parcō[3] 赦す: pepercī
poscō[3] 求める: poposcī

(e) 語幹完了．動詞幹（現在幹末の -e- を除いた形）と同じ．

minuō[3] 減らす: minuī　　dēfendō[3] 防ぐ: dēfendī

(f) s 完了．母音延長を伴うこともある．

rīdeō[2] 笑う: rīsī　　　　　tegō[3] おおう: tēxī
dīcō[3] 言う: dīxī　　　　　scrībō[3] 書く: scrīpsī
gerō[3] 実行する: gessī　　claudō[3] 閉める: clausī
mittō[3] 送る: mīsī【＜mittsī: mī- は長音節保持のための代替延長】
【古形の s: ① s 完了の s の消失 — dīxtī = dīxistī, dūxtī = dūxistī, scrīpstī = scrīpsistī, mīstī = mīsistī. ② 未来完了（-sō）— amāssō = amāverō, iussō = iusserō, servāssō = servāverō. ③ 接続法完了（-sim）— negāssim = negāverim, iussim = iusserim, dūxim = dūxerim. ④ 接続法過去完了（-sem）— prōmissem = prōmīsissem, ērēpsēmus = ērēpserimus. ⑤ 不定法完了（-se）— dīxe = dīxisse, addūxe = addūxisse, admīsse = admīsisse. ⑥ 不定法未来（-ssere）— oppūgnāssere = oppūgnātūrus esse: 不定法未来については→第22章1, p 167】

## 2．母音交替

同一の語幹（語根）が意味の異なる別の語幹で母音を変えることがあり，母音交替（Ablaut, vowel gradation）と呼ばれる．tegō と toga, regō と rēx のように，語源の一致する動詞と名詞の間にあることもあり，agō, ēgi, āctum のような動詞の3基本形に表れることもある．多くは印欧語の母音交替規則が発展したものである．なお，他には語幹形成母音 e/o がある（第23章6, p 178, および第29章3, p 235 参照）．

## 3．第3活用動詞の完了系3時称能動態

人称変化については，第8章1（p 74），第10章11〜12（p 90）参照．

Corpus mortuī terrā tegere nōn licēbat. sed servus corpus dominī suī dīligenter palliō *tēxit*.
> 死者の遺骸を土でおおうことは許されなかった．しかし奴隷が自分の主人の遺骸を入念に外套でおおった．

Tālia verba neque umquam *dīxī* neque umquam *scrīpsī*.
> そのような言葉を私は言ったことも書いたこともけっしてない．

Fūr facile ēvolāre potuit, cum portam male *clausissētis*.
> お前たちが門をちゃんと閉めなかったから，泥棒は簡単に逃げ出すことができた．

Mē paenitet nūntium nōn *mīsisse* ad tē.
> 私は君に使者を送らなかったことを後悔している．
> 【非人称動詞 paenitet → 第21章2，p 162】

Archimēdis auxiliō Syrācūsānī urbem duōs annōs cōnstanter ā Rōmānīs *dēfendērunt*.
> アルキメーデースの助力によってシュラークーサイの人々は町を2年間しっかりとローマ軍から防衛した．

Inopia cibōrum oppidānīs spem salūtis *minuit*.
> 食糧の欠乏が市民たちの息災への希望を減らした．
> 【oppidānīs: 利害の与格 → 第26章4，p 200】

Cum pater familiās epistulam *lēgisset*, statim servum *mīsit*.
> 家父長は手紙を読むと，直ちに奴隷を派遣した．
> 【familiās は属格古形 = familiae】

Post tantōs labōrēs nihil iam *ēgimus*.
> 我々はこれほどの苦労のあとではもう何もしなかった．

Caesar Helvētiōs cum magnā pūgnā *dēvīcisset*, obsidēs dare et in patriam remigrāre *coēgit*.
> カエサルはヘルウェーティイー族を大戦闘によって打ち負かすと，人質を出して故郷へ帰るよう強制した．【cum は接続詞】

Croesus, Lȳdōrum rēx, iam saepe Apollinem Delphicum *cōnsuluerat*. itaque etiam ante fātāle illud bellum, quod cum Cȳrō, Persārum rēge, *gessit*, lēgātōs *mīsit* Delphōs, quī ōrāculum *cōnsulerent*.
> リューディア人の王クロイソスは，すでにたびたびデルポイのアポッ

ローンにお伺いを立てたことがあった．だからペルシア人の王キューロスと交えたあの宿命的な戦争の前にも，神託を伺うための使者たちをデルポイに送った．【cōnsulerent: 関係文中の接続法 → 下記 7, p 125】

Ubi accūrātē *cognōverō*, scrībam ad tē.
　正確に知ったときには，あなたにあてて手紙を書きましょう．

Ad mortem dūceris, cum idem scelus *commīseris* atque anteā.
　前と同じ罪を犯したときには，お前は死刑にされるであろう．

Prīncipēs Galliae, cum clādem Helvētiōrum *cognōvissent*, ā Caesare auxilium *petīvērunt* contrā Ariovistum, rēgem Suēbōrum.
　ガッリアの首領たちはヘルウェーティイー族の敗北を知ると，カエサルにスウェービー族の王アリオウィストゥスに対抗する援軍を求めた．

Mulierēs et senēs, quī ad portam oppidī *cucurrerant*, suppliciter manūs ad victōrēs *tetendērunt*. sed cum dux Rōmānōrum in oppūgnātiōne *cecidisset*, mīlitēs īrātī nēminī *pepercērunt*.
　町の城門へ駆けつけていた女たちと老人たちは嘆願者として手を征服者たちのほうへ差し向けた．しかしローマ軍の将軍が攻撃中に倒れたので，怒った兵士たちはだれをも容赦しなかった．

## 4. 完了受動分詞と動詞の 3 基本形

（a）完了受動分詞の語幹（目的分詞幹）は必ずしも現在幹，完了幹に対応しない．本来は動詞幹に接尾辞 t がついたものであるが，動詞幹末が t または d の場合に生ずる tt または dt が ss/s に変ったために，あるいは s 完了の影響があったために，実際には幹末が s の目的分詞幹もかなり存在する．また，幹末の t または s に先立つ部分も動詞幹とは異なるものがある．

（b）基本形: 理論上，語幹は現在幹（amā-），完了幹（amāv-），目的分詞幹（amāt-）の 3 種類であるから，基本形も 3 基本形であるが，語尾を付けるときに現在幹だけは直説法と不定法を共に挙げる方が実用に叶うので，直説法現在 1 人称単数・不定法現在・直説法完了 1 人称単数・目的分詞 I（本章 6, p 125）の 4 形を動詞の基本形として，辞書の見出しに挙げることになっている．目的分詞の欠けている動詞では，同じ語幹を使う未来分詞を挙げる習慣である．

| amō[1] | amāre | amāvī | amātum | 愛する |
| lavō[1] | lavāre | lāvī | lautum /lavātum | 洗う |
| stō[1] | stāre | stetī | statum | 立つ |
| vetō[1] | vetāre | vetuī | vetitum | 禁じる |
| dēleō[2] | dēlēre | dēlēvī | dēlētum | 破壊する |
| moneō[2] | monēre | monuī | monitum | 警告する |
| rīdeō[2] | rīdēre | rīsī | rīsum | 笑う |
| sedeō[2] | sedēre | sēdī | sessum | 座る |
| dūcō[3] | dūcere | dūxī | ductum | 導く |
| scrībō[3] | scrībere | scrīpsī | scrīptum | 書く |
| claudō[3] | claudere | clausī | clausum | 閉める |
| mittō[3] | mittere | mīsī | missum | 送る |
| vertō[3] | vertere | vertī | versum | 向ける |
| dēfendō[3] | dēfendere | dēfendī | dēfēnsum | 守る |
| minuō[3] | minuere | minuī | minūtum | 減らす |
| cōgō[3] | cōgere | coēgī | coāctum | 強いる |
| ēligō[3] | ēligere | ēlēgī | ēlēctum | 選ぶ |
| dēserō[3] | dēserere | dēseruī | dēsertum | 見捨てる |
| colō[3] | colere | coluī | cultum | 耕す |
| cognōscō[3] | cognōscere | cognōvī | cognitum | 認める |
| currō[3] | currere | cucurrī | cursum | 走る |

## 5. 第3活用動詞の完了系3時称受動態

人称変化は第10章2〜6/11〜12 (p 86–88, 90–91) と同様に,「完了受動分詞+sum の未完了系3時称」になる.

Nōbilem captīvam centuriō ad imperātōrem dūxit, ad quem iam multī captīvī *ductī erant*.
　高貴な捕虜の女を百人隊長が皇帝の所へ引いて行った. そこにはすでに多くの捕虜が引かれて行っていた.

Tālia verba ā mē nec *dicta* nec *scrīpta sunt*.
　そのような言葉は私によって言われたことも書かれたこともない.

Fūr facile ēvolāre potuit, cum porta nōn bene *clausa esset*.
> 門がちゃんと閉められてなかったから，泥棒は容易に逃げ出すことができた．

Doleō, quod nūntius ad tē *missus* nōn *est*.
> 使者がお前のところに送られなかったことを私は悲しむ．

Cohors sociōrum iam terga verterat; sed propter dēnsam nebulam id *animadversum* nōn *est*.
> 同盟軍の部隊はすでに背中を向けていた(逃走していた)．しかし濃い霧のためにそれは気づかれなかった．

Archimēdis auxiliō Syrācūsae tam diū *dēfēnsae sunt*.
> アルキメーデースの助けによってシュラークーサイはそれほど長く守られた．

Inopiā cibōrum spēs salūtis *minūta est*.
> 食糧の欠乏のために息災の希望は減らされた．

Helvētiī cum ā Caesare *victī essent*, in patriam remigrāre *coāctī sunt*.
> ヘルウェーティイー族はカエサルに敗れると，故郷へ帰るように強いられた．

Cum pater familiās epistulam lēgisset, statim servum *ēlēctum* mīsit.
> 家父長は手紙を読むと，直ちに奴隷を選んで派遣した．
> 【ēlēctum は servum への連結分詞．主語に連結させるべき完了能動分詞が存在しないから，代りに完了受動分詞を目的語に連結させる．第 30 章 3, p 238 参照】

Saguntīnī ā Rōmānīs turpiter *dēsertī sunt*.
> サグントゥムの住民はローマ軍によって屈辱的に見捨てられた．

Vix clādēs Helvētiōrum *cognita erat*, cum prīncipēs Galliae apud Caesarem adfuērunt, ut auxilium peterent contrā Ariovistum.
> ヘルウェーティイー族の敗北が認められるや否や，ガッリアの首領たちはアリオウィストゥスに対抗する援軍を求めるためにカエサルのところへ来た．【vix...cum: 倒逆の cum → 第 39 章 2 (5)，p 296】

Ubi prīmum proelium *est nūntiātum*, undique in forum

*concursum est.*
> 開戦が知らされるや否や，いたるところからフォルムへ人々は走り集まった．【非人称受動→第6章4, p 63】

## 6. 目的分詞 (**supīnum**)

(a) 目的分詞は第4変化名詞に由来する動詞的名詞の一種で，語形は，目的分詞 I（対格形）-tum(-sum) と，目的分詞 II（与・奪格形）-tū(-sū) の2形に限られる．

(b) 目的分詞 I は移動を意味する動詞とともに使われ，移動の目的を表す．

> Persae in Graeciam nāvigāvērunt urbem Athēnās *dēlētum*.
> ペルシア軍はアテーナイの都を滅ぼすためにギリシアへ船を進めた．
> Prīncipēs Galliae apud Caesarem adfuērunt auxilium *petītum* contrā Ariovistum.
> ガッリアの首領たちはアリオウィストゥスに対抗する援軍を求めるためにカエサルのところへ来た．
> Croesus lēgātōs mīsit Delphōs ōrāculum *cōnsultum*.
> クロイソスは神託を伺うために使者たちをデルポイに送った．

(c) 目的分詞 II は特定の形容詞の適用範囲を限定する．

> Difficile est *dictū*, quot bella Rōmānī gesserint.
> ローマ軍がいくつの戦争を行ったかは，言うことが難しい．

## 7. 関係文中の接続法

接続法の関係文は，目的文，結果文，理由文，譲歩文などの副詞的副文を兼ねることができる．詳細は第45章．

> Dominus in forō agāsōnem perītum quaerit, quī equōs *cūret*.
> 飼い主が馬の世話をさせるための腕の良い厩番を広場で探している．
> 【目的文】

# 第16章　形容詞の比較級・最上級

## 1. 規則的比較形

(a) 形容詞の語幹に -ior (*mf*), -ius (*n*) をつけて比較級を，-issimus, -issima, -issimum をつけて最上級を作る．語幹は原級の単数属格から語末の -ī/-is を落したものに等しい．

-ior の古形に -iōs，-issimus 等の古形に -issumus 等がある．

| 原級（語幹） | | 比較級 | 最上級 |
|---|---|---|---|
| honestus (honest-) | 立派な | honestior | honestissimus |
| gravis (grav-) | 重い | gravior | gravissimus |
| potēns (potent-) | 有力な | potentior | potentissimus |
| dīves (dīvit-) | 裕福な | dīvitior | dīvitissimus |

(b) 比較級は第3変化子音幹形容詞として，次のように格変化する．最上級は第1第2変化形容詞であるからここには表示しない．「語末」の（ ）内はきわめてまれな異型．語例は altus「高い」．

| | | 「語　末」 | | altus 高い，深い | |
|---|---|---|---|---|---|
| | | 男/女 | 中 | 男/女 | 中 |
| 単 | 主/呼 | — | — | altior | altius |
| | 属 | -is | -is | altiōris | altiōris |
| | 与 | -ī | -ī | altiōrī | altiōrī |
| | 対 | -em | — | altiōrem | altius |
| | 奪 | -e(ī) | -e(ī) | altiōre | altiōre |
| 複 | 主/呼 | -ēs | -a(ia) | altiōrēs | altiōra |
| | 属 | -um | -um | altiōrum | altiōrum |
| | 与 | -ibus | -ibus | altiōribus | altiōribus |
| | 対 | -ēs(īs, eis) | -a(ia) | altiōrēs | altiōra |
| | 奪 | -ibus | -ibus | altiōribus | altiōribus |

(c) -ilis に終る形容詞のうち，次の6語の最上級は，-illimus になる．

facilis, -e 容易な;　　　difficilis, -e 困難な;　similis, -e 似ている;
dissimilis, -e 似ていない; gracilis, -e 痩せた;　humilis, -e 低い
　　facilis 容易な　　　　facilior　　　　　facillimus

(d) -er に終る形容詞の最上級は -er-rimus になる（古形 -errumus）.

miser(miser-)　　哀れな　　miserior　　　miserrimus
　　　　　　　　　　　　　　　　　　　　miserissimus【碑文】
celer(celer-)　　　速い　　　celerior　　　celerrimus
　　　　　　　　　　　　　　　　　　　　celerissimus【詩】
ācer(ācr-)　　　　鋭い　　　ācrior　　　　ācerrimus
vetus(veter-)　　　古い　　　vetustior　　veterrimus
　　　　　　　　　　　　　　vetcrior【古】
integer(integr-)　無傷の　　integrior　　integerrimus
　　　　　　　　　　　　　　　　　　　　integrissimus【碑文】
mātūrus「熟した」の最上級もまれに: mātūrrimus

(e) -us に終る第1第2変化で，-us の前が母音の形容詞は，比較級を「magis+原級」，最上級を「maximē+原級」にする.

idōneus　　適した　　　magis idōneus　maximē idōneus

(f) 他の語からの借用.

benevolus　　　親切な　　　benevolentior　　benevolentissimus
maledicus　　　悪口を言う　maledicentior　　maledicentissimus
magnificus　　　すばらしい　magnificentior　　magnificentissimus
egēnus　　　　　貧しい　　　egentior　　　　　egentissimus
providus　　　　注意深い　　providentior　　　providentissimus
novus　　　　　新しい　　　recentior　　　　recentissimus
iuvenis　　　　　若い　　　　iūnior　　　　　　minimus nātū
senex　　　　　老いた　　　senior　　　　　　maximus nātū

(g) 例文

Laedī interdum *honestius* est quam laedere.

時には傷つけられるほうが傷つけるよりも立派である.

Servus Graecus, quī *iūstiōre* et *benīgniōre* dominō dīgnus erat, dīcere solēbat: "Sapiēns numquam *potentiōrum* īrās prōvocābit."
　より正しくより寛大な主人にふさわしかったギリシア人奴隷は,「賢者はけっして権力のより強い者の怒りを招くことをしないものだ」と言うのが常だった.

*Antīquissimus* Rōmānōrum carcer ad Capitōlium situs erat.
　ローマ人の(=ローマの)いちばん古い牢獄はカピトーリウム丘のわきにあった.

Iam multa et gravia tolerāvistis; poteritisne etiam *graviōra* tolerāre?
　諸君はすでに多くの厳しいことに耐えてきた. さらにいっそう厳しいことにも耐えられるだろうか.

Bēluārum nūlla *prūdentior* est quam elephantus (*prūdentior* est elephantō).
　獣の中に象よりも賢いものはひとつとしていない.

Croesus, *dīvitissimus* Lȳdōrum rēx, iam saepe Apollinem Delphicum cōnsuluerat.
　最高に裕福なリューディア人の王クロイソスは, すでにしばしばデルポイのアポッローンにお伺いを立てていた.

Equī Hispānōrum multō *ācriōrēs* et *celeriōrēs* erant quam Rōmānōrum.
　ヒスパーニア軍の馬はローマ軍のよりもはるかに勇猛かつ迅速だった.

Equī Hispānōrum longē *ācerrimī* et *celerrimī* erant.
　ヒスパーニア軍の馬はずば抜けて勇猛かつ迅速だった.

Quis mātrem *miseriōrem* nōvit quam Niobam, quae superbiā suā Lātōnam deam lacessīvit?
　だれが自分の思い上がりによって女神ラートーナ(レートー)に挑戦したニオベーよりも惨めな母親を知っているか.

Nihil *magis necessārium* est quam montem ascendere. ducem *maximē idōneum* imperātor iam ēlēgit.
　山に登るよりも必要なことは何もない. もっともふさわしい道案内を将軍はもう選んである.

## 2. 原級を欠く比較形

原級があっても使用がまれなもの，意味にずれのあるもの，および原級を欠くものには，前置詞や副詞を対応させる．

| | | |
|---|---|---|
| ante 前に | anterior | より前の |
| citer こちらの/citrā こちらに | citerior | こちらの |
| | citimus | 最も近い |
| dē 下に | dēterior | より劣る |
| | dēterrimus | 最悪の |
| exterus 外の/extrā 以外に | exterior | 外の |
| | extrēmus/extimus | 最も外の |
| īnferus 下の/īnfrā 下に | īnferior | より低い |
| | īnfimus/īmus | 一番下の |
| intrā 中に | interior | より奥の |
| | intimus | 一番奥の |
| — | ōcior | より速い |
| | ōcissimus | 最速の |
| posterus のちの/post のちに | posterior | のちの |
| | postrēmus/postumus | 最後の |
| potis 有力な | potior | より良い |
| | potissimus | 最良の |
| prō 前に | prior 前の, prīmus 最初の | |
| prope 近くに | propior | より近い |
| | proximus | 最も近い |
| superus 上の/suprā 上に | superior | より上の |
| | suprēmus/summus | 最高の |
| ultrā かなたに | ulterior | むこうの |
| | ultimus | 最も遠い |

## 3. 不規則的比較形

(a) 不規則的比較形

| | | |
|---|---|---|
| bonus 良い | melior | optimus |
| malus 悪い | pēior | pessimus |

| | | |
|---|---|---|
| magnus 大きい | māior | maximus |
| parvus 小さい | minor, minus | minimus |
| multus 多い | (*sg*) ―, plūs | plūrimus |
| | (*pl*) plūrēs, plūra | |
| | complūrēs, -plūra(-ia) いくつかの | |
| nēquam 無価値の | nēquior | nēquissimus |
| frūgī 質素な | frūgālior | frūgālissimus |

(b) plūs の格変化．（ ）はまれな別形．

| | 単 数 | | 複 数 | |
|---|---|---|---|---|
| | 男/女 | 中 | 男/女 | 中 |
| 主 | ― | plūs | plūrēs | plūra(-ia) |
| 属 | ― | ― | plūrium | plūrium |
| 与 | ― | ― | plūribus | plūribus |
| 対 | ― | plūs | plūrēs | plūra(-ia) |
| 奪 | ― | ― | plūribus | plūribus |

(c) 単数の plūs と minus には形容詞としての用法がない．主格と対格を名詞として用い，他の名詞の属格を伴う．

| | |
|---|---|
| plūs audāciae | より多くの大胆さ |
| plūs hominum | より多くの人々 |
| minus auctōritātis | より少ない人望 |

(d) 例文

*Melior* est certa pāx quam spērāta victōria.
　期待された勝利よりも確実な平和のほうが優れている．
Praesentī malō *pēior* est metus futūrī malī.
　目の前にある不幸よりも未来の不幸への恐怖のほうがいっそう悪い．
Et *optimum* et *pessimum* in homine est lingua.
　人間のもので最善でも最悪でもあるのは舌である．
*Minima* saepe scintilla incendium suscitāvit *maximum*.
　最小の火花がしばしば最大の火災を引き起こした．
In exsequiīs Rōmānōrum nōbilium servī imāginēs *māiōrum*

portābant.
>高貴なローマ人の葬送行列では奴隷たちが先祖の肖像を持ち歩く習慣だった．

Minae hūius hominis vānae sunt; *plūs* audāciae in eō est quam rōboris.
>この人の脅迫は大したことがない．彼にあるのは強さよりも厚かましさである．【hūius→第17章4, p 137】

Ubi *plūra* cognōverō, scrībam ad tē.
>もっと多くのことが分かったら，君に手紙を書こう．

## 4. 比較級と最上級の用法

(a) 比較級は対等の資格をもつ２つのもの（与格と与格，副詞と副詞など）を比べ，quam「よりも」で接続する．

Laedī interdum honestius est *quam* laedere.
>打つよりも打たれるほうが時には立派である．

(b) 主格と対格に限り，「quam＋主格（対格）」の代わりに「比較の奪格」を用いることができる．

Bēluārum nūlla prūdentior est *elephantō*.
>獣の中に象よりも賢いものはひとつとしていない．

(c) plūs「より多い」，amplius「より多い」，minus「より少ない」は数詞の前では quam を省略することができる．

*Plūs* trecentī hostēs captī sunt.
>300人以上の敵が捕まえられた．

(d) 最上級に伴う「～の中で（いちばん）」は，「部分の属格」または前置詞 ex, inter で表す．

*omnium* maximus 全員の中でもっとも大きい
*inter* puellās gracillima 少女たちの中でいちばんほっそりした

(e) 絶対的用法．比較の対象がなくても，比較級は「あまりに，か

なりの」という意味で，最上級は「非常に」の意味で使われる．

> *difficiliōra* opera かなり難しい仕事
> Equī Hispānōrum longē *ācerrimī* et *celerrimī* erant.
> ヒスパーニア軍の馬はずば抜けて勇猛かつ迅速だった．

---

### 余録　7．天皇と皇帝

　訳語の問題はたいへん厄介である．日本文化の本質にかかわる概念を異文化の既成概念に安易に置き換えると，思わぬ誤解が生じる．天皇の訳語にemperorを当てた人も，それを受け入れた日本人も，両者の違いをどこまで認識していたのだろうか．

　戦国時代に来日した宣教師がdeusの訳語に悩んだことはよく知られている．信徒たちもまたdeusをそのまま使っていたようである．今では結局日本の神々と同じように「神」と呼ぶことに誰も疑問を持たないが，言語の研究に携わる者には，宣教師の悩みは他人事ではない．

　emperorの語源のimperātorは軍の最高司令官を指す言葉であったから，ローマ皇帝は辺境に駐屯する軍隊を指揮して帝国を防衛することを本務にした．建前上の共和制の形式を守って，軍隊が擁立して元老院に承認させるという手続きが取られることがあった．ナポレオンはこれを復活して，民衆の支持によって皇帝になり，総司令官として軍を率いた．彼にとって皇帝とはローマ皇帝のことであり，その直系を自認した．神聖ローマ皇帝は選帝侯によって選ばれたが，これは元老院を読み替えたものであろう．

　万世一系の天皇には民衆の選挙などありえなかったし，明治以後の大元帥陛下が台湾や満州や樺太の大日本帝国の軍隊を自ら指揮することなど考えられなかった．天皇は西洋の意味での皇帝ではない．emperorは訳語としてふさわしくない．ドイツで天皇制が話題になったときに，彼らはカイザーと言ってから，テンノーと補足説明していた．独和辞典にTennoが載っている．研究社の英和大辞典には出ていない．鹿鳴館的へつらいの時代に，emperorではなく，tennoと呼ばせる努力をするべきだった．

# 第17章　副詞　指示代名詞 is, hic, iste, ille

## 1. 形容詞などからの副詞

(a) 第1第2変化形容詞の語幹に語尾 -ē をつける．

　　altus (alt-)　　　　：　altē　　　高く
　　pulcher (pulchr-)：　pulchrē　　美しく
　　miser (miser-)　　：　miserē　　みじめに

(b) 第3変化形容詞の語幹に語尾 -iter をつける．ただし -nt- 語幹のもの (-āns, -ēns に終るもの) は単に -er をつけて，-nter とする．

　　fortis (fort-)　　　　：　fortiter　　　強く
　　ferōx (ferōc-)　　　：　ferōciter　　　荒々しく
　　cōnstāns (cōnstant-)：　cōnstanter　　毅然として
　　prūdēns (prūdent-)　：　prūdenter　　賢く

(c) 第1第2変化形容詞の副詞の多くは過去に -iter だったために，古典期にも -iter と -e を共有するものがある．

　　hūmānus：　hūmāniter/hūmānē　　人間らしく
　　largus　：　largiter/largē　　　　出し惜しみせずに

(d) 不規則の副詞．

　　bonus：　bene　　　良く　　　malus：　male　　　悪く
　　alius ：　aliter　　他に　　　fīdus ：　fidēliter　忠実に
　　audāx：　audācter　大胆に

(e) 名詞，代名詞，形容詞，分詞などの格形 (対格，奪格，地格) に由来する副詞．

　　対格 -um：　multum　　大いに　　　　cēterum　そのほか
　　対格 -e：　 dulce　　　楽しく　　　　facile　　容易に
　　対格 -im：　certātim　　競って　　　 statim　　直ちに

|  |  |  |  |  |
|---|---|---|---|---|
|  | passim | 至る所に |  |  |
| 対格 -am: | cōram | 面前で | tam | それほど |
|  | iam | すでに |  |  |
| 対格 -ās: | aliās | 他のときに | forās | そとへ |
| 奪格 -ō: | citō | 速く | rārō | まれに |
|  | sērō | おそく | tūtō | 安全に |
|  | prīmō | まず | initiō | 初めに |
|  | modŏ | たった今 |  |  |
| 奪格 -e: | forte | たまたま | temere | 軽率に |
| 奪格 -ā: | aliā | 他の経路で | quā | どこに |
|  | dext(e)rā | 右に |  |  |
| 地格系: | hodiē | 今日 | prīdiē | 前日 |
|  | quotannīs | 毎年 |  |  |

(f) 格形と語尾 -ē との 2 種類の副詞をもつ形容詞.

certē 確かに　　certō 正確に　　rārē まばらに　　rārō まれに
vērē ほんとうに　vērō しかし　　rēctē 正確に　　rēctā 真直ぐに
dext(e)rā 右に　dexterē 巧みに

(g) その他の副詞語尾をもつもの.

| -dam: | quondam | かつて |  |  |
|---|---|---|---|---|
| -de: | inde | そこから | unde | どこから |
| -dem: | prīdem | ずっと以前 | itidem | 同様に |
| -dō: | quandō | いつ |  |  |
| -dum: | dūdum | 少し前に | vixdum | まず…ない |
| -per: | nūper | 最近 | semper | いつも |
| -quam: | umquam | いつか | numquam | 一度も…ない |
| -secus: | extrīnsecus | そとから |  |  |
| -tenus: | quātenus | どこまで |  |  |
| -tus: | antīquitus | 古くから | penitus | 真底から |

-vorsus/-vorsum: intrōrsus/-um/intrōvorsus/-um 中へ
　　　　　　　　rūrsus/-um/rūsus/-um もとへ

## 2. 副詞の比較形

副詞の比較級は形容詞の比較級の中性単数対格をそのまま使い，最上級は形容詞最上級の語尾を -ē に変える．

| | | | |
|---|---|---|---|
| altē | 高く | altius | altissimē |
| pulchrē | 美しく | pulchrius | pulcherrimē |
| miserē | みじめに | miserius | miserrimē |
| fortiter | 強く | fortius | fortissimē |
| audācter | 大胆に | audācius | audācissimē |
| facile | 容易に | facilius | facillimē |
| bene | 良く | melius | optimē |
| male | ひどく | pēius | pessimē |
| (magnus) | | magis　より多く | maximē |
| (parvus) | | minus　より少なく | minimē |
| multum | 多く | plūs | plūrimē |
| citō | 速く | citius | citissimē |
| diū | 長い間 | diutius/diūtius【古形】 | diutissimē |
| saepe | しばしば | saepius | saepissimē |

Dūrum est *iniūstē* vituperātum esse.
　不公正に非難されたことは過酷なことだ．

Persīs patriae appropinquantibus Graecī *fortiter* repūgnābant.
　祖国に近づいてくるペルシア軍に対してギリシア人は強く対抗していた．

Nōtum est, quam *celeriter* ā Rōmānīs post clādem exercitus supplētus sit.
　敗北のあとでいかに速くローマ人によって軍隊が補充されたか，知られている．

Saguntīnī ā Rōmānīs *turpiter* dēsertī sunt, quamquam amīcitiam populī Rōmānī *fidēliter* coluerant. *sērō* eōs amīcitiae tantā cum fidē cultae paenituit.
　サグントゥムの住民は，ローマ国民に対する友好関係を誠実に守ってきたのに，ローマ軍によって屈辱的に見捨てられた．これほどの誠意をもって友好関係を守ったことを彼らは後悔したけれども，もう間に合わ

なかった.【eōs→次項 3】

Post triumphum nōn *rārō* captīvī nōbilissimī populōrum superātōrum in carcere pūblicō necābantur.

> 凱旋行進のあとで征服された民族の高貴な捕虜が国の牢獄の中で殺されることはまれではなかった.

Fūr *facile* ēvolāre potuit, cum porta nōn *bene* clausa esset.

> 門がしっかりと閉ざされていなかったので,盗賊は容易に逃げ出すことができた.

Iūlia hanc fābulam *dīligentius* ēdidicit quam Cornēlia, *dīligentissimē* autem Licinia.

> ユーリアはこの話をコルネーリアよりも注意して覚えた.でも一番注意し(て覚え)たのはリキニアだった.

Nōn est fās dīcere "Ubi *bene*, ibi patria"; nōnne *rēctius* dīcēmus "Ubi patria, ibi *bene*"?

> 「すばらしいところに祖国がある」と言うことは禁句である.「祖国のあるところはすばらしいところだ」と言うほうが正しいのではないだろうか.

## 3. 指示代名詞 is, ea, id

is, ea, id「それ,その」は指示力のもっとも弱い指示代名詞で,既述のものを指す.3 人称の人称代名詞の(属格は所有形容詞の)代役もつとめる.関係代名詞の先行詞になることも多い(後述).

|   | 単数 | | | 複数 | | |
|---|---|---|---|---|---|---|
|   | 男 | 女 | 中 | 男 | 女 | 中 |
| 主 | is | ea | id | iī, eī, ī | eae | ea |
| 属 | ēius | ēius | ēius | eōrum | eārum | eōrum |
| 与 | eī | eī | eī | iīs, eīs, īs | iīs, eīs, īs | iīs, eīs, īs |
| 対 | eum | eam | id | eōs | eās | ea |
| 奪 | eō | eā | eō | iīs, eīs, īs | iīs, eīs, īs | iīs, eīs, īs |

【指示代名詞と不定代名詞の別形は膨大な数になる.とくに重要なもの以外は挙げない】

Saguntīnī ā Rōmānīs turpiter dēsertī sunt, quamquam amīcitiam populī Rōmānī fidēliter coluerant. sērō *eōs* amīcitiae tantā cum fidē cultae paenituit.

    サグントゥムの人々はローマ国民との友好関係を忠実に守ってきたのに，ローマ軍によって醜くも放棄された．これほどの忠誠心をもって守られた友好を彼らは後悔したが遅すぎた．

Corpus mortuī terrā tegere nōn licēbat. sed servus *ēius* dīligenter palliō *id* texit.

    死者の遺体を土で覆うことが許されなかった．しかし彼の従僕がそれを丁寧に外套で覆った．

## 4. 指示代名詞 hic と iste と ille

（a）hic, haec, hoc「これ，この」は1人称に近いものを指す．

（b）iste, ista, istud「それ，その」は2人称に近いものを指す．変化形は ille と同じ．

（c）ille, illa, illud「あれ，あの」は3人称に近いものを指す．

（d）これらの指示代名詞も3人称の人称代名詞の欠如を補うために使われる．

|   |   | 男 | 女 | 中 | 男 | 女 | 中 |
|---|---|---|---|---|---|---|---|
| 単 | 主 | hic | haec | hoc | ille | illa | illud |
|   | 属 | hūius | hūius | hūius | illīus | illīus | illīus |
|   | 与 | huīc | huīc | huīc | illī | illī | illī |
|   | 対 | hunc | hanc | hoc | illum | illam | illud |
|   | 奪 | hōc | hāc | hōc | illō | illā | illō |
| 複 | 主 | hī | hae | haec | illī | illae | illa |
|   | 属 | hōrum | hārum | hōrum | illōrum | illārum | illōrum |
|   | 与 | hīs | hīs | hīs | illīs | illīs | illīs |
|   | 対 | hōs | hās | haec | illōs | illās | illa |
|   | 奪 | hīs | hīs | hīs | illīs | illīs | illīs |

（単数与格は huic かもしれない）

【hic の古形: 複主男 hīsce, 女 haec, 属男 hōrunc, 女 hārunc, 与 hībus; 強調形: hīce, haece, hōce; 強調疑問形: hīcine(hicine), haecine, hōcine】

【ille の古形: ollus(olle), 与 ollī; 複主 ollī, olla, 与 ollīs, 対 ollōs, olla】

【iste と ille にも -c, -ce, -cine のついた古形が見られる】

*Hic* iūdex nē magnificentissimīs quidem mūneribus corrumpī potuit; *huīc* fidem habēmus.
　この判事はどれほど立派な贈り物によってさえも買収されることがありえなかった．我々は彼に信頼を寄せている．

Quō dūcitis *hōs* equōs, servī?—Ad stabulum dūcimus.
　これらの馬をどこへ連れて行くのか，従僕たちよ．―厩へ連れて行きます．

*Haec* via difficillima vidētur.—*Hoc* iter difficilius est.
　この道はいちばん困難に見える．―この道のほうがいっそう困難だ．

Themistoclēs Athēniēnsibus suādēbat, ut magnam classem nāvium longārum aedificārent. *hīs* nāvibus posteā ad īnsulam Salamīnem fēlīciter pūgnātum est.
　テミストクレースはアテーナイ人たちに，軍船の大艦隊を建造するようにと忠告した．これらの船によってその後サラミース島の近くで幸運に戦闘が行われた．

Ubi dē *hāc* rē plūra cognōverō, scrībam ad tē.
　このことについてさらに多くのことが分かったら，君に手紙を書こう．

*Hunc* librum legentēs multa didicimus.
　この本を読むことによって我々は多くのことを学んだ．

*Hic* mōns nōn tam altus est quam *iste*; sed in summō *hōc* monte crucem ferream vidēmus.
　この山はその（君が言う）山ほどは高くない．だがこの山の頂上に鉄の十字架が見える．【summus については第 30 章 2. p 238】

Croesus ante fātāle *illud* bellum, quod cum Cȳrō, Persārum rēge, gessit, lēgātōs mīsit Delphōs ōrāculum cōnsultum.
　クロイソスはペルシア人の王キューロスと戦ったあの宿命的な戦争の前に，神託を伺うためにデルポイへ使者たちを派遣した．
　【cōnsultum は目的分詞 I. p 125】

Nōbilem captīvam centuriō ad imperātōrem dūxit, ad quem iam satellitēs *illīus* ductī erant.
　高貴な女の捕虜を百人隊長が将軍のところへ連れて行くと，そこにはす

でに彼女の従者たちが連行されていた.

(e) hic～ille...は「後者」「前者」を指す.

 Lūcius et Mārcus amīcī meī sunt; *hic* aegrōtus est, *ille* valet.
  ルーキウスとマールクスは私の友である. 後者は病気で, 前者は元気だ.

(f) 指示代名詞が主語で名詞が述語の文では, 述語名詞の性が主語の性を決定する.

 *Haec* mea culpa est.　これが私の欠点だ.
 *Istī* sunt librī nostrī.　それらは私たちの本だ.

真の主語と述語ではなくても, 主語述語関係にある代名詞と名詞の間にはつねにこの関係が現れる.

 *Hanc* exīstimō stultitiam.　これを私は愚かさと判断する.

# 第18章　指示代名詞 ipse と īdem　代名詞型形容詞　同格名詞　第4活用動詞　恐怖文

## 1. 指示代名詞 ipse

ipse, ipsa, ipsum は「自分が，自分で」と訳すことができるけれども，再帰代名詞ではなく，「正にその，当の本人が」という意味の指示代名詞で，強意代名詞とも呼ばれる．格変化は中性単数主・対格 ipsum を除いて ille に等しい．

>【古形 ipsus = ipse. また is + pse と見なされたために，eapse（女・主），eumpse, eampse, eōpse, eapse などの古形もある】

Vesperī mātrōna in amplā suā domō sedēbat et epistulam marītī dextrā manū tenēbat, cum subitō marītus *ipse* intrat.
　　夕方，主婦は自分の広い家の中に座って夫の手紙を右手にもっていた．
　　と，そのとき突然，夫自身が入ってくる．

Nisi ab *ipsā* vocāta erō, amitam tuam nōn vīsitābō.
　　本人から呼ばれなければ，私はあなたの叔母さんを訪問しないでしょう．

Dictātor imperāvit, ut rūsticī vīcōs suōs relinquerent et *ipsī* incenderent.
　　独裁官は農民たちが自分たちの村を立ち退き，自分たちで火を放つようにと命令した．

## 2. 指示代名詞 īdem

(a) īdem, eadem, idem は is, ea, id に -dem をつけた指示代名詞で，「同じ」という意味になる．

|   | 男 | 女 | 中 |
|---|---|---|---|
| 単 主 | īdem | eadem | idem |
| 属 | ēiusdem | ēiusdem | ēiusdem |
| 与 | eīdem | eīdem | eīdem |

|      |   |          |          |          |
|------|---|----------|----------|----------|
|      | 対 | eundem   | eandem   | idem     |
|      | 奪 | eōdem    | eādem    | eōdem    |
| 複   | 主 | īdem     | eaedem   | eadem    |
|      | 属 | eōrundem | eārundem | eōrundem |
|      | 与 | eīsdem   | eīsdem   | eīsdem   |
|      | 対 | eōsdem   | eāsdem   | eadem    |
|      | 奪 | eīsdem   | eīsdem   | eīsdem   |

【別形: 男性複数主格 eīdem, iidem, 複数与・奪格（3性共通）iisdem, īsdem】

(b) 「と同じ」の「と」は接続詞 atque (ac) または関係文で表す.

Tullia *eundem* medicum cōnsulēbat *quem* Iūlia（または *atque* Iūlia）.
トゥッリアはユーリアと同じ医者にかかっていた.

(c) īdem は「その同じ人が」から転じて,「同時に, 同様に」などの意味になることもある.

Cicerō disertus erat *īdem*que doctus.
キケローは雄弁であると同時に教養も高かった.

## 3. 代名詞型形容詞

次の10語は第1第2変化形容詞であるが, 単数属格・与格（3性共通）に代名詞の語尾 -īus（詩では -ius も), -ī をもつ. alius の属格 alīus はまれ. また alius のみ中性単数主・対格に代名詞語尾 -d をもつ.

ūnus, ūna, ūnum: ūnīus, ūnī　1つ
sōlus, sōla, sōlum: sōlīus, sōlī　単独の, 〜だけ
tōtus, tōta, tōtum: tōtīus, tōtī　全体
nūllus, nūlla, nūllum: nūllīus, nūllī　ひとつもない
ūllus, ūlla, ūllum: ūllīus, ūllī　ひとつも（否定文で）
uter, utra, utrum: utrīus, utrī　どちらが
neuter, neutra, neutrum: neutrīus, neutrī　どちらもない

uterque, utraque, utrumque: utrīusque, utrīque どちらも
alter, altera, alterum: alterīus, alterī （2つの）いずれか
alius, alia, aliud: alīus, aliī （3つ以上の）いずれか
> 【単数属格 alīus の代わりに alterīus または形容詞 aliēnus を使うことが多い．また，alius, aliud に古形 alis, alid がある】

Prīncipēs *tōtīus* Galliae apud Caesarem adfuērunt auxilium petītum contrā Ariovistum.
> 全ガッリアの首長たちがカエサルのところへアリオウィストゥスに対抗する援軍を求めにきた．

Cōnscientia quidem culpae in Sōcrate *nūlla* erat, neque tamen *ūllam* fugae occāsiōnem quaerēbat.
> ソークラテースには罪の意識など全くなかったが，しかし逃亡の機会を探そうともしなかった．

*Uter* vestrum hoc fēcit? nam *alterum* hoc fēcisse appāret.—*Neuter* nostrum fēcit; *uterque* nostrum innocēns est.
> 君たち2人のどちらがこれを行なったのか．というのは，どちらかがこれをしたことは明らかだからだ．—我々のどちらもやっていない．我々のどちらも潔白だ．

Hostēs *alius aliī* impedīmentō erant.
> 敵は互いに他の邪魔になっていた．
> 【alius aliī: 「(不特定の)一人が(別の)一人に対して」>「皆が互いに」】

*Aliī* mēnsēs trīcēnōs diēs habent, *aliī* trīcēnōs singulōs, Februārius duodētrīgintā.
> ある月々は30日ずつ，ある月々は31日ずつ，2月は28日をもっている．

## 4. 同格名詞

名詞の付加語になる同格名詞は，通常，名詞のあとにつける．とくに同格名詞に付加語がついていれば，必ずあとに来る．

    Homērus poēta　　　　　　詩人ホメーロス
    Ōstia oppidum　　　　　　　オースティア市
    Alexander, rēx Macedonum　マケドニア人の王アレクサンドロス

付加語のつかない単独の imperātor (「皇帝」の意味のとき), rēx「王」, urbs「市」はたいてい前につける. flūmen「川」, fluvius「川」, mōns「山」もしばしば前につける.

 urbs Rōma,    ローマの都, ローマ市
 imperātor Tiberius  皇帝ティベリウス
 flūmen Rhodanus (Rhodanus flūmen) ロダヌス(ローヌ)川

## 5.　第4活用動詞未完了系

基本形: audiō[4], audīre, audīvī, audītum 聞く
直説法能動態:　　現在　　　　未完了過去　　未来

| | | 現在 | 未完了過去 | 未来 |
|---|---|---|---|---|
| 単 | 1 | audiō | audiēbam | audiam |
| | 2 | audīs | audiēbās | audiēs |
| | 3 | audit/古 -īt | audiēbat | audiet |
| 複 | 1 | audīmus | audiēbāmus | audiēmus |
| | 2 | audītis | audiēbātis | audiētis |
| | 3 | audiunt | audiēbant | audient |

【未来に 形 -ībō がある. とくに sciō, scīre の未来 scībō】

直説法受動態

| | | | | |
|---|---|---|---|---|
| 単 | 1 | audior | audiēbar | audiar |
| | 2 | audīris | audiēbāris | audiēris |
| | 3 | audītur | audiēbātur | audiētur |
| 複 | 1 | audīmur | audiēbāmur | audiēmur |
| | 2 | audīminī | audiēbāminī | audiēminī |
| | 3 | audiuntur | audiēbantur | audientur |

接続法　　能　動　態　　　　　　受　動　態
　　　　現　在　　未完了過去　　現　在　　未完了過去

| | | 能動 現在 | 能動 未完了過去 | 受動 現在 | 受動 未完了過去 |
|---|---|---|---|---|---|
| 単 | 1 | audiam | audīrem | audiar | audīrer |
| | 2 | audiās | audīrēs | audiāris | audīrēris |
| | 3 | audiat | audīret | audiātur | audīrētur |
| 複 | 1 | audiāmus | audīrēmus | audiāmur | audīrēmur |
| | 2 | audiātis | audīrētis | audiāminī | audīrēminī |
| | 3 | audiant | audīrent | audiantur | audīrentur |

| 命令法 | 能動 | 受動 |
|---|---|---|
| 第1単2 | audī | audīre |
| 複2 | audīte | audīminī |
| 第2単2 | audītō | audītor |
| 単3 | audītō | audītor |
| 複2 | audītōte | — |
| 複3 | audiuntō | audiuntor |

不定法現在: 能動態 audīre, 受動態 audīrī
現在分詞: audiēns, -entis

Nōnne *audītis* gallī cantum? surgite!—Nōn *audīmus*; sine nōs *dormīre*!　鶏の歌が聞こえないのか，起きろ．―聞こえない，眠らせてくれ．【sine: sinō の命令法】

Dominus viās piōrum *custōdit*.
　　主は敬虔な人々の道を警護する．

Vel maximus dolor tempore *lēnītur*.
　　最大の苦痛でさえも時間によって軽減されるものだ．

Ovidius poēta dē mulieribus in circum *venientibus* canit: "Spectātum *veniunt*; *veniunt* spectentur ut ipsae".
　　詩人のオウィディウスは競技場へ来るご婦人たちについて，「見るために来るけれども，来るのは自分たちが見られるためだ」と歌っている．
　　【引用部は Ov. *Ars* 1.99; 語順は詩ではとくに自由】

Timeō, nē sērō domum *veniāmus*.
　　家へ帰るのが遅くなるのではないかと心配している．

## 6. 第4活用動詞の完了幹と目的分詞幹

(a) 第4活用動詞は第1活用と同様に v 完了がきわめて多く，規則動詞と呼ぶことができる．他の種類はそれほど多くない．以下に完了幹の分類を基準にして，3基本形を例示する．目的分詞幹との対応規則の確立については断念する(第15章参照)．

① v 完了: audiō　　audīre　　audīvī/audiī　audītum　　聞く
　　　　　sepeliō　sepelīre　sepelīvī/-iī　　sepultum　埋葬する
② u 完了: aperiō　aperīre　aperuī　　　　　apertum　　開ける

|  | saliō | salīre | saluī | saltum | 跳ぶ |
|---|---|---|---|---|---|
| ③ s 完了: | vinciō | vincīre | vinxī | vinctum | 縛る |
|  | hauriō | haurīre | hausī | haustum | 汲む |
|  | sentiō | sentīre | sēnsī | sēnsum | 感じる |

④ 母音延長完了: veniō　venīre　vēnī　　ventum　来る
⑤ 子音重複完了: reperiō reperīre repperī repertum 見つける
⑥ 語幹完了: comperiō　-perīre　-perī　-pertum　聞いて知る

（b）子音 v の消失による短縮形．v 完了の -īvī- 等においては v 消失後の母音融合は s の前でのみ生じ，他の場合は īv が i になるだけで融合はしない．

> 【audio の完了系の短縮形．完了 audiī, audīstī, audiit, audiimus, audīstis, audiērunt; 完了不定法 audīsse; 過去完了 audieram, audierās, *etc*.; 未来完了 audierō, audieris, *etc*.; 接続法完了 audierim, audieris, *etc*.; 接続法過去完了 audīssem, audīssēs, *etc*.】

Nunc *sciō*, quod anteā *nesciēbam*: bene *ērudītum* esse melius est quam multās opēs habēre.
> 前に知らなかったことを今は知っている．教養の深いことのほうが大量の富を持つことよりも優れている．

Saepe hominēs dē salūte patriae dēspērantēs dīcere *audīvimus*: "Cūr hoc bellum perniciōsum *fīnīrī* nōn potest?"
> しばしば人々が国の安全について絶望して，「どうしてこの破滅的な戦争を終結することができないのか」と言うのを我々は聞いた．

Caesar cum in Asiā immēnsās adversāriōrum cōpiās celerrimē fūdisset, ad amīcum quendam scrīpsit: "*Vēnī*, vīdī, vīcī."
> カエサルはアジアで敵の大軍をまたたく間に蹴散らしたときに，ある友人に宛てて「来た，見た，勝った」と書いた．

## 7．恐怖文

主文に恐怖や危険を意味する表現があるときに，その内容を述べる目的文（「〜ではないかと」＝「〜ことを」）は，「nē＋接続法」で表す．否定は「nē nōn＋接続法」またはまれに「ut＋接続法」（「ないのではないかと」＝「ないことを」）．

Timeō, nē sērō domum *veniāmus*.
　家へ帰るのが遅くなるのではないかと心配している.
Metuunt, ut (nē nōn) amīcī labōrēs *sustineant*.
　彼らは友人たちが苦労に耐えないのではないかと恐れている.

## 余録　8. ジェンダーと古典語

　絵画や彫刻で河川を象徴するのはどうしてみんな男性像なのか. これは英語英米文学担当の先生から受けた質問である. 正解を教えても,「ありうるねえ, ありうるねえ」とおっしゃっただけで, 半信半疑のご様子だった.

　実を言うと, 男性像だけではない. ドナウエッシンゲンにあるドナウの水源には女性像が立っている. エルベやモーゼルにそのような象徴の神像があるかどうか, 浅学にして承知しないけれども, あるとすれば間違いなく女性像であろう. なぜかというと, この3本の川の名がドイツ語で女性名詞であるからである.

　その先生が何を見て疑問に思ったのか, それは詮索しなかったが, 20世紀に人文社会系の分野で生まれた理論の多くが言語学に由来するものであったように, ジェンダーもまた文法用語であって, 川の神像が男性であるのは, 性差別の問題と言うより文法のジェンダーの問題である. ギリシア語とラテン語の川の名はすべて男性名詞である. すべての川には男性の川主がいて, 川と川主は一体であり同名である.

　だからドナウ (Dānubius) もエルベ (Albis) もラテン語では男性だった. モーゼル (Mosella) もまたタキトゥスでは男性名詞だった. ところが4世紀のアウソニウスはモーゼルを女性名詞にしている. 第1変化名詞だから女性名詞と誤解したのだろうか. それとも地元の言語では元から女性名詞で, ボルドー生まれのアウソニウスはそれを知っていたのだろうか. いずれにせよこの文法ジェンダーの転換は, 神々の死を象徴しているように思われてならない.

# 第19章　第3変則活用動詞　動名詞　動形容詞

## 1. 第3変則活用動詞未完了系

（a）第3活用動詞の一部に，語幹に短いiのついているものがあり，第3変則活用と呼ばれる．通常の第3活用と異なる箇所は，直説法現在の1人称単数と3人称複数，未完了過去，未来，接続法現在，および第2命令法3人称複数である．

（b）これらの箇所は第4活用動詞と同形になる．その他の箇所は第3変化であり，長いīが現れることはない．

基本形: capiō[3b], capere, cēpī, captum 取る

| 直説法能動態 | 現在 | 未完了過去 | 未来 |
|---|---|---|---|
| 単1 | capiō | capiēbam | capiam |
| 2 | capis | capiēbās | capiēs |
| 3 | capit | capiēbat | capiet |
| 複1 | capimus | capiēbāmus | capiēmus |
| 2 | capitis | capiēbātis | capiētis |
| 3 | capiunt | capiēbant | capient |

| 直説法受動態 | | | |
|---|---|---|---|
| 単1 | capior | capiēbar | capiar |
| 2 | caperis | capiēbāris | capiēris |
| 3 | capitur | capiēbātur | capiētur |
| 複1 | capimur | capiēbāmur | capiēmur |
| 2 | capiminī | capiēbāminī | capiēminī |
| 3 | capiuntur | capiēbantur | capientur |

| 接続法 | 能　動　態 | | 受　動　態 | |
|---|---|---|---|---|
| | 現　在 | 未完了過去 | 現　在 | 未完了過去 |
| 単1 | capiam | caperem | capiar | caperer |
| 2 | capiās | caperēs | capiāris | caperēris |
| 3 | capiat | caperet | capiātur | caperētur |
| 複1 | capiāmus | caperēmus | capiāmur | caperēmur |

|   |   | 2 | capiātis | caperētis | capiāminī | caperēminī |
|---|---|---|---|---|---|---|
|   |   | 3 | capiant | caperent | capiantur | caperentur |

命令法　　　　　能動態　　　受動態
　第1単2　　cape　　　　capere
　　　複2　　capite　　　capiminī
　第2単2　　capitō　　　capitor
　　　単3　　capitō　　　capitor
　　　複2　　capitōte　　—
　　　複3　　capiuntō　　capiuntor

【faciō の第1命令法単2は fac; ただし古形 face もある】

不定法現在: 能動態 capere, 受動態 capī
現在分詞: capiēns, -entis


Themistoclēs noctū ambulābat, quod somnum *capere* nōn poterat.

　テミストクレースは，眠りを取ることができなかったので，夜中に散歩する習慣だった．

Ex verbīs tuīs summam laetitiam *capiō*.

　君の言葉から私は最高の喜びをもらう．

Heus, quid *facitis*, puerī?—Lapidēs *iacimus* in dōlium istud vacuum.—At vōbīs male sit, nī (=nisi) cōnfestim *fugiētis*!

　「おい，子供たち，何をしているんだ」—「そこの空き樽の中に石を投げ入れているんだ」—「だが，すぐ逃げなければ，お前らをひどい目に遭わせるぞ」

Sī duo *faciunt* idem, nōn est idem.

　2人が同じ事をしていても，それは同じではない．

Pertināciā vestrā nihil *efficitur*, amīcī. aliud *capite* cōnsilium!

　君たちの強情によっては何の成果も生まれない．友人たち．別の計画を立てたまえ．

Explōrātor tribūnō, quī cum legiōne *fugere* cupiēbat: "*Dēciperis*," inquit, "tribūne. quoniam omnīnō circumclūsī sumus, *fugientēs* miserē *interficerēmur*."

　軍団を率いて逃げようと欲していた司令官に偵察兵が，「あなたは裏を

かかれている，司令官よ，我々は完全に包囲されているから，逃げれば，惨めに殺されるだろう」と言った．
【inquit: inquam の完了3人称単数→第23章7a, p 179】

Undique hominēs audientēs, quae *faciēbat*, ad Iēsum vēnērunt.
人々はイエスが行っていることを聞いて，四方から彼のところへ来た．

## 2. 第3変則活用動詞の完了幹と目的分詞幹

第3変則活用は少数である．完了幹の分類を基準にして，3基本形を例示する．目的分詞幹との対応規則については，第15章で述べた理由で立ち入らないことにする．目的分詞を欠く動詞は，未来分詞を挙げる．

(a) v完了:　　cupiō　cupere　cupīvī/-iī　cupītum　欲する
(b) u完了:　　rapiō　rapere　rapuī　　raptum　奪う
(c) 母音延長完了: capiō　capere　cēpī　　captum　つかまえる
　　　　　　　faciō　facere　fēcī　　factum　行う，作る
　　　　　　　iaciō　iacere　iēcī　　iactum　投げる
　　　　　　　fugiō　fugere　fūgī　　fugitūrus　逃げる
(d) 子音重複完了: pariō　parere　peperī　partum　生む
(e) s完了:　　concutiō　-cutere　-cussī　-cussum　揺り動かす

【特殊な古形の s: ① 未来完了(-sō) faxō=fēcerō, capsō=cēperō; ② 接続法完了(-sim) faxim=fēcerim, ③ 接続法過去完了 faxem=fēcissem, ④ 不定法完了 dēspexe=dēspexisse】

Sabbatum propter hominem *factum est* et nōn homō propter sabbatum.
安息日が人間のために作られたのである，人間が安息日のためにではない．

Vix Rhodum vēneram, cum per nūntium dē morbō mātris certior *factus sum*.
ロドスに着くや否や私は使者から母の病気を知らされた．

Pēnsum *cōnfēcistis*, puellae; iam licet ad lūdōs properāre.
宿題を済ませたね，少女たち．もう遊びに急いで行ってよろしい．

Clārum est illud Caesaris: "Ālea *iacta estō*!"

カエサルの例の「賽が投げられたことにせよ」は有名だ.

Mīlitēs Rōmānī ē Corinthō *captā* immēnsam cōpiam statuārum, tabulārum, vāsōrum, vestium *rapuērunt*.

ローマの兵士たちは占領したコリントスから大量の彫像と絵画と家具と衣装を略奪した.

## 3. 動名詞 (gerundium)

動名詞は不定法と同じ「～すること」という意味をもつ分詞で, 不定法との使い分けをするために, 主格がなく, 対格も前置詞に支配される場合に限って用いられる. 現在幹に接尾辞 -nd- をつけた第2変化中性単数名詞であるが, 第3変則活用と第4活用の動詞では, 現在分詞 (接尾辞 -nt-) の場合と同じように, 現在幹の幹末母音を -ie- に変えてから接尾辞をつける.

|   | amō[1] | moneō[2] | regō[3] |
|---|---|---|---|
| 属 | amandī | monendī | regendī |
| 与 | amandō | monendō | regendō |
| 対 | amandum | monendum | regendum |
| 奪 | amandō | monendō | regendō |
|   | capiō[3b] | audiō[4] |   |
| 属 | capiendī | audiendī |   |
| 与 | capiendō | audiendō |   |
| 対 | capiendum | audiendum |   |
| 奪 | capiendō | audiendō |   |

【第3～4活用の -endī 以下には別形 -undī *etc.* がある】

Equitāre Iūlium dēlectat. ars *equitandī* eum dēlectat. optimē didicit equitāre. ad *equitandum* quasi nātus est. *equitandō* dēlectātur.

馬に乗ること(乗馬)はユーリウスを喜ばせる. 馬に乗ること(乗馬)の技術が彼を喜ばせる. 彼は馬に乗ること(乗馬)をもっともよく学んだ. まるで馬に乗るために生まれたようなものだ. 馬に乗ることを楽しんでいる.

Prūdentia ex *prōvidendō* est appellāta.

先見の明は先を見ることから名づけられた.

Nihil *agendō* hominēs male agere discunt.
何もしないことによって人間は悪い行いを学ぶ.

## 4. 動形容詞（gerundīvum）

(a) 動形容詞は,「～されるべき」という「受動」と「必要」とを兼ねた意味の一種の分詞で, 動名詞と同じ語形を第1第2変化形容詞として格変化させたものである.

amandus, -a, -um; monendus, -a, -um; *etc.*

(b) sumとともに述語として, 一種の受動文を作る. 行為者「～によって」は与格にする(行為者の与格【太字】).

Haec sententia *probanda* est.
この見解は(正しさを)吟味されなければならない.

Amīcī quam celerrimē *monendī* fuit.
友人たちはできるだけ早く忠告されなければならなかった.
【quam＋最上級→第43章7a, p 323】

Iam dūdum ad medicum *mittendus* erās.
もうとっくにお前は医者のところへ送られなければならなかったのだ.

Propter istam neglegentiam *pūniendī* eritis.
お前たちはそのだらしなさのために罰せられなければならないだろう.

Servus innocēns vidētur; itaque nōn *pūniendus* est.
奴隷は潔白に見える. だから罰せられてはならない.

Vada **nautīs** *vītanda* sunt.
浅瀬は船乗りによって避けられなければならない.

Bellum **nōbīs** celeriter *fīniendum* erat.
戦争は我々によって速やかに終結されなければならなかった.

Opus tuum *laudandum* est.
君の仕事は誉められるべきだ.

Quod nōs iūvistī, *laudandum* est.
君が我々を助けたことは誉められるべきだ.

Pertināciā vestrā nihil efficitur, amīcī. aliud **vōbīs** cōnsilium

*capiendum* est.
> 君たちの強情によっては何の成果も生まれない，友人たちよ．別の計画が君たちによって立てられるべきだ．

(c) 自動詞にも中性単数の動形容詞をもつものがある（非人称受動）．

Dē hāc rē *tacendum* est.
> このことについては黙っているべきだ（非人称）．

Haec rēs *tacenda* est.
> このことは沈黙されるべきだ．【他動詞的用法】

Dē gustibus nōn est *disputandum*.
> 味については議論されるべきではない．

In tantō perīculō **tibi** *dormiendum* nōn est.
> これほどの危険の中で君は眠っていてはならない．

(d) 与格支配の動詞の場合には，混乱を避けて，行為者を「ā+奪格」にする．

Patribus ā vōbīs *oboediendum* est.
> 諸君は父親の言うことに従うべきである．

(e) 付加語として

Rem *tacendam* prōdidistī. 君は黙っているべきことを暴露した．

(f) 目的語に述語的に連結：「預ける」「与える」「世話する」などの意味の動詞の目的語に述語的に連結させると，副詞的目的文と同じ意味になる．後述の「述語的連結」（第30章）の一種である．

Equum servō *cūrandum*（＝ut cūrāret）mandāvimus.
> 我々は馬を奴隷に世話をさせるために預けた．

Epistulam tibi *legendam*（＝ut legās）dabō.
> あなたに読んでいただくように手紙を差し上げます．
> 【dabō: dō の未来1人称単数】

Perfugam ad Pyrrhum *redūcendum* cūrāvit.
> 彼はピュッロスのもとへ脱走兵を返還させた（させるべく取り計らった）．

## 余録 9. 働くことは悪いことか

　日本人は仕事一筋に生きることを倫理的にも美的にも肯定する．価値観の違う外国にはそれを働き中毒と軽蔑する向きがある．スペイン語の先生のお話によると，スペイン人は働くことは神様から受けた罰であると思っているそうである．ラテン的な考えでもあるが，『創世記』の楽園追放の話にも見られるように，おそらく全人類に共通の考えであろう．ただし中毒患者を除く．

　ラテン語の「仕事」の第1は labor（労働）である．古代ローマ人には「働かざるもの食うべからず」や「労働価値説」は無縁だった．labor は「（重荷を担って）よろめく，ぐらつく」という意味の動詞 labō [1] に関係づけられ，したがって苦しいこと，骨の折れること，不幸なことである．自由人（自由身分の人）はそんなことを自分ではせず，奴隷に言いつける．労働者というものがあったとすれば，それは奴隷身分の人間だった．

　「仕事」の第2は勤務や職業に相当する negōtium であるが，これは自由人の仕事で，公職，軍務，商店経営，金融業，貿易業など，官と民のさまざまな活動を指す．英語にすれば service や business であろうか．仕事であるからには面倒な，困難な，つらい仕事も多い．だから labor の語も使われている．身分あるいは職種が違っても，仕事であるかぎり negōtium にも labor と同じ苦労があるということである．

　自由身分でも資産がなければ，元手を必要とするこれらの職業には就けない．そこで無産者は兵士になって給金を稼ぐ．軍務はつらい．戦闘もさることながら，移動のたびに陣営をこわして，その資材と道具を運んで行って，新しい陣営を築造しなければならない．重い資材をかついで，ぐらつく．だから兵士の仕事は negōtium というよりもむしろ labor である．

　negōtium の原義は「暇がないこと」である（否定詞 neg-+ ōtium 暇）．つまり「多忙」busyness である．ōtium「暇」は公務や経済活動から解放された優雅な私生活の自由から政治的平和，社会的安全まで指す，真にローマ的な価値観の語である．高利貸の Alfius は，あらゆる negōtium（貸し金取立て，兵士の勤務，

危険な海に怯える交易, 政治と法廷の活動) から解放されて, 自作農民になることを夢見る (Hor. *Epod.* 2). 都市生活者にとっては, 農業は ōtium である. 同様にキケローにとっても, 政界から身を引いて, 私邸で哲学や修辞学について研究し, 執筆する活動は, negōtium ではなく ōtium (暇つぶし?) である. そう言えば日本語にも「遊学」と言う言葉があるし, school の語源はギリシア語の scholē「暇」である. ōtium こそ第 3 の「仕事」, 政治や経済や軍事の活動から離れて, 文化人として活動する, 誇り高き仕事である.

# 第 20 章　動名詞に代る動形容詞　形式受動態動詞

## 1.　動名詞に代る動形容詞

(a) 他動詞の動名詞が対格目的語を取ることは，好ましくないと考えられ，代りに動形容詞を名詞に述語的に連結させて，動名詞を使う場合と同じ意味にしようとする．「述語的連結」（第 30 章）の一種で，名詞が主語，動形容詞が述語という主語述語関係（性・数・格の一致）になる．

> Mihi nōn est tempus *epistulae scrībendae*.
>> 私には手紙を書く時間がない．
>
> Magna fuit spēs *urbis capiendae*. 町を占領する希望は大きかった.
>
> Sabīnī Rōmam cōnfluēbant ad *lūdōs spectandōs*.
>> サビーニー人は競技を見物するためにローマへ集まって来た．
>
> Cicerō librum scrīpsit dē *contemnendā morte*.
>> キケローは死を軽蔑することについての本を書いた．
>
> Discimus *librīs legendīs*. 本を読むことによって我々は学ぶ．

(b) その際，動形容詞の性・数を名詞に合わせ，格は元の動名詞の格に統一する．「必要」の意味は消える．

> ×dē contemnendō（動名詞奪格）mortem（女性単数対格）
>> 死を軽蔑することについて
>
> →dē contemnendā（動形容詞女性単数奪格）morte（女性単数奪格）
>> ○死が軽蔑されることについて＝死を軽蔑することについて
>> ×軽蔑されるべき死について

(c) 他動詞の動名詞が使われるのは，次の場合に限定される．
① 動名詞自身が属格，または前置詞のつかない奪格の場合．ただし動形容詞も認められる．
② 対格目的語が中性代名詞または名詞化された中性形容詞の場合（副詞と感じられるため）．
③ 複数属格で動形容詞を使えば -ārum -ārum，または -ōrum -ōrum

という語呂の悪い組み合せになる場合．ただし修辞的理由での禁制であって，文法違反ではない．
(d) 以上のことを踏まえると，次のような使い分けになる．

属格　Mihi nōn est tempus *epistulam scrībendī*．〔動名詞〕
　　　＝Mihi nōn est tempus *epistulae scrībendae*．〔動形容詞〕
　　　　私には手紙を書く時間がない．
　　　Necessāria est facultās *vēra et falsa dīiūdicandī*．〔動名詞〕
　　　　真と偽を判別する能力が不可欠である．
　　　Magna fuit tibi spēs *ea agendī*．〔動名詞〕
　　　　君にはそれをする大きな希望があった．
　　　Tempus est *arma capiendī*．〔動名詞〕武器を取る時だ．
　　　＝△Tempus est *armōrum capiendōrum*．〔動形容詞〕
与格　Decem virī *lēgibus scrībendīs* creātī sunt．〔動形容詞〕
　　　　法律を書くための10人の役人が選出された．
対格　Sabīnī Rōmam cōnfluēbant ad *lūdōs spectandōs*．〔動形容詞〕
　　　　サビーニー人は競技を見物するためにローマにぞくぞくと集まっていた．
奪格　Cicerō librum scrīpsit dē *contemnendā morte*．〔動形容詞〕
　　　　キケローは死を軽蔑することについての本を書いた．
　　　Prūdēns eris *multōs librōs legendō*．〔動名詞〕
　　　＝Prūdēns eris *multīs librīs legendīs*．〔動形容詞〕
　　　　たくさんの本を読むことによって君は賢くなるだろう．

## 2. 形式受動態動詞（**dēpōnentia**）

（a）語形が受動態で意味が能動の動詞を「形式受動態動詞」と呼ぶ（dēpōnēns，複数形を使う慣例に従って dēpōnentia とした）．基本形は，直説法現在1人称単数，不定法現在，完了1人称単数で，いずれも受動形である．

　　　　mīror[1]　　　　　mīrarī　　　　mīrātus sum　　　驚く

| | | | |
|---|---|---|---|
| hortor[1] | hortārī | hortātus sum | 励ます |
| vereor[2] | verērī | veritus sum | 恐れる |
| cōnfiteor[2] | cōnfitērī | cōnfessus sum | 告白する |
| ūtor[3] | ūtī | ūsus sum | 使う |
| proficīscor[3] | proficīscī | profectus sum | 出発する |
| patior[3b] | patī | passus sum | こうむる |
| morior[3b] | morī | mortuus sum | 死ぬ |
| mentior[4] | mentīrī | mentītus sum | 嘘を言う |
| assentior[4] | assentīrī | assēnsus sum | 賛成する |

*Mīror*, quod falsam opīniōnem dēfendis.
　　君が間違った意見を弁護していることを私は不思議に思う．

*Mīrābar*, quod falsam opīniōnem dēfendēbās.
　　君が間違った意見を弁護していたことを私は不思議に思っていた．

Nōn diutius hīc *morābimur*: nē diutius hīc *morēmur*!
　　これより長くはここに留まらない．これより長くここに留まらないでおこう．

Nōnne vōs *hortātus sum*, puerī, nē longius *vagārēminī*?
　　子供たちよ，お前たちにこれ以上遠くまでぶらついて行かないように促したではないか．

Imperātor suōs *hortātus* sagittā ictus concidit.
　　将軍は部下を励ましてから矢を射られて倒れた．

*Vereor*, nē graviter peccāveris, Quīnte. iam ego tē *tuērī* nōn poterō, quamvīs saepe tibi auxilium meum *pollicitus sim*.
　　クィーントゥスよ，私は君が重罪を犯したのではないかと恐れている．
　　私は何回も君に私の援助を約束したけれども，もう君を保護することができなくなる．

Medicus ille, *reor*, numquam errōrem suum *cōnfitēbitur*. at ego et dolōribus et cūrīs vestrīs *medēbor*.
　　あの医者は，思うに，決して自分の過ちを認めないだろう．だが私は諸君の苦痛も悩みも治してあげよう．

Epamīnōndās adeō fuit vēritātis dīligēns, ut nē iocō quidem *mentīrētur*.

エパメイノーンダースは真実を非常に大事にしたから，冗談にも嘘をつかなかった．

Apud veterēs Rōmānōs dīcēbantur cōnsulārēs, quī cōnsulātū, praetōriī, quī praetūrā *fūnctī erant*.
古代のローマ人のもとでは執政官職を勤めた人々は前執政官，法務官職を勤めた人々は前法務官と呼ばれていた．

Post pūgnam Cannēnsem Maharbal, praefectus equitum, imperātōrī cessantī: "Vincere," inquit, "scīs, Hannibal; victōriā *ūtī* nescīs."
カンナエの戦闘のあとで騎兵隊長マハルバルはためらっている将軍に，「君は勝つことを知っている，ハンニバル，勝利を利用することを知らない」と言った．

Aegrōtus magnōs dolōrēs *patitur*. metuimus, nē mox *moriātur*.
病人は大変な苦しみに耐えている．もうじき彼が死ぬのではないかと我々は恐れている．

Caesar *passus* nōn *est* Helvētiōs iter facere per prōvinciam Rōmānam.
カエサルはヘルウェーティイー族にローマの属州を通っていくことを許さなかった．

Belgae agmen Rōmānōrum ex īnsidiīs *aggressī*, cum perturbāre nōn possent, rūrsus in silvās sē recēpērunt.
ベルガエ人はローマ軍の行軍隊列を待ち伏せして襲撃したが，混乱させることができなかったので，再び森の中へ退却した．

【ex:（待ち伏せの場所）から出て】

(b) 命令法も一般動詞の受動態と同じ変化形であるが，第6章5では例文を挙げなかったので，ここにあらためて変化形も示す．

|  |  | hortor[1] | vereor[2] | ūtor[3] |
|---|---|---|---|---|
| 第1単2 |  | hortāre | verēre | ūtere |
|  | 複2 | hortāminī | verēminī | ūtiminī |
| 第2単2 |  | hortātor | verētor | ūtitor |
|  | 単3 | hortātor | verētor | ūtitor |
|  | 複3 | hortantor | verentor | ūtuntor |

|  | patior[3b] | mentior[4] |
|---|---|---|
| 第1単2 | patere | mentīre |
| 複2 | patiminī | mentīminī |
| 第2単2 | patitor | mentītor |
| 単3 | patitor | mentītor |
| 複3 | patiuntor | mentiuntor |

*Cōnsōlāre* amīcam tuam, Iūlia, quae hodiē dē morte patris certior facta est.
　　ユーリアよ，今日父の死を知らされたお前の友達を慰めてあげなさい．

*Laetāminī*, lībertī! nam patrōnus vester cōnsul creātus est.
　　喜べ，解放奴隷たちよ，なぜならお前たちの旦那様が執政官に選ばれたから．

*Miserēre* meī, Deus, secundum magnam misericordiam tuam!
　　神よ，あなたの大いなる慈悲の心に則って私を憐れみたまえ．
　　【meī は ego の属格】

*Sequiminī* mē! intus reliqua audiētis. an vērum audīre verēminī?
　　私について来たまえ．中で残りを聞かせよう．それとも諸君は真実を知ることを恐れているか．

Nē *blandītor* nēve *assentītor* amīcō iniūstō!
　　正しくない友にこびても賛成してもならない．

(c) 現在分詞，未来分詞（第22章）は能動形を使う．

　　hortāns 励ましながら　　　hortātūrus 励まそうと

Imperātor suōs *hortāns* sagittā ictus concidit.
　　将軍は部下を励ましながら矢を射られて倒れた．

Nē blandītor nēve assentītor amīcō iniūsta *mōlientī*!
　　不正を企てる友にこびても賛成してもならない．

Patrōnus lībertum Athēnīs remanēre iubet; ipse Corinthum *profectūrus* est.
　　パトロンは解放奴隷にアテーナイに残るようにと命じる．自分はコリントスへ向かおうとしている．

（d）動名詞，動形容詞，目的分詞は能動態動詞のそれらと同じ形を取る．しかも動形容詞だけは意味が受動になる．

> hortandī, -ō, -um, -ō 励ますこと　　hortātum 励ましに
> hortandus, -a, -um 励まされるべき　hortātū 励ますのに

> Nōn satis est admīrārī facta virōrum magnōrum; *imitanda* sunt.
> 　偉人たちの業績に驚嘆するだけでは十分ではない．それは模倣されるべきだ．
> Nōn omnia, quae dolēmus, iūre *querenda* sunt.
> 　我々が悩んでいるすべてのことが正当に嘆かれるべきことではない．
> Laetāminī, lībertī! nam patrōnus vester cōnsul creātus est. properāte eī *grātulātum*!
> 　喜べ，解放奴隷たちよ，なぜならお前たちの旦那様が執政官に選ばれた．急いで彼にお祝いを述べに行け．

（e）一部の完了分詞は現在分詞のような「同時」の意味にもなる．これは完了分詞というものが本来，態も時称（または相 aspectus）ももっていなかったことの名残である．ただし和訳に厳密に反映させることはできない．

> arbitrātus　と思って，思いながら　　veritus　恐れて，心配しながら
> secūtus　ついて行って，同伴しながら　　ūsus　使って，使いながら

（f）一部の完了分詞は受動の意味でも用いられる．

> agrī populātī　荒らされた畑　　partītus　　分割された
> expertus　　　試された　　　　pactus　　　取り決められた
> opīnātus　　　推測された　　　meditātus　　熟慮された

（g）（参考）能動態動詞の完了受動分詞にも能動の意味をもつものがある．

> cēnātus　食後に　　prānsus　朝食後に　　pōtus　飲んで
> iūrātus　誓った　　coniūrātus　共謀者

# 第21章　半形式受動態動詞　非人称動詞　不定代名詞　nēmō と nihil　二重否定

## 1. 半形式受動態動詞（sēmidēpōnentia）

(a) 若干の動詞は，未完了系が能動態，完了系が形式受動態になり，「半形式受動態動詞」と呼ばれる．

| gaudeō[2] | gaudēre | gāvīsus sum | 喜ぶ |
| audeō[2] | audēre | ausus sum | 敢えてする |
| soleō[2] | solēre | solitus sum | する習慣である |
| cōnfīdō[3] | cōnfīdere | cōnfīsus sum | 信用する |

【s をもつ古形: ausim = ausus sim】

Duōbus lītigantibus tertius *gaudet*. quārē minimē mīrāmur, quod Iūlius tantopere dissēnsiōne vestrā *gāvīsus est*.
　2 人が喧嘩していることを 3 人目が喜ぶ．だからユーリウスが君たちの意見の対立をあれほどまでに喜んだことに，我々は少しも驚かない．

Mūcius Scaevola, quī, ut rēgī Porsennae virtūtem et cōnstantiam Rōmānōrum dēmōnstrāret, dextram suam in ignem ad sacrificium accēnsum iniēcit ac torruit, rem *ausus est* vix crēdibilem.
　ポルセンナ王にローマ人の勇気と剛毅を示すために，犠牲式用に点じられた火の中に自分の右手を入れて焼いたムーキウス・スカエウォラは，ほとんど信じられないことを敢えてしたものだ．

Īcarus nimis *cōnfīsus est* novae volandī artī, quam Daedalus pater invēnerat.
　イーカロスは父のダイダロスが考案した新しい飛行技術を過信した．

(b) これらの動詞の完了分詞は現在分詞のような意味にも用いられる．gāvīsus「喜んでから，喜びながら」等々．とくに soleō には現在分詞がない．

(c) revertor[3] は，逆の半形式受動態動詞で，未完了系が形式受

動態．完了系が能動態になる．完了分詞は形式受動態．

revertor[3], revertī [不定法], revertī [完了], reversus 戻る

Aristīdēs, cum post exilium quīnque annōrum Athēnās *revertisset*, nōn minōre auctōritāte apud cīvēs fuit quam anteā.
  アリステイデースが5年の追放のあとでアテーナイに戻ったときに，市民たちの信望は前と比べて少しも減っていなかった．
【minōre auctōritāte→第28章7, p 218】

## 2. 非人称動詞

(a) 非人称動詞は3人称単数(中性)でのみ用いられる動詞で，一般に主語がない．ただし，不定法，不定法句，名詞的副文，中性代名詞などが非人称主語になっていると解釈できる場合もある．動詞によっては人称動詞も並存する．

(b) 天候の非人称動詞

  tonat 雷が鳴る　　fulget 稲妻が光る
  pluit 雨が降る　　ningit 雪が降る

(c) miseret「哀れむ」，paenitet「後悔する」，piget「むかつく」，pudet「恥じる」，taedet「嫌だ」の5語は，それぞれ「哀れませる」「後悔させる」「むかつかせる」「恥じさせる」「嫌にさせる」という他動詞に由来するので，感情の主体を対格にする．感情の原因は属格にするのが基本である．miseret 以外は「対格+不定法」または(自動詞として)対格のない不定法を主語にすることもできる．副文を主語にすることのできるものもある．

  Deum plēbis *miseret*.　　　　神は庶民を哀れんでいる．
  Mē *piget* cōnsiliī nostrī.　　私は我々の決定に腹が立つ．
  Tē *pudeat* factī!　　　　　お前は行為を恥じなさい．
  Nōs *taedet* vītae.　　　　　我々は人生にうんざりしている．
  Mē *paenitet* nūntium nōn mīsisse ad tē.
    私は君に知らせを送らなかったことを後悔している．
  Quīntum *paenitet* quod animum tuum offendit.

クィーントゥスは君の心を傷つけたことを悔いている．

(d) libet(lubet)「好ましい」と licet「許される」は，人の与格と不定法をとる．licet は対格と不定法を取ることもある．

> Corpus mortuī terrā tegere nēminī *licet*.
>> 死者の遺体を土で覆うことはだれにも許されない．
> Nōn *libet*(*lubet*) mihi dēplōrāre vītam.
>> 私は人生を嘆くことを好まない．

(e) decet「ふさわしい」，dēdecet「ふさわしくない」，oportet「べきである」は人の対格と不定法をとる．

> *Decet* tē nōn mendācem esse.
>> 嘘をつかないことが君らしいことだ．
> *Dēdecet* nōs mendācēs esse.
>> 嘘をつくことは我々には似合わない．
> Puerōs studiōsōs esse *oportet*.
>> 子供たちは勉強好きでなければならない．

(f) interest と rēfert はともに「の利益になる，重要である」という意味で，利害を受ける人(事柄)は名詞の場合には属格，代名詞の場合には所有形容詞女性単数の奪格にする．いずれも rēfert の rē-(rēs の奪格と見なされた)の付加語に由来し，類推により interest にも適用されるようになったらしい．利害の対象は指示代名詞，不定法，不定法句，間接疑問文，名詞的目的文などで表す．

> *Interest* omnium rēctē facere. 正しく行うことは万人の利益になる．
> *Rēfert* compositiōnis quae quibus antepōnās.
>> 配語法で重要なのは，何を何より優先するかである．
> Quid tuā id *rēfert*? それが君に何の関係があるのか．
> Magnī *intererat* reī pūblicae ut salvus essem.
>> 私が無事でいる(ようにする)ことが，大いに国の利益になった．
>> 【magnī→第 25 章 12, p 197】

(g) そのほかにもさまざまな非人称的表現，あるいは特定の意味の

ときにのみ非人称になる動詞もある．

>*Opīniō est* nōs sēdulōs esse.　我々は勤勉であると思われている．
>Mē *fugit* scrībere.　　　　　　私は書くことを失念している．
>Rēctē fēcisse mē *iuvat*.　　　　私は正しく行動したことを喜んでいる．
>Nōn omnibus *contingit* adīre Corinthum.
>　コリントスへ行くことはだれにでもできることではない．
>*Accidit* eā nocte, ut lūna plēna esset.
>　その夜はたまたま満月だった．

## 3.　不定代名詞

　不定代名詞は疑問代名詞・関係代名詞を基にして作られている．代名詞的用法と形容詞的用法が異なる場合は，〔　〕内に不定形容詞を示す．中性形にのみ形容詞が代名詞と別形になるものもある．

　(a) aliquis, aliquid 〔aliquī, aliqua, aliquod; *n pl* aliqua〕「だれか，何か，ある」: 肯定文に用いる．

>Aperī iānuam! *aliquis* (*aliquī* nūntius) pulsāvit.
>　ドアを開けなさい．だれかが（だれか使いの者が）ノックした．
>Turpis est adhortātiō illa: calumniāre audācter; semper *aliquid* haeret. an licet fāmam *alicūius* sine causā foedāre?
>　あの「大胆に中傷せよ」というけしかけは卑劣である．いつも何か（悪評）がついてまわる．それともだれかの評判を理由もなしに汚すことが許されるのか．【calumniāre: calumnior の命令法】

　(b) quis, quid 〔quī, qua (quae), quod〕: aliquis の短縮形で，意味は同じ．sī, nisi, nē, num, cum などのあとで用いる．また，ec- と複合語（疑問の不定代名詞）を作る．

>sī *quis quid* dīcit もしだれかが何かを言えば
>Num *quis* vēnit? = *Ecquis* vēnit? だれか来たのか．
>Videant cōnsulēs, nē *quid* dētrīmentī capiat rēs pūblica!
>　執政官は国家が何の損害も受けないように配慮していなければならない．
>　【dētrīmentī→第 25 章 9, p 196】

Quō *quis* sapientior est, eō modestior esse solet.
　人は賢明であればあるほどますます謙虚であるのが常である．
　【quō…eō→第 43 章 4，p 321】
*Ecquī* pudor est? いったい恥というものがあるのか．

(c) quisquam, quidquam (quicquam)〔ūllus, -a, -um〕「だれも，なにも」: 否定文に用いる．

Fūrtim ille homō in stabulum penetrāvit, neque *quisquam* (neque *ūllus* servus) eum vīdit. neque ā *quōquam* (neque ab *ūllō* servō) vīsus est.
　その男はこっそりと家畜小屋に侵入したが，だれひとり（ひとりの家僕も）彼を見なかった．彼はだれにも（どの家僕にも）見られなかった．

(d) quīdam, quaedam, quiddam〔quoddam〕「ある人，ある種の」: -dam の前で m は n に変る（quendam, quōrundam など）．名前を伏せるとき，言う必要のないときなどに用いる．ただし形容詞の意味を強調するために使うこともある．

Hinc quō nunc iter est tibi?—*Quendam* vīsere volō tibi nōn nōtum.
　あなたは今ここからどこへ行くのですか．—あなたのご存知ないある人に会うつもりです．
singulāris *quaedam* virtūs 全く特異な能力

(e) quisque, quaeque, quidque〔quodque〕「各人，おのおの，みんな」: 使用環境に制限があり，再帰代名詞・形容詞，関係詞，疑問詞，順序数詞，最上級とともに，また ūnus- との複合語として用いる．

Sē *quisque* amat. 人はみな自分を愛する．
Quid *quisque* audīverit, quaerunt.
　彼らは一人一人が何を聞いたかと尋ねる．
Quīntō *quōque* annō lūdī Olympia fīunt.
　5 年目ごとに（=4 年に 1 度）オリュンピア競技会が開催される．
nōbilissimus *quisque* まさに高貴な人々（単数形で）

ūnus*quisque* 各人が，一人一人が

(f) quīvīs, quaevīs, quidvīs〔quodvīs〕; quīlibet, quaelibet, quidlibet〔quodlibet〕「(任意の)だれでも，何でも」: quīvīs は "is, quem vīs"「あなたの望む人は(だれでも)」から発展した複合語 (vīs は不規則動詞 volō の 2 人称単数)，quīlibet も非人称動詞 libet「(あなたに)好まれる」との変則的な複合語である．

> *Quemvīs* mediā ēlige turbā! (Hor. *Sat.* 1.4.25)
> 　群衆の中からだれでも選び出してみたまえ．

## 4. 否定代名詞 **nēmō** と **nihil**

nēmō「だれも～ない」は，第 3 変化名詞 homō「人」と同じ変化をする．ただし属格と奪格は nūllus で補う．nihil「何も～ない」は主格・対格以外は nūlla rēs の変化で補う．

| | | |
|---|---|---|
| 主 | nēmō | nihil |
| 属 | nūllīus | nūllīus reī |
| 与 | nēminī | nūllī reī |
| 対 | nēminem | nihil |
| 奪 | nūllō | nūllā rē |

*Nēmō* cantāre ausus est. だれも敢えて歌おうとしなかった．
Mīlitēs īrātī *nēminī* pepercērunt.
　怒った兵士たちはだれひとり容赦しなかった．
*Nihil* laudis eī tribuimus. 我々は彼に何の賞賛も呈しない．
　【laudis（属格）→ 第 25 章 9, p 196】

## 5. 二重否定

nōn が他の否定詞のあとに来ると，強い肯定の意味になり，前に来る(複合語にもなる)ときには部分肯定(部分否定)になる．

> *Nēmō nōn* peccat. 過ちを犯さない人はひとりもいない．
> *Nōn nēmō* peccat. だれもが過ちを犯さないものではない．
> *Nōnnūllī* peccant. 過ちを犯す人は結構いるものだ．

# 第22章 未来分詞と未来不定法　分詞の用法　不規則動詞 eō　未来受動不定法　不定法のまとめ

## 1. 未来分詞と未来不定法

(a) 未来分詞 (participium futūrum) は「～しようとして(いる)」という意味の能動分詞で，目的分詞幹に -ūrus, -ūra, -ūrum をつけて作られ，第1第2変化形容詞として格変化する．形式受動態動詞の未来分詞もこの能動形を用いる．

| | | |
|---|---|---|
| amō[1] | 愛する | amātūrus, -a, -um |
| regō[3] | 支配する | rēctūrus, -a, -um |
| sum[不] | ある | futūrus, -a, -um |
| hortor[1] | 励ます | hortātūrus, -a, -um |

(b) 未来能動不定法は，「未来分詞+esse」で，esse はよく省略される．形式受動態動詞の未来不定法もこの形式を用いる．なお，sum には単独形 fore もある．

| | | |
|---|---|---|
| moneō[2] | 警告する | monitūrus(-a, -um) esse |
| audiō[4] | 聞く | audītūrus(-a, -um) esse |
| sum[不] | ある | futūrus(-a, -um) esse |
| | | または単独形 fore |
| hortor[1] | 励ます | hortātūrus(-a, -um) esse |

## 2. 未来分詞の用法

(a) 未来分詞は sum のすべての時称とともに，「～しようとしている」という意味を表わす(迂言的未来)．未来分詞の本来の用法はこれが主で，形容詞的に用いられるのは，futūrus「未来の」と ventūrus「来たるべき」くらいであった．

Cum Caesar in Galliam vēnit, Helvētiī *ēmigrātūrī* et tōtīus Galliae imperiō *potītūrī* erant.

> カエサルがガッリアに来たときに，ヘルウェーティイー族は移住して全ガッリアの支配権を掌握しようとしていた．
> 【tōtīus→第 18 章 3, p 141】

Māne rubēns caelum *ventūrōs* indicat imbrēs.
> 早朝に赤くなる空は雨が到来することを告知する．【esse の省略】

(b) のちに，付加語形容詞としても，名詞的にも，連結分詞としても，用いられるようになった．

Explōrātor tribūnō cum legiōne *fugitūrō*: "Dēciperis," inquit, "tribūne. quoniam omnīnō circumclūsī sumus, fugientēs miserē interficerēmur."
> 軍団を率いて逃げようとしていた司令官に偵察兵が，「あなたは裏をかかれている，司令官よ．我々は完全に包囲されているから，逃げれば，惨めに殺されるだろう」と言った．

Gladiātōrēs salūtant: "Avē, Caesar! *moritūrī* tē salūtant."
> 剣闘士たちが挨拶する，「さらば，カエサルよ．死に行く者どもがあなたに挨拶する」と．

Imperātor suōs *hortātūrus* sagittā ictus concidit.
> 将軍は部下を激励しようとしていたときに矢を射られて倒れた．

## 3. 分詞の用法

(a) 分詞は時称と態によって次のように分類される．

|  | 現在 | 完了 | 未来 |
|---|---|---|---|
| 能動態 | amāns | — | amātūrus |
| 受動態 | — | amātus | — |
| 形式受動態 | hortāns | hortātus | hortātūrus |

(b) 分詞は動詞として，態と時称(相対時称)を持ち，目的語を取ったり副詞によって修飾されたりする．同時に形容詞として，格変化し，述語にも付加語にもなり，名詞化もされる．形容詞化したものは比較級・最上級も作る．時称によって用法に若干の差異がある．

(c) 完了分詞は sum の未完了系 3 時称とともに完了系受動態(およ

び形式受動態)3時称(複合時称)を作るが，現在分詞はたとえ sum と結合しても複合時称を形成しない．

(d) 未来分詞と sum の直説法との結合は，複合時称ではなく，迂言的未来と呼ばれる．時称を表すのは sum であって，分詞ではない．しかし sum の不定法・接続法と結合した「未来分詞＋esse」「未来分詞＋sim」は，他の時称の不定法・接続法に対応するから，一種の複合時称である．

## 4. 完了受動分詞の述語(述語形容詞)

(a) 完了受動分詞は述語形容詞として，sum のすべての時称と結合して，受動的状態を表す．時称は sum によって決定される．sum が未完了系のときは完了系複合時称と同形になるから注意を要する．

　　Gallia est omnis *dīvīsa* in partīs trēs.
　　　ガッリアは全体が3つの部分に分けられている．
　　Rēs nōbīs *cognita* fuit. そのことは我々に知られていた．

(b) 完了受動分詞は habeō, teneō「保持する」の目的語の述語として，「～された状態に保つ」という意味で，結果の継続的状態を示す．

　　Portās *clausās* habent. 人々は城門を閉めてある．
　　Servitūte *oppressam* tenuit cīvitātem.
　　　彼は国を奴隷制によって弾圧された状態に保った．

## 5. 分詞の付加語的用法

(a) 完了受動分詞と自動詞の現在分詞は付加語形容詞として用いられる．未来分詞のこの用法は futūrus, ventūrus を除いて古典後期から．

　　*āctī* labōrēs 済ませた仕事
　　mīles graviter *vulnerātus* 重傷兵
　　rosa *flōrēns* 花咲くバラ
　　sōl *occidēns* 沈む太陽，西

rēs *futūrae* 未来(のこと)

*ventūrum* saeculum 来たるべき時代，未来

Rem ausus est plūs fāmae *habitūram* quam fideī.
　彼は信用よりも多くの名声をもたらすことになる行為を敢えてした．

(b) 形容詞化した分詞．他動詞の現在分詞に由来するものは属格を取る．

sapiēns 　賢明な　　　　　　　　praeteritus 　過去の
attentus 　緊張した，注意深い　　futūrus 　　　未来の
amāns *patriae* 　　　愛国心のある
dīligēns *vēritātis* 　真実を大切にする

## 6.　分詞の名詞的用法と名詞化

(1) 名詞的用法

Facilius est *currentem* incitāre quam commovēre *languentem*.
　走る人を駆り立てるほうがぐったりしている人を揺り起すよりも易しい．

(2) 名詞化した分詞

īnfāns 子供　　adulēscēns 青年　　oriēns 東　　　occidēns 西
factum 行為　　praeceptum 規則　　peccātum 罪
amantissimus patriae（祖国の最高の愛者）熱烈な愛国者

## 7.　不規則動詞 eō

(a) 基本形: eō, īre, iī(īvī), itum 行く
(b) 現在幹は ī-（a,o,u の前では e- になる）

直説法現在:　　eō, īs, it; īmus, ītis, eunt
　未完了過去:　ībam, ībās, ībat; ībāmus, ībātis, ībant
　未来:　　　　ībō, ībis, ībit; ībimus, ībitis, ībunt
接続法現在:　　eam, eās, eat; eāmus, eātis, eant
　未完了過去:　īrem, īrēs, īret; īrēmus, īrētis, īrent
命令法:　　　　ī, īte; ītō, ītō; ītōte, euntō

現在分詞:　　　　iēns, (属格) euntis
動名詞:　　　　　eundī, eundō, eundum, eundō

(c) 完了幹は īv- よりも，v の消失した短い i- のほうがよく使われる．i- は語尾の -i- と融合して ii- が ī- になることもある (s の前に限る)．adeō「近づく」，pereō「滅びる」のような複合動詞の完了幹は，原則として -i- のみ (adiī, periī)．目的分詞幹は it-.

直説法完了(標準的に使用されるものをまず挙げ，その他はカッコ
　　　　　　内に記入する):
　　　　　　　iī(īvī), īstī(iistī, īvistī), iit(īvit), iimus(īvimus),
　　　　　　　īstis(iistis, īvistis), iērunt(īvērunt).
過去完了:　ieram(īveram), ierās(īverās), …
未来完了:　ierō(īverō), ieris(īveris), …
不定法完了:　īsse(iisse, īvisse)
接続法完了:　ierim(īverim), ieris(īveris), …
過去完了:　īssem(iissem, īvissem), īssēs(iissēs, īvissēs), …
目的分詞: itum, itū　　　未来分詞: itūrus

Quō *īs*, Mārce?—In palaestram *eō*. *ī* mēcum!
　　君はどこへ行くのか，マールクス．―格技場へ行くところだ．いっしょに来い．
Nōn possum tēcum *īre*; mihi enim ad Iūlium *eundum* est.
　　君と一緒に行くことはできない．私はユーリウスのところへ行かなければならないから．
Nōtum est illud Horātiī poēma, quod hīs incipit verbīs: "*Ībam* forte viā Sacrā, sīcut meus est mōs."
　　次のような言葉で始まるホラーティウスのあの詩は有名だ．「私はたまたまいつもの習慣どおりに(フォルムの)聖道を歩いていた」
【引用文は Hor. *Sat.* 1.9.1】
Rūre in urbem *rediēns* tribūnus plēbis ab inimīcīs occīsus est. cūr nēmō vestrum *redeuntī* obviam *ierat*?
　　田舎から都へ帰るときに護民官が政敵たちに殺された．なぜ諸君のだれも帰ってくる彼を迎えに行かなかったのか．

*Initā* aestāte rūs *redībimus*. invītāmus tē, ut nōbīscum *eās*.
> 夏の初めに我々は田舎へ帰ります．我々といっしょに行くように，あなたを招待します．

(d) 非人称受動(第6章4, p63)は文献上，itur, ībātur, itum est, īrī, eundum est などに限定されている．ただし praetereō「通り過ぎる」のような他動詞の複合動詞受動態にはこの制限はない．

> praeter-eor, -īris, -ītur, -īmur, -īminī, -euntur; -ībar 等; -itus sum 等々．

## 8. 未来受動不定法

(a) 未来受動不定法には複合形「目的分詞 I+īrī (eō の受動不定法)」を用いる．

> amō[1]　　愛する：　　amātum īrī
> capiō[3b]　捕らえる：　captum īrī
> audiō[4]　　聞く：　　　audītum īrī

Hostēs urbem oppūgnātum eunt. → Itur urbem oppūgnātum. → Exīstimō urbem *oppūgnātum īrī*.
> 敵は町を攻めに行く．→町を攻めに行くことがなされる．→町を攻めに行くことがなされると私は思う(=町が攻められることになると私は思う)．

【未来受動不定法の論理的成立過程を示す】

Speculātōrēs nūntiant loca superiōra ab hostibus *occupātum īrī*, simulac dēfēnsōrēs abīssent.
> 偵察隊は，守備隊が撤退すればただちに高所は敵に占領されるであろうと報告する(した)．

【nūntiant は歴史的現在で，副時称とみなされる．abīssent は直接話法の未来完了 abierint が時称対応によって接続法過去完了になったもの】

(b) 形式受動態動詞の未来不定法は能動形を使う．

> hortor[1] 励ます: hortātūrus(-a, -um) esse

# 第 23 章　不規則動詞 ferō, fīō, volō, nōlō, mālō, dō, edō　不完全動詞

## 1.　不規則動詞 ferō

（a）基本形: ferō, ferre, tulī, lātum 運ぶ，耐える，通じる

（b）未完了系: 現在幹 fer- は，直説法・命令法・不定法の現在，および接続法未完了過去にのみ現れる．その他は第 3 活用動詞に同化した．

　　直説法
　　　現在能動　　　ferō, fers, fert, ferimus, fertis, ferunt
　　　　　受動　　　feror, ferris, fertur; ferimur, feriminī, feruntur
　　　未完了過去能動　ferēbam, ferēbās, ferēbat, . . .
　　　　　　　受動　ferēbar, ferēbāris, ferēbātur, . . .
　　　未来　　　　　feram, ferēs, feret, . . . ; ferar, ferēris, . . .
　　接続法現在　　　feram, ferās, ferat, . . . ; ferar, ferāris, . . .
　　　未完了過去　　ferrem, ferrēs, ferret, . . . ; ferrer, ferrēris, . . .
　　命令法能動　　　fer, ferte; fertō, fertō; fertōte, feruntō
　　　　　受動　　　ferre, feriminī; fertor, fertor, —, feruntor
　　現在分詞 ferēns; 動名詞 ferendī; 動形容詞 ferendus

（c）完了幹は tul-，目的分詞幹は lāt- で，語尾その他は他の動詞の完了系等と同じ．

　Bene *ferre* magnam disce fortūnam!
　　　大いなる運命によく耐えることを学べ．
　Ūna haec via ad vītam beātam *fert*.
　　　ただひとつこの道のみが幸福な人生に通じる．
　Quid sub togā *fers*, Tite? ── Avem *ferō* frīgore paene cōnfectam.
　　　ティトゥスよ，君はトガの中に何をかかえているのか．──寒さでほとんど死にかけている鳥を抱いているのだ．
　*Ferāmus*, quod *ferendum* est!
　　　耐えるべきことに耐えましょう．

*Fer* hanc epistulam patrī tuō!
> この手紙を君のお父さんに届けなさい．

Estisne claudī, quod lectīcā ad medicum *feriminī*?
> 君たちは担架で医者のところに運ばれているから，身障者なのか．

Vidēbāmus sauciōs ex aciē *ferrī*.
> 我々は負傷者たちが前線から運ばれるのを見ていた．

Vīdimus servum mortuōs ex aciē *ferentem*.
> 我々は奴隷が死者たちを前線から運んでいくのを見た．

Putāsne vīcīnōs nōbīs auxilium *lātūrōs* esse?
> あなたは隣人たちが我々に援助をもたらすであろうと思うか．

Quandō nūntius dē interitū exercitūs Rōmam *allātus* est? quis *attulit*?
> いつ軍隊の全滅についての情報がローマに届けられたのか．だれが届けたのか．【allātus, attulit→afferō】

## 2. 不規則動詞 **fīō**

（a）基本形: fīō, fierī, factus sum 作られる，なる

（b）fīō は faciō「作る，する」の受動として用いられる一種の半形式受動態動詞で，未完了系は能動態（ただし不定法現在は受動態），完了系は受動態を使う．

（c）複合動詞でも -faciō が -ficiō に弱化していないものは，この規則に従う（5つめの例文の patefīō: patefaciō「開ける」の受動）．弱化したものは一般の規則による（interficiō「殺す」: interficior「殺される」）．

（d）fīō の未完了系．現在幹 fī- は，不定法現在と接続法未完了過去では fi- に弱化する．

```
直説法現在          fīō, fīs, fit; fīmus, fītis, fīunt
    未完了過去      fīēbam, fīēbās, fīēbat; …
    未来           fīam, fīēs, fīet; …
接続法現在          fīam, fīās, fīat; …
    未完了過去      fierem, fierēs, fieret; …
命令法（まれ）      (fī, fīte; fītō)
```

(e) 完了系には faciō の受動態 factus sum を用いる．

Faciō sorōrēs tuās dē morte mātris certiōrēs.→Sorōrēs tuae ā mē dē morte mātris certiōrēs *fīunt*.
> 私は君の姉妹にお母さんの死を知らせる．→君の姉妹は私からお母さんの死について知らされる．

Quī *fit*, ut ego hoc nesciam?
> なぜぼくがこれを知らないことになっているのか．

*Fierī* potest, ut hominēs fallantur.
> 人間が勘違いすることはあり得ることだ．

Omnia, quae mulieris fuerant, quondam virī *fīēbant* nōmine dōtis.
> 妻のものだったものはすべて，昔は持参金として夫のものになった．

Ā Cicerōne cōnsule coniūrātiō Catilīnae *patefīet*.
> 執政官のキケローによってカティリーナの陰謀は暴かれるであろう．

## 3. 不規則動詞 volō, nōlō, mālō

(a) nōlō「欲しない」は否定辞 ne-「ない」と volō「欲する」との複合動詞，mālō「むしろ欲する」は magis「むしろ」と volō との複合動詞である．3語の基本形(目的分詞幹を欠く)と，未完了系の活用の不規則なものは次表の通り．その他は第3活用の規則に従う．完了系は規則的．

基本形　volō, velle, voluī 欲する
　　　　nōlō, nōlle, nōluī 欲しない
　　　　mālō, mālle, māluī (A より) むしろ (B を) 欲する

直説法　　　　　　　　現　　在
　単 1　　volō　　　　nōlō　　　　mālō
　　 2　　vīs　　　　 nōn vīs　　　māvīs
　　 3　　vult　　　　nōn vult　　 māvult
　複 1　　volumus　　nōlumus　　　mālumus
　　 2　　vultis　　　nōn vultis　　māvultis
　　 3　　volunt　　　nōlunt　　　 mālunt
不定法　　velle　　　 nōlle　　　　mālle

接続法　　　　　　　　現　　在

| | | | |
|---|---|---|---|
| 単 | 1 | velim | nōlim | mālim |
| | 2 | velīs | nōlīs | mālīs |
| | 3 | velit | nōlit | mālit |
| 複 | 1 | velīmus | nōlīmus | mālīmus |
| | 2 | velītis | nōlītis | mālītis |
| | 3 | velint | nōlint | mālint |

未　完　了　過　去

| | | | |
|---|---|---|---|
| 単 | 1 | vellem | nōllem | māllem |
| | 2 | vellēs | nōllēs | māllēs |
| | 3 | vellet | nōllet | māllet |
| 複 | 1 | vellēmus | nōllēmus | māllēmus |
| | 2 | vellētis | nōllētis | māllētis |
| | 3 | vellent | nōllent | māllent |

（b）命令法は nōlō にのみあり（nōlī, nōlīte; nōlītō, nōlītō, nōlītōte, nōluntō），他の動詞の不定法とともに禁止（命令の否定）を表す．

*Nōlī* verberāre lapidem, nē perdās manum.
　　手を駄目にしないように，石を打つな．

（c）接続法 1 人称単数は，小辞のように願望文の導入に用いられる（第 11 章 3）．

Quid tandem *vult*? cūr nōn loquitur, quid *velit*?
　　つまるところ彼は何が望みなのか．何がほしいのかどうして言わないのか．
Et Aemilia praemiō dīgna est et Iūlia. utrī *vīs* praemium darī?
　　アエミリアもユーリアも褒美に値する．君はどちらに褒美が与えられることを望むか．【darī: dō の受動不定法】
Faciēmus, quodcumque *volet*.
　　我々は何でも彼が望むことをするであろう．
*Vellem* adesse posset frāter noster mortuus!
　　死んだ我々の兄が来ることができたらいいんだけれど．
Idem *velle* atque idem *nolle*: ea dēmum firma amīcitia est.

同じことを望み，同じことを望まないこと，それが結局は堅固な友情である．

Tardē *velle nōlentis* est.
しぶしぶ望むことは望まない人のすることだ．

Ambulāte mēcum!——*Nōlumus*; *mālumus* pēnsum cōnficere.
君らは私と一緒に散歩に行け．——我々は欲しない．我々はむしろ宿題をやってしまうことを欲する．

Utrum *māvīs* colloquī an dormīre?——Mālō colloquī quam dormīre.
君は話合いをすることを欲するか，それともむしろ眠ることを欲するか．——私は眠るよりも話合いをすることを欲する．

*Nōlīte* trepidāre (＝nē trepidāveritis)! iam amīcī opem ferunt.
あたふたするな．もう友人たちが助けに来る．

Ultima Archimēdis verba erant: "*Nōlī* turbāre circulōs meōs!"
アルキメーデースの最後の言葉は，「私の円形を乱すな」だった．

## 4. 不規則動詞 dō

（a）基本形: dō, dare, dedī, datum 与える
（b）この動詞は，第1活用規則動詞であるが，現在幹が2箇所（現在2単 dās, 第1命令法2単 dā）を除いて dā- とならず，da- と短母音になる．その他は規則的である．

直説法現在能動態: dō, dās, dat/古 dāt; *damus*, *datis*, dant
【古形: duim, duīs, duit, ... duint】
第1命令法能動態: dā, *date*

Servāberis ā mē ex magnō perīculō: longum fīlum tibi *dabō*.
あなたは私によって大きな危険から救われましょう．長い糸を差し上げます．
【ラビュリントス】

Servī asinīs cibum *dare* dēbent.
奴隷たちはロバに食物を与えねばならぬ．

Ā Mārcellō Syrācūsae dīripiendae mīlitibus *datae sunt*.
マールケッルスによってシュラークーサイは兵士たちの略奪するに任さ

れた.

## 5. 不規則動詞 edō

(a) 基本形: edō, edere(ēsse), ēdī, ēsum(essum) 食べる

(b) 規則動詞第3活用の現在幹 ed-e- が，原則的にすべての未完了系に使われるが，一部の変化形に語根 ed- に語尾を直接つける語根動詞の別形がある．ed- は後続子音の影響で ēs-/es- になる．そのおもな語形は:

直説法現在: 単2 ēs, 3 ēst, 複2 ēstis; 単3 受動 ēstur
不定法現在と接続法未完了過去: ēsse; ēssem, ēssēs; ēssētur
命令法: ēs, ēste; ēstō, ēstō, ēstōte
接続法現在には規則的な edam, edās … のほかに古形の edim, edīs … も．

Utrum vultis *edere* an bibere? 君らは食べたいのか飲みたいのか.
Canis canīnam nōn *ēst*. 犬は犬の肉を食べない.
*Ēs* paulō, quam potes *ēsse*, minus.
　君が食べられる量よりも少しだけ少なく食べよ.

## 6. 幹母音動詞と語根動詞

(a) 動詞 regō[3] の不定法現在 rege-re は，既述のように，現在幹 reg-e- と語尾 -se（ロータシズムにより -re に変っている）から成るが，現在幹 reg-e- は語根 reg- に幹母音（語幹形成母音 thematic vowel）の -e- をつけたものである．幹母音は本来 e/o（インド・ヨーロッパ語に特有の e と o の母音交替）であったが，ラテン語では r の前以外では i/u に弱化した（reg*i*t, reg*u*nt）.

(b) 規則動詞の現在幹は，ほとんどすべて，語根またはさまざまな語に由来する派生形や複合形に幹母音 e/o をつけたものである．第1，第2，第4活用の現在幹にも幹母音がついているが，先立つ母音と融合して見えなくなっている．

(c) 現在幹の形成法は多岐にわたり，それをすべて挙げることは本書の趣旨を逸脱するから，省略する．ただ，初心者でも気がつく接辞 -sc- と -n-, および子音重複を挙げておく（いずれも第3活用）．-sc-

は接尾辞(幹母音の前), -n- は接尾辞または接中辞(語根の中に入る), 子音重複は接頭辞(完了幹と異なり母音 i を伴う)で, いずれも原則として完了幹と目的分詞幹には現れない.

 co-gnō-scō, -ere, co-gnō-vī, co-gn-itum 認識する (gnō/gn は母音交替による)
 nā-scor, -ī, nā-tus sum 生まれる
 tang-ō, -ere, te-tig-ī, tac-tum 触れる (tig は母音弱化, tac は子音同化による)
 dē-sin-ō, -ere, dē-si-ī, dē-si-tum やめる
 nanc-īsc-or, -ī, nac-tus sum 得る (-n- と -sc-)
 gi-gn-ō, -ere, gen uī, gen itum 生む (gn/gen は母音交替による)
 si-st-ō, -ere, ste-t-ī, sta-tum 立てる (完了<*ste-st-ī の ste- も子音重複の一種)

(d) 不規則動詞 sum, edō, ferō, volō の不定法 es-se, ēs-se, fer-re, vel-le には幹母音がなく, 語根に直接, 語尾 -se がついている (-re, -le は子音同化による). これが語根動詞で (nōlō, mālō はその複合動詞), eō (ī-re) も, またおそらく dō (da-re) も語根動詞である. ただしラテン語は規則化の傾向が強かったので, わずかに残った語根動詞にさえも規則動詞の変化形が見られる.

## 7. 不完全動詞

(a) 次の5動詞は変化形に欠けている箇所が多いので, 不完全動詞 (欠如動詞 verba dēfectīva) と呼ばれる. 一部を除いて, 詳細は巻末の語形変化表に.

 queō, quīre, quīvī できる
 nequeō, nequīre, nequīvī できない
 (for), fārī, fātus sum 言う
 āiō 言う
 inquam 言う: 直説法現在 inquam, inquis, inquit,
          inquimus, inquitis, inquiunt
      完了 inquiī, inquīstī, inquit

(b) **ōdī**「嫌う」と **meminī**「覚えている」には現在幹がなく，代わりに，完了系3時称が未完了系3時称の意味になる．すなわち，完了が現在（現在完了→第8章2(2), p 77）の，過去完了が過去の，未来完了が未来の意味を持つ．完了に命令法（2人称の mementō, mementōte のみ）があるのは異例である．

これに対して **coepī**「始めた」は，古典期以前には現在幹 coepiō (3b) が存在したから，真の不完全動詞ではないが，古典期には不完全動詞になり，現在には別の動詞 incipiō(3b)「始める」を補うことになった．

直説法完了: ōdī, ōdistī, *etc.* meminī, -istī, *etc.* coepī, -istī, *etc.*
　過去完了: ōderam, *etc.* memineram, *etc.* coeperam, *etc.*
　未来完了: ōderō, *etc.* meminerō, *etc.* coeperō, *etc.*
接続法完了: ōderim, *etc.* meminerim, *etc.* coeperim, *etc.*
　過去完了: ōdissem, *etc.* meminissem, *etc.* coepissem, *etc.*
不定法完了: ōdisse　　meminisse　　coepisse
命令法:　　　—　　　mementō, -tōte　　—
目的分詞:　　ōsum　　　—
現在分詞:　　—　　　meminēns
未来分詞:　　ōsūrus　　　—
完了受動分詞: —　　　—　　　coeptus

Studēte inimīcōs nōn *ōdisse*!
　敵を憎まないように努めなさい．
*Meministis*ne mē vōbīs hanc fābulam narrāvisse?
　私が諸君にこの物語を話して聞かせたことを覚えていますか．
Helvētiī nostrōs lacessere *coepērunt*.
　ヘルウェーティイー族はわが軍を挑発し始めた．
Bellō Athēniēnsēs undique premī sunt *coeptī*.（Nep. *Timoth.* 3. 1)
　アテーナイ人は四方から戦争に圧迫され始めた．
【coepī は受動不定法を取るときに自ら受動形になる】

(c) **nōvī**「知っている」(=sciō) と **cōnsuēvī**「習慣である」(= soleō) は不完全動詞ではなく，それぞれ nōscō(3)「知る」と cōnsuēscō(3)「慣れる」の完了であるが，意味は ōdī や meminī と同じように現在になる．

> 直説法完了: nōvī, nō(vi)stī, *etc.*　cōnsuēvī, cōnsuē(vi)stī, *etc.*
> 　過去完了: nō(ve)ram, *etc.*　　　cōnsuē(ve)ram, *etc.*
> 　未来完了: nōverō, *etc.*　　　　cōnsuē(ve)rō, *etc.*
> 接続法完了: nō(ve)rim, *etc.*　　　cōnsuē(ve)rim, *etc.*
> 　過去完了: nō(vi)ssem, *etc.*　　　cōnsuē(vi)ssem, *etc.*
> 不定法完了: nō(vi)sse　　　　　　cōnsuē(vi)sse

Gallōrum mōrēs bene *nōvī*.
　私はガッリア人の性格をよく知っている．
Māne ambulāre *cōnsuēvī*.
　私は早朝に散歩する習慣です．

# 第24章　数詞

数詞には基数詞と順序数詞のほかに，配分数詞「(いくつ)ずつの」と数副詞(度数詞)がある．一覧表は巻末付録に掲載する．

## 1. 基数詞

(a) 基数詞には不変化のものと格変化するものがある．

(b) 4〜20，21〜100のうちで1の位が4以上のもの，および1000の単数は，不変化形容詞である．

(c) 2桁数で1の位が8または9のものは引き算方式にする．29＝30−1 (ūndētrīgintā)，18＝20−2 (duodēvīgintī)．ただし98にはduodēcentumの使用例がなく，99のūndēcentumもまれ．

(d) 11以下にはdecem et trēs (13)，ūnus et vīgintī (21) のように分ける方式もある．

(e) 1〜3 (21以上の数の1の位の1〜3を含む)，200〜900の100の位，および1000の複数は格変化する．1 (ūnus, -a, -um) は代名詞型形容詞(第18章3, p 141)．2 (duo, duae, duo) はambō「両方の」とともに2語だけ生き残った双数形で，欠ける格は複数から補っている．3 (trēs, tria) は第3変化形容詞．200〜900の100位は第1第2変化形容詞複数(属格は -um)．1000 (mīlle) の複数mīliaは，形容詞ではなく中性名詞であり，対応する名詞のほうを複数属格(付加語)にする．

|   | 男 | 女 | 中 | 男・女 | 中 |
|---|---|---|---|---|---|
| 主 | ūnus | ūna | ūnum | trēs | tria |
| 属 | ūnīus | ūnīus | ūnīus | trium | trium |
| 与 | ūnī | ūnī | ūnī | tribus | tribus |
| 対 | ūnum | ūnam | ūnum | trēs(-īs) | tria |
| 奪 | ūnō | ūnā | ūnō | tribus | tribus |

|   | 男 | 女 | 中 | 中複 |
|---|---|---|---|---|
| 主 | duo | duae | duo | mīlia |
| 属 | duōrum | duārum | duōrum | mīlium |
| 与 | duōbus | duābus | duōbus | mīlibus |

| | | | |
|---|---|---|---|
| 対 | duōs(duo) | duās | duo | mīlia |
| 奪 | duōbus | duābus | duōbus | mīlibus |

【次の( )内は古形，碑文形，末期またはまれな語形など．ūnus (oinos), 呼格 (ūne), duae (duo), 中性 duo (dua), duōrum (duom, duum), duōbus (duo), mīlia (meillia, mīllia)】

Nōn rārō rēs pūblica *ūnī* virō salūtem dēbuit. sed aliās cīvitātī *ūnīus* virī stultitia et ambitiō trīstī perniciēī fuērunt.

　　国家が安全を1人の人に負うことはまれではなかった．しかし他のときには1人の男の愚かさと野心が国家にとって無残な破滅のもとになった．

　　【目的の与格→第26章8, p 202】

In legiōne Rōmānā *decem* erant cohortēs, in cohorte *trēs* manipulī, in manipulō *duae* centuriae. centuria, in quā, ut ipsum indicat nōmen, ōlim *centum* armātī mīlitāverant, Caesaris aetāte nōn amplius (quam) *quīnquāgintā* mīlitēs habēbat.

　　ローマの1軍団には10部隊が，1部隊には3中隊が，1中隊には2つの百人隊があった．百人隊には，その名自体が示すように，かつては百人の武装兵が勤務していたが，カエサルの時代には50人以上の兵士はいなかった．

　　【plūs, amplius「以上」は数詞の前では quam を省略できる】

*Decem mīlia* Athēniēnsium et *mīlle* Plataeēnsēs ad Marathōnem, oppidum in Atticā situm, Persārum multiplicem numerum superāvērunt.

　　1万人のアテーナイ軍と千人のプラタイアイ軍がアッティカにあるマラトーンの町の郊外で何倍もの数のペルシア軍を打ち負かした．

In nōbilī illā pūgnā ad Cannās commissā Rōmānōrum *quadrāgintā quīnque mīlia quīngentī* peditēs et *duo mīlia septingentī* equitēs caesī sunt, in hīs *ūndētrīgintā* tribūnī mīlitum et *octōgintā* senātōrēs.

　　カンナエ郊外で行われたあの有名な戦闘においては，ローマ軍の45,500人の歩兵と2,700人の騎兵が殺され，その中には29人の軍団司令官と80人の元老院議員がいた．

## 2. 配分数詞

(a) 配分数詞は第 1 第 2 変化形容詞複数で，複数の人について各人に singulī「1 つずつ」，bīnī「2 つずつ」，ternī「3 つずつ」配分するときなどに用いる．男性中性の複数属格にはよく -um が使われる（ただし singulōrum を除く）: bīnum (bīnōrum も)，ternum など．

(b) 複数形を単数のように使う名詞（付録 I-B (1) b/c, p 385）について，基数詞の代りに用いる．この場合，1 には ūnī, -ae, -a (ūnus の複数) を，また 3 には別形 trīnī を当てる．

> ūna littera 1 文字  ūnae litterae 手紙 1 通  singulae litterae 1 人 1 通の手紙
>
> trēs litterae 3 文字  trīnae litterae 手紙 3 通  ternae litterae 1 人 3 通ずつの手紙

Patruus Decimō et Iūliae octō librōs dōnāvit: *quaternōs* librōs dōnāvit.
> 叔父はデキムスとユーリアに 8 冊の本を贈呈した．4 冊ずつの本を贈った．

In angustō hōc itinere *singulī* carrī dūcī possunt.
> この狭い道には 1 台ずつの荷車しか通ることができない．

Rōmānīs ingenuīs *terna* nōmina erant: praenōmen, nōmen gentīlicium, cognōmen; exemplī grātiā commemorāmus: Gāium Iūlium Caesarem et Mārcum Tullium Cicerōnem.
> 自由身分のローマ人には 3 つずつの名前があった．個人名，氏族名，家名である．たとえば我々は，ガイユス・ユーリウス・カエサルとマールクス・トゥッリウス・キケローを挙げる．

Caesar et Ariovistus *dēnōs* comitēs ad colloquium addūxērunt.
> カエサルとアリオウィストゥスは部下を 10 人ずつ会見に連れて行った．

Aliī mēnsēs (Aprīlis, Iūnius, September, November) *trīcēnōs* diēs habent, aliī (Iānuārius, Mārtius, Māius, Iūlius, Augustus, Octōber, December) *singulōs et trīcēnōs* (*trīcēnōs singulōs*), Februārius duodētrīgintā.
> ある月(4 月，6 月，9 月，11 月)は 30 日ずつあり，またある月(1 月，3 月，5 月，7 月，8 月，10 月，12 月)は 31 日ずつ．2 月は 28 日ある．

## 3. 数副詞
（a）数副詞は回数，度数，倍数を表す．

Alexander exercitūs Persārum *ter* aciē vīcit: prīmum ad Grānīcum flūmen, iterum apud urbem Issum, tertium apud Arbēla vīcum.

> アレクサンドロスはペルシア人の軍隊を3度野戦で破った．最初はグラーニーコス川の近くで，2度目はイッソスの町の郊外で，3回目はアルベーラ村の近郊で．

（b）倍数を配分数詞の前に置くと，掛け算になる．

*Bis* bīna sunt quattuor, *quater* quaterna sunt sēdecim, *quīnquiēs* octōna sunt quadrāgintā.

> 2倍の2は4，4倍の4は16，5倍の8は40である．

## 4. 順序数詞
（a）順序数詞は第1第2変化形容詞である．「第2の」には代名詞型形容詞の alter がよく使われる．

（b）分数は分子を基数，分母を序数にする①．いずれも女性形（partēs「部分」の省略）．分子が1ならば分母を単数形にして pars を添える（省略可）②．2分の1は dīmidia pars または dīmidium．分子が分母より1つだけ少ないときには分母を言わず，分子に partēs を添える③．

　① duae septimae　　7分の2
　② tertia (pars)　　　3分の1
　③ quattuor partēs　　5分の4

Annōs Rōmānī numerābant ab annō urbis conditae, quī fuit ante Chrīstum nātum (a. Chr. n.) *septingentēsimus quīnquāgēsimus tertius*.

> ローマ人は年代を都の建設の年から数えた．それはキリスト生誕前753年であった

Praeerant cīvitātī Rōmānae initiō (per ducentōs ferē annōs) rēgēs; eōrum *prīmus* fuit Rōmulus, ultimus Tarquinius Superbus.

<blockquote>
ローマの国を支配したのは初めは(およそ200年間)王たちであった．

彼らの最初はロームルス，最後は傲慢王タルクィニウスだった．
</blockquote>

Cum annō a. Chr. n. *quīngentēsimō nōnō* sīve ab urbe conditā *ducentēsimō quadrāgēsimō quārtō* Tarquinius Superbus rēgnō prīvātus et urbe expulsus esset, prīmum creātī sunt duo annuī cōnsulēs, quī magistrātūs populī Rōmānī rem pūblicam administrābant.

<blockquote>
キリスト生誕前509年に，すなわち建国紀元244年に，傲慢王タルクィニウスが王位を剥奪され，都から追い出されたあとで，初めて2人の1年任期の執政官が選出され，この行政官がローマ国民の国政を司った．
</blockquote>

Saeculīs īnsequentibus Rōmānī cum plūrimīs Italiae gentibus et urbibus fēlīciter pūgnāvērunt; itaque annō a. Chr. n. *ducentēsimō sexāgēsimō sextō* tōta ferē Italia in eōrum potestāte erat. inde ab illō tempore imperium Rōmānum paulātim prōpāgātum est suprā terrās adiacentēs marī, quod appellāmus medium.

<blockquote>
続く数世紀にローマ人はイタリアの多数の民族や都市と戦って勝ち，そのためにキリスト生誕前266年にはほとんどイタリア全土が彼らの支配下に入っていた．このときからローマの支配圏は，我々が地中海と呼んでいる海に接する国々のかなたまで徐々に拡張されていった．
</blockquote>

Cum Carthāginiēnsibus posteā Rōmānī tribus bellīs dīmicāvērunt. inter haec bella Pūnica gravissimum fuit *secundum*, quō Hannibal inde ab annō a. Chr. n. *ducentēsimō duodēvīcēsimō* ūsque ad annum *ducentēsimum prīmum* dux Carthāginiēnsium erat. audīvimus dē horrendā illā clāde Cannēnsī, quā maximus Rōmānōrum exercitus annō *ducentēsimō sextō decimō* plānē dēlētus est.

<blockquote>
その後ローマ人はカルタゴ人と3度の戦争で戦った．このポエニー戦争の中でもっとも激しかったのは2番目で，このときにはハンニバルがキリスト生誕前218年から201年までカルタゴ軍の司令官だった．あの
</blockquote>

恐ろしいカンナエの敗北について我々は聞いているが，それによってローマ人の最大の軍隊が216年に全滅にされたのである．

Annō *centēsimō quadrāgēsimō sextō* Rōmānī ipsam urbem Carthāginem expūgnāvērunt ac solō adaequāvērunt. ab hōc ferē tempore per amplius centum annōs rēs pūblica Rōmāna paene continenter internīs tumultibus et bellīs cīvīlibus vexāta ac dēbilitāta est.

146年にローマ軍はカルタゴの首都そのものを攻め滅ぼして，更地にしてしまった．おおよそこの頃から100年以上にわたってローマの国政はほとんど間断なく国内の騒動と市民同士の戦争(=内乱)によって揺るがされ弱められた

C.(=Gāius) Iūlius Caesar, quī inde ab annō *duodēsexāgēsimō* ad annum *quīnquāgēsimum alterum* Galliam subēgerat, annō *quadrāgēsimō quārtō*, postquam omnēs adversāriōs dēvīcit, ā coniūrātīs occīsus est.

58年から52年までにガッリアを平定したガイユス・ユーリウス・カエサルは，44年，すべての政敵を打ち負かしたあとで，陰謀者たちによって殺された．

Octāviānus, Caesaris hērēs, annō a. Chr. n. *ūnō et trīcēsimō (trīcēsimō prīmō)* imperiō potītus est; is *prīmus* Augustus est appellātus.

カエサルの相続人のオクターウィアーヌスがキリスト生誕前31年に大権を掌握した．彼が初めてアウグストゥスと命名された．

Imperātōribus pāruit imperium Rōmānum per quīngentōs septem annōs ūsque ad annum post Chrīstum nātum (p. Chr. n.) *quadringentēsimum septuāgēsimum sextum*. hōc annō gentēs Germāniae ultimum imperātōrem, cuī nōmen erat Rōmulus Augustulus, imperiō prīvāvērunt Italiamque occupāvērunt.

ローマ帝国はキリスト生誕後476年までの507年間，皇帝たちに服従した．この年にゲルマーニアの諸部族が，ロームルス・アウグストゥルスという名の最後の皇帝から政権を剥奪して，イタリアを占領した．

## 余録 10. ラテン語系の英語の動詞

英語は基本的には西ゲルマン語の1つ，アングロサクソン語であるが，中世の政治的・文化的変動の結果として，おびただしい数のラテン語系の語が入っている．その中でもっとも面白いのは動詞であろう．

ラテン語の動詞には，現在幹，完了幹，目的分詞幹の3種類の語幹がある．その中で英語の動詞の基になっているのは，現在幹か目的分詞幹のどちらかである．どうやら完了幹は，もともと受動態に欠けていることから見ても，生命力が強くなかったらしい．それに対して目的分詞幹は，名詞類 nōmen の一種として派生動詞を形成して，動詞によっては現在幹を押しのけて生き延びている．

この経過が見て取れる語，たとえば press は，premere の現在幹ではなく，目的分詞幹 press- の派生動詞 pressāre (premere の強調動詞 intensive verb) がフランス語の presser を経て英語になったものである．目的分詞幹には完了分詞のみならず，第4変化名詞 pressus, -ūs を始めとして，pressiō, -ōnis や pressūra などの派生名詞を作る力があり，現在幹を押しのけて生き延びている．

同様に fix は，中世ラテン語の fixare (<fīgō の目的分詞幹 fīx-, 中世ラテン語には長母音符号をつけない) に，また use は俗ラテン語 *ūsāre (<ūtor の目的分詞幹 ūs-) に由来する．このような経歴が文献に現れていなくても，construct, corrupt, collect, contribute など目的分詞幹に由来する動詞は多い．

他方，現在幹から英語に入った動詞も，prefer (<*F* préférer < *L* praeferre)，divide (<*L* dīvīdere)，offend (<*F* offendre <*L* offendere) 等々，いくらでも見つけられる．中には describe < dēscrībere や admit < admittere のようにフランス語では音韻推移が見られるのに (*OF* descrivre > *F* décrire; *F* admettre)，英語のほうにラテン語の原音が残っている語もあり，フランス語との関係は必ずしも直線的ではない．

# II

# 中級篇
―統語論を中心に―

# 第 25 章　属格 (genetīvus) の用法

## 1. 主語的属格 (gen. subiectīvus) と目的語的属格 (gen. obiectīvus)

行為や感情を意味する名詞の付加語になる属格は，その行為や感情の主体(主語的)であることも対象(目的語的)であることもあり，文脈から判断しなければならない．

所有形容詞は主語的属格の代行であるから，上位語と同格になるが，所有形容詞自身の付加語または同義の名詞は属格になる．-ī に終る人称・再帰代名詞属格は目的語的にのみ用いられる．

(a) 主語的属格「～の」

amor *parentum*　　　親の愛(親が子を愛する)
amor *noster parentum*　我々両親の(子供への)愛
laudātiō *Cicerōnis*
　　キケローの賞賛演説(キケローがだれかを賞賛する)
dēsīderium *tuum*　　　君のあこがれ(君があこがれている)

(b) 目的語的属格「～への」

noster amor *parentum*　両親への我々の愛(我々が両親を愛する)
laudātiō *Cicerōnis*　　キケローへの賛辞
misericordia *meī*　　　私に対する憐憫

(c) causā, grātiā (「～のために」) につく属格は，主語的属格と見なされる．

Vēnit Hannibal ad rēgem Antiochum nōn *suā*, sed *ēius* causā.
　ハンニバルはアンティオコス王のところへ，自分のためにではなく彼のために来た．

*salūtandī* causā　　　挨拶するために
*exemplī* grātiā　　　たとえば
*meā ipsīus* grātiā　　私自身のために

## 2. 形容詞の目的語

(a)「欲求，経験，記憶，知識，関与，支配，充満」など，およびその逆の意味をもつ形容詞には，目的語的属格をとるものが多い．

> Helvētiī *bellandī* erant cupidī.
> ヘルウェーティイー族は戦うことを望んでいた．
>
> Centuriō *reī mīlitāris* perītissimus habēbātur.
> 百人隊長は軍事経験がもっとも豊かであると思われていた．
>
> *Tuī beneficiī* nōn immemor sum.
> 君の恩を私はけっして忘れていない．
>
> haud nescia *rērum*　　事態をよくわきまえている
> particeps *praedae*　　略奪品の分配に与かる
> impotēns *suī*　　　　自制心のない
> plēnus *vīnī*　　　　　ブドウ酒に満ちた

(b) 目的語的属格か，それとも関連の属格(次項)か，学者の解釈の分かれるものもある．

> dīves *opum* 財宝に富んでいる (Verg. *A*. 1. 14; 2. 22)
> 【dīves は plēnus の類語かもしれないし，「財宝の点で裕福」なのかもしれない】
>
> aut ego *vērī* vāna feror (Verg. *A*. 10. 631–2)
> それとも私が真実を間違えて突進しているのだ．
> 【vānus は plēnus の反意語として属格目的語をとっているのかもしれないし，「真実の点では空っぽのまま」という意味かもしれない】
>
> Respicit īgnārus *rērum* ingrātusque *salūtis*. (Verg. *A*. 10. 666)
> 彼は事情を知らず，助けられたことに不満で，振り返って見る．
> 【rērum は属格目的語であるが，salūtis は関連の属格に変りつつある】

## 3. 関連の属格 (**gen. respectūs, gen. relātiōnis**)

「～の点で」．形容詞の適用範囲を限定する．「限定の属格」(gen. līmitātiōnis) とも呼ばれる．古い文献にも若干見られるが，古典期の詩人たちが属格支配形容詞の用法を拡充して，活性化した．「関連の対格」(第 27 章 4, p 208)，「関連の奪格」(第 28 章 12, p 222) 参照．

integer *vītae* (Hor. *Carm.* 1. 22. 1)　　　生活にけがれのない
*aevī* mātūrus (Verg. *A.* 5. 73)　　　　　年齢の熟した，年取った
virgō aegra *corporis* (Apul. *Met.* 4. 32)　体が病気の乙女

## 4. 形容詞化した他動詞の現在分詞に伴う目的語的属格

他動詞の現在分詞が，動詞としてではなく，形容詞や名詞として用いられるときには，動詞のときに対格だった目的語が属格に変る．この分詞は形容詞として比較級・最上級をもつ．

neglegēns *officiī*　　　務めを怠けている
appetēns *glōriae*　　　名誉を熱望している
amantissimus *patriae*　祖国を限りなく愛している

## 5. 動詞の目的語になる属格

(a)「記憶，忘却」を意味する動詞は目的語に属格を取る．ただし目的語が物のときは対格にすることもある．また，中性の代名詞も対格（非人称表現では主格）になる．

Cūr nōn meministis *beneficiōrum acceptōrum* (beneficia accepta)?
　どうして諸君は受けた恩を思い出さないのか．
Ipse tē *veteris amīcitiae* commonefēcit. (*Rhet. Her.* 4. 33)
　彼は自ら君に昔の友情を想起させた．
Paene *tuī* oblītus sum.　ほとんど君を忘れるところだった．
Oblīvīscī *nihil* solēs nisi *iniūriās*. (Cic. *Lig.* 35)
　君は侮辱(したこと)を別にすれば，何事も忘れないのが常だ．
　【君＝カエサル】

(b) 感情を表す動詞にも属格を支配するものがある．

Miserēminī *sociōrum*!　同盟軍を哀れに思え．

(c)「充満，欠乏」の意味の動詞は，奪格支配が多いけれども，属格をとることもある．

Pīsō multōs cōdicēs implēvit *eārum rērum*. (Cic. *Ver.* 1. 119)

ピーソーは多くの書物をそれらの事柄で満たした.

Virtūs *plūrimae commentātiōnis* et *exercitātiōnis* indiget.（Cic. *Fin.* 3. 50）

徳は多くの研究と訓練を必要とする.

## 6. 所有の属格（**gen. possessīvus, gen. pertinentiae**）

（a）付加語の属格が上位の名詞の所有者「〜の」を表す．主語的属格と同様に，人称・再帰代名詞の属格は使われず，代りに所有形容詞を用いる.

Domus *patris* est nova: domus *mea* parva est.
父の家は新しい．私の家は小さい．

（b）所有の属格は述語的にも用いられる．動詞は esse「〜のものである」，fierī「〜のものになる」，facere「〜のものにする」など．

Haec domus nōn *amīcī* est, sed *mea*.
この家は友のものではなく私のものだ.

Omnia, quae *mulieris* fuērunt, *virī* fīunt dōtis nōmine.（Cic. *Top.* 23）
妻の所有物だったものはすべて，持参金の名目で夫の所有になる.

（c）不定法を主語とする文の述語では，仕事「〜のすること」や義務「〜のなすべきこと」などを表す.

*Cūiusvīs hominis* est errāre.　過ちはどの人でもすることである.
Nōn est mentīrī *meum*.（Ter. *Hau.* 549）
嘘をつくのは私のすることではない.

Temporī cēdere semper *sapientis* est habitum.（Cic. *Fam.* 4. 9. 2）
時勢に順応することは賢者のすること（=賢明なこと）と常に考えられてきた.

## 7. 説明の属格（**gen. explicātīvus**）

「〜の」，「〜という」．付加語の属格が上位の名詞の内容を具体的に説明する．「定義の属格」（gen. dēfīnītīvus），「同格的属格」（gen.

appositiōnālis）とも呼ばれる.

 Nōmen *Platōnis* discipulī īgnōrant.
  プラトーンの名前を生徒たちは知らない．
 Nē cōnfūderitis verba *vincendī* et *vinciendī*!
  vincere「征服する」という動詞と vincīre「縛る」という動詞を混同するな．
 virtūs *modestiae*  慎みという徳
 vōx *voluptātis*  享楽という言葉

## 8. 部分の属格（gen. partītīvus）

「～の，～のうちの」．付加語の属格が全体を，上位の名詞などがその部分を表す．厳密には「全体の属格」（gen. tōtīus）と呼ぶべきであるが，伝統的に「部分の」と命名されている．上位語は，数や量を表す名詞や形容詞，数詞，比較級と最上級，代名詞などで，まれに副詞もある．同じ語句で上位語が部分を表さないときにも，通常は部分の属格に分類しているが，本書では区別する（次項「9. 材料の属格」）．

 Magnum numerum *librōrum* Cicerōnis lēgī.
  私はキケローの著書のうちの多数を読んだ．
 cōpia *frūmentī*  大量の穀物【穀物全体の一部が大量であると解釈する】
 multitūdō *hominum* = multī *hominum*  人々の中の多数者
 decem mīlia *mīlitum*  兵士たちのうちの1万人
 quīntus *rēgum*  王たちのうちの5代目＝第5代の王が
 Omnium *Gallōrum* fortissimī sunt Belgae.（Caes. *Gal*. 1. 1. 3）
  全ガッリア人の中で最強なのはベルガエ人である．
 māior *frātrum*  兄弟の上のほう，兄
 Nēmō *nostrum* nōn peccat.
  我々のうちのだれひとりとして過ちを犯さない者はいない．
 *Fīdēnātium* quī supersunt, ad urbem Fīdēnās tendunt.（Liv. 4.33.10）
  フィーデーナエの人々のうちの生き残りがフィーデーナエの町へ向かう．
 Ubi *terrārum* fuistis?  君は世界のどこにいたのか．

## 9. 材料の属格 (gen. māteriae)

「~の」.「種類の属格」(gen. generis) とも呼ばれ, 付加語の属格が上位の名詞や代名詞の内容を具体化する. 部分の属格に分類することが多いけれども, 厳密には上位語は部分ではないから, むしろ説明の属格の一種である (とくに3つ目以下の例文).

    Magnum numerum *librōrum* lēgī.　私は多数の本を読んだ.
    montēs *aurī*　黄金の山
    Quantum *bonī* habet in sē cōnstantia!
      自制心はどれほどの善を内包していることか.
    Videant cōnsulēs, nē quid *dētrīmentī* capiat rēs pūblica.
      執政官は国家が何の損失も受けないように配慮すべきである.
    decem mīlia *mīlitum*　1万人の兵士たち
    vāna *rūmōris*　　(噂のむなしさ)=根も葉もない噂
    obstantia *silvārum*　　(森の障害物)=立ちはだかる森
    cōpia frūmentī　　　穀物の貯え
    multitūdō *hominum*　多数の人々
    id *temporis* (Cic. *Fin*. 5. 1)　当時
    hoc cōnsiliī　　　この計画
    plūs *honōris*　　　より多くの名誉
    nihil *agrī*　　　　土地がない
    quid *novī*?　　　　どんな新しいことが
    aliquid *bonī*　　　何か良いこと
    satis *ēloquentiae*, *sapientiae* parum (Sal. *Cat*. 5. 4)
      十分な雄弁, 乏しい知恵

## 10. 裁判関係の属格と奪格 (gen. /abl. crīminis)

裁判関係の動詞 (verba iūdiciālia) は通常, 犯罪には「告発の属格」(gen. crīminis) を, 刑罰には奪格を用いる. ただし極刑には判決でも capite (caput「頭=生命」の奪格) の代りに属格 capitis を当てることが多い.

    Miltiadēs accūsātus est *prōditiōnis*; *capitis* absolūtus *pecūniā* multātus est. (Nep. *Milt*. 7. 5–6)

ミルティアデースは反逆罪で訴えられた．死刑は免れたが罰金刑を科せられた．

| | |
|---|---|
| *īgnāviae* accūsāre | 卑怯（敵前逃亡）のゆえに告発する |
| *neglegentiae* convincere | 怠慢を立証する |
| *prōditiōnis* damnāre | 裏切りのゆえに断罪する |
| *caedis* absolvere | 殺人の訴えから解放する（無罪にする） |

## 11. 性質の属格（gen. quālitātis）

「～の，～のある，～の人」．「記述的属格」（gen. dēscrīptiōnis）とも呼ばれ，形容詞を伴う名詞の属格が，付加語または述語として，あたかも形容詞1語のように，性質を記述する．奪格にも「性質の奪格」があり，属格は本質的永続的性質を，奪格は表面的一時的性質を記述するとされる．また数値，度量衡，時間，空間，種類，地位，身分などは属格で，身体と精神の特性は奪格で表す．しかしこれらの区別は無視されることも多い．

Hannibal puer *novem annōrum* apud patrem in castrīs erat.
  ハンニバルは9歳の少年のときに父のもと，戦陣にいた．
Arvernus ille *summae* habitus est *auctōritātis*.
  あのアルウェルヌス人はきわめて有力な人と考えられた．
Vir *ōrdinis senātōriī* erat. その男は元老院階級に所属していた．
hominēs *eius modī* この種の人々
classis *centum nāvium* 百艘の船から成る艦隊

## 12. 価値の属格（gen. pretiī）

価値の高低を代名詞や数量形容詞の中性単数属格で記述する．まれに名詞も用いられる．比較級や疑問詞は価格を示すこともある（第28章13, p 223「価格の奪格」）．

Hic liber *magnī* habētur. この本は価値が高いと思われている．
Quī piger est, *parvī* est, nōn *assis* est.
  怠け者は価値が小さい，一文の価値もない．
*Quantī* est aestimanda bona valētūdō!
  良好な健康はどれほどに評価されるべきか．

| | |
|---|---|
| *minōris* facere | より低く評価する |
| *plūrimī* dūcere | 最大の価値があると思う |
| *minimī* putāre | 最小の価値しかないと思う |
| *tantī* fierī | それほどの価値になる |
| *nihilī* esse | 何の価値もない |

【nihilī は nihil の古形 nihilum の属格】

## 13. 分離の属格（gen. sēparātīvus）

分離は奪格で表すが，詩人がまれに属格を用いている．

Dēsine *mollium* tandem *querellārum*!（Hor. *Carm.* 2. 9. 17–18）
　もう軟弱な嘆きをやめよ．
līber *labōrum*（Hor. *Ars* 212）　仕事から解放されて

## 14. 感嘆の属格（gen. exclāmātiōnis）

ギリシア語の模倣で，詩人に散見する．

Ō mihi *nūntiī beātī*!（Catul. 9, 5）　私にとって何と幸福な知らせか．
*Foederis* heu *tacitī*!（Prop. 4, 7. 21）ああ，内緒の誓約！

# 第26章　与格 (datīvus) の用法

## 1. 動詞の目的語の与格
(a) 他動詞の間接目的語．「～に(与える)，～に対して，～から(奪う)」

| | |
|---|---|
| *sociīs* frūmentum imperāre | 同盟国に穀物を要求する |
| *Rōmānīs* bellum parāre | ローマ人に対して戦争を準備する |
| distribuere praedam *mīlitibus* | 戦利品を兵士たちに分配する |
| Somnum *mihi* adēmit. | それが私から眠りを取り去った． |

(b) 自動詞の目的語．「～に，～を」．動詞が受動態(非人称)になっても与格は変らない．

Tyrannī *omnibus*, quī *eīs* servīre nōlunt, suscēnsent.
　僭主たちは彼らに仕えることを望まないすべての人に対して激昂する．
Populus Rōmānus *orbī* terrārum imperāvit.
　ローマ国民は世界に命令した(世界を支配した)．
Medicī *corporī* medentur, philosophia *animīs*.
　医者は体を，哲学は心を癒す．
Cīvēs *cīvibus* parcere dēbent.　市民は市民を赦すべきである．
Dumnorīx *novīs rēbus* studēbat et *Helvētiīs* favēbat. (cf. Caes. *Gal*. 1. 9. 3)
　ドゥムノリークスは新しい事態を切望して，ヘルウェーティイー族に好意を示していた．
Orgetorīx persuāsī *cīvitātī*, ut dē fīnibus suīs exīrent. (cf. Caes. *Gal*. 1. 2. 1)
　オルゲトリークスは自分たちの領地を出て行くようにと部族民を説得した．

| | |
|---|---|
| *mihi* persuādētur | 私は説得される |
| Probus invidet *nēminī*. | 正しい人はだれをも妬まない． |
| aliquem *exercituī* praeficere | ある人に軍隊の指揮を任せる |
| praeesse *exercituī* | 軍隊の指揮官になる |
| praestāre *cēterīs* virtūte | 徳の点で他の人々よりも優れている |

adesse *amīcō* 友を助ける
interesse *proeliō* 戦闘に参加する
dēesse *officiō* 義務を怠る
prōdesse *reī pūblicae* 国家に役立つ
succēdere *rēgnō* 王位を継承する

## 2. 所有者の与格（**dat. possesōris**）
与格が主格に対して所有者を表す．「～にある，～のものである」

*Cerberō* tria capita erant. ケルベロスには3つの頭があった．
*Nōbīs* est in animō sine ūllō maleficiō iter per prōvinciam facere.（Caes. *Gal.* 1. 7. 3）
　我々は何の悪事もせずに属州を通って行くつもりである．
Spēs *mihi* est. 私には希望がある．
*Hominī* est similitūdō cum Deō. 人間には神に似たところがある．
Tēcum *mihi* rēs est. 君とはすることがある．

## 3. 共感の与格（**dat. sympatheticus, dat. energicus**）
身体，知覚，心などには，所有の属格ではなく，共感の与格を用いる．「～の」

*Eī* libenter mē ad pedēs abiēcī.（cf. Cic. *Att.* 8. 9. 1）
　私は喜んで彼の足下に身を投げた．
Nōndum in cōnspectum vēnerat *hostibus*.（Hirt. *Gal.* 8. 27）
　彼はまだ敵の視野に入っていなかった．
Oculī *mihi* dolent. 私は目が痛む．

## 4. 利害の与格（**dat. commodī et incommodī**）
（a）「～のために，にとって」．利益・損害を受ける人（または物）が与格になる．間接目的語との差が微妙なこともある．

*Sibi* quisque cōnsuluit. みんな自分のことを心配した．
Caesar dīligenter *reī frūmentāriae* prōspiciēbat.
　カエサルは入念に食糧供給に心を配った．

Nōn *mihi* timeō, sed *vōbīs vestrīsque rēbus*.
　私は自分のためにではなく諸君と諸君の財産のために心配しているのだ．
Nōn *sibi sōlī* nātus est homō.
　人は自分のためにのみ生まれたのではない．
Hominēs *sibi ipsīs* peccant.　人は過ちを犯して自分の損になる．
Sī quid peccat, *mihi* peccat.（Ter. *Ad.* 115）
　彼が何か過ちを犯せば，彼の過ちは私の損になる．
*Sēcūritātī nostrae* prōvīdimus, cum tempestātem prōvīdissēmus.
　我々は嵐を予見したときに，我々の安全を（＝のために）心配した．
cōnsulere *reī pūblicae*　国家のために配慮する

(b) 形容詞とともに．

Multa *nōbīs* necessāria sunt ad vīvendum.
　我々には多くのものが生きるために必要である．
Canis similis *lupō* est.（Cic. *N. D.* 1. 97）　犬は狼に似ている．
*castrīs* idōneus locus（Caes. *Gal.* 4. 10. 2）　陣営に適した場所
vir *mihi* amīcissimus（Cic. *Sest.* 75）　　　私の真の友

## 5.　心性的与格（dat. ēthicus）
　口語的表現で，人称代名詞に限られ，心情的関与を示すが，翻訳できないことが多い．

Nē *mihi* clāmāveritis!
　どうか大声を出さないでくれ．
Tū *mihi* Antōniī exemplō istīus audāciam dēfendis?（Cic. *Ver.* 3. 213）
　君は私の前でその男の大胆さをアントーニウスの例を引いて弁護するのか．
Quid *tibi* vīs, īnsāne?（Cic. *de Orat.* 2. 269）
　何がお望みか，狂人よ．
Quid volt *sibi* haec ōrātiō?（Ter. *Hau.* 615）
　このお説教はいったいどういう意味なのか．【volt＝vult】

## 6. 判断者の与格 (**dat. iūdicantis**)

判断者または観察者を与格で表す．現在分詞の名詞化が多い．「〜から見て，〜の判断では」

> *Nāvigantibus* ea, quae stant, movērī videntur.
> 　航行する人たちには，立っているものが動いているように見える．
>
> Hoc est oppidum prīmum Thessaliae *venientibus* ab Ēpīrō. (Caes. *Civ.* 3. 80)
> 　エーペイロスから来る人にとってこれがテッサリアの最初の町である．
>
> vērē *aestimantī* (Liv. 37. 58. 8)　　正しく判断する人にとって
>
> Quīntia fōrmōsa est *multīs*. (Catul. 86. 1)
> 　クィーンティアは多くの人の目には美しい．
>
> Praesēns sors mea ut *mihi* īnfōrmis sīc *tibi* magnifica. (Tac. *Ann.* 12. 37)
> 　現在の私の運命は，私には不面目だが，あなたにはすばらしい．

## 7. 行為者の与格 (**dat. auctōris**)

動形容詞の行為者「〜によって」は与格が原則であるが，完了系の受動にも「ā+奪格」の代りに行為者の与格が使われることがある．未完了系の受動でも詩人がまれに用いている．

> Vada *nautīs* sunt vītanda.
> 　浅瀬は船乗りによって避けられなければならない．
>
> *Hominī* nōn est dēspērandum.　　人間は希望を捨ててはならない．
>
> *Mihi* cōnsilium iam diū captum est.
> 　私によって決心はもうずっと前から固められている．
>
> Aenēās *nūllī* cernitur. (cf. Verg. *A.* 1. 440)
> 　アエネーアースの姿はだれにも見られない．

## 8. 目的の与格 (**dat. fīnālis**)

抽象名詞の単数与格が一定の助動詞的な動詞とともに述語になって，目的を表す．目的の与格は多くの場合，それに関与する与格(利害の与格)を伴って，二重与格になる．

(a) 目的の esse「〜になる」とともに.

Suā culpā pauperem esse *dēdecorī* est.
 自分の罪で貧乏になっていることは恥になる（恥である）．
Id tibi *honōrī* est. それは君の名誉になる．
Cuī *bonō* est? それがだれの得になるのか．
Hoc omnibus *magnō documentō* est.
 これは万人にとって大きな警告になる．
Lēgēs *ūtilitātī* omnibus cīvibus sunt.
 法律はすべての市民の利益になる．
Valētūdō tua mihi *maximae cūrae* est.
 君の健康が私には最大の気がかりだ．

| | |
|---|---|
| *exemplō* esse | 教訓になる |
| *solvendō* nōn esse | 支払能力がない |
| *ūsuī* esse | 役に立つ |
| *salūtī* esse | 救いになる |
| *dētrīmentō* esse | 損害になる |
| *impedīmentō* esse | 邪魔になる |
| *argūmentō* esse | 証拠になる |
| *sōlāciō* esse | 慰めになる |
| *cordī* esse | 気がかりである |
| *odiō* esse | 嫌われる【受動態の代り】 |
| *admīrātiōnī* esse | 驚嘆される【同】 |
| *invidiae* esse | 妬まれる【同】 |

(b) dare, tribuere, vertere, dūcere「〜にする，〜と取る，〜とみなす」などとともに．

Quid huīc hominī *crīminī* datis?
 諸君はこの人に何の罪を着せるのか．
Nōlīte nōbīs *vitiō* vertere, quod vōbīs *laudī* tribuitis!
 諸君が諸君の名誉とすることを我々の欠点と見なすな．
*īgnāviae* dūcere 臆病と見なす

(c)「送る，招く，来る，残す，与える」等々の意味の動詞とともに「〜のために，〜として」の意味で．

Equitātuī quem *auxiliō* Caesarī Haeduī mīserant Dumnorīx praeerat.
(Caes. *Gal.* 1. 18. 10)
　ハエドゥイー族がカエサルに援軍として送ってあった騎兵隊の指揮をドゥムノリークスがとっていた.
Hic diēs *colloquiō* dictus est.
　この日が会談の日と取り決められた.
Multās rēs mihi *dōnō* dedit.
　彼は私に多くのものを贈り物として与えた.
dēligere locum *domiciliō*　　居住地にする場所を選ぶ
*praesidiō* relinquere　　　　防備のために残す
*subsidiō* castrīs venīre (arcessere)　援軍として陣営に来る(招く)
*receptuī* canere　　　　　　退却のラッパを吹く
*religiōnī* habēre　　　　　　やましさを感じる
Virtūs sōla neque datur *dōnō* neque accipitur. (Sal. *Jug.* 85. 38)
　徳のみは贈り物として与えられも受け取られもしない.

## 9. 動形容詞による目的の与格

　動名詞に代る動形容詞(第 20 章 1, p 155)の与格は，目的の与格としてのみ，しかも述語的にのみならず付加語的にも用いられる.「～するための，するために」

Decem virī (=Decemvirī) *lēgibus scrībendīs* creātī sunt.
　法律を文書化するための(ために)10 人の役人(10 人委員)が選ばれた.
Trēs virī (=Triumvirī) *reī pūblicae cōnstituendae* creātī sunt.
　国家新体制確立のための 3 人委員が選出された.
【前 43 年の Antōnius, Octāviānus, Lepidus による第 2 次 3 巨頭体制のこと】
trēsvirī *colōniīs dēdūcendīs*　　植民都市設立 3 人委員会
duumvirī *aedī faciendae*　　　　神殿建造 2 人委員会

## 10. 方向の与格

　主に詩人が「in+対格」の代りに用いている.「～の方へ.」

Mātrēs familiae *Rōmānīs* dē mūrō manūs tendēbant. (Caes. *Gal.* 7. 48. 3)

　一家の主婦たちが城壁の上からローマ軍に手を差し伸べていた.

It *caelō* clāmorque virum clangorque tubārum. (Verg. *A.* 11. 192)

　男たちの叫びもラッパの響きも天に飛んでいく.

Iam satis *terrīs* nivis atque dīrae grandinis mīsit pater. (Hor. *Carm.* 1. 2. 1–2)

　もう十分に父は忌まわしい雪と霰を地上に送ってよこした.

　【父＝Iuppiter】

# 第 27 章　対格（accūsātīvus）の用法

## 1. 直接目的語の対格

(a) 対格を直接目的語にする動詞（対格支配の動詞）を他動詞と呼び，対格目的語「～を」は受動文では主格主語に変る．

> *Crēscentem* sequitur cūra *pecūniam*. (Hor. Carm. 3. 16. 17)
> 　心配は増えるお金を追いかける．
>
> *Fortēs* fortūna adiuvat.
> 　強い者を幸運が助ける．
>
> Fulmen *arborem* percussit. → *Arbor* fulmine percussa est.
> 　稲妻が木を打った．→木は稲妻に打たれた．

(b) 日本語で「を」と訳し難いものもある．

> Nōn sōlum vīrēs, sed etiam tēla *Rōmānōs* dēficiēbant.
> 　ローマ人には兵力のみならず，武器も失われつつあった．
>
> Quid deceat *vōs*, spectāre dēbētis.
> 　何が諸君にふさわしいか見極めるべきだ．
>
> Achillēs ultus est *Hectorem* (*Patroclum*).
> 　アキッレウスはヘクトールに復讐した（パトロクロスの仇討ちをした）．
>
> Discipulī *magistrum* salūtant. 生徒たちは先生に挨拶する．
> Cīvēs *perīculum* fūgērunt.　　市民たちは危険から逃げた．

## 2. 内部目的語

(1) 同族対格（acc. cognātus）

　自動詞もそれと同系統または同義の名詞を対格の目的語にすることができる．通常，形容詞を伴い，そこに意味の重点が置かれる．

> *Clāram pūgnam* pūgnāvimus.　　我々は名高い戦闘を戦った．
> Adulēscēns ille *Olympia* vīcit.
> 　その若者はオリュンピア競技会で優勝した．
> *Mīrum* atque *īnscītum* somniāvī *somnium*. (Pl. Rud. 597)
> 　私は不思議で奇妙な夢を見た．

(2) 内容対格

代名詞および類似の意味の形容詞の中性対格が，自動詞の内容を補充する．名詞ならば，他の格または前置詞句になるはずである．

> *Hoc* (= dē hāc rē) nōn dubitō.
> 私はそれを疑わない．
>
> *Cētera* (= in cēterīs rēbus) tibi assentior.
> 他の点は君と同意見だ．
>
> Xenophōn *eadem* (= in iīsdem rēbus) ferē peccat. (Cic. *N. D.* 1. 31)
> クセノポーンはほぼ同じ過ちを犯している．
>
> *Quid* studēs?　　Litterīs studeō: *nihil aliud* studeō.
> 何に励んでいますか．—学問に励んでいます．外の何物にも励んでいません．
>
> *Multa* oblītus sum: quārē et hārum rērum (oblītus sum).
> 私は多くのことを忘れた．だからこれらのことも(忘れた)．
>
> *Id* (= dē eā rē) tibi persuādeō.　　これを私は君に納得させる．
> *Illud* (= eā rē) gaudeō.　　　　　　私はそれを喜ぶ．
> *Illud* (= eā rē) glōrior.　　　　　　私はそれを自慢する．

## 3. 副詞的対格

内容対格から発展した副詞で，仕方，程度，理由などを表す．

> *Quid* nōn flēs? *quid* rīdēs?
> なぜ泣かないのか．なぜ(何を)笑っているのか．
>
> *Nihil* mīror.
> 私はまったく驚かない．
>
> Suēbī *multum* sunt in vēnātiōnibus.
> スウェービー族はよく狩に出ている．
>
> *plūrimum* posse　　きわめて大きな勢力をもっている
> *multum* prōdesse　　たいへん役に立つ
> *magnam partem*　　大部分
> *id* temporis　　　　その時点で
> hominēs *id* aetātis　その年齢の人

### 4. 関連の対格（acc. respectūs）

「限定の対格」（acc. līmitātiōnis）とも呼ばれ，形容詞や現在分詞（時には定形動詞）に付随して，その適用範囲を限定する．ギリシア語文法の模倣で，「ギリシア語式対格」（acc. Graecus）とも言う．「～の，～を，～が，～の点が，～の部分が」

Fēminae Germānōrum nūdae erant *bracchia* et *lacertōs*.
　ゲルマーニア人の女性たちは腕と上膊をむき出しにしていた．

Trepidus refūgit anguem *caerula colla* tumentem. (Verg. *A*. 2, 380–381)
　彼はあわてて跳び下がって青い首の膨れている蛇を避けた．

Tum micat auribus et tremit *artūs*. (Verg. *G*. 3. 84)
　そのとき(馬は)耳がぴくぴくして体が震える．
　【auribus は関連の奪格→第28章12, p 222】

*ōs umerōsque* deō similis　顔と肩が神に似た人

### 5. 受動態に伴う対格

(a) 中動的な受動態（mediopassīva）の直接目的．中動態は「自分のために～する，自分の…を～する」という再帰的な意味を，再帰代名詞によってではなく，動詞の態で表す．語形は受動と同じであるが，意味は能動的で，受動態のほうが歴史以前に中動態から発展したものである．ラテン語では形式受動態動詞として残ったものを除いて，中動態は衰退していたが，古典期の詩人がギリシア語の影響を受けて活性化した．対格は自分の身体部分やそれに準じるもの，または自分の身に着用するものを表わす．

① 「自分の身体部分を」．とくに完了分詞がさまざまに発展した．

Cōnsurgit senior tunicāque indūcitur *artūs*. (Verg. *A*. 8. 457)
　起き上がって老人は自分の体を衣服で蔽う(＝着る)．

dulcī *labōrem* dēcipitur sonō (Hor. *Carm*. 2. 13. 38)
　甘い歌声で苦しみをだましている

Ō ego laevus, quī pūrgor *bīlem* sub vernī temporis hōram. (Hor. *Ars*. 301–302)
　何とこの私は愚か者，春の季節のころに胆汁を洗い流すとは．

【胆汁は狂気（春に多い）のもととされる．詩作には狂気が必要であるという意】

succinctī *corda* machaerīs（Enn. *Ann.* 400V）
　彼らは心を剣で武装して

nōn contēcta levī vēlātum *pectus* amictū（Catul. 64. 64）
　彼女は軽い衣で胸を覆い隠さず
　【vēlātum は pectus の付加語ではなく，述語的連結】

percussa *lacertōs*（Verg. *A.* 7. 503）　　彼女は自分の上腕を打って
laniāta *genās*（Verg. *A.* 12. 606）　　彼女は頬を引き裂いて
*crīnem* solūtae（Verg. *A.* 3. 65）　　彼女らは髪をほどいて
dēfīxus *lūmina*（Verg. *A.* 6. 156）　　彼は目をじっと前に向けて

②「物を」（自分の身に）

Nōn ego tē indūtum forās exīre vīdī *pallam*?（Pl. *Men.* 511–2）
　君がマントを着て外出するところを私が見なかったとでも？

*Inūtile ferrum* cingitur.（Verg. *A.* 2. 510–1）
　彼は役に立たない剣を身に帯びる．

(b) 受動態が真に受動の意味であれば，それに伴う対格は「関連の対格」であると解釈される．

①「心身を」

silicī restrictus *membra* catēnā（Catul. 64. 296）
　体を鎖で岩に縛りつけられて

percussa novā *mentem* formīdine（Verg. *G.* 4. 357）
　（母は）奇怪な恐怖に精神を強打されて

②「心身以外のものを」

īnscrīptī *nōmina* rēgum flōrēs（Verg. *Ecl.* 3. 106–7）
　王たちの名を刻みつけられた花

rōstrō *Phrygiōs* subiūncta leōnēs（Verg. *A.* 10. 156–7）
　船嘴の下にプリュギアのライオン（の像）をつけられた（船）

## 6. 二重対格

(a) 対格とその述語名詞類.「(A を B と)見なす,思う,呼ぶ」「(A を B に)する,選ぶ」「(A を B として)持つ,与える,示す」などの意味の動詞は2つの対格を取る.受動文では二重主格に変る.「対格+不定法」(第 10 章 7, p 88) と「対格+分詞」(第 32 章 5, p 251) もこの用法の一種である.

Minucius *dictātōrem* post pūgnam appellāvit *patrem*.
　ミヌキウスは戦いのあとで独裁官を父と呼んだ.
*Amīcus Lūcius* appellātur.　友人はルーキウスと呼ばれる.
dīcere (vocāre, nōmināre, appellāre) *Cicerōnem patrem* patriae
　キケローを「祖国の父」と呼ぶ
dīcere *Cincinnātum dictātōrem*
　キンキンナートゥスを独裁官に指名する
Putō (exīstimō, dūcō, arbitror, iūdicō) *tē fēlīcem*.
　私は君を幸福と思う.
Cognōscō *tē inimīcum*.　私は君を敵と認める.
Invēnī *tē fīdum amīcum*.　私は君が忠実な友であることを発見した.
Rōmānī *Marium* septiēs *cōnsulem* creāvērunt.
　ローマ人はマリウスを7回執政官に選出した.
*Hominēs caecōs* reddit cupiditās.　欲望は人間を盲目にする.
Labiēnus *Caesarem* dē coniūrātiōnem *certiōrem* fēcit.
　ラビエーヌスはカエサルに陰謀について知らせた.
Praestā *tē virum*!　　　　　　　自分が男であることを示せ.
*sē* praebēre *fortem* (*īgnāvum*)
　自分が勇敢(臆病)であることを示す
Habeō *tē amīcum*.　　　　　　私は君を友として持つ.
*Hunc librum* tibi *dōnum* dō.
　この本を君に贈り物として差し上げる.
Videō *tē sedentem* (*sedēre*).　私は君が座っているのを見る.
iūdicāre *Catilīnam hostem*　　カティリーナを敵と公示する

(b) docere「教える」は人の対格と事物の対格をとる.「懇願する,

質問する，求める」などの意味の動詞も，事物が中性の代名詞（または数形容詞）の場合にこの構文を使うものがある（公用語の sententiam rogāre「意見を求める」のように名詞を取ることは例外的）．受動文では人の対格のみが主格に変り得る．

> *Doceō discipulōs linguam Latīnam.*
> 私は生徒たちにラテン語を教える．
> *Quid tē* interrogāvit?　　彼は君に何を尋ねたのか．
> *Multa* interrogātus sum.　　私は多くのことを尋ねられた．
> *Id ūnum* tē ōrō (rogō).　　このことだけを君にお願いする．
> Cōnsul *Cicerōnem sententiam* rogāvit.
> 執政官はキケロに意見を求めた．
> *Cicerō* ā cōnsule *sententiam* rogātus est.
> キケローは執政官に意見を求められた．
> *Quid mē* vīs?　　何を君は私に望むのか．
> *Pācem tē* poscimus omnēs.　　我々はみなあなたに平和を求める．
> Interim cottīdiē Caesar *Haeduōs frūmentum* flāgitāre.（Caes. Gal. 1. 16. 1）
> その間に毎日カエサルはハエドゥイー族に穀物を催促していた．
> 【flāgitāre は歴史的不定法→第 31 章 6, p 247】

(c)「（対岸へ）渡らせる」という意味の trādūcere, trāicere, trānsportāre は，人の対格と場所の対格を支配することができる．

> *exercitum Rhēnum* trādūcere (trānsportāre)
> 軍隊をレーヌス川（ライン川）の対岸へ渡す
> Eōdem diē equitum *magnam partem flūmen* trāiēcit.（Caes. Civ. 1. 55. 1）
> 同じ日に彼（カエサル）は騎兵の大部分を渡河させた．

## 7. 感嘆の対格（**accūsātīvus exclāmātiōnis**）

怒り，嘆き，喜び，驚きなどを表す対格で，不定法を伴うこともある（esse は省略することが多い）．理論的には何か定形動詞（vidē「を見よ」，dīcō「私は言う」，queror「嘆く」，an putātis?「諸君は思う

か」など）の省略と考えられるが，それらが表現されることはない．

> Heu *mē īnfēlīcem*!　何と不幸なこの私．
> Ō *urbem vēnālem*!　町が売り物とは．
> *Tē* in tantās aerumnās propter mē *incidisse*!
> 　君が私のためにこれほどの苦境に落ちたとは．
> *Mē* meīs cīvibus famem, vāstitātem *īnferre* Italiae!
> 　私がわが市民たちに飢えを，イタリアに荒廃を，もたらしたとは．

## 8. 目的地の対格

(a)「～へ，に向かって」．方向，目的地を表す対格は，通常，前置詞 in, ad, sub を伴う．

> In *silvam*, ad *flūmen*, sub *tēctum* īmus.
> 　我々は森の中へ入る；川へ行く；屋根の下へ(=家の中に)入る．
> Senātōrēs in *cūriam* convēnērunt.
> 　元老院議員たちは元老院議事堂に集まった．
> cōpiās in *ūnum locum* cōgere
> 　軍隊を一箇所に集める

(b) 町村，および小島の名には前置詞をつけない．

> Proficīscor *Rōmam*.
> 　私はローマへ出発する．
> Nūntiāvimus clādem *Athēnās*.
> 　我々は敗北をアテーナイへ知らせた．
> Hoc *Carthāginem* nūntiātum est.
> 　これがカルターゴーに報告された．
> Pervēnērunt *Cyprum*.
> 　彼らはキュプロス島に着いた．

(c) 普通名詞では domus と rūs の対格が前置詞なしで使われる．

> Clādem Rōmānōrum frāter *domum* nūntiāvit.
> 　ローマ軍の敗北を兄が家に知らせた．
> Coniūrātī sē abdidērunt *rūs*.

陰謀者たちは田舎に身を隠した．

## 9. 広がりの対格（acc. spatiī）
空間と時間の広がり・延長を表す．

Templum Diānae Ephesiae *quadringentōs quīnquāgintā* pedēs longum et *ducentōs vīgintī* pedēs lātum erat.
> エペソスのディアーナ（アルテミス）神殿は長さ（奥行き）450 フィート，幅 220 フィートであった．

Caesar trīduī *viam* prōcessit.
> カエサルは 3 日の道のりを進軍した．

Duās *hōrās* ūnā fuimus.
> 私たちは 2 時間いっしょにいた．

Alexander Magnus *vīgintī annōs* nātus rēx factus est; nōn *multōs annōs* rēgnāvit.
> アレクサンドロス大王は 20 歳のときに王になった．彼は長年にわたっては支配しなかった．

# 第 28 章　奪格（ablātīvus）の用法　地格と場所の表現

ラテン語の奪格は印欧語祖語の 3 つの副詞的な格が合流して成立したために，さまざまに異なる副詞的用法をもつ．

　A. 本来の奪格（ablātīvus）または分離格（sēparātīvus）．
　B. 共格（sociātīvus）と，C. 具格（īnstrūmentālis）に由来するもの．共格と具格は意味上の違いにもかかわらず，すでに印欧語祖語の時代に同形になっていた．
　D. 地格（locātīvus）に由来するもの．
　なお，地格形を残しているものが一部に見られる．

絶対的奪格（第 30 章 4, p 240）は文節であるから，同列には扱えないが，地格的奪格（時の奪格）や，具格的または分離格的奪格（原因の奪格）に相当することが多い．

### 本来の奪格

**1.　分離の奪格（abl. sēparātīvus）**

（a）前置詞 ā, dē, ex「～から」を伴う場所表示の奪格は，出所，出発点を表す．

> ex *vīllā* 荘園から; dē *monte* 山から; ā *forō* venīre フォルムから来る

（b）出発点とは思えないような表現もある．ただし日本語では「から」と訳せることが多い．

> ā *fronte* 正に; ā *tergō* 背後に; ā *latere* 側面に; ā *dextrā* 右に
> ā *terrā* 陸側に; ā *marī* 海側に
> stāre ā *Rōmānīs*　　　　　　　ローマ軍側に立つ
> undique ab *omnibus partibus*　すべての側に
> suspendere ex *arbore*　　　　　木にぶら下げる

（c）町と村と小島の名，および domus と rūs は，前置詞を伴わない．ただし同格名詞には前置詞をつける．また町村名に前置詞がつくと，意味合いが変る．

Veniunt *Rōmā* (*Dēlō*).　彼らはローマから(デーロス島から)来た.
*Brundisiō* ex Italiā Athēnās in Graeciam profectī sumus.
　　我々はイタリアのブルンディシウムからギリシアのアテーナイへ旅立った.
Avunculus *rūre* scrīpsit epistulam.
　　叔父が田舎から手紙を書いてよこした.
Pater *domō* exiit.　　　　　　父が家から出て行った.
*domō* meā 私の家から; *domō* Caesaris カエサルの家から
ex *urbe Rōmā*　　　　　　　ローマの都から
*Rōmā*, ex *urbe* pulcherrimā　最高に美しい町ローマから
ā *Rōmā*　　　　　　　　　ローマの近郊から, ローマの方角から

(d)「剥奪, 欠乏」を意味する動詞は前置詞のない奪格を伴う.「抑止, 解放, 排除, 移動」などを意味する動詞も前置詞を取らないことが多い.

Dēmocritus dīcitur *oculīs* sē prīvāsse. (Cic. *Fin*. 5. 87)
　　デーモクリトスは自分で自分の目を奪ったと言われる.【sē は直接目的】
Vacāre *culpā* magnum est sōlācium.
　　罪をもたないことは大いなる慰めだ.
*Aliēnō* manum abstineant. (Cato *Agr*. 5. 1)
　　他人の財産に手を出させるな.
Multōs fortūna līberat *poenā*.　多くの人を幸運が罰から解放する.
Amīcitia *nūllō locō* exclūditur. (Cic. *Amic*. 22)
　　友情はどこからも排除されない.
dēicere hostēs (dē) *mūrō*　敵を城壁から投げ落とす

(e) dis-, sē- との複合動詞は前置詞をともなう. dē-, ā- との複合動詞や一部の形容詞にも前置詞を取るものがある.

　　differre ā *cēterīs*　　　ほかの者たちとは異なる
　　dēfendere ab *hostibus*　敵から守る
　　abesse ā *Rōmā*　　　　ローマから遠い
　　tūtus ā *perīculīs*　　　危険に対して安全な

—215—

## 2. 系統の奪格 (abl. orīginis)

生れ，家系を表す nātus, ortus「～の生れ，出身」は前置詞のない奪格を取る．親子関係「～の子」の表現には前置詞があることもないこともある．ただし代名詞にはつねに前置詞がつく．

> Philosophus ille *humillimō locō* nātus erat.
> その哲学者はきわめて低い身分の生まれだった．
> (ex) *Iove* nātus ユッピテルの子; ex *mē* nātus 私の息子
> *honestīs parentibus* ortus　高貴な父祖から生まれた
> Maecēnās *atavīs* ēdite *rēgibus*. (Hor. *Carm.* 1. 1. 1)
> 祖先の王たちの家系の出身のマエケーナースよ．

## 3. 材料の奪格 (abl. māteriae)

「～で作られた，～から成る」．通常は前置詞 ex を取る．前置詞を使わない表現もある．

> Statua ex *aurō* facta est.　その彫像は金製である．
> Medicīna tōta cōnstat *experīmentīs*. (Quint. *Inst.* 2. 17. 9)
> 医学は全体が実験から成る．
> Māvors caelātus *ferrō*　マールスの鉄の彫像 (Verg. *A.* 8. 700)

## 4. 比較の奪格 (abl. comparātiōnis)

「よりも」．比較級に伴う奪格は「quam＋主格(対格)」に相当する．

> Bēluārum nūlla prūdentior est *elephantō*.
> 象より賢い獣はいない．
> Caesar celerius *omnī opīniōne* vēnit. (Caes. *Gal.* 2. 3. 1)
> カエサルはあらゆる予想よりも速く来た．

### 共格に由来する奪格

## 5. 随伴の奪格 (abl. comitātīvus)

「～と，～を伴って」．通常は前置詞 cum を伴うが，軍隊用語の「率いる」には cum が欠けることがある．

> Pater cum *fīliō* ambulat.　父は息子と散歩している．

cum *hostibus* pūgnāre  　　敵と戦う
Caesar *omnibus cōpiīs* Genavam proficīscitur.
  カエサルは全軍を率いてゲナワ(ジュネーヴ)へ向って出発する.

## 6. 仕方の奪格 (**abl. modī**)

(a)「～をもって」. 名詞のみのときは通常前置詞 cum を伴う.

  cum *sapientiā* rēgnāre　知恵を持って支配する
  cum *dīligentiā* scrībere　注意して書く

(b) 形容詞のついた名詞は cum のないことが多い.

  *Magnā cūrā* Aegyptiī mortuōs condēbant.
    エジプト人は大いなる配慮を持って死者を葬った.
  Omnēs *magnō flētū* Caesarem implōrābant.
    全員大声で泣いてカエサルに嘆願した.
  *summā* (cum) *fortitūdine* pūgnāre　最大の戦力で戦う

(c) 一定の名詞 (mēns, animus, condiciō, cōnsilium, ratiō, modus) は cum を伴わない.

  *aequā mente, aequō animō*　平静な心で
  *eā condiciōne*　その条件で
  *eō cōnsiliō*　その意図で
  *nūllā ratiōne*　いかなる方法でも～ない
  *similī modō*　似た方法で

(d) 他にも前置詞を使わない奪格があり, その多くは副詞化していると見なされる.

  *iūre* 正当に; *lēge* 法に従って; *iniūriā* 不正に; *silentiō* 黙って
  *cōnsēnsū* omnium 満場一致で; *meā sententiā* 私の意見では
  *mōre* maiōrum 祖先の慣習に従って; *exemplō* maiōrum 祖先の手本に習って

(e) 仕方の奪格が絶対的奪格(第 30 章 4, p 240)であれば, cum を伴うことはない.

> *capite dēmissō*　頭を垂れて
> *nūdīs pedibus*　足をむき出しにして

(f) 仕方の奪格が付随状況や結果を描くときは cum を伴うことが多い．

> *magnā* (cum) *offēnsiōne* cīvium　市民たちの大きな怒りを伴って
> *multīs* cum *lacrimīs* obsecrāre　たくさんの涙を流して懇願する
> cum *magnā calamitāte* cīvitātis　町の大損害を伴って

## 7. 性質の奪格 (**abl. quālitātis**)

「記述的奪格」(abl. dēscrīptiōnis) とも呼ばれ，形容詞のついた名詞の奪格が付加語的にも述語的にも用いられ，性質を記述する．「～のある」，「～をもった」．一時的，外面的な性質が多く，また身体的精神的特性を記述するが，「性質の属格」(第 25 章 11, p 197) との区別が曖昧なことがある．

> Atticus, amīcus Cicerōnis, *magnō ingeniō* fuit.
> 　キケローの友アッティクスは才能豊かだった．
> vir *īnsīgnī prūdentiā*　際立つ思慮深さを持つ人
> Germānī erant *incrēdibilī virtūte*.
> 　ゲルマーニア人は信じられないほどたくましかった．

### 具格に由来する奪格
## 8. 手段の奪格 (**abl. īnstrūmentī**)

(a) 手段や道具「～で」を表す．部隊は将軍の道具と考えられて，cum を伴わない．

> Corpora vestra firmantur *labōre*.
> 　諸君の身体は労働によって強化される．
> Mīles fortiter *gladiō* sē dēfendit, sed *sagittā* ictus est.
> 　兵士は勇敢に剣で身を守ったが，矢に当たった．
> Caesar *decimā legiōne* vallum fossamque perdūxit.
> 　カエサルは第 10 軍団を使って塁壁と堀を築いた．

(b) 通路(交通手段),収容場所,戦場,支点などを表す.

> Proficīscuntur *viā Appiā*.　彼らはアッピア街道を行進している.
> *ponte* flūmen trānsīre　　　川を橋で渡る
> *magnīs itineribus* prōcēdere
> 　強行軍(単位時間当たり大行程)で前進する
> *equō* (*currū*) vehī　馬で(馬車で)行く; *pedibus* īre　徒歩で行く
> *castrīs* continēre　　　陣営に捕まえておく
> *tēctō* recipere　　　　家に迎え入れる
> *silvīs* sē occultāre　　森に隠れる
> *pūgnā* vincere 会戦に勝つ; *proeliō* lacessere 合戦を挑む
> *baculō* nītī 杖にすがる

(c) afficere「保つ,扱う,充たす」と奪格が作る熟語は,あたかも動詞1語を言い換えたような意味になる.

> afficere mē *dolōre*　　　　　　私を苦しめる
> afficere victōrem *praemiō*　　　優勝者に報酬を与える
> afficere reum *suppliciō*　　　　被告人を処刑する
> afficere imperātōrem *honōre*　　将軍を尊敬する
> *gravī morbō* afficī　　　　　　重病にかかっている

(d) opus est「必要である」は必要としている人を与格に,必要なものを奪格にする.

> In hāc causā nōn opus est *testibus*.　この訴訟には証人は要らない.
> *Pecūniā* mihi opus est.　　　私には金が必要だ.
> Quid *multīs verbīs* opus est?　どうして多くの言葉が必要なのか.

しかし必要なものが中性の代名詞・形容詞,あるいは不定法句ならば,それが主語になり,opus は述語に変る.

> *Multa* nōbīs opus sunt.　我々には多くのものが必要だ.
> Opus est *nōs valēre*.　　我々が元気でいることが必要なのだ.

(e) dōnō「贈る」と circumdō「包囲する」は,相手を対格に,物を手段の奪格にするか,相手を与格に,物を対格にする.

Dōnō tē *librō*. (＝Dōnō tibi librum.) 私は君に本を進呈する．
Urbem *moenibus* circumdedērunt. (＝Urbī moenia circumdedērunt.)
　彼らは町を城壁で囲んだ．

(f) 受動文の場合，行為の誘因(事物)は手段の奪格で，行為者は「ā＋奪格」で，仲介者は「per＋対格」で表す．

Cūncta *sōle* collūstrantur.　万物は太陽に照らされている．
Cūncta ā *Sōle* collūstrantur.　万物は太陽神に照らされている．
Caesar ā *lēgātō per nūntium* paucīs verbīs dē illā rē certior factus est.
　カエサルは副官から伝令を通じて簡潔にそのことを知らされた．

(g)「価値，天分，装備，信頼，満足」などの意味の形容詞・分詞と．

Mīles iste *laude* dīgnus est.　その兵士は賞賛に値する．
praeditus *dīvīnā mente*　　神的なる理性に恵まれている
*praedā* onustus　　　　　　戦利品を背負って
*duce* cōnfīsus　　　　　　　指導者を信頼して
contentus *suō*　　　　　　　自分の分に満足している

(h)「充満，装備」の意味の動詞につく手段の奪格は，「充満の奪格」(abl. cōpiae) とも呼ばれる．逆の「欠乏」の意味の動詞は分離の奪格を取る．

Deus *bonīs omnibus* explēvit mundum.
　神は世界をすべての良いもので満たした．
affluere *pecūniā*　　　　お金があり余るほどある
īnstituere puerōs *artibus*　子供たちに学問を教える

(i)「使用，享受，就任，掌握，食べる」などの意味の形式受動態動詞の目的語．

Auribus frequentius ūtere quam *linguā*!　舌よりも多く耳を使え．
Claudius *cōnsulatu* functus *otio* fruēbātur.

— 220 —

>クラウディウスは執政官職を勤め終えて，休暇を享受していた．

Post pūgnam legiōnēs *castrīs* Helvētiōrum potītae sunt.
>戦闘のあとで軍はヘルウェーティイー族の陣営を占領した．

Suēbī nōn multum *frūmentō*, sed maximam partem *lacte et carne* vescēbantur.
>スウェービー族はほとんど穀物ではなく，大部分乳と肉を食べて生きていた．

## 9. 原因の奪格（abl. causae）

(a)「〜のために，が原因で」．動作や状態の原因を表す．心の動きを表す動詞に伴うことが多い．ただし具格系ではなく，分離格系であると解釈されるケースもある．

>*Suā culpā* pauperem esse dēdecorī est.
>>自分の罪で貧していることは恥ずべきことである．
>
>【dēdecorī→第26章8, p 202】
>
>laetārī (gaudēre) *victōriā*　　勝利を喜ぶ
>exsultāre *gaudiō*　　　　　　喜びのために小躍りする
>glōriārī *rēbus gestīs*　　　　　勲功を自慢する
>labōrāre *morbō*　　　　　　病気で苦しむ

(b) 情動が行為の原因であるときには，よく完了受動分詞が手段の奪格と結合して，全体で原因を表す．

>Orgetorīx *rēgnī cupiditāte inductus* coniūrātiōnem nōbilitātis fēcit. (Caes. *Gal.* 1. 2. 1)
>>オルゲトリークスは王位への欲望に引かれて(＝欲望から)貴族階級の陰謀を企てた．
>
>*invidiā commotus*　　嫉妬に揺り動かされて(＝嫉妬のために)
>*timōre perterritus*　　恐怖にすっかり脅えて(＝恐怖のために)
>*īrā incēnsus*　　　　怒りに点火されて(＝怒りのために)

(c) 硬直した原因の奪格

>*cāsū*　　　　　偶然に　　　　*iussū*　　　　命令により

| | | | |
|---|---|---|---|
| *nātūrā* | 本来 | *cōnsuētūdine* | 習慣により |
| *meā voluntāte* | 私の意志で | *suā sponte* | 自発的に |

## 10. 判断の基準の奪格（**abl. mēnsūrae**）

「判断，評価，計量」などの意味の動詞に伴って，判断や評価の基準を示す．

 Benevolentiam nōn *ārdōre* amōris sed *stabilitāte* iūdicēmus. (Cic. *Off.* 1. 15. 47)
  善意を愛の情熱によってではなく堅固さによって判断しよう．
 Magnōs hominēs *virtūte* mētīmur, nōn *fortūnā*. (Nep. *Eum.* 1. 1)
  我々は偉大な人間を人格によって量る，財産によってではない．
 *Sonīs* hominēs ut aera *tinnītū* dīnōscimus. (Quint. *Inst.* 11. 3. 31)
  我々は銅を響きで判別するように，人を声で識別する．

## 11. 差異の奪格（**abl. differentiae, abl. discrīminis**）

比較級または比較の意味の語に伴って，差異の程度を表す．「だけ」．

 *Bienniō* māior sum quam frāter.  私は弟より2歳年上だ．
 Hominēs *quō* plūra habent, *eō* plūra cupiunt.
  人は多く持てばそれだけいっそう多くほしがる．
 *Paulō* post mediam noctem profectī sumus.
  我々は真夜中を少し過ぎたところで出発した．
 *Quantō* hic vir nōs superat doctrīnā!
  この人は我々を学識でどれほど越えていることか．

| | |
|---|---|
| *trienniō* ante mortem | 死の3年前に |
| *multō* melior | ずっと優れている |
| *multīs partibus* minor | 多くの点で劣っている |
| *nihilō* minus | それにもかかわらず |

## 12. 関連の奪格（**abl. respectūs**）

「の点で，に関して」．発言がいかなる点で通用するのかを示す．「限定の奪格」（abl. līmitātiōnis）とも呼ばれる．

Hervētiī cēterīs Gallīs *virtūte* praestābant.
    ヘルウェーティイー族は他のガッリア人より武勇に優れていた.
Ennius *ingeniō* maximus, *arte* rudis. (Ov. *Tr.* 2. 424)
    エンニウスは才能では偉大, 技術では未熟.
Ut quisque *animō* īgnāvus, procāx *ōre*. (Tac. *Hist.* 2. 23)
    精神の臆病者ほど, 口は厚かましいもの.
*alterō pede* claudus 　 片足の萎えている
*speciē* 　　　　　　　容姿の点では
*numerō* 　　　　　　 数では

## 13.　価格の奪格 (**abl. pretiī**)

　商取引に関する動詞は価格や代償を奪格で示す. ただし疑問と比較の表現 (plūris, minōris, tantī, quantī) には「価値の属格」を代用する.

Hunc librum *parvō pretiō* ēmī; magnī est.
    私はこの本を安い価格で買ったが, それは価値の大きいものだ.
Victōria imperātōrī *multō sanguine et vulneribus* stetit.
    その勝利は将軍にとって大量の血と傷を代償にして得たものだった.
*Quot sēstertiīs* istum agrum vendidistī?
    あなたはその土地を何セーステルティウスで売ったのか.
*Quantī* istum agrum ēmistī?　 その土地をいくらで買いましたか.
Illam domum amīcus *permagnō* vendidit: *plūris* quam suspicāris.
    その家を友人はきわめて高く売った. 君が想像するよりも高くだ.

### 地格に由来する奪格
## 14.　時の奪格 (**abl. temporis**)
(a) 本来的に時を意味する名詞は, 前置詞なしで時を表す.

*vēre* 春に; *autumnō* 秋に; *hōrā octāvā* 第 8 時間目 (午後 1～2 時) に
*mediā nocte*　真夜中に; *hōc diē* この日に
*lūce, lūcī*　日中に; *vespere, vesperī* タベに
　【lūcī, vesperī は地格形】
*mēnse* Aprīlī　4 月に; *īdibus Mārtiīs* 3 月の中日 (15 日) に

*aetāte* Augustī　アウグストゥス時代に
patrum *memoriā*　祖先の時代に
*prīncipiō, initiō*　初めに;　*brevī, brevī tempore*　まもなく
*lūdīs*　競技会のときに;　*comitiīs*　民会のときに

(b) 本来的に時の名詞ではないけれども，前置詞 in をつけて時の意味になるものがある．付加語があれば前置詞をつける必要のない名詞もある．

in *pueritiā*　少年時代に;　*prīmā pueritiā*　少年時代の初期に
in *bellō*　戦時に
*bellō* Helvētiōrum　ヘルウェーティイー戦争のときに
*adventū* in Galliam Caesaris (Caes. *Gal.* 5, 54, 2)
　　カエサルのガッリア到着の際に

(c) 時の奪格は「〜以内に」の意味のこともある．

*Decem diēbus* (=intrā decem diēs, in decem diēbus) Caesar ad exercitum pervēnit.　10日以内にカエサルは軍隊のところへ着いた．
*hōc bienniō*　過去2年の間に

## 15.　場所の奪格 (**abl. locī**)
(a) 通常は前置詞 in, sub を伴う．

In *silvā* ambulāmus.　我々は森の中を散歩する．
Sub *arbore* cubāmus.　我々は木の下に寝る．
Platō triplicem fīnxit animum, cūius prīncipātum, id est ratiōnem, in *capite* sīcut in *arce* posuit. (Cic. *Tusc.* 1. 20)
　　プラトーンは魂を3重のものと想像して，その首位のものすなわち理性を，あたかも城砦の上に設置するかのように頭の中に置いた．

(b) 町村，小島の名は，第3変化と複数に限って，前置詞を伴わずに，地格として用いられる．

Fuī *Carthāgine* (*Salamīne, Neāpolī, Athēnīs, Delphīs*).
　　私はカルターゴー(サラミース島，ネアーポリス，アテーナイ，デルボ

イ)にいた.

(c) 形容詞 tōtus のつく名詞や，形容詞のつく locus の成句なども前置詞をつけない．

> *tōtā* Graeciā　　ギリシア中で
> idōneō *locō*　　適した場所に
> *terrā marī*que　　陸に海に

### 地格 (locātīvus) と場所の表現

(a) 町村と小島の固有名詞のうち，第1変化，第2変化の単数の地格は属格と同形に，第3変化と複数名詞の地格は奪格と同形になる．

> Fuimus *Rōmae* (*Dēlī, Tarentī, Carthāgine, Athēnīs*).
> 　我々はローマ(デーロス島，タレントゥム，カルターゴー，アテーナイ)
> 　に行っていた．

(b) domus「家」, rūs「田舎」, humus「土地」の地格は -ī に終る古形．

> *domī* 家に; *rūrī* 田舎に; *humī* 地上に
> (熟語) *domī bellī*que (*domī mīlitiae*que) 平時にも戦時にも

(c) 場所の表現のまとめ——一般に「ある場所へ」「ある場所から」「ある場所で」という表現には前置詞を使うけれども，町村と小島の固有名詞，および domus, rūs はそれぞれ目的地の対格，分離の奪格，地格で表す．

|  | 「へ」(対格) | 「から」(奪格) | 「に」(地格) |
|---|---|---|---|
| Rōma: | *Rōmam* | *Rōmā* | *Rōmae* |
| Dēlus: | *Dēlum* | *Dēlō* | *Dēlī* |
| Tarentum | *Tarentum* | *Tarentō* | *Tarentī* |
| Carthāgō: | *Carthāginem* | *Carthāgine* | *Carthāgine* |
| Athēnae: | *Athēnās* | *Athēnīs* | *Athēnīs* |
| domus: | *domum* | *domō* | *domī* |
| rūs: | *rūs* | *rūre* | *rūrī* |

# 第29章　前置詞　複合動詞と音韻変化　母音交替

## 1. 前置詞
　前置詞は対格支配，奪格支配，奪格・対格支配の3種類に分類される．多くはそれらの格が本来持っている副詞的意味を補強する副詞だったから，前置詞がなくても同じ意味になることがある．
　前置詞句（前置詞＋名詞）は副詞句になるのが普通で，形容詞的に名詞の付加語になることは，きわめてまれである．

(1) 主な対格支配前置詞
　**ad**: へ，まで；そばに；ために

　　Rosās *ad* lectum avī apportat.
　　　バラを祖父のベッドへ持っていく．
　　ā prīmā diēī hōrā *ad* merīdiem
　　　昼間の第1時（日の出の時間）から正午まで
　　Medicus *ad* lectum avī sedet.
　　　医師は祖父のベッドのそばに座っている．
　　*ad* equitandum quasi nātus　　まるで馬に乗るために生まれたような

　**ante**: の前に

　　*Ante* iānuam stābat.　　　　　　それは玄関の前に立っていた．

　**apud**: のもとに，家に

　　*Apud* amīcum cēnābat.　　　　　彼は友人の家で食事していた．

　**inter**: の間に

　　vīlla *inter* urbem et mare sita　　町と海の間にある別荘

　**ob**: のために（原因）

　　*ob* eam rem īrātus　　　　　　　そのことのために怒って

**per**: を通って

    *per* prōvinciam iter facere　　属州を通って進軍する

**post**: のあとで

    Romānī *post* clādem celeriter exercitum supplēvērunt.
      ローマ軍は敗北のあとですみやかに軍隊を補充した．

**propter**: のために（原因）

    *propter* dēnsam nebulam　　深い霧のために

**trāns**: を越えて

    *trāns* Rhodanum exercitum dūcere
      ロダヌス川を越えて軍隊を導く

その他．

adversus: に向かって　　　　circā/circum: の周りに
citrā/cis: のこちら側に　　　contrā: に逆らって
ergā: (好意的に)に対して　　extrā: の外に
infrā: の下に　　　　　　　intrā: の内部に
iuxtā: ぴったりそばに　　　penes: の掌中に
praeter: のそばを通って　　prope: の近くに
secundum: に沿って，に次いで　suprā: の上方に
ultrā: の彼方に　　　　　　versus: へ向かって【たいてい後置】

(2) 主な奪格支配前置詞

  **ā (ab, abs)**: から，に，によって

    Rhēnus Gallōs ā Germānīs sēparat.
      レーヌス川がガッリア人をゲルマーニア人から隔てている．
    ā prīmā hōrā　　第1時から
    ā dextrā parte　　右側に，右方向に
    *ab* Helvētiīs expūgnantur
      ヘルウェーティイー族によって攻略される

**cōram**: の面前で

*cōram* patre　父の面前で

**cum**: と，とともに

*cum* fīliīs suīs
自分の息子たちといっしょに
Caesar interdum *cum* Alexandrō Magnō comparātur.
カエサルはときどきアレクサンドロス大王と比較される．
Sērō Saguntīnōs amīcitiae tantā *cum* fidē cultae paenituit.
サグントゥムの住民はこれほどの誠意をもって友好関係を守ったことを後悔したけれども，もう間に合わなかった．

**dē**: について

Herī *dē* fēriīs narrābāmus.
きのう私たちは休暇のことを話し合った．

**ex**(**ē**)：の中から

*ē* perīculō servātus　危険から救われて
*Ex* arboribus Minervae sacra est olea.
木々の中でミネルワにはオリーブが捧げられている．

**prae**: よりも前方に

armenta *prae* sē agere
牛の群を前に立てて(うしろから)追っていく

**prō**: ために(目的)，の代りに

*prō* lībertāte recuperandā　自由を取り返すために
In Spartā virī erant *prō* mūrīs.
スパルタでは男たちが城壁の代りだった．

**sine**: なしに

*sine* magnō labōre　大きな苦労もなしに

**tenus**（後置）: まで

> Laterī capulō *tenus* abdidit ēnsem.（Verg. A. 2. 553）
> （ネオプトレモスはプリアモスの）脇腹に剣を柄まで埋め込んだ.

(3) 奪格・対格支配の前置詞

in, sub, super の 3 前置詞は，奪格支配のときは，変化や移動を伴わない時間と場所と状態を，対格支配のときは，変化，移動，方向，対立などを表す.

**in**: （奪格）の中に，の上に;（対格）の中へ，の上へ

> Iānitor *in* portā stat. 　　　　　守衛が玄関の中に立っている.
> Amīcae *in* sellīs sedent. 　　　　友達が椅子（の上）に座っている.
> Anna et Iūlia *in* scholam properant.
> 　　アンナとユーリアは学校へ急いでいく.
> impetum facere *in* hostēs 　　敵に襲撃をかける

**sub**: （奪格）の下に;（対格）の下へ

> Rōmānī aliquandō *sub* imperiō Etrūscōrum fuērunt.
> 　　ローマ人はかつてエトルーリア人の支配下にいた.
> *sub* montem succēdere 　　　　山の下（麓）へ近づく

**super**: （奪格）の上方に;（対格）を越えて

> ēnsis *super* cervīce pendēns 　　首の上（の方）にぶらさがっている剣
> *super* Sūnium nāvigāre 　　　　スーニオン岬を越えて航行する

## 2. 複合動詞と音韻変化

　音韻変化とは音韻の歴史的変遷のことではなく，前後の音環境の変化の影響を受けて変ることを指す. 事例は無数にあり，分類も容易ではない. すでに学んだ語形変化にも，意味（文法）の違いによるものと並んで，環境の影響による音韻変化があったけれども，とくに指摘しなかった. ここでも全面的記述は差し控え，読者の目につきやすい複合語，とくに前置詞や接頭辞を「前綴り」とする複合動詞を中心にして，主な音韻変化の型を概観するにとどめる. 複合動詞に実例のない

種類は省略するか，少数の例示に限定する．文献には音韻変化させない「前綴り」も出てくるから，個々の事例については大辞典を参照されたい．（*は想定形）

(1) 子音の変化
　(a) 子音同化 assimulātiō
　語の構成要素の間で子音と子音が接触するときに，一方が他方を同音または近似音に変える．近似音とは調音器官(唇，舌，軟口蓋，鼻)と音の出し方(有声，無声，摩擦，流音，鼻音)のどちらか一方のみを共有するもので，部分的同化または不完全同化と呼んで，完全同化と区別することがある．また，先行子音が後続子音に同化するのを進行的同化，その反対を逆行的同化と呼ぶ(進行と逆行を反対に使う文法書もある)．

　①完全同化

　　　[ad->]　　　　　ac-cēdō 近寄る，　　ac-quiēscō 休息する，
　　　　　　　　　　　ar-ripiō 裂き取る
　　　[com-(=cum) >]　col-locō 置く，　　　cor-ruō 倒壊する
　　　[dis->]　　　　 dif-ferō 広める，　　dif-ficilis 難しい
　　　[ec-(=ex) >]　　ef-fugiō 逃げ出す
　　　[in->]　　　　　il-ligō 結びつける，　im-misceō 混入する
　　　[ob->]　　　　　oc-currō 駆け寄る，　of-ferō 持って来る
　　　[sub->]　　　　 suc-cumbō 屈服する，suf-fugiō 逃げ込む，
　　　　　　　　　　　sum-moveō 取り除く
　　　[*pot->]　　　　pos-sum できる

　②部分的同化

　　　[無声化]　　　　scrīb-ō 書く: scrīp-sī (完了), scrīp-tum (目的分詞)
　　　[有声化]　　　　sec-ō 切る: seg-mentum 切片;
　　　[唇音化]　　　　in-> im-probus 悪い
　　　[舌音化]　　　　septem-> septen-decim 17
　　　[軟口蓋音化]　　prīm-us 最初の: prīn-ceps 筆頭の【n＝ŋ】

③逆行的同化

    [ls>ll]　*vel-se> vel-le 欲する（不定法）

    [lt>ll]　*facil-timus> facil-limus 易しい（最上級）

    [rs>rr]　*fer-se> fer-re 運ぶ（不定法）

    [rt>rr]　*pulcher-timus> pulcher-rimus 美しい（最上級）

(b) 語中子音脱落

① 2 子音の前，母音または h の前，その他さまざまの理由で．

    [ab (abs)->as-]　as-portō 運び去る

    [ad->a-]　　　　a-scrībō 書き加える，a-spiciō 眺める

    [com->co-]　　　co-haereō くっついている

    [dis->di-]　　　 di-scrībō 分割する（s の重ね書きの省略）

    [obs->o-]　　　　o-mittō 放棄する <*om-<*os-<*obs-mittō

    [obs->os-]　　　 os-tendō 差し出す <*obs-tendō

    [subs->sus-]　　 sus-cipiō 受け入れる <*subs-cipiō

    [trāns->trān-]　 trān-siliō 飛び越える（s の重ね書きの省略）

② 脱落子音 d の復活，母音の前で．

    [prō-> prōd-]　 prōd-eō 出てくる

    [re->red-]　　　red-eō 戻る

③ 母音延長を伴う語中子音脱落．

    [ab->ā-]　　　　ā-mittō 失う

    [com->cō-]　　　cō-nectō 結合する，cō-nūbium 結婚

    [in->ī-]　　　　 ī-gnōscō 赦す，ī-gnārus 知らない

    [dis->dī-]　　　 dī-dūcō 引き離す

    [trāns->trā-]　　trā-dūcō 移す，trā-nō 泳いで渡る

    [is->ī-]　　　　 ī-dem 同じ

(c) 語頭子音脱落

    [gn->n-]　gnātus > nātus 息子，co-gnōscō: nōscō 知る

    [tl->l-]　 tulī, *tlātus > lātus (ferō の完了幹 tul- と目的分詞幹 *tl- > l-)

(d) 語末子音脱落

 [-ll>-l]   *mell > mel 蜜（属 mell-is）
 [-ts>-ss>-s] *aetāts > aetās 年齢（属 aetāt-is）
 [-rd>-r]  *cord > cor 心臓（属 cord-is）

(e) 子音異化 dissimulātiō
異化は同化の逆で，同音が近似音に変ることである．異なる音節にあって接触していないこと，従って間に母音があることが条件で，ここにも進行と逆行がある．

 [l-l> l-r] -ālis > -āris: famili-āris 親しい（cf. hospit-ālis もてなしのよい）
     -al > -ar: *calcal > calcar 拍車（cf. animal 動物）
     -culum > -crum: simulā-crum 似姿（cf. ba-culum 杖）
 [l-l> r-l] *caelu-leus > caeru-leus 青い（< cael-um 空）
 [d-d> r-d] *medī-diē > merī-diē 正午に（< medi-us 中央の，diēs 日中）

(f) ロータシズム．母音間で s が r に変化している．

 [dis->dir-] dir-imō 引き離す

(g) 子音延長．母音短化を伴う．

 Iūpiter > Iup-piter ユーピテル，ユッピテル(神)
 Messāla > Messalla メッサーラ，メッサッラ(家名)

(h) 子音挿入 epenthesis「渡り音」

 [ms > mps] sūmō 取る:（完了）sūmpsī
 [mt > mpt] cōmō 整える:（目的分詞）cōmptum
 [ml > mpl] eximō 取り出す，（完了）exēmī: exemplum 見本

(2) 母音の変化
 (a) 母音融合 contractiō

cōgō 集める <\*co-agō,　　dēbeō 借りている <\*dē-habeō
sūmō 取る <\*subs-emō,　　praebeō 差し出す <\*prae-habeō

(b) 母音延長

① 代償延長（compensatory lengthening, Ersatzdehnung）．子音脱落の代りに母音を延長して音節の長さを保つ（上記 (1)b ③「母音延長を伴う語中子音脱落」参照）．

　［ab->ā-］　　　ā-mittō 失う
　［com->cō-］　cō-nectō 結合する，cō-nūbium 結婚
　［in->ī-］　　　ī-gnōscō 赦す，ī-gnārus 知らない
　［dis->dī-］　　dī-dūcō 引き離す
　［trāns>trā-］　trā-dūcō 移す，trā-nō 泳いで渡る
　［is->ī-］　　　ī-dem 同じ
　［ped->pē-］　pēs< \*ped-s 足（属 ped-is）

② -nf, -ns の前で（序章 C-4a, p 23）

　［in->īn-］　　　　　　īn-scrībō 書き込む，īn-fīdus 不実の
　［com->con->cōn-］　cōn-ficiō 作り上げる，cōn-scendō 登る

③ ēius などの仮装延長（序章 C-4b, p 24）．

(c) 母音短化

① 母音あるいは h の前で．まれに子音の前でも．

　［dē->de-］　de-ūrō 焼き払う
　［prō->pro-］　pro-hibeō 阻止する，pro-fiteor 白状する
　　【dē-iciō「下へ投げる」と prō-iciō「前へ投げる」は動詞が実際には -iiciō であるから短化しない．逆に rē-iciō＝rēiiciō（re-＋iaciō）「追い返す」は ēius などと同じ音韻規則によって ē と書く】

② 接尾辞の付加（によるアクセントの移動？）で．

　ācer 鋭い→acerbus にがい，mōlēs 塊→molestus 重苦しい

③ iambic shortning で（序章 C-4c, p 24）．

(d) 母音弱化

第2音節以後の短母音(二重母音)の弱化,とくに複合動詞の動詞側の母音の弱化.

    [a>i]      ad-hibeō 当てる,ob-iciō(=-iiciō<iaciō) 向ける
    [a>e]     (2子音の前) ex-erceō 訓練する,a-scendō 登る
    [e>i]      sus-tineō 支える
    [ae>ī]    oc-cīdō 打ち殺す
    [au>ū]   con-clūdō 閉じ込める
    [qua>cu] con-cutiō 揺さぶる

(e) 母音同化.遠隔的逆行同化.

    [u-i > i-i] simul 同時に > similis 同類の,cōnsul 執政官 > cōnsilium 審議

(f) 語頭母音消失 aphaeresis

    [es, est> -s, -st のみ]  amātas=amāta es 君は愛された
                              mīrumst=mīrum est 不思議である

(g) 語中母音消失 syncopē

reddō 返す <*re-di-dō, rettulī (referō「戻す」の完了) < *re-te-tulī
repperī (reperiō「見つける」の完了) < *re-pe-perī
audācter 大胆に < audāciter

(h) 語末母音消失 apocopē

    [-e]   vectīgal 関税 <vectīgāle, calcar 拍車 <calcāre
            dīc (dīcō「言う」の命法) < dīce
            dūc (dūcō「導く」の命法) < dūce

(i) 母音挿入 epenthesis

    [-e-]  dextra/dextera 右手,agr-ī/ager 畑
    [-u-]  pōclum/pōculum 杯,disciplīna/discipulīna 授業

**3. 母音交替**

(1) 語根の母音が，音環境に関係なく，意味(文法)の変化によって変ることを，母音交替と呼ぶ (vowel gradation, Ablaut)．意味の変化は同一語根がさまざまな語幹(現在幹，完了幹，目的分詞幹，名詞など)に使われることによって生じる．量的交替(短，長，弱～消滅)と質的交替 (e/o, a/o) がある．

印欧祖語の母音交替が，一部はそのままラテン語に残り (a)，一部は変形してラテン語独自の体系を作っている (b)．その結果，短母音と長母音が交替する型 (a/ē を含む) には，(a) 系統と (b) 系統とが混在して，一見しただけでは，短母音と長母音のどちらが基本段階なのか，すなわち長母音が基本で短母音は弱段階なのか，それとも短母音が基本で長母音は延長段階なのか，分からなくなっている．

分かりやすいものを少しだけ例示する．印欧祖語や他の印欧語との対応や由来などについては，きわめて複雑であるから，専門書に任せて，ここには示さない．

[e/o/弱/延長]　reg-ō 治める: rog-us 火あぶり用の薪の山:
　　　　　　　perg-ō (<per-rig-ō) 進む: rēx 王
　　　　　　　teg-ō 覆う: tog-a 衣: ―: tēg-ula 屋根瓦
[ā/ō/弱]　　　ī-gnā-rus 知らない: ī-gnō-rō 知らない: co-gn-i-tus
　　　　　　　(cognōscō「知る」の完了分詞)
[a/ā]　　　　 pac-īscor 条約を締結する: pāx 平和
[a/ē]　　　　 ag-ō 追う: (完了) ēgī; fac-iō 作る: (完了) fēc-ī
[e/ē]　　　　 leg-ō 読む: (完了) lēg-ī, lēx/lēg-is 法文
[i/ī]　　　　  vid-eō 見る: (完了) vīd-ī
[o/ō]　　　　 voc-ō 呼ぶ: vōx/vōc-is 声
[u/ū]　　　　 dux/duc-is 指導者, ē-duc-āre 育てる: dūc-ō 導く

(2) 語幹形成母音 thematic vowel

規則動詞は，語根あるいは動詞幹に語幹形成母音 e/o をつけて現在幹を作る．これも印欧祖語に由来する母音交替で，ラテン語では i/u に弱化している (r の前を除く)．ただし一見して分かるのは第3活用動詞 [3][3b] のみである (第23章 6, p 178)．

regō 治める: reg-i-s, reg-u-nt, reg-e-re

-us に終る第2変化名詞は一般に「o幹名詞」と呼ばれるが，厳密には「e/o 語幹」で，ここにも語幹形成母音が痕跡を残している．

domin-u-s 主人 < *domin-o-s, 呼格 domin-e

---

### 余録　11．孤立的異化

　異化には -ālis/-āris のような規則的異化と，merīdiē 正午に <*medīdiē <*mediī diē のような孤立的異化がある．これに関連して，ちょっと日本語に脱線してみよう．

　国語辞典を見ると，「腹鼓，舌鼓」には「ハラツヅミ，シタツヅミ」と並んで「ハラヅツミ，シタヅツミ」という読みもあると注記されている．どうやら「過修正」(learned correction) によって後者を否定して，前者に統一したいらしい．すなわち，多くの人が「狸の腹ヅツミ」という巷に流布した読み方に疑問を呈して，「腹ツヅミ」が正しいという結論に達したのであろう．筆者の記憶では，かつて NHK がニュースの時間に「舌鼓」を「シタツヅミ」と読むことに統一する見解を表明して，以後それを踏襲している．なるほど，たしかに「大鼓，小鼓」にパラレル（類例）がある．

　メディアはそれで良いかもしれないが，国語辞典はそういうわけには行かないので，両論併記にしたのであろう．ただ，科学的な説明をして欲しかった．

　ヅツミは破擦音の有声 [dz] と無声 [ts] の間の（孤立的）異化の実例である．ツヅミの前にハラやシタがつくと，ツヅミは連濁によってヅヅミになる．しかし「ヅヅ」はまことに耳障りで，発音もしにくい．擬音語にさえ，定着した「ヅヅ…」は実在しない．「ヅツ」はこれを避けるために，無意識的に異化に頼った発音であり，これになじんだ人には「シタツヅミ」はいかにも人工的な，堅苦しい読み方に聞こえる．ただし連濁を避けた「シタツヅミ」もまた異化の結果であろう．

# 第30章　名詞・形容詞の述語的連結　連結分詞　絶対的奪格

## 1. 名詞・形容詞の述語的連結

(a) 名詞・代名詞(格は不問)と同格の名詞・形容詞は，(イ)付加語のこともあり，(ロ)述語のこともあるが，(ハ)文の述語ではないけれども，文中の名詞・代名詞に述語的に連結していることもあり，文の述語 (praedicātum) と区別するために，「述語的なもの」「述詞」(praedicātīvum) と呼ばれる(英語 predicate 対 predicative).

(b) 文中の語に対して「述語的」であることは，文の述語に対して「副詞的」であるということで，副詞または副詞的副文のような意味になる.

(c) 身体的・精神的状態，地位・身分・職業，年齢，順序などを表す語が多い.

(d) 例文

　Dēfendī rem pūblicam *adulēscēns*, nōn dēseram *senex*. (Cic. *Phil.* 2. 118)
　　若いときに私は国を守った．年をとってから見捨てることはしない．
　Quod praemium mihi dabis?—Quid *praemium* mihi dabis?
　　どんな褒美をぼくにくれるのか．――何をぼくに褒美にくれるのか．
　Ariovistus *obsidēs* ā Gallīs prīncipum fīliōs postulābat.
　　アリオウィストゥスはガッリア人に人質として部族長たちの息子らを要求した．
　Avia *aegrōta* iacet in lectō.
　　病気の(付加語)祖母がベッドに寝ている．――祖母が病気でベッドに寝ている．
　Spartānus *claudus* ad bellum proficīscēbātur.
　　スパルタ人は足が不随でも戦争に行った．
　Gaudēmus patrem *incolumem* ē bellō redīsse.
　　父が無傷で戦争から帰ってきたことを我々は喜んでいる．
　Iūdex reōs *invītōs* retinuit.

判事は被告たちの意に反して彼らを拘留した．

Octāviānus *prīmus* Augustus appellātus est.
アウグストゥスと呼ばれたのはオクターウィアーヌスが最初である．

Quī *prior* strīnxerit ferrum ēius victōria erit. (Liv. 24. 38. 5)
勝利は先に剣を抜いた側のものになる．

*Ūna* haec via ad vītam beātam fert.
この道だけが幸福な人生に通じる．

Nōn sibi *sōlī* nātus est homō.
人間は自分のためだけに生まれたのではない．

Frātrēs *ipsī* urbem condere cōnstituērunt.
兄弟は都を建設することを自分たちで決めた．

*Vespertīnus* pete tēctum. (Hor. *Ep.* 1. 6. 20) 夕暮れ時に家に帰れ．

## 2. 部位を表す形容詞

「最高の，最低の，最初の，最後の，中央の」などの意味をもつ形容詞は，付加語にも使われるが(ひとつめの例文: summum)，名詞に連結してその部位を表すことが多い．

Ascendēmus summum Alpium montem. in *summō* hōc *monte* crucem ferream vidēmus.
我々はアルプスの最高の山に登るだろう．この山の頂上に鉄の十字架が見える．

Cum ad rīpam vēnimus, Decimus iam in *mediō flūmine* natābat.
私たちが岸に着いたときにはもうデキムスは川の真ん中を泳いでいた．

*mediā nocte*　　　真夜中に
*extrēmā aestāte*　夏の終りに
*prīmā lūce*　　　　夜明けに
in *īnfimō colle*　　丘の麓に

## 3. 分詞の述語的連結(連結分詞)

(a) 文中のいずれかの名詞・代名詞(格は不問)に対して述語的に連結する語のうち，とくに分詞は古来「連結分詞」(participium coniūnctum) と呼ばれている．

(b) 文の述語に対する連結分詞の関係は副詞や副詞的副文と同じで，時，付随状況，手段，原因理由，譲歩，条件(可能的または非現実的条件も含む)などを表す．未来分詞は意図を表す．

(c) 分詞の時称は主文の時称に対する相対時称(同時，以前，以後)である．

(d) 例文

> Avia *aegrōtāns* iacet in lectō.
>> 病気の(付加語)祖母がベッドに寝ている．—祖母が病気でベッドに寝ている．
>
> Studiō pūgnae *inflammātī* perīculum imminēns nōn vītāvērunt.
>> 彼らは戦闘意欲によって点火されていたために，迫り来る危険を避けなかった．
>
> Hunc librum *legentēs* multa didicimus.
>> この本を読みながら(読むことによって)我々は多くのことを学んだ．
>
> Rēa Silvia *interrogāta* quis pater esset, Mārtem nuncupāvit.
>> レーア・シルウィアは，父はだれかと尋ねられると，マールスの名を挙げた．
>
> Vulpēs iam *intrātūra* subitō haesitāvit.
>> 狐はまさに入ろうとしていたが，突然立ち止まった．
>
> Imperātor suōs *cohortātus* (*cohortāns*) concidit.
>> 将軍は部下を励ましてから(励ましながら)倒れた．
>
> Īnsidiās *verita* cohors sē recēpit.
>> 伏兵を恐れて，大隊は退却した．
>
> Ego *absēns* amīcīs nōn poterō prōdesse. vōs *absentēs* amīcīs tamen prōdesse potestis.
>> 私は不在だから友人たちの役に立つことができないだろう．諸君は不在でも友人たちの役に立つことができる．
>
> *Fugientēs* miserē interficerēmur.
>> 我々は逃げれば惨めに殺されるだろう．
>
> Curiō Dentātō ad focum *sedentī* et *cēnantī* Samnītēs magnum aurī pondus attulērunt.
>> クリウス・デンタートゥスが炉の前に座って食事をしていると，サム

ニーテース人が大量の黄金を彼のところへ運んできた.【与格に連結】

Caesar Helvētiōs *impedītōs* aggressus nōn est.
> カエサルは，ヘルウェーティイー族が動けなくなっているので(なっているときに)，彼らを攻撃しなかった.【対格に連結】

Duōbus *lītigantibus* tertius gaudet.
> 2人が喧嘩をしていることを(＝2人の喧嘩を)3番目の人が喜ぶ.【奪格目的語 duōbus に連結. 次項「絶対的奪格」と異なる】

Arria pūgiōne *strictō* pectus perfodit.
> アッリアは短刀を抜いて，それを胸に突き刺した.【手段の奪格への連結】

Octāviānus annō ante Chrīstum *nātum* (a. Chr. n.) ūnō et trīcēsimō, id est annō ab urbe *conditā* (a.u.c.) septingentēsimō vīcēsimō tertiō, imperiō potītus est.
> オクターウィアーヌスはキリスト生誕前31年に，すなわち建国以来723年目に，大権を掌した.【前置詞目的語に連結】

Dē tē *absente* amīcī saepe colloquuntur.
> 君の不在について友人たちがよく話をしている.【同上】

## 4．絶対的奪格

（a）「絶対的奪格」（ablātīvus absolūtus）とは，奪格の名詞・代名詞(第1要素)に奪格の分詞・名詞・形容詞(第2要素)が述語的に連結したもので，両者が主語と述語の関係になって，副詞的副文に代るものとして，時・付随状況・手段・原因理由・譲歩・条件などを表す．

*Frātre adiuvante* pēnsum celeriter cōnfēcimus.
> 兄が助けてくれたから，私たちは宿題を急いで済ませた.【理由】

*Frātre adiuvante* pēnsum celeriter cōnfēcissēmus.
> 兄が助けてくれたら，私たちは宿題を急いで済ませただろうに.【条件】

*Incolīs resistentibus* oppidum expūgnārī nōn potuit.
> 住民が抵抗していたから町は攻め落とされなかった.

Lȳsander suādet Lacedaemoniīs ut *rēgiā potestāte dissolūtā* ex omnibus dux dēligātur ad bellum gerendum. (Nep. *Lys.* 3. 5)
> リューサンドロスはラケダイモニア人に，戦争遂行のために，王権を解

体して全員の中から将軍を選ぶようにと忠告した.

Iuvenēs *veste positā* corpora oleō perūnxērunt. (Cic. *Tusc.* 1.113)
若者たちは着物を脱いで体にオリーブ油を塗った.

Mīlitēs hostium *phalange disiectā gladiīs dēstrictīs* in eōs impetum fēcērunt. (Caes. *Gal.* 1. 25. 2)
兵士たちは敵の密集方陣をばらばらにすると, 剣を抜いて彼らに襲いかかった.

Augustus nātus est *Cicerōne et Antōniō cōnsulibus*.
アウグストゥスはキケローとアントーニウスが執政官のときに(年度に)生まれた.【三頭政治家の Antōnius とは別人】

*Nātūrā duce* numquam aberrābimus.
自然が指導者ならば(自然の導きに従えば)我々はけっして過たないだろう.

*Parentibus vīvīs* hanc vīllam nōn vendēmus.
両親が生きているあいだは, 我々はこの別荘を売らないつもりだ.

*Mātre invītā* Iūlia ad mē veniet.
母が反対でもユーリアは私のところへ来るだろう.

(b) 絶対的奪格の意味上の主語(第1要素)に相当する名詞・代名詞は, 原則として主文の中にはどの格形でも存在してはならない. 述語的連結が使えるときにはそれを優先し, 述語的連結が使えないときにのみ, 絶対的奪格に頼る. ただしこの原則はよく破られる. また主文の構成要素が奪格の場合には, 区別があいまいになることがある.

Neque illum *mē vīvō* corrumpī sinam. (Pl. *Bac.* 419)
それに私が生きている限りは, 彼の放蕩を許さないぞ.
【mē は sinam の主語の「私」であるから, 規則違反. しかし vīvus というより mē vīvō の方が効果的】

Puerī *nāviculā inventā* flūmen trāiēcērunt.
子供たちは小舟を見つけて川を渡った.
【nāviculā は主文中の手段の奪格で, inventā はその連結分詞】

*Vēre* rūs redībimus.—*Ineunte vēre* rūs redībimus.
春に我々は田舎へ戻るだろう.—春の始めに我々は田舎へ戻るだろう.
【ineunte は時の奪格 vēre へのただの連結分詞かもしれない】

(c) 絶対的奪格の中の再帰代名詞・再帰所有形容詞は文の主語を指す.

 Caesar *multīs* sibi *resistentibus* Galliam subēgit.
  カエサルは多くの人が自分に抵抗したのにガッリアを支配下に置いた.

## 5. 絶対的奪格の特例

(a) 完了受動分詞の動作者. 分詞が完了受動分詞の場合に, その行為者が主文の主語と同じことがある. これは完了能動分詞が存在せず, したがって連結分詞を使えないので, 代りに完了受動分詞の絶対的奪格にしているからである. 訳文では主語を統一するか別にするか, 決定しなければならない.

 *Helvētiīs* bellō *victīs* prīncipēs Galliae concilium convocāvērunt.
  ヘルウェーティイー族が戦争に負けると, ガッリアの部族長たちは会議を招集した.
 *Helvētiīs* bellō *victīs* Caesar cum Ariovistō agere cōnstituit.
  ヘルウェーティイー族を戦争で打ち負かすと, カエサルはアリオウィストゥスと交渉することを決定した.

(b) 形式受動態動詞の完了分詞の優位. 形式受動態動詞は完了分詞も能動であるから, 連結分詞で済ませられる. 例文は前半が形式受動態動詞の連結分詞, 後半が能動態動詞の絶対的奪格である.

 Vīlicus servōs *cohortātus* abiit.—Vīlicus *servīs monitīs* abiit.
  荘園管理人は奴隷たちを激励してから立ち去った. —荘園管理人は奴隷たちに注意してから立ち去った.
 Fūr custōdēs *cōnspicātus* quam celerrimē aufūgit.＝Fūr *custōdibus cōnspectīs* quam celerrimē aufūgit.
  泥棒は監視人たちを目にとめると, できるだけ早く逃げ去った.
 Medicus variīs remediīs *ūsus* aegrōtum servāre nōn potuit.＝Medicus *variīs remediīs adhibitīs* aegrōtum servāre nōn potuit.
  医師はさまざまな治療法を使ったけれども, 病人を救うことができなかった.

# 第31章　単独不定法の用法

## 1. 不定法の種類
不定法は時称と態によって次のように分類される（amō と hortor の例）．

|  | 現在 | 完了 | 未来 |
|---|---|---|---|
| 能 動 態 | amāre | amāvisse | amātūrus esse |
| 受 動 態 | amārī | amātus esse | amātum īrī |
| 形式受動態 | hortārī | hortātus esse | horātūrus esse |

## 2. 不定法の性質
(a) 中性名詞として，1) 主語，2) 動詞の目的語，3) 述語になる．

> *Incipere* multō est quam *impetrāre* facilius. (Pl. *Poen.* 974)
> 始めることは達成することよりもはるかに易しい．
> Turpiter *facere* fugiāmus.
> 恥ずべき行為を避けよう．
> Doctō hominī et ērudītō *vīvere* est *cōgitāre*. (Cic. *Tusc.* 5. 111)
> 学識と教養のある人間にとって生きることは考えることである．

(b) 動詞として，態と時称（述語に対する相対時称）をもち，副詞によって限定され，目的語を支配する．ただし不定法未来は，不定法句としてのみ用いられ，下記のいわゆる「主格＋不定法」の場合を除いて，単独不定法としては使われない．

> Nēmō *regere* potest, nisi quī *regī* (potest).
> 支配されることのできる人を除けば，支配できる人はいない．
> Melius est amīcōs *habēre* quam *habuisse*.
> 友をもったことよりも，もっていることのほうがよい．
> Oportet librum attentē *legere*.
> 本を注意深く読むべきである．
> Opus est sapientiae perpetuō *studēre*.
> 絶えず知恵の獲得に励むことが必要である．

## 3. 人称的動詞の目的語

(a) 不定法はきわめて多くの「助動詞的」な自動詞・他動詞・動詞句（volō「欲する」，possum「できる」，soleō「習慣である」，audeō「敢えてする」，incipiō「始める」，dēsinō「やめる」，in animō habeō「つもりである」，parātus sum「覚悟である」等々）の目的語になる．

> *Vincere* scīs, Hannibal, victōriā *ūtī* nescīs. (Liv. 22. 51. 4)
> ハンニバル，君は勝つことを知っている（＝できる）が，勝利を利用することを知らない（＝できない）．
>
> Religiōnum animum nōdīs *exsolvere* pergō. (Lucr. 1. 932)
> 私は精神を宗教の呪縛から解き放す仕事を続ける．
>
> Parātus sum servitiō *repūgnāre*.
> 私は奴隷制度に反抗する覚悟ができている．
>
> Bellō Athēniēnsēs undique *premī* sunt coeptī. (Nep. *Timoth*. 3. 1)
> アテーナイ人は四方から戦争に圧迫され始めた．
> 【coepī「始めた」は受動不定法を取るときに自ら受動形になる】

(b) 不定法がつなぎの動詞で，名詞類が述語である場合には，述語名詞類は主格になる．

> Nautae *impavidī* esse solent.
> 船乗りたちは恐れを知らぬのが常である．
>
> Esse quam vidērī *bonus* mālēbat. (Sal. *Cat*. 54. 5)
> 彼（カトー）は善良そうに見えることよりも善良であることを欲していた．

## 4. 非人称的述語の主語

(a) 非人称的な述語が不定法を取るときには，不定法を主語と考える．他動詞系の非人称動詞が取る対格は，本来は直接目的語であるが，ラテン語の感覚では不定法の対格主語と見なされるから，次章で取上げることにする．

> *Errāre* hūmānum est.　　　迷うことは人間らしいことである．
> Turpe est *mentīrī*.　　　　嘘をつくことは恥ずかしいことである．

*Morī* quam *servīre* praestat. 隷従するより死ぬほうがましだ.
Licet mihi id *scīre* quid sit.
  私にはそれが何であるかを知ることが許されている(できる).
Vim vī *prōpulsāre* fās est.
  暴力を暴力によって撃退することは正しい.
Nefās est *dēserere* patrōnōs. パトロンを見捨てることは罪である.

(b) この場合，不定法の述語名詞類は対格にする．それは不特定の対格主語 (aliquem「だれか」) が隠れているためであると考えられる．ただし意味上の主語が複数ならば，対格述語も複数にする．licet が与格を支配しているときには，不定法の述語名詞類もその同格として与格にする．

Decet vēritātis *dīligentem* esse.
  真実を愛することはふさわしいことである.
*Attentum* esse oportet. 　　　注意深くしていなければならない.
Vestrum est *sēdulōs* esse. 　　勤勉であることは諸君の義務である.
Licet mihi *ōtiōsō* esse.
  私には仕事をせずにいることが許されている.

## 5. いわゆる「主格+不定法」

　不定法句を目的語にする動詞 (次章) の一部は，受動態になると，単独不定法支配に変る．それは受動化によって，元の主語が消えて，不定法の対格主語が受動文の主格主語に変るからである．述語名詞類も単独不定法の規則によって主格になる．

　しかし形式は単独不定法であっても，論理的には主格と受動態述語が結びつかず，むしろ主格と不定法が一体化して受動態述語の論理的な主語になることが多いので，「主格+不定法」と呼んで一般の単独不定法と区別することがある．

　(a) 意志伝達的な意味の動詞の受動態．iubeor「命じられる」，vetor「禁じられる」，sinor「許される」，cōgor「強いられる」，assuēfīō「慣らされる」，prohibeor「妨げられる」，doceor「教えられる」

　　(Caesar mīlitēs pontem facere iussit.—Caesar pontem fierī iussit.—

Mīlitēs pontem facere iussī sunt.) —*Pōns fierī* iussus est.

(カエサルは兵士たちに橋を作ることを命じた．—カエサルは橋が作られることを命じた．—兵士たちは橋を作ることを命じられた)—橋が作られることが命じられた．

*Sēdulus esse* iussus es.　君は勤勉であることを命じられた．

Cūr vetor *intrāre*, quamquam hūc *venīre* iussus sum?
　　どうして私は入ることを禁じられるのか，ここへ来るようにと命じられたのに．

*Helvētiī* cum ā Caesare victī essent, in patriam *remigrāre* coāctī sunt.
　　ヘルウェーティイー族はカエサルによって征服されたのちに，故郷に戻ることを強制された．

Puerī aequitātem *dēfendere* docentur.
　　少年たちは正義を擁護することを教えられる．

(b) videō「見る」の受動態 videor「見える，思われる，らしい」

*Equī tuī* aegrōtī *esse* videntur.
　　君の馬たちは病気であるように見える．

Mihi videor rēctē *fēcisse*.　私は正しく振舞ったと思っている．

*Rēs* vidētur prosperē *ēventūra* (*esse*).
　　事は順調に成り行くであろうと見込まれている．

*Reus damnātum īrī* vidēbantur. (Quint. *Inst.* 9. 2. 88)
　　被告は有罪を判決されるであろうと思われていた．

(c)「思考」や「発言」を意味する一部の動詞の未完了系3時称受動態．dīcor「言われる」，putor「思われている」，exīstimor「思われている」，iūdicor「判断される」，および同3人称 trāditur/trāduntur「伝えられる」，fertur/feruntur「言われる」．ただし非人称受動にすることもある．また，これらの動詞の完了系3時称の受動態は非人称受動にする(第32章7b, p 254)．

Terentī *fābellae* propter ēlegantiam sermōnis putābantur ā Laeliō *scrībī*. (Cic. *Att.* 7. 3. 10)
　　テレンティウスの戯曲は台詞の上品さのためにラエリウスによって書か

れたと思われていた.
*Homērus* caecus *fuisse* trāditur.
ホメーロスは盲目であったと伝えられる.
*Epamīnōndās* nē iocō quidem *mentītus esse* dīcitur.
エパメイノーンダースは冗談にさえも嘘をつかなかったと言われる.

## 6. 歴史的不定法

不定法現在が直説法未完了過去(または完了)の代りに独立文の述語になることがある. 歴史的(物語的, 記述的)不定法と呼ばれ, 羅列して, いくつもの行為がすばやく次々に行われる緊迫した状況を描く. 主語は主格にする.

Interim cottīdiē Caesar Haeduōs frūmentum *flāgitāre*. … diem ex diē *dūcere* Haeduī; cōnferrī, comportārī, adesse *dīcere*. (Caes. *Gal.* 1. 16. 1/4)
その間にカエサルは毎日ハエドゥイー族に穀物を催促した. …ハエドゥイー族は一日一日と引き延ばして, 集められている, 届けられている, そこまで来ている, と言った.

# 第32章　不定法句の用法

## 1. 意志伝達動詞の目的語

　iubeō「命じる」，cōgō「強いる」，sinō「許す」，patior「容認する」，vetō「禁じる」，prohibeō「妨げる」，assuēfaciō「習慣づける」，doceō「教える」など，他者にある行為を「させる」「させない」という意味をもつ動詞は伝達する意志の内容を不定法句によって表すことが多い．その際，不定法の対格主語は主動詞の直接目的語を兼ねる．また iubeō, vetō, sinō, patior は，受動態の不定法による不定法句を目的語にすることが多い．これによって相手を特定せずに，「行為」だけを表現することができる．

>　Imperātor *lēgātum* loca superiōra *occupāre* iussit.——Imperātor *loca* superiōra *occupārī* iussit.
>> 将軍は副官にいっそう高い場所を占拠することを命じた．——将軍はいっそう高い場所が占拠されることを命じた．
>
>　Caesar *Helvētiōs* cum magnā pūgnā dēvīcisset, obsidēs *dare* et in patriam *remigrāre* coēgit. (cf. Caes. *Gal*. 1. 28. 2/3)
>> カエサルはヘルウェーティイー族を大戦闘によって征服すると，人質を出して故郷へ戻ることを強制した．【cum は接続詞】
>
>　*Vīnum* ad sē omnīnō *importārī* nōn sinunt. (Caes. *Gal*. 4. 2. 6)
>> 彼ら(ゲルマーニア人)はブドウ酒が自分たちのところへ輸入されることを一切許さない．
>
>　Caesar passus nōn est *Helvētiōs* iter *facere* per prōvinciam Rōmānam. (cf. Caes. *Gal*. 1. 8. 3)
>> カエサルはヘルウェーティイー族がローマの属州を通ることを許さなかった．
>
>　Vītae summa brevis spem *nōs* vetat *incohāre* longam. (Hor. *Carm*. 1. 4. 15)
>> 人生の短い総計は我らに長い希望を始めることを禁じる．
>
>　Nēmō *īre quemquam* pūblicā prohibet viā. (Pl. *Cur*. 35)
>> 人が公の道を行くのを妨げる者は誰もいません．

## 2. 意欲動詞の目的語

(a) volō「欲する」, nōlō「欲しない」, mālō「むしろ欲する」, cupiō「欲する」などの意味の動詞（意欲動詞 verba voluntātis）は, 他者に何かすることを望む場合には, 意志伝達動詞の機能を果たして, 意志内容を不定法句で表す.

> Pater *convīvās* tempore *adesse* cupiēbat.
>> 父はお客たちが定時に来ることを望んでいた.
>
> Sī vīs *mē flēre*, dolendum est prīmum ipsī tibi. (Hor. *Ars* 102–103)
>> 私が泣くことを君が望むなら, 君がまず自分から悲しまなければならない.

(b) 自己の欲求を表すときには通常単独不定法をとるが, 不定法の行為に自己の力が及ばないときには（とくに受動不定法）, 不定法句を使う.

> Volō prīnceps *esse*.　私は第一人者になりたい.
>
> Prīncipem *sē esse* māvult quam *vidērī*. (Cic. *Off.* 1. 65)
>> 彼は第一人者であることをそう見られることよりも望んでいる.

## 3. 発言動詞, 知覚・思考動詞の目的語

(a) dīcō「言う」, nūntiō「知らせる」, scrībō「書く」, trādō「報告する」, respondeō「答える」などの発言動詞（verba dīcendī）, videō「見る」, audiō「聞く」, putō「思う」, sciō「知っている」などの知覚・思考動詞（verba sentiendī）は, その情報内容を不定法句によって表現することが多い.

> Thalēs Mīlēsius *aquam* dīxit *esse* initium rērum. (Cic. *N. D.* 1. 25)
>> ミーレートスのタレースは水が万物の根源であると言った.
>> 【esse の主語は initium でもありうる】
>
> Medicī causā morbī inventā *cūrātiōnem esse inventam* putant. (Cic. *Tusc.* 3. 10. 23)
>> 医師たちは病気の原因が発見されたときに治療法が発見されたと考え

る.

Trādunt *Homērum* caecum *fuisse*.

　ホメーロスは盲目だったと人々が伝える.

Scīmus *Iūliam* Rōmam *profectūram esse*.

　我々はユーリアがローマへ出発しようとしていることを知っている.

*Volucrēs* vidēmus *fingere* et *cōnstruere* nīdōs. (Cic. *de Orat.* 2. 23)

　我々は鳥が巣を作り建てるのを見る.

Audiet *cīvēs acuisse* ferrum rāra iuventūs. (Hor. *Carm.* 1. 2. 21/24)

　市民たちが剣を磨いたと聞くことであろう, 少数になった青年たちは.

(b) 独立文の平叙文(主張文)は, 間接引用文では不定法句に変える. その際, 発言・知覚・思考動詞が導入文(主文)に使われる. とくに発言動詞は, 不定法句のみならず間接疑問文も間接要求文(=目的文)も従えることができるので, 間接引用文の導入に最適である(第37章4b, p 285 および第46章1, p 340).

(c) 約束, 誓約, 期待などを意味する動詞は, 未来不定法を取ることが多い. しかし posse「できる」, velle「欲する」, dēbēre「べきだ」などを使えば, 現在不定法でよい.

*Mē ventūrum esse* prōmittō.　私は自分が来ることを約束する.

*Mē venīre posse* spērō.

　私は自分が来ることができると見込んでいる.

(d) 未来不定法は,「fore ut (= futūrum esse ut) + 接続法(同時)」に書き換えることができる. 未来分詞のない動詞はこの方法に頼る. 未来受動不定法もこの方式に変えることが多い.

Spēs est *fore ut* eum *paeniteat* factī suī.—Spēs erat *fore ut* eum *paenitēret* factī suī.

　彼が自分の行為を後悔することが期待されている. —…いた.

Spērō *fore ut* reus *absolvātur*.—Spērāvī *fore ut* reus *absolverētur*.

　私は被告が釈放されることを期待する. —…した.

(e) 対格主語が関係代名詞，疑問代名詞のこともある．

> Frāter meus, *quem* scīs Rōmae *esse*, tibi salūtem dīcit.
> ローマにいることを君が知っている私の弟が君によろしくと言っている．
>
> *Quem* mihi in tantā inopiā *adfutūrum esse* putātis?
> だれがこんなひどい困窮の中で私を助けてくれると諸君は思うのか．

## 4. 感情動詞の目的語

gaudeō「喜ぶ」，mīror「驚く」，queror「嘆く」，doleō「残念に思う」など，感情を表す動詞（感情動詞 verba affectūs）も，発言・知覚・思考動詞と同じように，平叙文(主張文)の間接引用の表現に相当する不定法句を従えることが多い．

> Quis nōn gaudet *patrem* incolumem ē bellō *redīsse*?
> 父が戦争から無事に帰ってきたことをだれが喜ばないだろうか．
>
> Mīror *vōs* hodiē *tacēre*.
> 私は君たちが今日は黙っていることに驚いている．

## 5. 「対格+分詞」

videō「見る」，audiō「聞く」などの感覚動詞が対格目的語とその述語分詞を従えるとき，不定法句「対格+不定法」に準じて「対格+分詞」と呼ぶことがある．

> Dīc, hospes, Spartae *nōs* tē hīc vīdisse *iacentēs*,
>   dum sānctīs patriae lēgibus obsequimur. (Cic. *Tusc.* 1. 101)
> 客人よ，スパルタの国に話してくれたまえ，我らがここに，祖国の神聖な法律を守りながら，横たわっているのを君が見たと．
> 【Simōnidēs の作と伝えられる墓碑銘の，同じ詩形によるキケローの訳．原文は「客人よ，スパルタ人に伝えてくれ，彼らの言葉に従って，我らこの地に横たわると」(田中・松平『ギリシア語入門』岩波全書，p. 166 参照)．「彼らの言葉(命令)に」と「祖国の神聖な法律に」の差が微妙．キケローの持ち味であろう】
>
> Saepe *illam* audīvī fūrtīvā vōce *loquentem* haec sua flāgitia.

(Catul. 67. 41–42)

> 私はよく彼女がひそひそ声でこれらの自分の破廉恥行為の話をしているのを聞いたものだ.

【動形容詞+esse, 未来不定法, 完了不定法が esse を省略する場合も, 見かけ上「対格+分詞」になるが, 現在分詞の場合とは本質的に異なる】

## 6. 不定法句の中の再帰代名詞

(a) 不定法の対格主語が主動詞の主語と同一人物であれば, 不定法の主語を再帰代名詞にする. ただし意欲動詞 (verba voluntātis) を除く.

> Vidēbāmus Iūliam ērubēscere; ipsa quoque *sē ērubēscere* sentiēbat.
> 我々はユーリアが赤面するのを見ていた. 彼女自身もまた自分が赤面するのを感じていた.
>
> Parentēs *sē errāvisse* putant.
> 両親は自分たちが間違っていたと思っている.
>
> Affirmāvī *mē* vērum *dīxisse*.
> 私は, 自分は真実を述べたと確言した.
>
> Caesar vīdit *sē* ab Helvētiīs *dēstitūtum esse*.
> カエサルは自分がヘルウェーティイー族に置き去りにされたことを認めた.
>
> Helvētiī angustōs *sē* fīnēs *habēre* arbitrābantur.
> ヘルウェーティイー族は, 自分たちは狭い領土をもっていると思っていた.
>
> Magister *sē dēcipī* nōn patitur.
> 先生は自分がだまされることを我慢しない.

(b) その他の再帰代名詞, 再帰形容詞も, 通常, 文の主語を指す.

> Pater gāvīsus est pecūniam *sibi* redditam esse, quamquam sciēbat pecūniam *sibi* redditum īrī.
> 父は金銭が自分に返されたことを喜んだ. その金が自分に返されるであ

ろうことを知ってはいたけれども.

Pater familiās servum ad *sē* vocārī iussit.
家父長は，奴隷が自分のところへ呼ばれることを命じた.
【familiās→第1章5a ①, p 32】

Magister hōs discipulōs ā *sē* coercērī nōn posse dīcēbat.
先生はこの生徒たちが自分によって懲戒されることはできないと言っていた.

Rūsticus fīliōs *suōs* incolumēs esse gaudet.
農夫は自分の息子たちが無事であることを喜んでいる.

(c) 再帰代名詞・形容詞が不定法の対格主語を指すことがある．副文の場合に準じて，これを直接再帰，主動詞の主語を指す場合を間接再帰と呼ぶことができる.

Ariovistus dīxit nēminem *sēcum* sine *suā* perniciē contendisse. (Caes. *Gal.* 1. 36. 6)
アリオウィストゥスは，自己（＝nēminem）の破滅なしに自分（＝Ariovistus）と戦った者はいないと言った.

## 7. 非人称的述語の主語
(a) 非人称動詞や非人称的表現の多くは，不定法句を主語にする.

*Mē* paenitet nūntium nōn *mīsisse* ad tē.
私は君に知らせを送らなかったことを後悔している.

Licet *mē* id *scīre* quid sit.
それが何であるかを私が知ることが許されている.

*Lēgem* brevem *esse* oportet, quō facilius etiam ab imperītīs teneātur. (Sen. *Ep.* 94. 38)
法文は素人にさえも容易に理解されるように，簡潔であるべきである.

Decet *tē* nōn mendācem *esse*.
嘘をつかないことが君らしいことだ.

Magnī intererat ēius *auctōritātem* inter suōs quam plūrimum *valēre*.
彼の信望が国民の間でできる限り強いことがきわめて重要であった.

*Iūliam mentītam esse* cōnstat.
 ユーリアが嘘をついたことは知れ渡っている．

Necesse est *tē* vērum *dīcere*. 君は真実を言う必要がある．

Opus est *tē* animō *valēre*, ut corpore possīs. (Cic. *Fam.* 16. 14. 2)
 君は体が丈夫になるためには，精神が健康であることが必要だ．

Fāma est *puellam* aegrōtam *esse*.
 少女が病気であるという噂である．

(b) 発言・知覚・思考動詞の完了系3時称の受動態は非人称的にのみ用いられ，不定法句を主語にする（未完了系については第31章5c, p 246）．

Dictum est *eōs advēnisse*. 彼らが到着したと告げられた．

Trāditum est *Homērum* caecum *fuisse*. (Cic. *Tusc.* 5. 39. 114)
 ホメーロスが盲目であったと伝えられている．

Nūntiātum erat *adesse hostēs*.
 敵が近づいていると報告されていた．


## 8. 感嘆の不定法句

感嘆の対格の一種として，不定法句もそれだけで感嘆文を構成する．理屈上は主動詞 queror「私は嘆く」，an putātis「諸君は思うのか」などの省略であると考える人もいるが，実際にそれらの主動詞をつけることはない．

*Tē* in tantās aerumnās propter mē *incidisse*!
 君が私のためにこんなひどい苦難に陥ろうとは．

*Mē* meīs cīvibus famem, vāstitātem *īnferre* Italiae?
 私が自分の市民たちに飢餓を，イタリアに荒廃を，もたらすなどと？

---

**余録　12. 純正ラテン語散文の創造**

前1世紀に散文は演説の言葉として急速に発達した．演説は説得を目的とする．説得するためには，言葉が明晰で，論理的で，

上品でなければならない．大都市ローマにはあらゆる地方の出身者が集まり，田舎なまり，属州なまり，外国なまりのラテン語が飛び交っていた．その中で上流支配階級の知的エリートたちは言語の標準化の必要性を認識して，首都ローマにふさわしい，上品で，知的で，美しい，「都会的」urbānus な純正ラテン語の創造に乗り出した．その最大の貢献者がキケローであった．

前世紀中葉のカトーの散文はまだ，単文を無造作に羅列し，話し言葉や擬古文や詩語を織り込み，同音反復などの言葉遊びで飾った，素朴な文体であった．キケローは，古語や古風な言い回し，地方的な発音，下品な話し方を批判し，文法上の不統一や矛盾を是正し，論理的明晰を最重要視した「選り抜きの」ēlegāns 文章の彫琢に傾注した．とりわけ，文と文の結合の際に生じがちな首尾の不一致などの論理の乱れを排除して，主語を統一したり，文の構成要素の配列の「調和，均整」concinnitās に配慮することによって，ギリシアの修辞学がペリオドス periodus と呼んでいる長大な複合文の構築に成功した．

演説には話し手の息継ぎも聞き手の理解のためのささやかな切れ目も必要であるから，ペリオドスは叙事詩の 1 行ほどの長さのコーロン cōlon（＝membrum 部分），または 1 行の半分ほどの長さのコンマ comma（＝incīsum 切片）に分けられる．さらにペリオドスとコーロンとコンマのそれぞれの最後の数音節（clausula 結び）にリズム numerus が加えられる．リズムは詩の特徴であるが，散文であるから，詩ではあまり使われないイオーニコス iōnicus（長短長詩脚）とトロカイオス trochaeus（長短詩脚）およびそれらの変種のさまざまな組み合わせを用い，聞き手に強い印象を与える．キケローは，ペリオドスは 4 コーロンほどの長さが理想的であると考えたが，一方で，演説は読み物ではないから，2 コーロンが適切であるとも述べている．

彼はこのような urbānitās「都雅」と ēlegantia「洗練」と concinnitās「調和」と numerus「リズム」を特徴とする純正ラテン語を創造して，それを使って多数の演説を発表する一方で，その理論を修辞学書にまとめている．

# 第33章　主文と並列

## 1. 主文（独立文）
　主文は発言の内容によって，(1) 平叙文（主張文），(2) 疑問文，(3) 要求文の3種類に分けられる．

## 2. 平叙文（主張文）
　(a) 事実を述べる平叙文には直説法が，可能性と非現実を表す平叙文には接続法が用いられる．否定詞はいずれの場合も nōn．また，意味上の平叙文が修辞的疑問文または感嘆文（疑問文に由来する）の形で現れることもある．

　　　Discipulī *salūtāvērunt*. （事実）生徒たちは挨拶した．
　　　Nōn *errāverim*. （可能性）　　　私は多分間違っていないだろう．
　　　Plūra *scrīpsissem*. （非現実）　　私はもっと多く書いたはずだ．
　　　*Quid* lībertāte est dulcius?（修辞的疑問文）＝Nihil est lībertāte dulcius.
　　　　何が自由よりも甘美であるか．＝自由よりも甘美なものはない．
　　　*Quam* praeclārus est ille aspectus!（感嘆文）
　　　　あの眺めは何とすばらしいことか．

　(b) 現在の可能性の平叙文には接続法現在または完了を区別なく用いる．可能性「かもしれない，だろう」の意味を表すと同時に，主張を和らげるため（謙譲）にも用いられる．ただし主語の人称に制限があり，各人称の単数しか用いられない．しかも2人称は不特定の「人」を指し，3人称では aliquis「だれか」，nēmō「だれも～ない」，修辞的疑問文の quis「だれが？＝だれも～ない」のような不特定者を表す代名詞に限定される（第11章5(1)a, p 96）．

　　　Hīc *dīcat* (*dīxerit*) aliquis.　ここでだれかが言うかもしれない．
　　　Quis *dubitet* (*dubitāverit*)?（修辞的疑問文）
　　　　だれが疑うことがあろう．
　　　Hoc nōn *cōnfirmem* (*cōnfirmāverim*).
　　　　私はこれを断言はしませんけれど．

Fortūnam citius *reperiās* quam *retineās*.
　　幸運は見つけることは容易でも捕まえておくことは大変でしょう．

(c) 過去の可能性の平叙文には接続法未完了過去を用いるが，不特定の人を指す単数2・3人称に限られ，しかも現在の可能性よりもいっそう限定された表現にしか用いられない(第11章5(1)b, p 96)．

*Putārēs* (*vidērēs*) urbem flammāre.
　　人は町が燃えていると思ったことでしょう(燃えているのを見たことでしょう)．
Quis umquam *crēderet*? (修辞的疑問文)
　　だれが信じたことがあろうか．

(d) 現在の非現実平叙文には接続法未完了過去，過去の非現実平叙文には接続法過去完了が用いられる(第11章4(1), p 95)．

Sine tē nōn *servārer*.　あなたなしでは私は救われないでしょう．
Sine tē *servātus* nōn *essem*.
　　あなたなしでは私は救われなかったでしょう．

## 3. 疑問文

　疑問文には疑問詞(疑問代名詞・疑問形容詞・疑問副詞)によって語または語句を尋ねる疑問詞疑問文(語句疑問文)，文全体を問う全文疑問文(決定疑問文)，2つの可能性から1つを選ばせる二重疑問文(選択疑問文)，接続法を使う懐疑疑問文，および修辞的疑問文(擬装疑問文)がある．

(a) 疑問詞疑問文(第2章6〜7)．

*Quis* vocat?　だれが呼んでいるのか．
*Ubi* ārae Aesculāpiī erant?
　　アエスクラーピウスの祭壇はどこにあったか．

(b) 全文疑問文(第3章7)．

Omnis*ne* pecūnia dissolūta est? (Cic. *Ver.* 3. 180)
　　金は全部支払われたのか．

*Num* tibi cum faucēs ūrit sitis, aurea quaeris pōcula? (Hor. *S.* 1. 2. 114)
　　いったいお前は渇きが咽を焼いているときに，黄金の酒盃を求めるのか．

*Nōnne* meministī? (Cic. *Fin.* 2. 10) 覚えているではないか．

(c) 二重疑問文(第3章7)．

*Utrum* nescīs quam altē ascenderis, *an* prō nihilō id putās? (Cic. *Fam.* 10. 26. 3)
　　どのくらい高く登ったか知らないのか，それとも何でもないことと思うのか．

Vōs*ne* vērō L. Domitium, *an* vōs Domitius dēseruit? (Caes. *Civ.* 2. 32. 8)
　　だが諸君がルーキウス・ドミティウスを見捨てたのかそれともドミティウスが諸君を見捨てたのか．

Ēloquar *an* sileam? (Verg. *A.* 3. 39)
　　話そうかそれとも黙っていようか．

Is*ne* est quem quaerō, *an* nōn? (Ter. *Ph.* 852)
　　これが私の探している人か，それとも違うか．

*Uter* māior fuit, Hannibal *an* Scīpiō?
　　ハンニバルとスキーピオーではどちらがより偉大だったか．

(d) 懐疑疑問文(第11章5(3))．現在には接続法現在を，過去には接続法未完了過去を用いて，疑念，ためらい，嫌気などを含める．1人称と，まれに3人称で．

Quid *faciam*? *eam*? nōn *eam*?
　　どうすればいいのだろう．行くべきか．行かざるべきか．

Nōn *moveāmur*?　いったい我々は動かないのか．
*Maneāmus* an *abeāmus*?　残るべきか，それとも去るべきか．
Quis hoc *crēdat*?　だれがこれを信じるだろうか(=誰も信じまい)．
Quid *faceret* aliud?
　　ほかの何をしただろうか(=何もしなかっただろう)．

Cūr fortūnam *perīclitārētur*?　彼はなぜ運試しなどしたのだろう．

(e) 修辞的疑問文(本章 2a～c). 意味上は平叙文(否定文)または要求文に等しい.

> *Quis* nōn paupertātem extimēscit? (Cic. *Tusc.* 5. 31. 89)
> 　誰が貧困を恐れないだろうか.
> 　　(＝Nōs omnēs paupertātem extimēscimus. 我々はみな貧困を恐れる)
> *Quīn* cōnscendimus equōs?　なぜ我々は馬に乗らないか.
> 　　(＝Cōnscendāmus equōs! 馬に乗ろう)

## 4. 要求文

命令法(第 6 章 5, p 63), 要求の接続法(第 11 章 2, p 92), 願望の接続法(同 3, p 94), 要求の意味の直説法(未来, または volō の疑問文)を一括して要求文と呼ぶ.

(a) 命令法:

> Memoriam *exercēte*, puerī!　少年たちよ, 記憶力を鍛えなさい.
> Nē temere *iūrātō*!　　　　　軽はずみに誓うべからず.

(b) 接続法:

> *Sustineāmus*, amīcī! (勧奨)　辛抱しよう, 友人たち.
> *Nē dēspērāveritis*! (禁止)　諸君は絶望するな.
> Verba factīs *probentur*! (命令)
> 　言葉が行為によって試されるようにせよ.
> Utinam *taceās*! (可能的願望)　黙っていてくださるように.
> *Vellem* hominēs semper iūstī *essent*! (非現実願望)
> 　人々がいつも公正であることが願わしいのだが.

(c) 直説法:

> Hoc *faciēs*! (未来)　　　　　これをしたまえ.
> *Vīsne* respondēre! (疑問文)　答えてくれ.

## 5. 並列関係 (**parataxis**)

語と語, 語句と語句, 文と文を対等に並列するには, 接続詞(coniūnctiō)を使わずに並べる方法と, 対等接続詞でつなぐ方法があ

る．どちらを選ぶかは，文法より文体の問題である．

## 6. 接続詞のない並列（asyndeton）
(a) 結合的 (cōpulātīva) 並列

Vēnī, vīdī, vīcī. (Suet. *Jul.* 47)　来たり，見たり，勝ちたり．
Cn. Pompēiō M. Crassō cōnsulibus
　グナエウス・ポンペイユスとマールクス・クラッススが執政官のときに
doctī indoctī; sacra profāna; ultrō citrō
　学のある者もない者も；聖も俗も；あちら側へもこちら側へも．

(b) 相反的 (adversātīva) 並列

Nōn vituperō, laudō.　私は非難しない，ほめる．
Nunc abī, crās redītō!　今は去れ，明日戻って来い．
Vincere scīs, Hannibal, victōriā utī nescīs. (Liv. 22. 51. 4)
　ハンニバル，君は勝つことは知っているが，勝利を利用することは知らない．
Puerī hoc potuērunt: virī nōn potuērunt?
　子供にはこれができた．大人にはできなかったのか．

(c) 条件的 (conditiōnālis) 並列

Lege, intellegēs!　読め．（そうすれば）分かるだろう（読めば分かるさ）．

## 7. 対等接続詞による並列
(1) 結合の (cōpulātīva) 接続詞
　(a) 文と文，句と句，語と語を対等に並列する．
　① et, -que, atque(ac)「そして，と」; quoque「も」; etiam, quīn etiam「さえも」

virī *et* mulierēs; virī mulierēs*que*; virī *atque*(*ac*) mulierēs
　男たちと女たちが
virī, mulierēs *quoque*　男たちと，それに女たちも
virī, *etiam* mulierēs; virī, *quīn etiam* mulierēs
　男たちとそれに女たちまでも

② (否定) nec(neque)〜「そして〜ない」

Virī lūgent *nec*(*neque*) flent.
　男たちは悲しみ，そして(しかし)泣かない．

③ (反復) et…et〜, cum…tum〜「…も〜も」; nunc…nunc〜, tum…tum〜, modo…modo〜「あるときは…あるときは〜」; simul…simul〜「同時に…も〜も」; (否定反復) nec(neque)…nec (neque)〜「…も〜もない」

　*et* virī *et* mulierēs　　　　男たちも女たちも
　*cum* virī *tum* mulierēs　　　男たちも女たちも
　*neque* virī *neque* mulierēs　男たちも女たちも‐ない
　*modo* hūc, *modo* illūc (Cic. Att. 8. 25. 3)
　　今はこちらへ，今はあちらへと

(b) 結合のさまざまなケース
① 3項目の並列法のいろいろ．

　Avus, pater, fīlius vēnērunt.　　　　祖父，父，息子が来た．
　Avus *et* pater *et* fīlius vēnērunt.　祖父と父と息子が来た．
　Avus, pater fīlius*que* vēnērunt.　　祖父，父，および息子が来た．

② 数形容詞 (multī, paucī など) ともう1つの形容詞が et で結ばれていれば対等関係であるが，et がなければ第2の形容詞は名詞と共に1語の意味になる．

　multī *et* praeclārī virī　　多くの有名な人々
　multī virī praeclārī　　　　多くの有名人
　multae līberae cīvitātēs　　多くの自由国家
　multī fortēs virī　　　　　多くの勇士

③ 同様に，同格句と関係文，関係文と関係文は，et で結ばれていれば対等関係である．先行詞が異なるときには並列ではないから et がない．

Arminius, līberātor haud dubiē Germāniae *et* quī flōrentissimum

imperium lacessierit
> 疑いもなくゲルマーニアの解放者で,最盛期の帝国に挑戦したほどのアルミニウス

【lacessierit は結果文の接続法完了(〜したほどの)→第 45 章 2, p 335】

Commendō tibi Oppium, quem ūnicē dīligō *et* quō familiārissimē ūtor.
> 私がとくに大切にして非常に親しく交際しているオッピウスを君に推薦する.

Belgae proximī sunt Germānīs quī trāns Rhēnum incolunt, quibuscum continenter bellum gerunt. (Caes. *Gal.* 1. 1. 3)
> ベルガエ人はレーヌス川の向こうに住むゲルマーニア人のすぐ近くにいて,彼らと絶えず戦争している.

【quī の先行詞は Germānīs; quibuscum の先行詞は Germānīs quī trāns Rhēnum incolunt】

④ -que は対をなす 2 語を結合して 1 つの全体を構成する.

senātus populus*que* Rōmānus　元老院とローマ人民
domī mīlitiae*que*　　　　　　家でも戦場でも,平時にも戦時にも
terrā marī*que*　　　　　　　陸上でも海上でも
diēs noctēs*que*　　　　　　　昼も夜も,日夜

⑤ atque は同意語や反意語を好んで結合する.2 つの名詞が「形容詞+名詞」の代わりをするとき,あるいは 2 動詞が「副詞+動詞」の意味になるときには,「2 語 1 義」(hendiadyoin) と呼ばれる(接続詞は et や -que でも同じ).

religiō *ac* fidēs　　　　良心と誠意と(=良心的な誠意)
ōrāre *atque* obsecrāre　頼みかつ誓う(=誓ってお願いする)

(2) 相反的 (adversātīva) 接続詞(＊印は文頭に立たない語)
  (a) sed, vērum, autem＊, vērō＊, enimvērō, at, tamen, attamen (at certē), cēterum, atquī「しかし,だが,それでも」
  (b) neque vērō, neque enimvērō, neque tamen「しかし〜ない,それでも〜ない」

(c) nōn modo (sōlum) ... sed (vērum) etiam〜「...のみならず〜もまた」
(d) nōn modo nōn ... sed nē〜 quidem「...ないのみならず〜さえない」

 *Nōn* vituperō, *sed* laudō.
  非難しているのではなく，褒めているのだ．
 Nunc abī! crās *tamen* redītō!　今は行け．だが明日は戻って来い．
 Flāminius *nōn modo nōn* lēgēs, *sed nē* deōs *quidem* timēbat.
  フラーミニウスは法律どころか神々さえ恐れなかった．

(3) 選言的 (disiūnctīva) 接続詞
 aut, vel, sīve, -ve「あるいは，または」; an「あるいは〜か」
 aut ... aut 〜, vel ... vel 〜, sīve ... sīve 〜「... か〜か」

 Hīc vincendum *aut* moriendum est.
  ここでは勝つか死ぬかのいずれかをせねばならぬ．
 Nihil est māius *aut* difficilius.
  これよりも偉大な，あるいは困難なことはない．
 Quirīnus *vel* (*sīve*) Rōmulus　クイリーヌスすなわちロームルス
 plūs minus*ve* 多かれ少なかれ; ter quater*ve* 3 ないし 4 回
 Manēmus *an* abīmus?　留まるかそれとも出て行くか．
 *aut* Caesar *aut* nihil　カエサルかそれとも無か
 *sīve* hoc *sīve* illud　これにせよ，あれにせよ

(4) 理由の (causālis) 接続詞（* は文頭に立たない）
 nam, namque, etenim, enim*「すなわち，なぜなら〜だから」;
 neque enim, (nōn enim, nam nōn)「なぜなら〜ないから」

 Ambulāmus, *nam* vacāmus.　我々は散歩する．暇だからね．

(5) 結論の (conclūsīva) 接続詞（* は文頭に立たない）
 itaque, igitur*, ergō, proinde「それゆえ，だから」

 Omnēs hominēs mortālēs sunt. atquī Gāius homō est. *ergō*

Gāius mortālis est.
　人間はだれもみな死を免れない．然るにガイユスは人間である．それゆえガイユスは死を免れない．
*Proinde* fīnem faciāmus.　だから(これで)終わりにしよう．

# 第34章　複合文　副文　時称対応　法（および時称）の牽引

## 1. 複合文（文の従属）

従属関係（hypotaxis）にある 2 文は複合文（複文）と呼ばれる．通常は上位にあるのが主文，下位に来るのが副文（従属文）であるが，副文に従属する副文もある．

>  Ambulāmus, *nam* vacāmus.
>> 我々は散歩する．暇だからね．（並列文）
>
> = Ambulāmus, *quod* vacāmus (*cum* vacēmus).
>> 我々は暇だから散歩する．（複合文）
>
> Pluit. *Tamen* ambulāmus.　雨だ．でも我々は散歩する．（並列文）
>
> = *Quamquam* pluit (*cum* pluat), tamen ambulāmus.
>> 雨が降っているけれども，我々は散歩する．（複合文）

## 2. 副文の分類

(a) 副文は主文の文肢（主語，目的語，付加語，副詞）の機能を果たす．

① 主語・目的語文: 間接疑問文，名詞的目的文，一部の関係文と結果文と quod 文．

② 付加語文: 関係文，同格的副文

③ 副詞的副文: 副詞的目的文，副詞的結果文，時の文，理由文，譲歩文と対照文，条件文，比較文，副詞的関係文

(b) 副文は間接疑問詞，関係詞，従属接続詞のいずれかによって導かれる．

(c) 接続詞のない副文

① 名詞的目的文はしばしば接続詞を欠く．

> Ōrō *redeās*.　帰ってきてくれ．

② licet, oportet, necesse est, 及び意欲動詞（第 32 章 2, p 249）は，不定法句の代りに接続詞のない接続法副文を取ることがある．

Oportet *veniās*.　君は来なければならない.
Mālō *īgnōscās* quam *īrāscāris*.
　　私は君が怒るよりも許すことを望む.

（d）第1段階と第2段階の副文.　主文に従属する副文（第1段階の副文）のほかに，副文にさらに従属する副文（第2段階の副文）がある.

Nōn dubitō, *quīn* domī mānserit（第1段階）*ut* litterīs studēret（第2段階）.
　　わたしは彼が家に残ったのが勉強するためだったことを疑わない.

## 3.　接続法の副文（概観）

（a）可能的または非現実的表現を含む副文は，対応する主文と同じ時称の接続法を用いる.

（b）上位文の主語の発言や考えを含む副文は「他者の見解の接続法」すなわち「間接引用の接続法」（coniūnctīvus oblīquus）を用いる.

（c）目的文（＝間接要求文）と間接疑問文は上位文の主語の発言と見なされて，間接引用の接続法を用いる.　間接引用の接続法は時称対応に従う.

（d）事実は直説法で表される.　しかし結果文，時の文，原因理由文，譲歩文では，事実であるにもかかわらず接続法が用いられることがある.　これは「従属接続法」（coniūnctīvus subiūnctīvus）で，間接引用ではないけれども，原則として時称対応に従う.

## 4.　時称対応

（a）時称対応（cōnsecūtiō temporum）の原則（第13章6, p 109）

本時称: dīcit, dīcet, dīxerit（以前）quis vēnerit,（同時）quis veniat,（以後）quis ventūrus sit.
副時称: dīcēbat, dīxit, dīxerat（以前）quis vēnisset,（同時）quis venīret,（以後）quis ventūrus esset.

（b）時称対応は上位文が副文であっても接続法であっても成立する.

Nesciō, quid causae *fuerit*, cūr mihi *īrāscerēris*.
　君が私に腹を立てていたことは何が原因だったのか私は知らない．

(c) 時を決定するのは時称形ではなく意味である．

Nē dubitāveris (＝Nōlī dubitāre) quīn hoc vērum *sit*.
　これが本当であることを疑うな．
Nōn dubitāverim (＝nōn dubitem) quīn hoc vērum *sit*.
　これが本当であることを私は疑わないだろう．

(d) 歴史的現在は本時称とも副時称とも見なされる．歴史的不定法は原則として副時称．

Caesar suōs admonet, ut bonō animō *sint* (*essent*).
　カエサルは兵士たちに上機嫌でいるようにと忠告する(＝した)．

## 5. 「以後」の時称対応

(a)「以後」-ūrus sim (essem) は間接疑問文に限られ，しかも未来分詞のある動詞の能動態でのみ可能である．受動態と未来分詞のない能動態では「同時」を用いる．

Dīc, quid *factūrus sīs*!　何をするつもりか言え．
Sollicitus sum, quidnam dē nōbīs *dēcernātur*.
　私はいったい何が我々について決議されるのか心配だ．

(b) 目的文では「同時」を用いる．結果文でも同じ．「以後」性は，目的文では要求の接続法の未来的な意味によって，結果文では接続法の可能的な意味によって表現される．

Timeō, nē *veniat*.　私は彼が来ることを恐れる．
Fierī potest, ut amīcī crās *veniant*.
　友人たちが明日来ることがあり得る．

## 6. 不定形の時称対応

副文が動詞の不定形(不定法，分詞，動名詞，動形容詞，目的分詞の総称)に従属していれば，さらにその上位の述語に対応する．ただし

完了不定法と完了分詞だけは，もしほんとうに過去を表していれば，副時称と見なされる．

> Lēgātī vēnērunt ōrātum, ut Caesar sibi *īgnōsceret*.
> 使者たちはカエサルが自分たちを許してくれるようにと懇願するために来た．
>
> Pater scīre cupiēbat, quid fīlius *ageret* (*ēgisset*, *āctūrus esset*).
> 父は息子が何をしているか(したか，するつもりか)知ることを望んでいた．
>
> Pater dīcit sē audīvisse, quid fīlius *ēgisset*.
> 父は息子が何をしたか聞いたと言っている．
>
> Caesar suōs cohortātus, ut fortiter *pūgnārent*, dat sīgnum pūgnae.
> カエサルは勇敢に戦うようにと兵士たちを激励してから戦闘の合図を出す．

## 7. 従属における元の直説法の副文

直説法の複合文が従属文になると，元の副文は新しい主文(導入文)に対して時称対応する．

> Domī mānsī, quod aegrōtus sum (fuī).
> 私は病気だから(だったから)家に残った．
> → Dīcit sē domī mānsisse, quod aegrōtus *sit* (*fuerit*).
> 彼は病気だから(だったから)家に残ったと言っている．
> → Dīxit sē domī mānsisse, quod aegrōtus *esset* (*fuisset*).
> 彼は病気だから(だったから)家に残ったと言った．

## 8. 従属における元の未来の副文

未来の複合文が従属文になると，元の副文の未来は「同時」の接続法に，未来完了は「以前」の接続法になる．

> Omnia faciēmus, quae imperābis et postulāveris.
> 我々はあなたが命令する(未来)こと，要求した(未来完了)ことをすべて行うであろう．

→ Pollicentur Gallī sē omnia factūrōs esse, quae Caesar *imperet* et *postulāverit*.
    ガッリア人は，カエサルが命令すること，要求したことをすべて行うであろうと約束する．
→ Pollicēbantur Gallī sē omnia factūrōs esse, quae Caesar *imperāret* et *postulāvisset*.
    ガッリア人は，カエサルが命令すること，要求したことをすべて行うであろうと約束した．
→ Caesar nōn dubitat, quīn Gallī omnia factūrī sint, quae *imperet* et *postulāverit*.
    カエサルは自分が命令すること，要求したことをすべてガッリア人が行うだろうことを疑わない．
→ Caesar nōn dubitāvit, quīn Gallī omnia factūrī essent, quae *imperāret* et *postulāvisset*.
    カエサルは自分が命令すること，要求したことをすべてガッリア人が行うだろうことを疑わなかった．

## 9. 法（および時称）の牽引（**attractiō**）

上位文の接続法が下位文に影響して接続法に変えることがある．音韻上の同化 assimulātiō と区別して，牽引 attractiō（引き寄せ）と呼ばれる．

（a）非現実の上位文につく副文（とくに関係文）の法と時称はしばしば上位文のそれに引かれて，同じ法と時称になる．

Sī sōlōs eōs *dīcerēs* miserōs, quibus moriendum *esset*（=est），nēminem eōrum, quī *vīverent*（=vīvunt），*exciperēs*; moriendum est enim omnibus.（Cic. *Tusc.* 1. 9）
    もしも死なねばならぬ者のみが不幸であると言えば，君は生きている者を一人も除外しないことになるだろう．なぜなら人はみな死なねばならぬから．

Vellem *scrīberēs*, cūr ita *putārēs*（=putes）．
    なぜそう思うのか書いてくれたらいいのに．

（b）接続法の副文の下位につく副文（とくに関係文）の法もよく牽引

によって接続法になる.

> Nēmō adhūc inventus est, cuī, quod *habēret* (=habēbat), satis *esset*.
> 持っている物に満足しているような人はまだ一人も見つかっていない.
> Istō bonō *ūtāre*, dum *adsit* (=adest/aderit); cum *absit* (=abest/aberit), nē *requīrās*! (Cic. *Sen*. 33)
> 君のその良い物を,それがある間に使え.ないときには求めるな.
> 【ūtāre=ūtāris: 要求の接続法現在 → 第 11 章 2(3)(b),p 93】

(c) 不定法の下位につく副文の動詞はしばしば接続法になる.

> Bonī rēgis est eōrum, quibus *praesit* (=praeest), ūtilitātī *servīre*.
> 自分が治める人々の利益に奉仕するのが優れた王のなすべきことである.
> Testificor mē, postquam Caesarem *convēnerim* (=convēnī), tē certiōrem *fēcisse*.
> 私はカエサルに会見したあとであなたに報告したことを誓言します.

---

### 余録 13. 歴史書の散文

共和制が危機に瀕した前 1 世紀は,前 4 世紀のアテーナイと同様に,すぐれた雄弁家を輩出したが,キケローの圧倒的な力の前に消えてしまった.しかしカエサルの演説もキケローと同様のものであったことが少数の断片に読み取れ,キケローもそのように証言している.ただ現存する『ガッリア戦記』などの文章は,純正ラテン語ではあっても,一味違った文体である.彼は「私」を「カエサル」に変え,自他の発言をすべて間接話法に転換して,人称を 3 人称に限定した.装飾を避け,感情を表わさず,冷静に,理知的に,客観的に,事実を坦々と書き記す.読む人はその文体の力強さに圧倒される.

キケローとカエサルが排除した古語や詩語や古風な文体を,サッルスティウスはふんだんに用いて,いわば先輩たちのラテン

語純正化運動に反抗した．彼はエンニウスの叙事詩『年代記』に文体のモデルを求めた．history と story が同じ語に由来するように，歴史書の目的は説得ではなく，文芸と同様に読者を楽しませることである．だからキケロー風の複雑な構文を好んだリーウィウスも，とくに伝説の記述に，古風な，あるいは詩的な語法や文体を利用している．そうして古典期以後の最大の歴史家タキトゥスは，サッルスティウスの詩語混じりの文体をいっそう煮詰めて簡潔にし，無駄な語は1語もないホラーティウスの『カルミナ』に比肩する詩的散文を創造した．

# 第 35 章　間接引用の接続法　直接再帰と間接再帰　絶対時称と相対時称　主文の従属化　人称と法の変更

## 1. 間接引用の接続法（cōniūnctīvus oblīquus）

（a）自分や他人の考えや発言を事実として報告するときには，直説法を用いる．しかしそれを「他者の見解」として提示するときには「間接引用の接続法」を用いて，報告内容の正しさの保証責任を報告者から他者に転嫁する．「他者」はたいてい主文（導入文）の主語である．

> Decima legiō Caesarī grātiās ēgit, quod dē eā optimum iūdicium fēcerat.
>> 第 10 軍団はカエサルに，彼が彼らについて最良の判断を示したことを感謝した．【報告者が事実と認定している】
>
> Decima legiō eī grātiās ēgit, quod dē sē optimum iūdicium *fēcisset*. (Caes. *Gal*. 1. 41. 2)
>> 第 10 軍団は彼に，彼が自分たちについて最良の判断を示してくれたと言って感謝した．【報告者は事実か否かの判定をしない】

（b）間接引用の接続法は時称対応に従う．そのうち，間接疑問文を除いて「以後」は使われない．未来には「同時」が，未来完了には「以前」が対応する（第 34 章 8, p 268）．

> Timuī, nē *venīrent*.　私は彼らが来ることを恐れた．
> Interrogāvī, cūr id *fēcissent*.
>> 私は彼らがなぜそれをしたのか尋ねた．
>
> Pȳthia praecēpit, ut Miltiadem sibi imperātōrem *sūmerent*; id sī *fēcissent* (<未来完了 fēceritis), incepta prospera futūra (esse の省略). (Nep. *Milt*. 1. 3)
>> ピューティアはミルテアデースを彼らの将軍に選任するようにと教えた．そうすれば計画は成功するであろうと言って．

（c）間接引用の接続法の転嫁．不定法句には他者の見解であることを示す指標がない．そのために副文（とくに quod の文と関係文）では

— 272 —

しばしば不定法句の上位に立つ動詞(発言・思考動詞)が代りに間接引用の接続法になる(第40章6(2), p 307).

Helvētiī, seu quod Rōmānōs discēdere ā sē *exīstimārent*, sīve quod rē frūmentāriā interclūdī posse *cōnfīderent*, nostrōs lacessere coepērunt. (Caes. *Gal*. 1. 23. 3)
>ヘルウェーティイー族は,ローマ軍が自分たちから離れて行くと考えたためか,あるいは食糧補給から切り離されると信じたためか,わが軍を挑発し始めた.
>【他者(Helvētiī)の見解が不定法 discēdere/posse であるために,代りに exīstimābant と cōnfīdēbant を接続法に変えた】

## 2. 直接再帰と間接再帰

(a) 間接引用の副文の中の再帰代名詞・形容詞は,その副文の主語を指すことも,主文(上位文)の主語を指すこともある.前者は直接再帰,後者は間接再帰と呼ばれる.同一の間接引用の副文に双方が現れることもある.明確化のために間接再帰の代りに ipse を用いることもある.

Caesar Haeduōs graviter accūsābat, quod *sē* dēstituissent, quod frūmentum prōmissum *sibi* nōn subministrāvissent, quod cōnsilia *sua* hostibus ēnūntiāvissent. (cf. Caes. *Gal*. 1. 16–17)
>カエサルは,ハエドゥイー族が自分を見殺しにした,約束した穀物を自分のところへ届けなかった,自分の計画を敵に通報したと言って,彼らを激しく非難した.【いずれも間接再帰】

Caesar hostibus persuādēbat, ut *sē sua*que *sibi* dēderet.
>カエサルは敵に自分たち(=敵)の身柄と持ち物を自分(=カエサル)に引き渡すように説得しようと試みた.
>【sē と sua は直接再帰,sibi のみ間接再帰】

Caesar ex mīlitibus quaesīvit, cūr dē *suā* virtūte aut dē *ipsīus* dīligentiā dēspērārent. (Caes. *Gal*. 1. 40. 4)
>カエサルは兵士たちになぜ自分(=兵士)たちの武勇と自分(=カエサル)の思慮深さを信頼しないのかと尋ねた.
>【suā は直接再帰,ipsīus は間接再帰の代用】

(b) 不定法句の対格主語になる再帰代名詞は主文の主語をさす．しかし不定法句の中にあって対格主語をさす再帰代名詞・形容詞もある．区別するために，間接引用の複文の場合に準じて，主文の主語を指すものを間接再帰，不定法句の対格主語をさすものを直接再帰と呼ぶことができる．分詞句の中の再帰もこれに準じる．

> Ariovistus dīxit nēminem *sēcum* sine *suā* perniciē contendisse. (Caes. *Gal*. 1. 36. 6)
>> アリオウィストゥスは，自己 (＝nēminem) の破滅なしに自分 (＝Ariovistus) と戦った者はいないと言った．
>> 【sēcum は間接再帰，suā は直接再帰】
>
> Caesar multīs *sibi* resistentibus Galliam subēgit.
>> カエサルは多くの人が自分に抵抗したのにガッリアを支配下に置いた．
>> 【sibi: 間接再帰】
>
> Amīcum diffīdentem rēbus *suīs* cōnfirmāvī.
>> 私は自分の境遇に不信感を抱いている友を励ました．
>> 【suīs は diffīdentem の意味上の主語 amīcum を受ける】

(c) 非人称文や動形容詞句にも，主文の主語ではなく，非人称動詞や動形容詞の意味上の(＝論理的な)主語をさす再帰代名詞・形容詞が見られる．

> Eum paenitet sceleris *suī*.
>> 彼は自分の罪を後悔している．【suī は eum を受ける】
>
> Rōmānī hostibus *suī* dēfendendī facultātem nōn relīquērunt.
>> ローマ軍は敵に自分の身を守る余地を残さなかった．
>> 【suī は hostibus を受ける】

### 3. 接続法の副文の絶対時称

(a) 結果文が想定上の結果ではなく事実を表していれば，主文が副時称でも結果文は絶対時称になる．

> Nēmō umquam fuit, quī mīlle annōs *vīxerit*.
>> 千年生きた人はひとりもいなかった．

(b) 過去の懐疑，過去の可能性，および現在の非現実の接続法未完了過去が，従属文で(不定法句ではなく)副文になる場合には，元のままで変らない．過去の非現実もたいてい(受動ではつねに)接続法過去完了のままであるが，特殊な複合形を使うこともある(これについては第 46 章 4, p 342)．

> Interrogō, cūr eum nōn *dēfenderem*.
> 　私はどうして彼を弁護しなかったのだろうと自問している．
> Interrogō, quis umquam *putāret*.
> 　私はだれが考えたことがあるだろうかと問う．
> Dubium nōn est, quīn *venīrēs*, sī *possēs*.
> 　君がもしもできれば来るであろうことは疑いない．

(c) 挿入文は絶対時称になる．

> Cicerō ōrātor clārissimus fuit, ut alia *omittam*.
> 　キケローはすばらしい雄弁家であった，ほかの点は抜きにしても．
> ut alia nōn *dīcam*　　ほかは言わずもがな
> nē plūra *dīcam*　　　それ以上は言わないけれども
> quod *sciam*　　　　　私の知る限りではね
> nē vōs *morer*　　　　諸君を引き止めないように，要するに

(d) 間接疑問文，接続法の理由文・譲歩文は，主文に先行すれば，絶対時称になることがある．

> Hīc, quantum in bellō fortūna *possit*, cognōscī potuit.
> 　ここで，戦争において幸運がどれほど大きなことをなし得るかを，認識することができた．
> Cum ab hōrā septimā ad vesperum *pūgnātum sit*, āversum hostem vidēre nēmō potuit. (Caes. *Gal.* 1. 26. 2)
> 　第 7 時間(午後 1 時ころ)から夕暮れまで戦闘が行われたけれども，敵が敗走するのを見ることはだれにもできなかった．

## 4. 直説法の副文の絶対時称

直説法の時の文では，過去の一回的行為には絶対時称(完了)を用い

る(主文扱い).

> Exspectāvī, dum *vēnit*.
> 私は彼が来るまで待っていた(私が待っていると,彼はその間に来た).
> Omnēs hostēs terga vertērunt neque prius fugere dēstitērunt, quam ad flūmen Rhēnum *pervēnērunt*. (Caes. *Gal*. 1. 53. 1)
> 敵は全員が敗走して,レーヌス川に着く前には逃げるのをやめなかった(敵はレーヌス川に到着した.それ以前には逃げるのをやめなかった).
> Ut (ubi, simulac) epistulam amīcī *lēgī*, ipse vēnit.
> 私が友の手紙を読んだとたんに,彼自身が来た.
> Postquam epistulam *lēgī*, amīcus advēnit.
> 私が手紙を読んだあとで,友が到着した.

## 5. 直説法の副文の相対時称

直説法の時の文,条件文,関係文では,未来の行為または反復的行為には相対時称が使われる.

(a)「同時」

> Nātūram sī *sequēmur* ducem, numquam aberrābimus. (cf. Cic. *Off*. 1. 100)
> 自然を案内人にしてそれについていけば,我々は道に迷わないだろう.

(b)「以前」:現在には完了が,未完了過去には過去完了が,未来には未来完了が直説法の「以前」になる.

> Nōn semper is, quī prior gladium *strīnxit*, vincit.
> 先に剣を抜いたものがいつも勝つとは限らない.
> Cum cohors impetum *fēcerat*, hostēs refugiēbant.
> 歩兵隊が突撃したときには,敵はいつも逃げた.

## 6. 主文の従属化

(a) 平叙文を従属文に変換すると,不定法句になる.

> Discipulī salūtāvērunt. Magister cōnfirmat.
> 生徒たちが挨拶した.先生がそれを確認している.

→ *Discipulōs salūtāvisse* magister cōnfirmat.
　　生徒たちが挨拶したことを先生が確認している．

(b) 疑問文を従属文に変換すると，間接疑問文になる．

　　Quis salūtāvit? Magister interrogat.
　　　だれが挨拶したのか．先生が尋ねた．
　　→ Magister interrogat, *quis salūtāverit*.
　　　先生はだれが挨拶したのかと尋ねた．

(c) 要求文を従属文に変換すると，目的文になる．ut を使わないこともある．

　　Salūtāte! Magistrī optant.
　　　挨拶しなさい．先生が頼んだ．
　　→ Magistrī optant, (*ut*) *salūtētis*.
　　　先生は諸君が挨拶するようにと頼んだ．

## 7. 人称と法の変更

独立文から従属文に変換すると，しばしば人称と法が変る．1人称の人称代名詞・所有形容詞は従属文で再帰代名詞・形容詞になる．

　　Cūr vēnistī? rēx lēgātum interrogāvit.
　　　なぜお前は来たのか．王は使者にたずねた．
　　→ Rēx lēgātum interrogāvit, cūr *vēnisset*.
　　　王は使者になぜ来たのかとたずねた．
　　Vēnī auxilium rogātum. lēgātus respondit.
　　　私は援助を求めに来た．使者が答えた．
　　→ Lēgātus *sē vēnisse* auxilium rogātum respondit.
　　　使者が自分は援助を求めに来たと答えた．
　　Nōbīs et amīcīs nostrīs auxiliāre! lēgātus ōrāvit.
　　　我々と我々の友軍を助けたまえ．使者は懇願した．
　　→ Lēgātus ōrāvit, (ut) rēx *sibi* et amīcīs *suīs auxiliārētur*.
　　　使者は王が自分たちと自分たちの友軍を助けるようにと懇願した．

## 第 36 章　間接疑問文

### 1. 間接疑問文
（a）間接疑問文は「知る」「知らせる＝言う」「知りたがる＝尋ねる」などの意味の動詞に従属し，間接引用の接続法を用い，時称対応の規則に従う．語句疑問文の疑問詞は直接疑問文のそれと同じ．

> Cōnsīderābimus, quid *fēcerit* aut quid *faciat*.
> 我々は彼が何をしたかあるいは何をしているか考えよう．
> Sciēbāmus, quid *facerēs* aut quid *fēcissēs*.
> 我々は君が何をしているかあるいは何をしたか知っていた．
> Tū quid *sīs āctūrus*, pergrātum erit, sī ad mē scrīpseris. （Cic. *Fam.* 9. 2. 5）
> 君が何をするつもりか手紙を下されば大変ありがたい．
> Cognōveram, quid *factūrus essēs*.
> 君が何をするつもりか分かっていた．
> Incertum est, quam longa cūiusque nostrum vīta *futūra sit*. （Cic. *Ver.* 1. 153）
> 我々一人一人の人生がどのくらい続くかは不確かだ．
> Interrogō, quandō *profectus sit*.
> 私は彼がいつ出発したか尋ねる．

（b）全文疑問文の num と -ne は，間接疑問文では同じ意味になる．

> Quaesīvimus, esset*ne* apud eōs lībertās.
> 我々は彼らのもとに自由があるのかと尋ねた．
> Quaesīvimus, *num* esset apud eōs lībertās.
> （同上）
> Rogātus sum ā patre, vellem*ne* sēcum īre.
> 私は父に，いっしょに行く気はないかと尋ねられた．
> Rogātus sum ā patre, *num* sēcum īre vellem.
> （同上）

(c) 二重疑問文も直接疑問文のそれと同じ構文になるが，ただ an nōn は原則として necne に変える．

> Dubitō, *uter* māior sit, Hannibal *an* Scīpiō.
> 私はハンニバルとスキーピオーとでどちらがより偉大なのか疑っている．
> Dēlīberāmus, *utrum* maneāmus *an* abeāmus.
> 我々は留まるべきか去るべきかと思案している．
> Dēlīberāmus, maneāmus*ne* an abeāmus.
> （同上）
> Dēlīberāmus, maneāmus *an* abeāmus.
> （同上）
> Sitque memor nostrī *necne*, referte mihī. (Ov. *Tr.* 4. 3. 10)
> 彼女が我々(＝私)のことを覚えているか否か，情報を持ち帰れ．
> 【nōs を egō の意味に使うことがある】
> Vidēbimus, *utrum* apud vōs officium plūs valeat *an* voluptās.
> 我々は諸君にあっては義務感と欲望とどちらが強いか見るだろう．

(d) 懐疑疑問文は接続法のままで時称対応させる(相対時称)．ただし過去の懐疑疑問文の接続法未完了過去はそれ以上変更できない(絶対時称)．

> Ipse docet *quid agam*; fās est et ab hoste docērī. (Ov. *Met.* 4. 428)
> 彼(バッコス)自身が私(ユーノー)に何をすべきか教える．敵から教えられることも正しいことだ．
> 【＜ Quid *agam*? — 過去は Ipse docuit quid *agerem*】
> Quaerō ā tē *cūr* C. Cornēlium *nōn dēfenderem*. (Cic. *Vat.* 5)
> 私がどうしてガイユス・コルネーリウスを弁護しなかったのだろうか，あなたに分かるか．
> 【＜ Cūr nōn *dēfenderem*? — Quaesīvī に変えても *dēfenderem* のまま】

## 2. 間接疑問詞 an

不確かさの表現のあとに来る an は，その不確かさの表現とともに

成句になって，可能性または推測を表す．

> *Nesciō, an* veniat.
> 　彼は多分来るだろう．
> *Haud sciō, an* veniat.
> 　彼は多分来るだろう．
> *Dubitō, an nōn* vērum dīcat.
> 　彼は恐らく真実を言わないだろう．
> *Incertum est, an nōn* vērum dīcat.
> 　彼は恐らく真実を言わないだろう．

## 3. 間接疑問詞 **quīn**

疑いを否定する表現（否定文，または否定文の意味の疑問文）のあとでは，間接疑問詞の quīn「なぜないか」が「ことを」の意味で用いられる．

> *Nōn dubitō, quīn* hoc vērum *sit*.
> 　これが真実であることを私は疑わない（私はなぜこれが真実ではないのかと疑うことをしない）．
> *Dubium nōn est, quīn* amīcī perīculum *ēvītātūrī sint*.
> 　友人たちが危険を免れるであろうことは疑いない．
> *Quis dubitet, quīn* in virtūte dīvitiae *sint*? (Cic. *Parad*. 48)
> 　徳にこそ富があることを誰が疑いえようか．
> *Nōn dubitārī dēbet, quīn fuerint* ante Homērum poētae. (Cic. *Brut*. 71)
> 　ホメーロス以前にも詩人がいたことは疑われるべきではない．
> *Nōn abest suspīciō, quīn* ipse sibi mortem *cōnscīverit*. (Caes. *Gal*. 1. 4. 4)
> 　彼（オルゲトリークス）が自殺したことには疑いの余地はない．
> *Negāre nōn possum, quīn* rēctius *sit* etiam ad pācātōs barbarōs exercitum mittī. (Liv. 40. 36. 2)
> 　おとなしくしている野蛮人のところへさえも軍隊が派遣されるほうが良いことを私は否定することができない．

### 4. 間接疑問詞 **sī**

「試みる，待つ」などの意味の動詞のあとで，sī「かどうか」が間接疑問文を導く．また，その意味の動詞がなくても「かどうか調べる（試みる）ために」の意味で使われる．

> Helvētiī noctū, *sī* perrumpere *possent*, cōnātī sunt.（Caes. *Gal.* 1. 8. 4）
>
>> ヘルウェーティイー族は夜中に突破できるかどうか試みた．
>
> Hanc palūdem *sī* Rōmānī *trānsīrent*, Belgae exspectābant.（Caes. *Gal.* 2. 9. 1）
>
>> この沼をローマ軍が渡るかどうかと，ベルガエ人は待っていた．
>
> Praesidia dispōnēbant, *sī* hostēs opprimere *possent*.
>
>> 彼らは敵が奇襲することができるかどうか試すために守備隊を分散配置した．

### 5. 「**nesciō**＋語句疑問詞」

「nesciō（不変化）＋語句疑問詞」が成句として不定代名詞や不定副詞に等しくなったものは，もはや間接疑問詞とは認められず，接続法を用いない．

> *Nesciō quis* advēnit.
>
>> だれか来た．
>
> *Nesciō quid* māius nāscitur Īliade.（Prop. 2. 34. 66）
>
>> 何か『イーリアス』よりも偉大なものが生まれつつある．
>
>> 【nesciō＞nesciŏ は詩の韻律の都合による短音化】
>
> *Nesciō quō pactō* id perfēcit.
>
>> 彼は何とかしてそれを完成した．
>
> *Nesciō quandō* id factum est.
>
>> いつの間にかそうなった．
>
> Cf. Nesciō, quid cōnsiliī *cēperit*.
>
>> 私は彼がいかなる計画を立てたか知らない．
>>
>> 【間接疑問文】

### 余録 14. 叙事詩のラテン語（1）ウェルギリウス以前

　ギリシアの伝統により，叙事詩はもっとも崇高な文学ジャンルであるとともに，遥か昔の神々と英雄たちの活躍を歌うものである．ローマでも最初のアンドロニークスが，叙事詩の尊厳を保つために archaism（古語，古形）を利用して以来，この原則がエンニウス以後も伝統として守られていく．

　しかし文学史の最初にホメーロス叙事詩が燦然と輝くギリシアとは異なり，ローマには模範がなかったから，詩人たちはわずかに伝承されてきた法律や宗教祭祀の言葉に含まれている，使われなくなった語形変化や廃れてしまった語を利用した．また，一般には使われない glōssae（注解なしには理解されない難解語），とくに方言や外国語（主としてギリシア語）に由来する glōssae も，控えめにではあるが使う．さらに，ラテン語は複合語の造語力があまりにも弱いので，ギリシア語の複合語に対応する複合語を作ろうとして，どの詩人も悪戦苦闘している．使いたくても韻律上使えない語のためには，種々の接尾辞を利用して新しい語を作る工夫もしている．

　このようにしてやや奇妙な擬古的崇高文体ができあがったが，それでもラテン語の本質は守っている．同音反復（頭韻や語末の一致を含む），言葉遊び，掛け言葉，対句，īsocōlia（同じ語数で同じ文型のコーロンの反復使用）などのラテン語に固有の様式が，とくにエンニウスには目立つ．

　古典期にも哲学叙事詩のルクレーティウスとアマチュア詩人としてのキケローは基本的にエンニウス派としてジャンルの原則を守っている．カトゥッルスは演説のキケローと同様に「都雅」urbānitās と「洗練」ēlegantia，すなわち首都ローマの知的上流階級の洗練されたラテン語を重んずる「新詩人」として，archaism を粗野なものと考えるけれども，その彼でさえもカッリマコス風の小叙事詩ではアレクサンドリア文学の伝統を守って archaism を使っている．こうした流れの先にウェルギリウスがいる．

# 第 37 章　目的文

## 1. 目的文の概要
(a) 名詞的目的文(間接要求文): 配慮・要求動詞，恐怖動詞，妨害動詞などの目的語，またはそれらの動詞の受動態の主語になる．

(b) 副詞的目的文: 任意の動詞のあとで副詞文として，目的や意図を表す．

(c) 基本的接続詞: 主文の種類によって接続詞とその意味が異なる．

> ut(utī) ①「するように」，②（=nē nōn）「しないのではないかと＝しないことを」
> nē ①「しないように」，②「するのではないかと＝ことを」(nē の反復は nēve)
> nē nōn「しないのではないかと＝しないことを」
> quō+比較級「それだけいっそう～するように」
> quōminus（しないように）→「ことを」
> quīn（しないように）→「ことを」

(d) 法と時称: 間接引用の接続法「同時」のみ．ただし恐怖動詞のあとでは「以前」も．

## 2. 配慮・要求動詞とともに
配慮・要求などの意味の動詞（verba cūrandī et postulandī）は目的文「ut+接続法」（ように，ことを），「nē（または ut nē）+接続法」（ないように，ないことを）を従える．まれに ut を使わずに，時称対応にも縛られない単独接続法を伴うこともある(最後の例文)．

> Cūrā, *ut valeās*!　健康でいるように気をつけなさい．
> Petō ā vōbīs, *nē* animō *dēficiātis nēve* vōs obruī *sinātis* magnitūdine calamitātis.
>> 私は諸君に，気を落とさないように，そうして諸君自身が敗北の大きさによって押しつぶされることを許さないように求める．
>
> Caesar suīs imperāvit, *nē* quod omnīnō tēlum in hostēs *rēicerent*.
> (Caes. *Gal.* 1. 46. 2)

カエサルは敵に一本の槍も投げ返さないようにと部下に命じた.

Ōrandum est, *ut sit* mēns sāna in corpore sānō. (Juv. 10. 356)
健全な精神が健全な身体の中にあるようにと願われるべきである.

Sed precor *ut possim* tūtius esse miser. (Ov. *Tr.* 5. 2. 78)
だが私はもっと安全に惨めでいられることを願う.

Occidit, *occideritque* sinās cum nōmine Trōia. (Verg. *A.* 12. 828)
トロイアは滅びた. 滅びたままにしておかれよ, その名とともに.

## 3. 説明の ut
主文の名詞や代名詞に含まれる配慮・要求の内容を説明する.

Caesar dē senātūs cōnsultō certior factus est, *ut* omnēs iūniōrēs Italiae *coniūrārent*. (Caes. *Gal.* 7. 1. 1)
カエサルはイタリアの全若年世代が軍への忠誠を誓うようにという元老院決議についての知らせを受けた.

Post ēius mortem nihilō minus Helvētiī id quod cōnstituerant facere cōnantur, *ut* ē fīnibus suīs *exeant*. (Caes. *Gal.* 1. 5. 1)
彼(オルゲトリークス)の死後, それでもなおヘルウェーティイー族は決議したこと, すなわち自分たちの領土から出て行くことを, 実行しようと試みる.

## 4. 発言動詞とともに
(a) dīcō「言う」, scrībō「書く」, respondeō「答える」などの発言動詞(verba dīcendī)も,「求める」という意味合いで, 目的文を取ることができる. ut のない目的文(=間接要求文)にすることもある.

Caesar lēgātīs respondit, postrīdiē *reverterentur*. (cf. Caes. *Gal.* 1. 7. 5)
カエサルは使者たちに翌日もう一度来るようにと答えた.

Orgetorīx cīvitātī persuāsit, *ut* dē fīnibus suīs *exīrent*. (Caes. *Gal.* 1. 2. 1)
オルゲトリークスは自分たちの領土から出て行くようにと部族民を説得した.

Themistoclēs iīs praedīxit, *ut nē* prius Lacedaemoniōrum

lēgātōs *dīmitterent* quam ipse esset remissus. (Nep. *Them.* 7. 3)
　テミストクレースは前もって彼ら(同僚たち)に，自分が帰されるよりも前にラケダイモニア人の使者たちを帰さないようにと言った．
　【esset は間接引用の接続法】

(b) 発言動詞は 3 種の主文(平叙文，疑問文，要求文)のすべてを従属文(それぞれ不定法句，間接疑問文，目的文)に変えて従えることができる．

Pater scrīpsit *mātrem aegrōtāre*.
　父は母が病気であると書いてよこした．
Pater scrīpsit, *quis aegrōtāret*.
　父はだれが病気なのかと書いてきた．
Pater scrīpsit, (*ut*) *fīlius redīret*.
　父は息子が帰るようにと書いてよこした．

## 5. 恐怖動詞とともに

(a) 恐怖や危険を意味する動詞 (verba timendī) または類似の意味の表現は，「nē+接続法」(のではないかと＝ことを)，「nē nōn または ut+接続法」(ないのではないかと＝ないことを) を取る．nē nōn の代わりに nē nēmō, nē nihil などもありうる．

Timeō, *nē* sērō domum *veniāmus*.
　私は我々が家に帰るのが遅くなるのではないかと心配している．
Perīculum erat, *nē* quid eī *accideret*.
　彼の身に何か起る危険があった．
Metuendum est, *nē* amīcī animō *dēficiant*; nam timeō, *ut* labōrēs *sustineant*.
　友人たちが意気消沈することが危惧されねばならぬ．というのは私は彼らが苦難に耐えられないのではないかと心配だから．
Timeō, *ut sustineās*. (Cic. *Fam.* 14. 2. 3)
　私は君が(その苦労に)耐えられないことを恐れる．
Vereor, *nē nēmō vēnerit*.
　だれも来なかったのではないかと心配している．

Timeō, *nē* tibi *nihil* praeter lacrimās *queam* reddere. (Cic. *Planc.* 101)
> 私は君に涙以外に何もお返しできないのではないかと恐れている.

(b) 恐怖文は目的文の一種で, 意味上, 願望の目的文の裏返しである.

Timeō, *nē* quis *veniat.* = Optō, *nē* quis *veniat.*
> だれかが来るのではないかと恐れる. = だれも来ないことを望む.

Metuō, *ut* mihi *adsīs.* = Optō, *ut* mihi *adsīs.*
> 君が私を助けてくれないことを恐れる. = 君が私を助けてくれることを願う.

## 6. caveō, interdīcō とともに

caveō「(ないように)警戒する」, interdīcō「(ことを)禁止する」のあとでも副文を「nē+接続法」にする.

Caveāmus, *nē cadāmus*! 転ばないように気をつけましょう.
Tantum cum fingēs *nē sīs* manifesta cavētō. (Ov. *Ars.* 3. 801)
> 偽っているときには, ただただ見破られないように気をつけなさい.

Imperātor mīlitibus interdīxit, *nē* quem *interficerent*.
> 将軍は兵士たちに, (だれにせよ)殺すことを禁止した.

Servitūs mea mihi interdīxit *nē* quid *mīrer* meum malum. (Pl. *Per.* 621)
> 私の奴隷身分が私に自分のどんな不幸にも驚くことを禁じているのです.

## 7. 妨害動詞とともに

妨害・抵抗・拒絶などの意味の動詞(「妨害動詞」verba impediendī)は, 目的文として「nē または quōminus+接続法」(ことを)をとる. quōminus (quō minus とも書く)は主として妨害動詞が否定されているときに用いられる.

Impedior, *nē* plūra *dīcam*. (Cic. *Sul.* 92)
> 私はこれ以上言うことを妨げられている.

Sententiam *nē dīceret*, recūsāvit.（Cic. *Off*. 3. 100）
　彼は意見を表明することを拒んだ．

Quid obstat, *quōminus*（deus）*sit* beātus?（Cic. *N. D*. 1. 95）
　神が幸福であることを何が妨げるのか．

Aetās nōn impedit, *quōminus* agrī colendī studia *teneāmus*.
（Cic. *Sen*. 60）
　年齢は我々が農耕への熱意を保持することを妨げない．

Nōn dēterret sapientem mors, *quōminus* reī pūblicae *cōnsulat*.
（Cic. *Tusc*. 1. 91）
　死が賢者に国政を考えることを思いとどまらせることはない．

Itaque interclūdor dolōre, *quō minus* ad tē plūra scrībam.（Cic. *Att*. 8. 8. 2）
　だから私は悲しみのために君にこれ以上書くことを妨げられている．

## 8.　目的文の接続詞 quīn

　妨害動詞が否定されているとき（否定文または否定の意味の疑問文）には，quōminus の代りに quīn を用いることが多い．quōminus は主文が肯定文のこともあるが，quīn は主文が否定文の場合に限られる（第 36 章 3, p 280, 第 38 章 7, p 293）．

Nihil obstat, *quīn sīs* beātus.
　君が幸福であることを妨げるものは何もない．

Nōn recūsō, *quīn veniam*.（＝Nōn recūsō venīre.）
　私は行くことを拒まない．

Germānī retinērī nōn poterant, *quīn* in nostrōs tēla *conicerent*.
（Caes. *Gal*. 1. 47. 2）
　ゲルマーニア人はわが軍に槍を投げつけるのをやめさせられなかった．
　【nostrī は nostrī mīlitēs「われらの兵士たち，わが軍」の省略】

Nōn dēterreor, *quīn* vērum *dīcam*.
　私は真実を述べることにおじけづかない．

Nihil praetermīsī, *quīn* Pompēium ā Caesaris coniūnctiōne *āvocārem*.（Cic. *Phil*. 2. 23）
　私はポンペイユスをカエサルとの親密な関係から引き離すことを少しも忘らなかった．

## 9. 副詞的目的文

主文に配慮や要求を意味する動詞がなくても,「〜するために」の意味で要求文と同じ構文「ut+接続法」「nē+接続法」が用いられる. また,「quō+比較級+接続法」も「(それだけ)いっそう〜するために」の意味の副詞的目的文になる.

> Oportet ēsse *ut vīvās*, nōn vīvere *ut edās*. (*Rhet. Her.* 4. 39)
> 生きるために食べるべきであり,食べるために生きるべきではない.
>
> *Nē* tōnsōrī collum *committeret*, tondēre fīliās suās docuit. (Cic. *Tusc.* 5. 58)
> 彼(ディオニューシオス)は理髪師に首を預けないようにするために,自分の娘たちに顔そりを教えた.
>
> Lēgem brevem esse oportet, *quō facilius* etiam ab imperītīs *teneātur*. (Sen. *Ep.* 94. 38)
> 法文は素人にさえも容易に理解されるように,簡潔であるべきである.
>
> Spectātum veniunt, veniunt *spectentur ut* ipsae. (Ov. *Ars* 1. 99)
> 彼女らは見物しに来る,自分たちも見物されるために来る.

## 10. 目的の表現のいろいろ

(a) 目的や意図はさまざまな言い方で表すことができる.

> Lēgātī mittuntur, *ut* auxilium *rogent*. (目的文)
> 援助を求めるために使節たちが派遣される.
>
> Lēgātī mittuntur, *quī* auxilium *rogent*. (目的の関係文)
> 援助を求めるための使節たちが派遣される.
>
> Lēgātī mittuntur *ad* auxilium *rogandum*. (ad+動名詞・動形容詞対格)
> 援助を求めるために使節たちが派遣される.
>
> Lēgātī mittuntur auxiliī *rogandī causā*. (causā+動名詞・動形容詞属格)
> (同上)
>
> Lēgātī mittuntur auxilium *rogātum*. (目的分詞I)
> (同上)
>
> Dō tibi librum *legendum*. (述語的動形容詞: 第19章 4f, p 152)

君に本を読むようにと与える．

(b) 古典期以後にはさらに次のような言い方も加わる．

　　Lēgāti mittuntur auxilium *rogātūrī*. （未来分詞）
　　　援助を求めるために使節たちが派遣される．
　　Proficīscitur *cognōscendae* antīquitātis. （動名詞・動形容詞の目的の属格）
　　　彼は古代の遺跡を調べるために出発する．
　　Certat *augendae* dominātiōnī. （動名詞・動形容詞の目的の与格）
　　　彼は支配権を強化するために戦っている．

(c) 詩人や古典期以後の作家はギリシア語にならって不定法を用いることがある．

　　Fortūna dehortātur plūra *scrībere*. （=..., nē plūra scrībat）
　　　運命がこれ以上書くことを思いとどまらせる．

# 第38章　結果文

**1. 結果文の概要**
　(a) 結果文は事実の結果，または可能な（想定的，意図的な）結果を表す．
　(b) 接続詞: 主文の種類によって接続詞とその意味が異なる．

> ut (utī) ①「ことが(を)」，②「ので(その結果)，ほど(それほど)」
> ut の否定は ut nōn（反復は neque）
> quīn（否定文のあとで）= ut nōn ①「ない者は」，②「ないほどに」

　(c) 接続法: 事実の結果には従属接続法を，可能な結果には可能性の接続法を用いる．
　(d) 時称: ① 事実として確認される現在と過去の結果は絶対時称（現在と完了）．② その他の結果文は相対時称として時称対応に従う．ただし「以後」には接続法「同時」を用いる．

**2. 非人称動詞の主語として**
　(a) 主文が「なる，起こる」という意味の非人称動詞のとき，結果文がその主語になる．

> Eā nocte accidit, *ut lūna esset plēna*.
> 　その夜はたまたま満月だった．
> Potest fierī, *ut fallar*. (Cic. *Fam.* 13. 73. 2)
> 　私が勘違いしていることはありうる．
> Persaepe ēvenit, *ut ūtilitās cum honestāte certet*. (Cic. *Part.* 89)
> 　きわめてよく利益が名誉と争うことになる．
> Sōlī hoc contingit sapientī, *ut nihil faciat* invītus.
> 　意に反しては何もしないということは賢者にしかできないことである．
> Restat, *ut pauca dē calamitāte nostrā dīcam*.
> 　まだ少しばかり我々の敗北について言うことが残っている．
> Ad Appī Claudī senectūtem accēdēbat etiam, *ut caecus esset*. (Cic. *Sen.* 16)

アッピウス・クラウディウスの老年にはさらに失明することも加わってきた.

(b) 主文に評価を示す表現が加わっているときには,結果文ではなく,事実文「quod＋直説法」がこの評価を説明する.

(結果文) Eā nocte accidit, *ut* lūna plēna *esset*.
その夜はたまたま満月だった.

(事実文) Eā nocte opportūnē accidit, quod lūna plēna erat.
その夜はたまたま満月であるという幸運に恵まれた.

## 3. 他動詞の目的語として

「成し遂げる,する」という他動詞が,意図や欲求を含めば目的文をとるが,事実の結果を述べるだけであれば,それが従える「ut＋接続法」は結果文である.

Cicerō perfēcit, *ut* nihil reī pūblicae *obstāret*.
キケローが成し遂げたことは,(結果としては)何ごとも国家の妨げにならないということだった.

Sōl efficit, *ut* omnia *flōreant*.
太陽は万物が開花するという結果を引き起こす.

Nōn committam, *ut* tibi causam aliquam recūsandī *dem*. (Cic. *de Orat.* 2. 233)
私は君に何らかの断る口実を与えるようなへまはしないよ.

Rērum obscūritās, nōn verbōrum, facit *ut nōn intellegātur ōrātiō*. (Cic. *Fin.* 2. 15)
言葉が理解されないようにするのは語の曖昧さではなく,話題の曖昧さである.

## 4. 説明の ut

主文の名詞や代名詞の内容を説明する「ut＋接続法」にも,意図を含む目的文(第37章 3, p 284)と意図を含まない結果文とがあり,どちらであるかは文脈から判断するしかないことがある.

Est hoc commūne *vitium* in magnīs līberīsque cīvitātibus, *ut*

invidia glōriae comes sit. (Nep. *Cha.* 3. 3)
> 嫉妬が名声の同伴者であることが，大きくて自由な国々でよく見られる悪習である．

*Cōnsuētūdō* fuit, *ut* excellentēs virōs in caelum tollerent.
> 秀でた人々をほめちぎる習慣があった．

*Illud* Rōmānīs glōriōsum est, *ut* Graecīs dē philosophiā litterīs nōn egeant.
> 哲学に関するギリシア語の書物を必要としないことは，ローマ人にとって誇らしいことであった．

Id est *proprium* cīvitātis, *ut* sit lībera. (Cic. *Off.* 2. 78)
> 自由であることは国家の特権である．

## 5. 未来不定法の書き換え

未来不定法の書き換え「fore ut＋接続法(同時)」の ut 以下も結果文である(第 32 章 3d, p 250)．

Spēs est *fore ut* eum *paeniteat* factī suī.
> 彼が自分の行為を後悔することが期待されている．

Spērō *fore ut* reus *absolvātur*.
> 私は被告が釈放されることを期待する．

Spērāvī *fore ut* reus *absolverētur*.
> 私は被告が釈放されることを期待した．

## 6. 副詞的結果文（傾向文）

主文に「そのような(に)」，「それほどの(に)」などの意味の形容詞，副詞，指示代名詞などがある(または暗示されている)ときに，それを説明する．

*Tanta* est vīs probitātis, *ut* eam etiam in hoste *dīligāmus*. (Cic. *Amic.* 29)
> 誠実さの力は，我々が敵のそれさえも尊重するほどに大きい．

Rūsticus *tam* pauper fuit, *ut* fīliīs nihil nisi vīneam *relīquerit*.
> 農夫は大変貧しかったので，息子たちにブドウ畑以外に何も残さなかった．【絶対時称】

*Nēmō adeō* ferus est, *ut* nōn mītēscere *possit*. (Hor. *Ep.* 1. 1. 39)
　人はだれも温和になることができないほどに野蛮ではない．
*Sīc* vīvite, *ut* bonīs nōn *displiceātis*!
　優れた人々の気に入られないことがないような生き方をしなさい．
*Tāle* opus cōnfēcimus, *ut* nēmō nōs *vituperāverit*.
　だれも我々を非難しなかったほどの優れた仕事を我々は成し遂げたのだ．
【絶対時称】

## 7.　結果文の接続詞 quīn
　主文も結果文もともに否定文のときには，ut nōn の代りに quīn を使うことができる．

*Nēmō est, quīn* sciat quis sīs.
　君がだれであるか知らないような人はだれもいない．
*Quis erat, quīn* id scīret?
　それを知らないような人がだれかいただろうか．
*Facere nōn possum, quīn* cottīdiē ad tē litterās mittam. (Cic. *Att.* 12. 27. 2)
　私は毎日君に手紙を出さずにはいられない．
*Fierī nōn potuit, quīn* tē laudārem.
　私が君を賞賛しないことなどあり得なかった．
*Nīl tam* difficile est, *quīn* quaerendō investīgārī possiet. (Ter. *Hau.* 675)
　探索によってつきとめられないほどに困難なことは何もない．
【possiet＝possit】
*Numquam* ad tē veniō, *quīn* doctior abeam.
　君のところへ来て博学にならずに帰ることは一度もない．
*Nūllum* adhūc intermīsī diem, *quīn* aliquid ad tē litterārum darem. (Cic. *Att.* 7. 15. 1)
　私はこれまで一日たりとも君に少しばかりの手紙を出さずに過ぎ行かせたことはない．
*Nōn* possunt ūnā in cīvitāte multī fortūnās āmittere, *quīn* plūrēs sēcum in eandem calamitātem trahant.

同じ国の中で多くの人が財産を失って，さらに多くの人を同じ不幸の道連れにしないことなどありえない．

*Paulum āfuit, quīn* Vārum interficeret. (Caes. *Civ.* 2. 35. 2)
　　もう少しで彼はワールスを殺すところだった．

## 8.　「比較級 + quam ut」

　比較級のあとに来る結果文は「quam ut + 接続法」となるが，ut が省略されることもある．意味は否定の結果文（最初の例文の「=」以下の書き換えた文）と同じ．

*Stultior* es, *quam ut* hoc intellegere *possīs*.
　　君はこれを理解できるよりも以上に愚かである．（直訳）
= *Tam* stultus es, *ut* hoc *nōn* intellegere *possīs*.
　　　君はこれを理解できないほどに愚かである．

*Māius* erat imperium Rōmānum, *quam ut* externīs vīribus opprimī *posset*.
　　ローマ帝国は外からの力によって制圧されることができないほどに大きかった．

Reus perpessus est omnia *potius, quam* (*ut*) cōnsciōs *indicāret*.
　　被告は関知する仲間を裏切るくらいならむしろどんな仕打ちでも耐え忍んだ．

Dēpūgnā *potius, quam* (*ut*) *serviās*!
　　奴隷になるくらいならむしろ徹底的に戦え．

# 第 39 章　時の文

## 1.　時の文の概要
　単に時のみを指す場合は直説法，さらにそれに他の副詞的副文の意味合い(目的，理由，結果，譲歩)が加われば接続法を用いる．否定詞は nōn．

## 2.　**cum**＋直説法
(1) 時の cum
　接続詞 cum が直説法を従える副文は，すべて時の文であるが，その中でも純粋に一回的な行為を表す「〜ときに」を，とくに「時の cum」(cum temporāle)と呼ぶ．時称はすべて可能である．関係副詞として，主文に時の副詞，副詞句，名詞の先行詞があることもある．「以来」の意味にもなる．

　　Animus, nec *cum* adest nec *cum* discēdit, appāret. (Cic. *Sen.* 80)
　　　霊魂はここにあるときも去るときも見えない．
　　Nam tua rēs agitur, pariēs *cum* proximus ārdet. (Hor. *Ep.* 1. 18. 84)
　　　なぜなら隣家の壁が燃えているとき，問題になっているのは君の財産なのだ．
　　*Cum* Caesar in Galliam vēnit, duae ibi factiōnēs erant. (cf. Caes. *Gal.* 1. 31. 3)
　　　カエサルがガッリアに来たときに，そこには 2 つの派閥があった．
　　Recordāre *tempus* illud, *cum* pater maerēns iacēbat in lectō. (Cic. *Phil.* 2. 45)
　　　父親が悲しみのために床についていたときのことを想起せよ．
　　Permultī annī sunt, *cum* tē vīdī.
　　　君に会ったときから何年にもなる．

(2) 条件的 cum
　cum が未来または未来完了を伴うときには，条件文に等しいことがあり，「条件的 cum」(cum conditiōnāle)と呼ばれる．

— 295 —

> *Cum* Rōmam vēnerō, statim tē vīsam.
> ローマに着いたら，直ちに君に会いに行くよ．
>
> *Cum* poscēs, posce Latīnē. (Juv. 11. 148)
> 頼むときはラテン語で頼め．

(3) 反復の cum

「～ときにはいつも」，「～たびに」という同一事象の繰り返しを表すものは「反復の cum」(cum iterātīvum) と呼ばれ，quotiēns, quotiēnscumque と同じ意味になる．副時称に接続法を使うことがカエサル以後に見られるようになる（3つめの例文）．

> Ager *cum* multōs annōs quiēvit, ūberiōrēs efferre frūgēs solet. (Cic. *Brut*. 16)
> 畑は長年休んだあとでは，いつもいっそう豊かな実りを生む．
>
> *Cum* Rōmam vēneram, statim amīcum vīsēbam.
> ローマへ行ったときにはいつも，すぐ友に会うことにしていた．
>
> *Cum* ferrum sē īnflexisset, neque ēvellere neque pūgnāre poterant. (Caes. *Gal*. 1. 25. 3)
> 穂先が曲がると，彼らは引き抜くことも戦うこともできなかった．
> 【主文が反復時称（未完了過去）であるから，cum は「反復の cum」】

(4) 説明の cum

主文と副文の動詞が同一の行為を指すとき，一方が他方を説明または定義するので，「説明の cum」(cum explicātīvum) と呼ぶ．「一致の cum」(cum coincidentiae) とも言う．

> *Cum* tacent, clāmant. (Cic. *Catil*. 1. 21)
> 彼らは黙っているとき，叫んでいるのだ．
>
> Improbus fuit, *cum* accēpit pecūniam.
> 彼は金をもらったとき，不誠実だった．

(5) 倒逆の cum

先行する主文が時間的に先で，cum の文がその直後の新しい事象を描く場合には，主文と副文の役割が逆になるように見えるので，「倒逆の cum」(cum inversīvum) と呼ばれる．未完了過去または過去完

了の主文に vix「辛うじて」, iam「すでに」, modo「たった今」, nōndum「まだ～ない」などがあり, cum の文の時称は現在または完了で, repente「突然」, subitō「すぐに」などが付加されることが多い.

> *Modo* cēnāveram, *cum* amīcus advēnit.
> 　私が食事を済ませた正にそのとき, 友がやってきた.
>
> *Iam*que hoc facere noctū apparābant, *cum* mātrēs familiae *repente* in pūblicum prōcurrērunt. (Caes. *Gal.* 7. 26. 3)
> 　そうしてすでに彼らが夜中にこれを実行しようと準備していたときに, 突然主婦たちが街頭へ飛び出してきた(夫たちを阻止するために).
> 【hoc これ＝町からの脱出】

## 3. **cum**＋接続法

(1) 物語の cum

(a) cum は, 過去の一回的な出来事を物語るときに, 接続法の未完了過去(同時)または過去完了(以前)を伴うことが圧倒的に多い. これを「物語の cum」(cum narrātīvum) または「歴史的 cum」(cum historicum) と呼ぶ. 主文に対して時間的関係をもつだけでなく, しばしば理由または対照の意味を含む. この点が「時の cum」と異なる.

> *Cum* Caesar in Galliam *vēnisset*, undique lēgātī ad eum convēnērunt.
> 　カエサルがガッリアに着いたとき, いたるところからガッリア人の使者たちが彼のところに集まってきた.
>
> Hic *cum* ex Aegyptō *reverterētur*, in morbum implicitus dēcessit. (Nep. *Ag.* 8. 6)
> 　彼(アゲーシラーオス)はエジプトから戻るときに, 病気にかかって死んだ.
>
> *Cum* Rōmae *essem*, in morbum incidī.
> 　ローマにいたときに(＋いたために), 私は病気になった.

(2) 随伴の cum

1つの行為に伴う別の行為を表す「cum＋接続法」は「随伴の

cum」(cum comitātīvum) と呼ばれる.「～しながら」

    Īrātus abiit, *cum loquerētur*.　怒った彼は,話しながら立ち去った.

(3) 理由の cum (第40章7, p 308)

    Vīta *cum* brevis *sit*, ratiōne est dēgenda.
      人生は短いから,よく考えて過ごさなければならない.

(4) 譲歩・対照の cum (第42章3/4, p 317)

    Quī nōn vetat peccāre, *cum possit*, iubet.
      犯罪を禁ずることができるのにしない人は,奨励しているのだ.
    Nunc tacet reus, *cum* anteā continenter *locūtus sit*.
      被告は前には続けざまに話していたのに,今は黙っている.

## 4. dum (dōnec, quoad, quamdiū)

(a) dum「～間に」はつねに直説法現在をとり,主文の行為が副文の表す時間内のいずれかの時点に起こることを示す.

    *Dum* vītant stultī vitia, in contrāria currunt. (Hor. *S*. 1. 2. 24)
      愚者は過ちを避けている間に,対極(の過ち)へと走る.
    *Dum* haec Rōmae aguntur, cōnsulēs ambō in Liguribus gerēbant bellum. (Liv. 39. 1. 1)
      ローマでこれらのことが行なわれている間に,両執政官はリグリアで戦争していた.

(b) dum, dōnec, quoad「～まで」が,純粋に時を表す場合には直説法の現在,完了,未来完了を用いる.目的文の意味合い(気がかり,意図)を含むときには,接続法が使われる.

    Tītyre, *dum* redeō (brevis est via), pāsce capellās! (Verg. *Ecl*. 9. 23)
      ティーテュルス,私が戻るまで,(道は短い),子山羊たちの放牧を頼む.
    Opperiar, *dum* redieris.　君が戻るまで待っていよう.
    *Dōnec* rediit Mārcellus, silentium fuit. (Liv. 23. 31. 9)

マールケッルスが戻るまで，沈黙が続いた．

Exspectā, *dum* frātrem *arcessam*!
　兄を呼ぶ(つもりであるからそれ)まで待ってくれ．

(c) dum, dōnec, quoad, quamdiū「～する間，間じゅうずっと，限り」は，2つの行為が時間的に完全に重なることを表し，主文と副文に直説法の同じ時称を用いる．ただし未来には相対時称(未来完了)も用いられる．

Vīxit, *dum* vīxit, bene. (Ter. *Hec.* 461)
　彼は生きている間，よく生きた．
*Quoad* potuit, fortissimē restitit. (Caes. *Gal.* 4. 12. 5)
　彼はできる間は，最高度に勇敢に抵抗した．
*Dōnec* eris sospes, multōs numerābis amīcōs. (Ov. *Tr.* 1. 9. 5)
　君は無事でいる間は，多数の友をもつだろう．
*Quamdiū* teneor iūre iūrandō hostium, nōn sum senātor. (cf. Cic. *Off.* 3. 100)
　敵への誓いに縛られている限り，私は元老院議員ではない．

## 5. priusquam, antequam

「する前に」．ante と prius は切り離す事もできる．純粋に時を表す場合には，直説法の現在，完了，未来完了を用いる．ただし現在は，主文が肯定文の場合には，未来のことにも用いられる(4つめの例文)．また，目的文の意味合い(気がかり，意図)が含まれれば，接続法になる．

Fulget, *antequam* tonat. 　雷が鳴る前に，稲妻が光る．
Tibi nōn *prius* scrībam, *quam* tū responderis.
　君が返事をくれるよりも前には，私は君に手紙を出さないよ．
Hostēs nōn *prius* fugere dēstitērunt, *quam* ad flūmen Rhēnum pervēnērunt. (Caes. *Gal.* 1. 53. 1)
　敵はレーヌス川に着く前には逃げるのをやめなかった．
Nunc *antequam* ad sententiam redeō, dē mē pauca dīcam. (Cic. *Catil.* 4. 20)

さて，本題に戻る前に，私自身のことを少しお話ししよう．

*Prius* ad hostium castra pervēnit, *quam* quid agerētur Germānī sentīre *possent*. (Caes. *Gal.* 4. 14. 1)

 彼（カエサル）が何をしようとしているのかをゲルマーニア人に感じとられる前に（感じとられないようにその前に）カエサルは敵の陣営に到着した．

Continuō culpam ferrō compesce, *priusquam* dīra per incautum *serpant* contāgia vulgus. (Verg. *G.* 3. 468–469)

 いまわしい感染 dīra contāgia が不注意な群 incautum vulgus に忍び込む前に，直ちに禍根を刃物で断て．【禍根＝病気の羊】

## 6. postquam（posteāquam）

先行する時を表す postquam（post quam, posteāquam, posteā quam）「したあとで」は，過去の一回的行為を直説法完了，まれに（2つめの例文）過去完了で表す．差異の奪格（または差異の意味の前置詞句）が先行すれば，過去完了になり（3つめの例文），その際に post が落ちて quam のみになることもある（4つめの例文）．状態（主文の時までの継続：「以来」の意味になる）を表す場合は，現在に直説法現在を，過去には未完了過去を用いる．

Eō *postquam* Caesar pervēnit, obsidēs poposcit. (Caes. *Gal.* 1. 27. 3)

 カエサルはそこへ到着すると，人質を要求した．

Albīnus *postquam* dēcrēverat nōn ēgredī prōvinciā, mīlitēs statīvīs castrīs habēbat. (Sal. *Jug.* 44. 4)

 アルビーヌスは属州から出ないことを決意してからは，兵士たちを宿営地に留め置いていた．

 【statīvīs castris: 手段の奪格（宿営地によって）のニュアンスがあるから in を用いない】

Paucīs diēbus, *postquam* reverterat, mortuus est.

 彼は帰ってから数日後に死んだ．

Dēcessit autem ferē post annum quārtum, *quam* Themistoclēs Athēnīs erat expulsus. (Nep. *Ar.* 3. 3)

しかし彼(アリステイデース)はテミストクレースがアテーナイから追放されたおよそ4年後に没した.

【この post は前置詞で, postquam の post ではない. post annum quārtum が差異の意味の前置詞句】

Plānē relēgātus mihi videor, *posteā quam* in Formiānō sum. (Cic. *Att*. 2. 11. 1)

私はフォルミアエの荘園に来てから,まさに島流しにされた気がしている.

Plānē relēgātus mihi vidēbar, *posteā quam* rūrī eram.

私は田舎に来てから,まさに島流しにされたような気がしていた.

## 7. **ubi, ut, simul**

postquam などと同じように先行する時を表す ubi, ut, simul (ubi prīmum, ut prīmum, cum prīmum, simul atque, simulac)「すると, するや否や」も,過去の一回的な時を表すときには直説法完了を用いる.過去の状態(主文の時までの継続)の描写には未完了過去(5つめの例文),過去の反復事象には過去完了(6つめの例文),未来の事象には未来または未来完了(ただし ut を除く)を用いる.さらに,2つの行為が同時に反復される場合には,どちらも未完了時称にする.

Quae *ubi* nūntiantur Rōmam, senātus extemplō dictātōrem dīcī iussit. (Liv. 4. 56. 8)

それらの情報がローマにもたらされると,元老院は直ちに独裁官が任命されることを決議した.

【nūntiantur は歴史的現在】

Caesar *cum prīmum* (*ut prīmum*) per annī tempus potuit, ad exercitum contendit.

カエサルは季節によって可能になるや否や,軍隊のところへ急行した.

*Ubi prīmum* proelium est nūntiātum, undique in forum concursum est.

戦闘が知らされると,町じゅうからフォルムへ人が走って集まった.

【concursum est は concurrō の非人称受動の完了→第6章4, p 63, 第10章1c, p 86】

Loca superiōra ab hostibus occupāta sunt, *simulac* dēfēnsōrēs abiērunt.
>　守備隊が立ち去ると，たちまち高い場所が敵に占領された．

*Ut* nūlla iam dēfendendī spēs erat, oppidānī sē dēdidērunt.
>　もはや守備の希望がなくなったときに，市民たちは降伏した．

*Ut* quisque conciderat, necābātur īlicō.
>　みんな倒れるや否や，その都度その場で殺された．

*Simul* aliquid audīverō, tibi scrībam.
>　何か聞いたらすぐ君に手紙を書こう．

*Ubi* mē aspiciet, ad carnuficem rapiet continuō.（Pl. *Bac.* 687）
>　あの人はわたしを目にするや，すぐに皮剥ぎ屋のところへ引っ立てて行くよ．

Populus mē sībilat; at mihi plaudō ipse domī, *simul ac* nummōs contemplor in arcā.（Hor. *S.* 1. 1. 66–67）
>　大衆は私を口笛でやじるが，私は家で金庫の中のお金を眺めればすぐに自分で自分に拍手する．

# 第 40 章　理由文

## 1. 理由文の概要
（a）客観的な理由は次の接続詞で表す．法は直説法，ただし間接引用の場合は接続法を用いる．否定詞は nōn.

quod, quia「～だから，なので」
quoniam「なにしろ～だから」
quandō, quandōquidem（quandoquidem）「何と言っても～だから」
siquidem「ほんとうなら～だから」

（b）主観的な理由は「cum（cum causāle）+接続法」にする．否定詞は nōn.

cum「～だから，なので」
praesertim（または quippe, utpote）cum「とりわけ～だから」

## 2. 関係代名詞 quod からの意味の発展
quod は関係代名詞の「関係の対格」に由来するので，「ということに関しては，という点で」のような意味合いを残しており，まだ不定法句とまったく同じ「ことを」の意味になり切っていない．用法も限られている

*Quod* fēcistī, laudandum est. （関係代名詞）
　君のしたことは，褒められるべきだ．
*Quod* mē valēre putās, errās. （接続詞への移行）
　私が元気であると思う点において，君は間違っている．

## 3. 説明の quod
説明の quod（quod explicātīvum）は，「事実の quod」あるいは「事実確認の quod」とも呼ばれ，事実によって上位文の全体（または文肢）を詳解する．「～という事実は（を），状況は（を），ことは（を）」．場合によっては「～ときに（ならば）」の意味にもなる．指示代名詞が

先行することもある．

> Bene *facis*, *quod* mē adiuvās．(Cic. *Fin*. 3. 16)
> 君は私を助けている点で(＝ときに)，いいことをしている．
> *Adde quod* ingenuās didicisse fidēliter artēs ēmollit mōrēs nec sinit esse ferōs．(Ov. *Pont*. 2. 9. 47–48)
> さらに，上流の学問 ingenuās artēs を忠実に学んだことが性格を和らげて粗野になることを許さない(という事実を加えよ)．
> *Praetereō quod* eam sibi domum dēlēgit．(Cic. *Clu*. 188)
> 彼がその家を自分のために選んだことを，私は大目に見る．
> Opportūnē *accidit*, *quod* lēgātī vēnērunt．
> たまたま幸運にも使節団が来た．【第 38 章 2b, p 291】
> *Hoc* ūnum vitium in tē vituperāmus, *quod* īrācundus es．
> 君が怒りっぽいという事実，この欠点だけを我々は君について非難する．
> Pergrātum mihi est, *quod* vēnistī．
> 君が来てくれたことは，私にはたいへん有り難いことだ．
> Errās in *eō*, *quod* mē valēre putās．
> 私が元気であると考える点において君は間違っている．
> Mihi quidem videntur hominēs *hāc rē* maximē bēstiīs praestāre, *quod* loquī possunt．(Cic. *Inv*. 1. 4)
> 私には人間は何よりも話すことができるという点において獣を凌ぐと思われる．
> Magnum beneficium nātūrae *quod* necesse est morī．(Sen. *Ep*. 101. 14.)
> 死ななければならないことは，自然の大きな恩恵(である)．

## 4. 感情動詞＋quod

gaudeō「喜ぶ」，īrāscor「怒る」，mīror「驚く」，queror「嘆く」などの感情動詞(verba affectūs)は，発言・知覚・思考動詞と同じように，主張内容を示す不定法句を取ることが多いが(第 32 章 4, p 251)，「説明の quod」を伴えば，それは感情の理由を説明する．ここに「説明の quod」から「理由の quod」への移行の様子が見られる．laudō

「ほめる」，reprehendō「非難する」など，近い意味の動詞も感情動詞に準じる．

> Gaudē, *quod* spectant oculī tē mīlle loquentem. (Hor. *Ep.* 1. 6. 19)
> 君が話しているのを一千の目が見ていることを喜べ．
> Mīrābar, *quod* falsam opīniōnem dēfendēbās.
> 君が間違った見解を擁護していたことを(ので)私はいつも不思議に思った．
> Caesar questus est, *quod* ab Haeduī dēstituēbātur.
> カエサルはハエドゥイー族から見殺しにされたことを(ので)嘆いた．
> Molestissimē ferō, *quod* nesciō, ubi tē vīsūrus sim.
> 私はどこで君に会えるのか分からないことで(ので)ひどく腹を立てている．
> Laudō tē, *quod* mē adiūvistī.
> 私を助けてくれたことで(から)，私は君をほめる．
> Iuvat mē, *quod* vigent studia. (Plin. *Ep.* 1. 13. 1)
> 学問が栄えていて私はうれしい．

## 5. 理由の quod

事実の，客観的な理由は，quod, quia, quoniam, quandō, siquidem などの接続詞と直説法を用いて表す．quod には指示副詞 properteā, ideō, idcircō (「それゆえに」) などが先行することがよくある．

> Senibus auctōritās māior est, *quod* plūra nōsse et vīdisse putantur.
> 老人たちは，より多くの知見があると信じられるために，より大きな信望を集める．
> 【nōsse: 母音間の子音 v の消失による短縮形】
> *Quandō* (*Quandōquidem*) id, quod vīs, fierī nōn potest, id velīs, quod possit.
> 君が望むとおりになることはありえないのであるからには，可能性のあることを望むべきだ．
> *Quia* nātūra mūtārī nōn potest, idcircō vērae amīcitiae sempi-

ternae sunt. (Cic. *Amic.* 32)
> 本性は変えることができないものであるから，真の友情は永遠である．

Sōlus erō, *quoniam* nōn licet esse tuum. (Prop. 2. 9. 46)
> 私は一人でいるだろう．君のものになることが許されないのだから．

Molesta vēritās, *siquidem* ex eā nāscitur odium. (Cic. *Amic.* 89)
> 真実はわずらわしい，そこから憎しみが生まれるのであるから．

## 6. quod＋接続法

(1) 部分的間接話法の quod

「理由の quod」(quia, quoniam, quandō) に間接引用の接続法を用いると，理由の間接表明になる．著者(話者)が挙げる理由ではなく，第 3 者(登場人物，主文の主語)が挙げる理由を表す(第 35 章 1, p 272)．意味は「～と言って，という理由で」となり，部分的間接話法と呼ばれる．感情動詞に続く quod の文も含む．著者(話者)が自分の言葉を間接的に引用することもある(4 つめの例文)．

Caesar Haeduōs graviter accūsābat, *quod sē dēstituissent, quod* frūmentum prōmissum sibi nōn *subministrāvissent, quod* cōnsilia sua hostibus *ēnūntiārent*. (cf. Caes. *Gal.* 1. 16–17)
> カエサルはハエドゥイー族が自分を見捨てた，約束した穀物を自分によこさなかった，自分の意図を敵に漏らしている，と言って彼らを激しく非難した．

Sōcratēs accūsātus est, *quod corrumperet* iuventūtem. (Quint. *Inst.* 4. 4. 5)
> ソークラテースは若者たちを堕落させているとして告発された．

Laetātus sum, *quod* mihi *licēret* rēcta dēfendere. (Cic. *Fam.* 1. 9. 18)
> 私は自分が正しいことを擁護することを許されていると言って喜んだ．

*Quoniam* ipse prō sē dīcere nōn *posset*, verba fēcit frāter ēius Stēsagorās. (Nep. *Milt.* 7. 5)
> 彼(ミルティアデース)が自分で自分のために話すことができないのだからという理由を挙げて，彼の兄弟のステーサゴラースが演説した．

Nec compōne comās, *quia sīs* ventūrus ad illam. (Ov. *Rem.* 679)

彼女のところへ行こうとしているからと言って，髪を整えるな．
【nec = et nē（次の行にも nec があって対応している）】

(2) 間接引用接続法の転嫁

quod の文の中にある不定法句が内容的に間接引用であることを示すために，上位の発言・思考動詞を代りに接続法にすることがある（第 35 章 1c, p 272）．

> Reprehendis, *quod solēre* mē *dīcās* dē mē ipsō praedicāre.
> 君は，私がいつも自分自身のことを宣伝するからと言って，非難する．
>
> Helvētiī, seu *quod* Rōmānōs *discēdere* ā sē *exīstimārent*, sīve *quod* rē frūmentāriā interclūdī *posse cōnfīderent*, nostrōs lacessere coepērunt. (Caes. *Gal.* 1. 23. 3)
> ヘルウェーティイー族は，ローマ軍が自分たちから離れて行くと考えたためか，あるいは食糧補給から切り離されると信じたためか，わが軍を挑発し始めた．

(3) 結果文に由来する quod

est quod「理由がある」と habeō quod「理由を持つ」は結果の関係文（第 45 章 2b, p 336）に由来し，接続法を取る．quod の代りに，「なぜ」の意味の副詞(句) cūr, quārē/quā rē, quam ob rem も用いる．

> Nihil *est* (*habeō*), *quod metuam*.　私が心配する理由は何もない．
> Quid *est*, *cūr* mihi *suscēnseās*?
> 君が私に腹を立てるどんな理由があるのか．

(4) 理由の却下

不適切であるとして却下される理由は，間接表明であるかのごとく，接続法で表す．導入の接続詞には nōn quod（nōn quō, nōn quia），その否定には nōn quod nōn（non quo nōn, nōn quīn）を用いる．あとに来る正しい理由は sed quod（sed quia）と直説法で表す．

> Cōnsilium tuum nōn reprehendō, *nōn quod* id *probem*, *sed quod* minor nātū sum.
> 私があなたの計画を非難しないのは，それを是認しているからではなく，私のほうが年下だからです

Tibi nōn scrīpsī, *nōn quod nōn cōnfīderem* tibi, *sed quia* tempus mē dēfēcit.
> 君に手紙を書かなかったのは，君を信用していなかったからではなく，私に時間がなかったからだ．

Māiōrēs nostrī in dominum dē servō quaerī nōluērunt, *nōn quīn posset* vērum invenīrī, *sed quia* vidēbātur indīgnum esse. (Cic. *Mil.* 59)
> 我々の祖先は拷問によって奴隷から主人に不利なことを聞き出すことを認めなかった．それは真実が発見されないからではなく，品位に欠けることと思われたからである．

【in: 告発，弾劾，敵対を意味する in】

## 7. 理由の **cum** + 接続法

理由の cum (cum causāle) は主観的な理由を表し，接続法を従える．接続法が本時称のときには理由を表すだけであるが，副時称の場合には「物語の cum」(第 39 章 3(1)a, p 297) を兼ねることがある (3 つめの例文)．理由を表すことを明確にするためにしばしば，praesertim cum, quippe cum, utpote cum「とくに～だから」とする．

*Cum sīs* mortālis, quae sunt mortālia cūrā!
> お前は死すべき人間であるから，死すべき人間のことを心配しろ．

Haeduī, *cum* sē suaque ab eīs dēfendere nōn *possent*, lēgātōs ad Caesarem mittunt rogātum auxilium. (Caes. *Gal.* 1. 11. 2)
> ハエドゥイー族は自分たちの身と財産を彼ら（ヘルウェーティイー族）から守ることができなかったので，援助を求めるために，カエサルのところに使節たちを派遣する．

*Cum* Rōmae *essem*, in morbum incidī.
> ローマにいたときに（+いたために），私は病気になった．

# 第41章　条件文

## 1. 条件文の概要

条件文は接続詞 sī によって導入される．sī の否定には，文全体を否定する nisi（または nī）と，語を否定する sī nōn（または sī minus）が区別して用いられる．sīn「だがもし」，sī quidem「ほんとうにもし」，sīve「あるいはもし」などの複合接続詞もある．

「条件文」という語は，しばしば主文を含めた複合文全体を指す．その場合に，条件を示す副文を protasis「前文」，帰結を示す主文を apodosis「後文」と呼ぶことがある．ただし後文が先行してもかまわない．

## 2. 事実の（論理的）条件文

前文にも後文にも直説法を用いる．

Sī spīritum dūcit, vīvit. (Cic. *Inv.* 1. 86)　息していれば生きている．
Stomachābātur senex, *sī* quid asperius dīxeram. (Cic. *N. D.* 1. 93)
　私が何か少しきついことを言うと，老人はいつもいらいらした．
Vīvam, *sī* vīvet; *sī* cadet illa, cadam. (Prop. 2. 28. 42)
　生きよう，彼女が生きるなら．彼女が死ぬなら，死のう．
Flectere *sī* nequeō superōs, Acheronta movēbō. (Verg. *A.* 7. 312)
　天上の神々を動かすことができないなら，私は冥界を動かすであろう．
【Acheronta はギリシア語式の男性単数対格形】

## 3. 可能的（想定的）条件文

現在の可能的条件文は，主文にも副文にも接続法の現在または完了を時称の区別なしに用いる（第 11 章 5 (2), p 96）．2 人称単数は不特定の人を指すこともある．

Aequābilitātem vītae cōnservāre nōn *possīs*, *sī* aliōrum nātūram imitāns tuam *omittās*.
　他人の特性を模倣して自己の本性を放棄すれば，人生の安定を維持する

ことができないだろう.

Cicerōnī nēmŏ ducentōs nunc *dederit* nummōs, *nisi fulserit* ānulus ingēns. (Juv. 7. 139–140)
今では誰もキケローに銀貨200枚払わないだろう,もしも巨大な指輪が輝いていなければ.【雄弁だけあっても,弁護依頼人がつかない】

## 4. 過去の可能的条件文
　過去の場合は接続法未完了過去を用いる.ただし現在の非現実条件文と同じ構文になるから,使用はまれである.不特定の人を主語とする場合は可能的条件文であると言える.

Put*ārēs* urbem dīreptam esse, *sī cernerēs*.
もし見ている人がいたら,町が略奪されていると思ったことだろう.

*Sī* luxuriae *temperāret*, avāritiam nōn *timērēs*. (Tac. *Hist.* 2. 62)
彼が享楽を抑制すれば,人は(彼の)貪欲を恐れることはなかっただろう.

## 5. 非現実条件文
　現在の非現実条件文には接続法未完了過去,過去の非現実条件文には接続法過去完了を用いる(第11章4(2), p 95).

*Nisi* sociōs tam fīdōs *habērēmus*, *dēspērārēmus*.
もしもこれほど忠実な同盟軍を得ていなければ,我々は絶望することだろう.

*Sī* ibi tē esse *scīssem*, ad tē ipse *vēnissem*. (Cic. *Fin.* 1. 8)
もし君がそこにいることを知っていたら,私は自分から君のところへ行っただろう.

## 6. 非現実表現のいろいろ
　(a) 過去の非現実条件文で,主文に paene (prope)「ほとんど,すんでのところで」があれば,主文だけ直説法にする.

Pōns iter *paene* hostibus dedit, *nī* ūnus vir *fuisset*. (Liv. 2. 10. 2)
もしもただ一人の勇士がいなかったなら,橋はもう少しのところで敵に

通路を提供するところだった.

(b)「可能」「義務」「必然」の表現のある主文は,非現実の接続法の代りに直説法を用いることもできる.

> Eum patris locō, *sī* pietās in tē *esset*, colere *dēbēbās*. (Cic. *Phil.* 2. 99)
> 君は,もしも君に孝養心があるのなら,彼を父として大切にするべきだった.
>
> Cōnsul esse quī *potuī*, *nisi* eum vītae cursum *tenuissem* ā pueritiā? (Cic. *Rep.* 1. 10)
> もし少年時代からこの人生行路をたどらなかったなら,どうして私は執政官になることができただろうか.【quī なぜ】
>
> Quid facere *potuissem*, *nisi* tum cōnsul *fuissem*? (Cic. *Rep.* 1. 10)
> もしもそのとき執政官ではなかったとすれば,私に何ができただろうか.

(c) 先行する主文に直説法未完了過去または「未来分詞+eram (fuī)」があり,続く副文が過去の非現実条件文であれば,主文の行為が結局は実現しなかったことを表す.

> *Lābēbar* longius, *nisi* mē *retinuissem*. (Cic. *Leg.* 1. 52)
> 私はさらに先まで滑り落ちようとしていた,もしも踏みとどまらなかったら,そうなったであろう.
>
> Germānicus ferrum *dēferēbar* in pectus, *nī* proximī prēnsam dextram vī *attinuissent*. (Tac. *Ann.* 1.35)
> ゲルマーニクスは自分の胸に剣を突き刺そうとしていた,もしそばにいた人々が彼の右手をつかんで力ずくで抑えなかったなら,そうしたことだろう.
>
> Hasdrubal Caralēs *perventūrus erat*, *nī* Manlius eum populātiōne *continuisset*. (Liv. 23. 40. 8)
> ハスドゥルバルはカラレースに到着しようとしていた,もしもマンリウスが略奪(をさせること)によって彼を阻止しなかったならば,そうしただろう.

## 7. 条件文のいろいろ

条件文の主文と副文の法と時称は，必ずしも原則に束縛されない．

Sī frāctus *illābātur* orbis, impavidum *ferient* ruīnae. (Hor. *Carm.* 3. 3. 7–8)

　　もしも天が砕けて落ちて来ることがあるなら，その破片は恐れを知らぬ者(=私)を打つであろう．

　　【可能性の接続法現在 (=future less vivid) の前文と，直説法未来 (=future more vivid) の後文】

Sī tum ita *fuisset*, nunc bene *esset*.

　　もしもあのときそうだったなら，今はいいはずだが．

　　【過去非現実の前文と現在非現実の後文】

Nē *sim* salvus, sī aliter *scrībō* ac *sentiō*.

　　もし考えていることと異なることを書いているなら，私は無事でなくてもいい．【願望文(後文)と直説法の前文】

Quid *timeam*, sī post mortem beātus *futūrus sum*?

　　もし死後に幸福になることになっているなら，私は何を恐れることがあろうか．【可能性(思案)の後文と迂言的未来の前文】

Memoria *minuitur*, nisi eam *exerceās*. (Cic. *Sen.* 7. 21)

　　記憶力は鍛錬しなければ減退するものだ．

　　【直説法の後文と想定的2人称接続法の前文】

Sī *valeant* hominēs, ars tua Phoebe *iacet*. (Ov. *Tr.* 4. 3. 78)

　　もし人間が健康でいるなら，ポイボスよ，あなたの技は無力です．

　　【可能的接続法の前文と直説法の後文】

Nunc, sī forte *potes*, fīnītīs *gaudē* tot mihi morte malīs. (Ov. *Tr.* 3. 3. 55–56)

　　さて，もしひょっとしてできるなら，これほど多くの災いが死によって終わったことを私のために喜べ．【直説法の前文と命令法の後文】

## 8. 接続詞 sī の特殊用法

(a) 反復の sī「すればその都度」．反復の cum に類似するが，過去には接続法を用いることが多い．

Improbī poenā afficiēbantur, *sī* facultās *incideret* (=dabātur).

ならず者は，機会が訪れれば，(その都度)罰せられた．

(b) sī nōn は 1 語を否定するので，後文に相反的接続詞 at certē (attamen)「それでも」があって，前文が譲歩的条件文になるとき，または同じ動詞の肯定条件文が先行しているときに用いられる．

*Sī nōn* omnia, *at cert*ē nōnnūlla comprehendistī.
全部ではないけど，それでも少しは分かりましたね．

*Sī* fēceris id quod ostendis, magnam habēbō grātiam, *sī nōn* fēceris, īgnōscam. (Cic. *Fam.* 5. 19. 2)
君が約束していることをしたら，大いに感謝しよう．しなかったら，大目に見よう．

(c) nisi は主文に制限または例外を加えるもので，とくに否定文または否定の意味の主文とともに使われる．

Nisi inter bonōs amīcitia esse *nōn* potest.
善意のある人々の間でなければ友情は成り立たない．

Peream *nisi* sollicitus sum. (Cic. *Fam.* 15. 19. 4)
困っていないなら死んでもいい．

Nihil hīc *nisi* trīste vidēbis. (Ov. *Tr.* 3. 1. 9)
君はここに悲しいものしか見ないでしょう．

(d) sīn, sīn autem「だがもし」．肯定の条件文が先行するとき．

*Sī* domī sum, forīs est animus; *sīn* forīs sum, animus domī est. (Pl. *Mer.* 589)
家にいれば，心は外にある．だが外にいれば，心は家にある．

(e) sī minus (まれに sī nōn も) は，先行する文を否定する条件文の短縮形として，単独で用いられる．

Ēdūc tēcum etiam omnēs tuōs; *sī minus*, quam plūrīmōs. (Cic. *Catil.* 1. 10)
君の部下も全員いっしょに連れ出せ．だめなら，できるだけ多く．
【dūcō [3] の命令法は dūc→第 14 章 6 の注，p 117】

Ōderō sī poterō; *sī nōn*, invītus amābō. (Ov. *Am.* 3. 11. 35)

できれば嫌うだろう，できなければ嫌々愛するだろう．
【ōderō=ōderō: ōdī の未来完了（意味は未来）】

(f) quod sī, quodsī「だがもし」．quod は関係代名詞対格（関係の対格）「それに関しては」に由来する軽いつなぎであり，相反的とは限らない．

Per sē igitur iūs est expetendum et colendum; *quod sī* iūs, etiam iūstitia. (Cic. *Leg.* 1. 48)
それゆえに法はそれ自体，求められ，守られるべきである．だがもし法がそうなら，正義もまたそうである．

(g) sīve...sīve〜（seu...seu〜）「...であれ〜であれ」

Veniet tempus et quidem celeriter, *sīve* retractābis, *sīve* properābis. (Cic. *Tusc.* 1. 76)
拒もうが急ごうが，時（＝死期）は訪れるであろう．しかも速やかに．

(h) sī modo「さえすれば，もしほんとうに」

Ā deō tantum ratiōnem habēmus, *sī modo* habēmus. (Cic. *N. D.* 3. 71)
我々は神からのみ授かって思考力を持っている，もし本当にもっているなら．

(i) sī quidem, siquidem「もしほんとうに」＝「実際に〜であるから」

Molesta vēritās, *siquidem* ex eā nāscitur odium. (Cic. *Amic.* 89)
真実はわずらわしい．実際にそこから憎しみが生まれるなら（のであるから）．

## 9. modo, dum, dummodo＋接続法

「しさえすれば」．願望文に由来する副文で，条件的願望文と呼ばれる．可能性または非現実の接続法を用いる．否定詞は nē．主文は複文の接続法に拘束されない．

Ōderint, *dum metuant*! (Cic. *Off*. 1. 97 [Accius])

　彼らは憎んでいてよろしい，恐れてさえいれば．

　【ōderint は ōdī の接続法完了(意味は現在)で，3 人称への命令を表わす】

In eō multa admīranda sunt, ēligere *modo* cūrae *sit*. (Quint. *Inst*. 10. 1. 131)

　彼には多くの驚嘆すべき点がある，気をつけて選びさえすればね．

Id ipsum scrībās velim, *dummodo nē* hīs verbīs. (Cic. *Att*. 12. 44. 4)

　正にこのことを君に書いてもらいたいものだ，ただこんな言葉でではなくね

　【velim は volō の可能性の接続法で，表現を和らげる．volō は不定法，不定法句，目的文を従えることができる: scrībās velim=velim ut scrībās=velim tē scrībere→第 37 章 2, p 283】

# 第42章　譲歩文

## 1. 譲歩文の概要
譲歩文は上位文の内容に対する反対の根拠を述べる副文である．それは，事実であることもあり（「であるのに，であるけれども」），想定上のこともある（「であるとしても」）．譲歩文はまた意味上，理由文や条件文を裏返したものであるから，これらと共通の接続詞（cum と sī）を使う譲歩文もある．法の使用は接続詞によって決定される．否定詞は nōn（ただし ut/nē を除く）．

譲歩文に似ているけれども，反対の理由ではなく，反対の事象そのものを含むものは，対照文と呼んで区別することがある．接続詞は cum（cum adversātīvum）に限られる．

譲歩文が先行する場合には，それを受ける副詞 tamen, attamen「それでも」，nihilō minus「それにもかかわらず」などを主文に用いることがある．

## 2. quamquam+直説法
（a）古典期には原則として直説法を使用した．その後次第に接続法を使うようになる．

> *Quamquam* Gallī fortiter resistēbant, tamen Caesar eōs vīcit.
> ガッリア人は勇敢に抵抗したけれども，（それでも）カエサルは彼らを打ち負かした．
>
> *Quamquam* omnis virtūs nōs ad sē allicit, tamen iūstitia et līberālitās id maximē efficit.（Cic. *Off.* 1. 56）
> 徳はすべて我々を引き寄せるが，とくに正義心と高潔さがそれを惹き起こす．
>
> Admonitū *quamquam* lūctūs *renoventur* amārī, perpetiar memorāre tamen.（Ov. *Met.* 14. 465–466）
> 思い出せばつらい悲しみが繰り返されるけれども，辛抱して話そう．

（b）quamquam は主文の導入に使われることもある（quamquam corrēctīvum）．

*Quamquam* rīdentem dīcere vērum quid vetat? (Hor. *S.* 1. 1. 24–25)
とは言え，笑いながら真実を語ることを何が禁ずるか．
【rīdentem は dīcere の隠れた対格主語への連結分詞→第 31 章 4b, p 245】

## 3. 譲歩の cum（cum concessīvum）+ 接続法（第 39 章 3(4), p 298）

Sōcratēs *cum* facile *posset* ēdūcī ē custōdiā, nōluit. (Cic. *Tusc.* 1. 71)
ソークラテースは牢から連れ出されることが容易にできたのに，欲しなかった．

## 4. 対照の cum（cum adversātīvum）+ 接続法（第 39 章 3(4), p 298）

Homō est ex tot animantium generibus particeps ratiōnis, *cum* cētera *sint* omnia expertia. (Cic. *Leg.* 1. 22)
かくも多くの種類の生き物たちの中で人間は理性を与えられているのに，他はいずれもそれを授かっていない．

## 5. 譲歩の ut, nē + 接続法

*Ut dēsint* vīrēs, tamen est laudanda voluntās. (Ov. *Pont.* 3. 4. 79)
仮に力がないとしても，それでも善意は賞賛に値する．
*Nē sit* summum malum dolor, malum certē est. (Cic. *Tusc.* 2. 14)
苦痛は最高の不幸ではないとしても，不幸であることは確かだ．

## 6. quamvīs + 接続法

(a) 接続法が原則であるが，quamquam と同じ意味で直説法を使うこともある．

Nihil agis, dolor! *quamvīs sīs* molestus, numquam tē esse cōnfitēbor malum. (Cic. *Tusc.* 2. 61)

お前は何もしない（＝できない），苦痛よ．いかに重苦しくても，私はお前が悪であるとは決して認めないであろう．

Victor erat *quamvīs*, aequus in hoste fuit. (Prop. 3. 19. 28.)
彼は勝利者だったのに，敵に対しては公正だった．

(b) 述語なしに，形容詞や副詞の強調に使われることもある．

Ille *quamvīs* dīves beātus nōn est.
あの人はいくら金持ちでも幸福ではない．

Sit mihi toga, quae dēfendere frīgus *quamvīs* crassa queat. (Hor. *S*. 1. 3. 13–15)
私はどんなに粗織りのでも寒さを防ぐことのできるトガがあればいい．

## 7. **licet**＋接続法
(a) 古典期には非人称動詞として，不定法または接続法を支配した．

*Licet abeās*!　行ってもいいよ．

(b) のちに接続詞として用いられるようになった．

*Fremant* omnēs *licet*, dīcam, quod sentiō. (Cic. *de Orat*. 1. 195)
たとえ全員が文句を言っても，私は思うところを言おう．

## 8. **sī, etsī, tametsī, etiamsī**
条件文の sī に準じて，直説法，可能性の接続法，非現実の接続法を使い分ける．

Nōn possum dispositē istum accūsāre, *sī cupiam*. (Cic. *Ver*. 4. 87)
私はそうしたくても，この男の罪を順序良く並べて告発することはできない．

Sunt quī quod sentiunt, *etsī* optimum *sit*, tamen invidiae metū nōn audent dīcere. (Cic. *Off*. 1. 84)
思っていることを，それが最良でも，妬まれる恐れから敢えて言わない人々がいる．

Nostrī, *tametsī* ab duce et ā fortūnā dēserēbantur, tamen omnem spem salūtis in virtūte pōnēbant. (Caes. *Gal.* 5. 34. 2)

わが軍は将軍と幸運とに見離されつつあったけれども，それでも助かる希望のすべてを武勇にかけていた．

Quod crēbrō videt, nōn mīrātur, *etiamsī*, cūr fīat, nescit. (Cic. *Div.* 2. 49)

繰り返し見るものに，人は驚かない，たとえなぜ起こるのか知らなくても．

*Etiamsī* mē *dēsererēs*, tamen nōn *dēspērārem*.

たとえ君が私を見捨てるとしても，それでも私は絶望しないだろう．

# 第 43 章　比較文

## 1.　比較文の概要
　比較文は様態や程度を比較することによって，上位文の内容を説明する．主語や述語が上位文と同じものは省略する．事実の比較文は直説法を，想定を含む比較文は接続法を用いる．否定詞はいずれも nōn．

## 2.　比較の ut
　「ように，通りに」．直説法を取る．

> Perge, *ut* coēpistī!　始めたように続けなさい．
> Apud veterēs Germānōs prīncipēs, *ut* narrat Tacitus, prō victōriā pūgnābant, comitēs prō prīncipe.
> 　古代のゲルマーニア人のもとでは，タキトゥスが物語るように，首領たちは勝利のために，従者たちは首領のために戦った．

## 3.　相関詞による同等比較文
　(a) 疑問詞―指示詞―関係詞の間の相関関係を指すときに「相関詞」という用語を使うことがある．指示詞は関係詞の先行詞になる．

> quis?「だれが」―is「彼が」―quī「(ところの)」
> ubi?「どこに」―ibi「そこに」―ubi「(ところの)」
> quandō?「いつ」―tum「そのとき」―quandō「(ところの)」

　(b) 指示詞と関係詞が組になって同等比較文を構成することがある．

> tot (totidem)…quot「と同じだけ多くの，の数だけ」
> tantus…quantus「と同じだけの量(大きさ)の」
> tālis…quālis「と同じような」
> īdem…quī「と同じ」
> tam…quam「と同じように」
> tantopere…quantopere「と同じように」
> totiēns…quotiēns「する度に」
> tamdiū…quamdiū「だけの間」

ita（sīc, item, itidem）...ut（utī, sīcut, quemadmodum, quōmodo）「ように」

*Quot* hominēs, *tot* sententiae.（Ter. *Ph.* 454）
　人間の数だけ考えがある．

*Tantum* scīmus, *quantum* memoriā tenēmus.
　我々は覚えているだけのことを知っている．

*Quālis* dominus（est）, *tālis* servus（est）.
　この主人にしてこの奴隷あり（奴隷は主人と同じ性質だ）．

Incidit in *eandem* invidiam *quam* pater suus.（Nep. *Cim.* 3. 1）
　彼（キモーン）は父（ミルティアデース）が受けたのと同じ憎しみを受けた．

Nihil est *tam* populāre *quam* bonitās.（Cic. *Lig.* 37）
　親切ほど人の気を引くものはない．

*Ut* salūtāmus, *ita* resalūtāmur.
　挨拶すると，同じように挨拶を返される．

## 4. 比例的比較文

「であればあるほどますます」．2つの比較級のそれぞれに，差異の奪格に由来する相関詞 quō...eō または quantō...tantō を冠して副文とその上位文にする．「ut quisque＋最上級...ita＋最上級」「quam＋最上級...tam＋最上級」も同じ意味になる．述語が同じときには，合体することもある．

*Quō* quis est *doctior*, *eō modestior* esse solet.
　人は教養があればあるほど，ますます謙虚になるのが常である．

*Quantō* quis est *doctior*, *tantō modestior* esse solet.
　（同上）

*Ut quisque doctissimus* est, *ita modestissimus* esse solet.
　（同上）

*Doctissimus quisque modestissimus* esse solet.
　（同上）

*Quam citissimē* cōnficiēs, *tam maximē* expediet.（Cato *Agr.* 64. 2）

早く加工するほど，収益が大きい．

## 5. 比較の quam

(a) 比較級および比較の概念の語（mālō「よりも欲する」，praestat「よりも良い」など）は，quam に導かれる比較文を従える．

> Pāx *ūtilior* est *quam* bellum.　平和は戦争よりも有益である．
> Accipere *quam* facere *praestat* iniūriam.（Cic. *Tusc.* 5. 56）
> 　危害は加えるよりも受けるほうが良い．
> Summī virī facere optima *quam* prōmittere *māluērunt*.
> 　最高の人は最善のことを約束するよりも実行することを好むものだ．
> 【格言的完了】

(b) nōn minus…quam「よりも少なくなく」と nōn magis…quam「よりも多くなく」は，いずれも「と同様に」という意味の同等比較文（nōn は minus/magis を否定する）であるが，後者は quam 以下に重点がある．後者はさらに，nōn が文全体を否定するときには，同等比較否定文「どちらもない」になる．

> Mātrem *nōn minus* amō *quam* patrem.
> 　（私は母を父以下には愛していない=）私は母を父と同様に愛している．
> Mātrem *nōn magis* amō *quam* patrem.
> 　（父以上に母を愛しているわけではない=）父を母と同様に愛している．
> Mors *nōn magis* parcit puerīs *quam* senibus.
> 　死は子供をも老人をも容赦しない．

(c) 2つの形容詞または副詞の比較は，「比較級+quam+比較級」，または「magis+原級…quam+原級」で表す．

> Cheruscīs pāx *iūcundior quam tūtior* fuit.
> 　ケルスキー族にとって平和は安全である以上に快適だった．
> Cheruscīs pāx *magis iūcunda quam tūta* fuit.
> 　（同上）
> *Fortius quam fēlīcius* pūgnāvērunt.
> 　彼らは運に恵まれて戦ったというよりむしろ自らの武勇の力で戦った．

*Magis fortiter quam fēlīciter* pūgnāvērunt.
　（同上．）

## 6. 比較の **ac, atque**

同等，類似，相違の表現のあとでは，比較されるものは対等接続詞 ac/atque「と，とは」で導入される．

　*Idem* sentiō *ac* tū.　私は君と同じ考えだ．
　Ea rēs mihi *aequē* nōta est *ac* tibi.
　　そのことは私も君と同様に知っている．
　Utinam nē *similī* ūtāmur fortūnā *atque* ūsī sumus!
　　切り抜けてきたのと同じような運命に会いませんように．
　Nōn *aliter* dīxī *ac* sēnsī.
　　私は思っていることと違うことは言わなかった．
　Omnia *contrā* ēvēnērunt *atque* putāveram.
　　すべては私が思っていたのとは逆の結果になった．

## 7. 比較文の特殊用法

(a)「quam＋最上級」は possum の省略で「できるだけ」の意味になる．

　Caesar *quam maximās*（potuit）cōpiās coēgit.
　　カエサルはできるだけ多くの部隊を集結させた．
　*Quam celerrimē* succurrit.
　　彼はできるだけ急いで救援に駆けつけた．

(b) 比較の ut…ita は相反的な意味になることもある．

　*Ut* breviōra, *ita* arrēctiōra itinera.
　　より短いけれども，より険しい道．

(c) 比較の ut は理由または限定の意味を含むことがある．

　*Ut* es prūdēns, dēceptus nōn es.
　　君は賢いから，だまされなかった．
　Errāre possum *ut* homō.

私は人間であるから，過ちを犯すこともある．

Ubiōrum fuit cīvitās ampla atque flōrēns, *ut* est captus Germānōrum. (Caes. *Gal.* 4. 3. 3)
ウビイー族の国は，ゲルマーニア人の理解の範囲では，広大かつ強力だった．

(d) 同格名詞に比較の ut または tamquam を冠すれば，類似性が際立たせられる．

Scīpiōnem *ut* (*tamquam*) deum colēbat Laelius.
ラエリウスはスキーピオーをまるで神のように崇めていた．

## 8. 接続法の比較文

想定を含む比較文は，時称の対応する接続法を用い，意味が非現実的でも，時称対応の規則に従うのが普通であるが，まれに非現実の接続法にすることもある(4つめの例文)．接続詞は quasi, tamquam, velut, tamquam sī, sīc...ut sī, velut sī, proinde (perinde) ac sī など，いずれも「あたかも...ように」の意味．

Num testibus opus est, *quasi* rēs dubia *sit*?
証人など必要があるのか，まるでその件が疑わしいかのように．

Sēquanī absentis Ariovistī crūdēlitātem, *velut sī cōram adesset*, horrēbant. (Caes. *Gal.* 1. 32. 4)
セークゥニー族は，アリオウィストゥスがいないのに，あたかも目の前にいるかのように，その残酷さにおびえていた．

Glōriātur, *proinde ac sī* ipse *interfuerit*.
彼はまるで自分がその場にいたかのように自慢している．

Ēius negōtium *sīc* velim suscipiās, *ut sī esset* rēs mea. (Cic. *Fam.* 2. 14. 1)
彼の仕事をあなたが，あたかも私の用件であるかのように，引き受けていただきたいのですが．

【velim suscipiās → p 315 の最後の例文の注】

### 余録 15. 叙事詩のラテン語 (2) ウェルギリウス

　ウェルギリウスもまた，崇高なジャンルの規則を守るために，エンニウス風の文体の伝統に忠実であるが，一方では都会的(首都ローマ的)洗練と彫琢を何よりも重視する「新詩人」として出発した経歴を持ち，同時代の言葉から大きくそれることはない．archaism (古語，古形) はめったに使わない．使うケースには，韻律上の都合もあり，先輩たちに敬意を示して彼らの詩語を模倣するときもあるが，とくに目立つのは，神々の発言，アポッローンの巫女の予言，祈願の言葉などに威厳と荘重さを与えるための意図的使用である．

　ウェルギリウスの最大の功績は，ペリオドスの叙事詩への適用に成功したことである．ルクレーティウスもカトゥッルスも，副文を論理的に積み重ねる複雑なペリオドスを使おうとして失敗した．しかしペリオドスには並列文を重ねるものもある．たとえばキケローの『第2ピリッピカ(アントーニウス弾劾演説)』110節を見ると，叙事詩の25行ほどに換算される長さの箇所を，ほとんど相互に均衡するすばやい短文の連続ばかりで満たして，情緒的緊張を高めている．疑問文11，感嘆文1，命令文4，平叙文2から成り，それらによって10ほどのペリオドスが構成されているが，副文は3箇所に散発的に出てくるのみで，ほとんどのペリオドスが短文の並列によって，とりわけ「文頭語反復」anaphoraを使った対句によってつくられている．

　ウェルギリウスはこのような簡潔で迫力に満ちたペリオドスを叙事詩に導入して，narrative (地の文) の文体の基本にした．キケローが理想としたように，4行を越えることはめったにない．この簡素な構造の文を，均整，対句，文頭語反復，同音反復，同形語末などさまざまな入念な修辞法によって補う．とくに tricōlon (3部分に分けられるコーロン)，kyklos (文頭の語を文末に反復する円環手法)，dicōlon abundāns (語または語句を同義の別の語で言い換えたものを並べているコーロン) などに工夫を凝らしている．この最後の2項構造はウェルギリウスの文体の最大の特徴の1つで，よく目につき，時には1コーロンが2対の

同義 2 語を含んだり，1 ペリオドスに 2 つの同義の分詞句と 2 つの同義の主文が収まっていることもある．speech（台詞の文）はいっそう入念に，全体が独立の詩であるかのように構成され，さらに多くの修辞法を利用しているが，基本はやはり短文の並列である．

　自国の言語素材を彫琢して洗練させる長い間の努力は，ウェルギリウスに至って頂点に達し，ついにラテン語は高級詩歌を歌うのに適した強力かつ繊細な言葉に形作られた．後輩たちの文学言語に及ぼした影響は絶大だった．

# 第44章　関係文

## 1. 関係文の概要

（a）関係文は関係代名詞または関係副詞（まとめて関係詞と呼ぶ）によって導入される副文で，上位文の中の語（先行詞）または文全体に関係する．否定詞は nōn．

（b）本来は先行詞に対する付加語文であるが，指示代名詞主格または対格の先行詞は省略可能で，見かけ上，関係文が上位文の主語または対格目的語の役割を果たす．関係副詞による関係文は，先行詞がなければ副詞的副文になる．

 Hostēs, *quī* fugiunt, nōn timēmus.
  逃げる敵を我々は恐れない．（付加語文）
 *Quī* fugiunt, nōn sunt timendī.
  逃げる者は恐れられる必要がない．（主語文）
 *Quī* fugiunt, nōn timēmus.
  逃げる者を我々は恐れない．（対格目的語文）
 Proficīscar, *unde* vēnistī.
  君が（そこから）来たところへ私は行くつもりだ．（副詞文）

（c）接続法を用いる関係文は，接続法の副文の役割をもつ．詳細は次章．

 Mīsit, *quī* nūntiāret.
  彼は報告する（させる）ための者を派遣した．（目的文）
 Is est, *quī* quiēscere nōn *possit*.
  彼は休むことのできない（類の）人だ．（結果文）
 Adiuvā nōs, *quī* tē *adiūverimus*.
  我々は君を助けたから，その我々を助けよ．（理由文）
 Nōn adiuvās eōs, *quī* tē *adiūverint*.
  彼らが君を助けたのに，その彼らを君は助けない．（譲歩文）

（d）「前置詞＋関係代名詞」の代りに関係副詞を用いることがある．

 Potest fierī ut is, *unde* tē audīsse dīcis, īrātus dīxerit. (Cic. *de*

*Orat.* 2. 285)
　君がその人から聞いたと言っているその人は腹を立ててそう言ったのだろう．
　【unde＝ā quō, ex quō】

## 2. 普遍化関係詞

　関係詞(疑問詞)に -cumque をつけるか，あるいは関係詞(疑問詞)を重複させると，普遍的関係詞(不定関係詞)になる．ただし重複形は一部に限られる．また，普遍化関係文は譲歩文のような意味になることが多いけれども，もともと反復的な関係文に過ぎないので，直説法を用いる．

(a) 疑問・関係代名詞と普遍化関係代名詞

　　quis, quid「だれが，何が」
　　　　→quisquis, quidquid「～ものはだれ(何)でも」(名詞的用法のみ)
　　quī, quae, quod「～ところの」
　　　　→quīcumque, quaecumque, quodcumque「～ものはだれ(何)でも」
　　quālis, quāle「どのような，～ような」
　　　　→quāliscumque, quālecumque「～ものはどのようなものでも」
　　quantus, quanta, quantum「どれほどの，～ほどの」
　　　　→quantuscumque, quantacumque, quantumcumque「～ものはどれほどの量(大きさ)のものでも」
　　quot (不変化)「いくつ，～ほどの数の」
　　　　→quotcumque または quotquot「～ものはいくつでも」

(b) 疑問・関係副詞と普遍化関係副詞

　　quandō「いつ，～ときに」
　　　　→quandōcumque「～のときはいつでも」
　　quō「どこへ，～のところへ」
　　　　→quōcumque または quōquō「どこへ～とも」

quotiēns「何度，〜するたびに」
　　→quotiēnscumque「何度〜とも」
ubi「どこに，〜ところに」→ubicumque「どこに〜とも」
ut「どれほど，〜ように」
　　→utcumque または utut「どれほど〜とも」

Faciēmus, *quodcumque* volet.
　私たちは彼が求めることを何でもするでしょう．

*Quidquid* agis, prūdenter agās et respice fīnem.
　君は何をするにも，慎重に行い，終りを考慮せよ．

*Ubicumque* nunc est, eum reperiēmus.
　彼が今どこにいようとも，我々は彼を見つけるであろう．

## 3. 先行詞

(a) 関係代名詞の性と数と人称は先行詞のそれに一致する．格は関係文の構造によって決定される．指示代名詞の先行詞は省略されることが多い(先行詞 is の省略)．先行詞が男と女からなるときには，関係代名詞は男性複数にする．

Multōs timēre dēbet, *quem* multī timent.
　多くの人が恐れる者は，多くの人を恐れなければならない．

*Quem* dī dīligunt, adulēscēns moritur. (Pl. *Bac.* 816)
　神々が愛する人は，若くして死ぬ．

Pater et māter, *quī* profectī erant, rediērunt.
　出かけていた父と母が帰ってきた．

(b) 関係代名詞の性と数が先行詞の意味によって決定されることもある．たとえば，集合名詞を複数で，中性の数詞を男性で受けることがある．

Caesar equitātum omnem praemittit, *quī* videant quās in partīs hostēs iter faciant. (Caes. *Gal.* 1. 15. 1)
　カエサルは敵がどの方向へ行くか見させるために，全騎兵隊を先発させる．

Caesa sunt ad sex mīlia, *quī* Pydnam perfūgerant. (Liv. 44. 42.

7)
　　ピュドナへ逃げていたおよそ6千人が殺された.

(c) 文全体を先行詞とする関係代名詞は, quod, id quod, quae rēs などになる.

Pompēius adulēscēns quattuor et vīgintī annōrum triumphāvit, *quod* nēminī contigerat.
　　ポンペイユスは24歳の青年のときに凱旋した(戦勝記念凱旋行進式を挙行した)が, このことはだれにもできなかったことだった.

Sīn ā vōbīs, *id quod* nōn spērō, dēserar, tamen animō nōn dēficiam. (Cic. *S. Rosc.* 10)
　　だがもし(これは予想しないことではあるが)諸君に見捨てられたとしても, それでも私は気弱にならないだろう.

(d) 関係代名詞主格が1人称または2人称を先行詞にするときには, 関係文の述語動詞もその人称になる.

*Ego, quī* tē cōnfirmō, ipse mē nōn possum. (Cic. *Fam.* 14. 4. 5)
　　君を安心させる私自身が自分を安心させられないのだ.

*Tū* es enim is, *quī* mē summīs laudibus ad caelum extulistī. (Cic. *Fam.* 15. 4. 11)
　　なぜなら君こそ私を最高の賛辞で天にも上る心地にしてくれた人だから.

【is ではなく tū に合わせる】

*Vōs* fuistis, *quī* id ōrāvistis.　それを頼んだのは諸君だった.

(e) 先行詞が地名の時には, 前置詞つきの関係代名詞は関係副詞に置き換えることもできる. 職名などもこれに準じる扱いを受けることがある.

Corinthus, *ubi* (=*in quā* または *quā in urbe*) estis, ōlim ā Rōmānīs dēlēta est.
　　君たちが今いるコリントス(の町)は, かつてローマ軍によって破壊された.

Illī eōs magistrātūs gesserant, *unde* in senātum legī dēbēbant.

彼らは，(そこから，それに基づいて)元老院に迎え入れられることに決まっていた官職を勤め終えていた．

(f) 対格の関係代名詞が奪格の先行詞に引かれて奪格になることがある．

Nōs tamen hoc cōnfirmāmus illō auguriō, *quō* dīximus. (Cic. *Att.* 10. 8. 7)
しかし我々(＝私)は先に述べたあの予言によってこれを確認している．

## 4. 述語名詞

(a) 関係代名詞が関係文中の主語で，述語が名詞の場合，関係代名詞の性・数は述語名詞によって決定される．述語名詞を伴う目的語についてもこれに準じる(指示代名詞と同じ．第 17 章 4f, p 139)．ただし述語名詞が固有名詞のときは，関係代名詞は先行詞に一致する．

Capua, *quod caput* erat Campāniae, Hannibalī sē trādidit.
   カンパーニアの首都だったカプアが，ハンニバルに降伏した．
*Flūmen, quod* appellātur Rhēnus, trānsiērunt.
   レーヌスと呼ばれている川を彼らは渡った．

(b) 関係代名詞が自ら述語名詞であれば，中性になる．指示代名詞も同じ．

*Quod* ego sum, *id* tū eris.
   今の私の状態にお前はなるだろう．【墓碑銘】
Grātiā Deī sum *id, quod* sum.   神のおかげで私は今のこの私だ．

## 5. 関係文中での先行詞の反復

先行詞(の一部)が関係文中で反復されることがある．とくに diēs「日」，rēs「事，物」，locus「場所」，iter「道」．

Caesar intellēxit diem īnstāre, *quō diē* frūmentum mīlitibus mētīrī oportēret. (Caes. *Gal.* 1. 16. 5)
   カエサルは兵士たちに穀物を分配しなければならない日が迫っていることに気がついた．

Erant omnīnō itinera duo, *quibus itineribus* Helvētiī domō exīre possent. (Caes. *Gal.* 1. 6. 1)
　ヘルウェーティイー族が家郷から出て行くことのできる(ための)道は全部で2つしかなかった.

## 6. 関係文中への先行詞の取り込み

　先行詞(の一部)が関係文の中に取り込まれることがある. それは, 関係文が上位文より前に来るとき, 先行詞の同格名詞に関係文がつくとき(2つめの例文), 先行詞が最上級のとき, 関係文が理由づけの言い回しのとき, などである.

*Quā nocte* nātus esset Alexander, *eādem* Diānae Ephesiae templum dēflagrāvit. (Cic. *N. D.* 2. 69)
　アレクサンドロスが生まれたのと同じ夜に, エペソスのディアーナ(アルテミス)の神殿が焼け落ちた.
　【指示代名詞は主文に残る】
Santonī nōn longē ā *Tolōsātium* fīnibus absunt, *quae cīvitās* est in prōvinciā. (Caes. *Gal.* 1. 10. 1)
　サントニー族はトローサ(この町は属州にある)の市民たちの領土から遠く離れてはいない.
　【cīvitās は理屈上 Tolōsātium＝Tolōsae の同格になるはずの cīvitātis を関係文に移して quae の同格にしたもの】
Themistoclēs noctū dē servīs suīs, *quem* habuit *fidēlissimum*, ad rēgem mīsit. (Nep. *Them.* 4. 3)
　テミストクレースは夜中に彼の奴隷たちのうちの, 彼が持っていた最も忠実な者を王のもとに派遣した.
　【王はペルシア王クセルクセース】
Sōcratēs, *quā* erat *cōnstantiā*, ē carcere effugere nōluit.
　ソークラテースは, 毅然とした人だったから, 牢獄から逃げ出すことを望まなかった.
Sōcratēs, *quae* ēius erat *cōnstantia*, ē carcere effugere nōluit.
　(同上)
　【最後の2文の関係文のような言い回しは, 関係文ではなく, 独立の主

文(感嘆文)が挿入文として入ったもので，それが理由づけの役割をしている：「何と毅然たる人だったことか」「彼の剛毅は何と偉大なものだったことか」】

## 7. 関係文中の不定法句
関係文の中に不定法句がある場合に，関係代名詞が不定法句の構成要素になっていることがある．

> Caesar, *quem* singulārem ducem *fuisse* scīmus, Gallōs vīcit.
> 　無類の将軍であったことを我々が知っているカエサルは，ガッリアを征服した．
>
> Cicerōnem admīrāmur, *quem* summum ōrātōrem Rōmānōrum *fuisse* cōnstat, *cūius* merita magna *fuisse* nēmō negāverit.
> 　ローマ人の中の最高の演説家であったことが知られており，その功績が偉大であったことをだれも否定しないであろう(ところの)キケローを，我々は賞賛する．

## 8. 関係文と第 2 の副文または絶対的奪格との組み合わせ
関係文に第 2 の副文(間接疑問文，従属接続詞文，第 2 段階の関係文)を組み合わせて，1 つの統一的構造に融合させることができる．関係代名詞の格を決定するのは第 2 の副文である．絶対的奪格も第 2 の副文に代ることができる．

> Errāre mālō cum Platōne, *quem tū quantī faciās* sciō.
> 　私は君がどれほど高く評価しているか(私が)知っているプラトーンといっしょに迷うほうを選ぶ．
>
> Admīrāmur Alexandrum, *cuī sī vīta longior contigisset*, tōtum orbem terrārum subēgisset.
> 　我々は，もしより長い人生が与えられていたなら，全世界を支配下に置いたであろうアレクサンドロスを賞賛する．
>
> Magna est vīs cōnscientiae, *quam quī neglegent*, sē ipsī indicābunt.
> 　良心の力は大きくて，それを無視する人は，自ら馬脚を現すであろう．
>
> Magna est vīs cōnscientiae, *quā sublātā* omnia iacent.

良心の力は大きくて，それを捨てれば，すべては空しい．

## 9. 関係文の独立

文頭の関係代名詞が指示代名詞の代りをすることが多い．関係詞には接続詞の機能も含まれるので，対等接続詞は (tamen を除いて) いっしょに使わない．quī = et is, nam is, is igitur; quī tamen = is tamen; quī postquam = postquam is など．

Neoclis fīlius erat Themistoclēs. *quī* cum patrī nōn pāruisset, exhērēdātus est. *quae* contumēlia eum nōn frēgit, sed ērēxit. (cf. Nep. *Them*. 1. 2)

> テミストクレースはネオクレースの子であった．彼は父の言うことを聞かなかったので，廃嫡された．しかしこの冷遇は彼を打ち砕くどころか奮い立たせた．

# 第45章　接続法の関係文

## 1. 目的の関係文
　目的の関係文は行為に結びついた意図を表す．quī (=ut is)「(させる)ための(人，物)」，ubi (=ut ibi)「そこで～するために」，unde (=ut inde)「そこから～するために」，quō (=ut eō)「それによって～するために」

> Serit arborēs, *quae* alterī saeclō *prōsint*. (Cic. *Tusc.* 1. 31 [Caecil.])
> 　彼は次世代の役に立てるために(ためのものとしての)木を植える．
> Semper habē Pyladēn aliquem, *quī cūret* Orestem. (Ov. *Rem.* 589)
> 　いつもオレステースの心配をしてくれるように，ピュラデースをだれかもっていたまえ．
> 【ギリシア悲劇の Pyladēs は Orestēs の親友で，いつも一緒にいて助ける】
> Corpus mortuī ad forum, *ubi* iūsta *facerent*, tulērunt.
> 　彼らは死者の遺体をフォルムへ，そこで葬儀をするために，運んだ．

## 2. 結果(傾向)の関係文
　(a) 結果の関係文は先行する(または補充されるべき) is「そのような」，tam「それほど」，tantus「それほどの」，tālis「そのような」などを説明する (quī=ut is)．比較級+quam のあとにも用いられる (quam quī=quam ut is)．

> Secūtae sunt tempestātēs, *quae* hostem ā pūgnā *prohibērent*.
> 　続いて敵が戦うのを妨げるほどの嵐が起こった．
> *Ea* est gēns Rōmāna, *quae* victa quiēscere *nesciat*.
> 　ローマ人は敗れてもおとなしくしていることのできないような民族である．
> Nātūra hominī *tālem* dedit mentem, *quae* omnem virtūtem accipere *posset*.
> 　自然は人間にあらゆる美徳を受け入れることのできるような精神を与え

た.

*Māior* sum, *quam cuī* (= quam ut mihi) *possit* fortūna nocēre. (Ov. *Met.* 6. 195)
　わたしは運命が私に危害を加えられないほどに偉大です.

(b) 結果の関係文は, 不特定の主語の存在・不在を示す上位文のあとにも続く. 上位文が否定文または否定的な意味のとき, quī nōn の代りに quīn も使われる.

*Sunt quī* discessum animī ā corpore *putent* esse mortem. (Cic. *Tusc.* 1. 18)
　死は霊魂の身体からの退去であると考える人々がいる.

*Fuit quī suādēret* appellātiōnem mēnsis Augustī in Septembrem trānsferendam. (Suet. *Aug.* 100)
　アウグストゥス月の名称を9月に移すべきであると説き勧める人がいた.

Post mortem in morte *nihil est quod metuam* malī. (Pl. *Capt.* 741)
　死んだあとでは死の中に心配するような悪いことは何もない.

Sunt certa vitia quae *nēmō est quīn* effugere *cupiat*. (Cic. *de Orat.* 3. 41)
　免れようと欲しない人が誰もいないようなある種の欠点が存在する.

(c) dīgnus, idōneus, aptus「ふさわしい」のあとでは, 接続法の関係文は目的・結果文の性格を持つ.

Bonus liber *dīgnus* est, *quī* saepe *legātur*.
　良書は何度でも読む価値がある.
　【「読むための価値がある」,「価値がある結果読まれる」】
Acadēmicī mentem sōlam cēnsēbant *idōneam cuī crēderētur*. (Cic. *Ac.* 1. 30)
　アカデーメイア学派は理性のみが信ずるに値すると考えていた.

## 3. 理由の関係文

　理由の関係文は上位文の内容の理由づけを含む (quī = cum is). し

ばしば強調の quippe, ut, utpote「たしかに」, praesertim「とりわけ」などを伴う.

> Tribūnōrum plēbis potestās multīs odiō erat, *quippe quae* in sēditiōne nāta *esset*.
>> 護民官の権力は多くの人に嫌われていた，何しろ紛争の中で生まれたものだったから．
>
> Ō fortūnāte adulēscēns, *quī* tuae virtūtis Homērum praecōnem *invēneris*! (Cic. Arch. 24)
>> 何と幸運な若者だ，君の武勇の触れ役にホメーロスを見つけたのだから．
>> 【アレクサンドロス大王がアキッレウスの墓の前で言ったという】

## 4. 譲歩・対照・限定の関係文

関係文は譲歩，対照，限定の意味を表すこともある．

> Reus, *quī* anteā pertināciter *tacuisset*, tertiō diē omnia cōnfessus est.
>> 被告はそれまで執拗に黙秘していたけれども，3日目にすべてを自白した．
>
> Cūr urbem petam, *quī* rūs *amem*?
>> 私は田舎が好きなのに，どうして町へ行くことがあろうか．
>
> *Quod sciam*, haec dīxistī.　私が知る限りでは，君はそう言った．

## 5. 条件の関係文

sī quis「もしも誰かが」の代りに関係代名詞を使うことがある．

> Mīrārētur, *quī* tum *cerneret*. (Liv. 34. 9. 4)
>> そのとき見た人は，驚いたことだろう．【過去の可能的条件文】

## 6. 間接引用の接続法

間接引用文(目的文を含む)の一部をなす関係文は接続法を用いる．部分的間接話法のこともある(第35章1, p 272, 第40章6(1)(2), p 306–307).

Rēctē Graecī praecipiunt, nōn temptanda *quae* efficī nōn *possint*. (Quint. *Inst.* 4. 5. 17)
 ギリシア人は，完成できないことを試みるべきではないと，正しく教えている．

Senātus cēnsuit utī, *quīcumque* Galliam prōvinciam *obtinēret*, Haeduōs cēterōsque amīcōs populī Rōmānī *dēfenderet*. (Caes. *Gal.* 1. 35. 4)
 元老院は，誰にせよガッリアを属州として獲得する者は，ハエドゥイー族およびその他のローマ国民の友人を守るようにと決議した．

Litterās, *quās* sibi *mīsissem*, recitāvit.
 彼は私が彼に送ったと称する手紙を朗読した．

Litterās, *quās* mē sibi *mīsisse dīceret*, recitāvit. (Cic. *Phil.* 2. 7)
 （同上）

## 7. 可能性と非現実の接続法
主文と同様に関係文にも可能性や非現実の接続法を使うことができる．

Prōfers ea, *quae cōnfirmāverim*.
 君は私が認めそうなものを出してくる．

Prōfers ea, *quae cōnfirmārem*, sī possem.
 君は私がもしもできたら認めるであろうものを出してくる．

## 8. 限定句の接続法
関係文が限定句になる場合，接続法にすることがある．quidem または modo を伴うことが多い．

Sed omnium ōrātōrum sīve rabulārum, *quōs* quidem *cognōverim*, acūtissimum iūdicō Sertōrium. (Cic. *Brut.* 180)
 しかし私が知る限りでのすべての雄弁家と饒舌家の中で，セルトーリウスがいちばん鋭いと私は判断する．

Nūllum ōrnātum, *quī* modo nōn *obscūret*, subtrahendum putō. (Quint. *Inst.* 5. 14. 33)
 いかなる装飾も，それが曖昧さを作るものでない限り，取り去るべきで

はないと思う.

## 9. 牽引による接続法

接続法の副文につく関係文（① 最初の例文前半，2つめの例文），非現実の接続法の主文につく関係文（② 最初の例文後半），または不定法・不定法句につく関係文（③ 3つめの例文）は，牽引 attractiō modī によって接続法になることがある（第34章9, p 269）.

Sī sōlōs eōs *dīcerēs* miserōs, quibus moriendum *esset* (=est), nēminem eōrum, quī *vīverent* (=vīvunt), *exciperēs*. (Cic. *Tusc.* 1. 9)
 もしも死なねばならぬ者のみが不幸であると言えば，君は生きている者を一人も除外しないだろう.

Sīc accidit, ut ex tantō nāvium numerō nūlla omnīnō nāvis, quae mīlitēs *portāret* (=portābat), *dēsīderārētur*.
 これほど多数の船の中で，兵士を乗せている船が一隻も失われないということが起った.

Bonī rēgis est eōrum, quibus *praesit* (=praeest), ūtilitātī *servīre*.
 自分が治める人々の利益に奉仕するのが優れた王のなすべきことである.

# 第 46 章　間接話法

## 1. 間接話法の概要

(a) 間接話法は発言動詞（verba dīcendī）に従属する．しかし上位文（導入文）に「言った，尋ねた，要求した」などのうちのどれか1つがあれば，それに続く長い間接話法の内容に主張と質問と要求の間の交替があっても，導入の動詞の変更または追加を要しない．

(b) 間接話法（ōrātiō oblīqua, OO）の不定法句は直接話法（ōrātiō rēcta, OR）の平叙文に対応する（第 32 章 3b, p 250）．完了受動不定法，未来能動不定法，「動形容詞 + esse」などの esse は省略されることが多い．

(c) 間接疑問文は OR の疑問文に，従属接続詞のない接続法の文（= ut のない目的文）は OR の要求文に，関係詞や従属接続詞に導かれる副文は OR の副文に，それぞれ対応する．接続法はいずれも間接引用の接続法で，著者の言葉ではなく，他者の（= 発言動詞の主語の）言葉の間接引用であることを示し，導入文の動詞との時称対応，人称の変更，再帰代名詞の使用法など，間接引用文の規則に従う（第 35 章 1/2/7, p 272–277）．

(d) 形式ではなく意味に重要性があるので，OR の平叙文には修辞的疑問文と独立関係文も含まれ，OR の要求文には要求と願望を意味するすべての形式（命令法，要求の意味の修辞的疑問文，命令や願望を意味する主文の接続法）が含まれる．

(e) 副文の動詞は OO では接続法に統一される．そのうち，OR で直説法だったもの，および接続法本時称だったものは，一般原則によって導入文との時称対応に従っているけれども，接続法副時称だったものは，それ以上は変えられないので，副時称のままである．

(f) 導入文が副時称でも，登場人物の視点から，間接話法の中の副文の接続法（OR で直説法本時称だったもの）を本時称にすることがある．これを repraesentātiō（迫真表現）と呼ぶ．事実の条件文の前文によく見られる．

(g) OR の主文の接続法のうち，可能性と非現実の接続法は，間接話法で特殊な不定法句に変える．条件文の間接話法の項で説明する．

## 2. 間接話法の例文

Fīlius ad patrem scrīpsit: "Mox veniam. mitte pecūniam, quia mē dēfēcit! cūr tacēs, pater?" (OR)
> 息子が父に宛てて書いた.「まもなく行きます. お金を送ってください, なくなりましたから. どうして黙っているのですか, お父さん」

Pater tacēre persevērat. fīlius epistulam iterat: "Nūper tē, pater, certiōrem fēcī *mē* mox *ventūrum esse. mitterēs* mihi pecūniam, *quod* mē *dēfēcisset. cūr tacērēs*? nōnne epistulam accēpistī?"
> 父は沈黙しつづける. 息子は手紙を繰り返す.「お父さん, ぼくは先日あなたに, まもなく行く, 金を送ってほしい, なくなったので, なぜだまっているのか, とお知らせしました. 手紙を受け取ったでしょうね」

Māter fīliae dē priōre epistulā narrat: "Frāter tuus nūper scrīpsit *sē* mox *esse ventūrum*. pater pecūniam *mitteret, quod* sē *dēfēcisset. cūr pater tacēret*?"
> 母が娘に先の手紙について話す.「お前のお兄さんが, 自分はまもなく行く, お父さんはお金を送るように, 自分にはなくなったから, なぜお父さんはだまっているのか, と書いてよこしたよ」

Ariovistus respondit *sē* prius in Galliam *vēnisse* quam populum Rōmānum: *quid sibi vellet, cūr* in *suās* possessiōnēs *venīret*? (Caes. *Gal*. 1. 44. 7–8)
> アリオウィストゥスが答えていわく, 自分のほうがローマ国民よりも先にガッリアへ来た. 何をするつもりか, なぜ自分の所有地へ入ってきたのか, と.

Redditur respōnsum: nōndum tempus pūgnae *esse*; castrīs *sē tenērent*. (Liv. 2. 45. 8)
> 返事が返って来る. まだ戦いの時ではない. 陣営にこもっているように, と.

なお, III 上級篇—講読 1 (p 351) に, 間接話法の好例として, カエサル『ガッリア戦記』第 I 巻 13 章 3–7 節を挙げて, [ ]内に想定される直接話法の語形を示してあるから, 参照されたい.

### 3. 修辞的疑問文と独立関係文の間接話法

間接話法は形式ではなく，意味を重視するので，OR の修辞的疑問文と独立関係文は，その真の意味(=平叙文か，=要求文か)に従って OO に変えられる．

> Dīxit quid lībertāte *esse* dulcius.
> 彼は自由よりも甘美なものがあるかと言った．
> (OR: Quid lībertāte est dulcius?)
> Dīxī ut respondēret.　私は彼に答えてくれないかと言った．
> (OR: Vīsne respondēre! 要求の意味の修辞的疑問文)
> Scrīpsī fīlium tuum ad mē vēnisse. *quem dīxisse* mātrem aegrōtam esse.
> 私は君の息子が私のところに来て，母が病気であると言ったと書いた．
> (OR: Vēnit ad mē fīlius tuus. quī mātrem aegrōtam esse dīxit.)

### 4. 条件文の間接話法

前文(副文)は一般の副文と同じ規則に従う．

後文のうち，事実の条件文の後文は一般の主文と同じ不定法句にする．可能的条件文の後文の不定法は未来不定法(言い換え方式を含む)に，非現実条件文の後文の不定法は「未来分詞+fuisse」またはその言い換え方式「futūrum fuisse ut+接続法未完了過去」にする．非現実条件文の後文が間接疑問文など接続法を要求する場合には，接続法未完了過去はそのまま，接続法過去完了は迂言的接続法完了「未来分詞+fuerim」に変える．

(a) 事実の(論理的)条件文

一般の複合文と同じ．前文は導入文に対する時称対応を示し，後文は不定法句になる．不定法句は導入文の時称の影響を受けない．

> Sī hoc dīcis, errās.　君がこれを言えば，間違いだ．
> → Putat, sī hoc *dīcās*, *tē errāre*.
> 　　君がこれを言えば間違いだと彼は考える．
> Putābat, sī hoc *dīcerēs*, *tē errāre*.

君がこれを言えば間違いだと彼は思っていた．

Sī hoc dīxistī, errāvistī.　君がこれを言ったら，間違いだった．

→ Putat, sī hoc *dīxeris*, *tē errāvisse*.
君がこれを言ったら間違いだったと彼は考える．

　Putābat, sī hoc *dīxissēs*, *tē errāvisse*.
君がこれを言ったら，間違いだったと彼は思っていた．

Sī id fēceris【未来完了】, poenam dabis.
これをしたら，君は罰を受けることになるだろう．

→ Putat, sī id *fēceris*【接続法完了】, *tē* poenam *datūrum esse*.
これをしたら君は罰を受けることになるだろうと彼は思っている．

　Putābat, sī id *fēcissēs*, *tē* poenam *datūrum esse*.
これをしたら君は罰を受けることになるだろうと彼は思っていた．

Sī id fēceris, pūniēris.
これをしたら，君は罰せられることになるだろう．

　Putābat, sī id *fēcissēs*, *futūrum esse ut*（*fore ut*）*pūnīrēris*.
これをしたら君は罰せられることになるだろうと彼は思っていた．

(b) 可能的（想定的）条件文

　可能性の接続法はその意味が未来に近いので，後文の可能性の接続法は不定法未来（書き換え方式を含む）に変る．前文は導入文に対する時称対応を示す．

　Sī id crēdās, errēs.
　　もし君がそれを信じるなら，間違っているだろう．

→ Putō tē, sī id *crēdās*, *errātūrum esse*.
　　君がそれを信じるなら，間違っているだろうと私は思う．

　Putābam tē, sī id *crēderēs*, *errātūrum esse*.
　　君がそれを信じるなら，間違っているだろうと私は思っていた．

Sī id crēdideris, errāveris.　もし君がそれを信じれば間違いだろう．

→ Putō tē, sī id *crēdideris*, *errātūrum esse*.
　　君がそれを信じれば間違いだろうと私は思う．

　Putābam tē, sī id *crēdidissēs*, *errātūrum esse*.
　　君がそれを信じれば間違いだろうと私は思っていた．

Sī hoc dīxeris, pūniāris.　それを言えば君は罰せられるだろう．

> → Putābam tē, sī hoc *dīxissēs, futūrum esse ut*（*fore ut*）*pūnīrēris.*
> それを言えば君は罰せられるだろうと私は思っていた．

(c) 非現実条件文

　非現実条件文の後文の接続法は未完了過去でも過去完了でも「未来分詞+fuisse」に変える．未来分詞のない動詞や受動態の場合には，不定法未来の書き換えに準じて「futūrum fuisse ut+接続法未完了過去」に変える．

　Sī id crēderēs, errārēs.　もしもそれを信じるなら君は間違いだろう．
→ Putō tē, sī id *crēderēs, errātūrum fuisse.*
　　もしもそれを信じるなら君は間違いだろうと私は思う．
　Putābam tē, sī id *crēderēs, errātūrum fuisse.*
　　もしもそれを信じるなら君は間違いだろうと私は思っていた．
　Sī id crēdidissēs, errāvissēs.
　　もしもそれを信じたなら君は間違いだっただろう．
→ Putō tē, sī id *crēdidissēs, errātūrum fuisse.*
　　もしもそれを信じたなら君は間違いだっただろうと私は思う．
　Putābam tē, sī id *crēdidissēs, errātūrum fuisse.*
　　もしもそれを信じたなら君は間違いだっただろうと私は思っていた．
　Sī hoc dīcerēs, pūnīrēris.　もしこれを言えば君は罰せられるだろう．
→ Putō, sī hoc *dīcerēs, futūrum fuisse ut pūnīrēris.*
　　もしこれを言えば君は罰せられることになると私は思う．
　Putābam, sī hoc *dīcerēs, futūrum fuisse ut pūnīrēris.*
　　もしこれを言えば君は罰せられることになるだろうと私は思った．
　Sī hoc dīxissēs, pūnītus essēs.
　　もしこれを言ったら君は罰せられただろう．
→ Putō, sī hoc *dīxissēs, futūrum fuisse ut pūnīrēris.*
　　もしこれを言ったら君は罰せられただろうと私は思う．
　Putābam, sī hoc *dīxissēs, futūrum fuisse ut pūnīrēris.*
　　もしこれを言えば君は罰せられるだろうと私は思っていた．

(d) 条件文の後文が疑問文のとき

副文の接続法の規則に従って間接疑問文にする．ただ，過去の非現実の疑問文は「未来分詞+fuerim」という迂言的接続法完了に変える（未来分詞のある動詞の能動に限る）．

 Sī hoc dīcerēs, pūnīrēris. これを言えば，君は罰せられるだろう．
 → Nōn dubitō (dubitāvī) quīn, sī hoc *dīcerēs, pūnīrēris*.
  君がこれを言えば罰せられるだろうことを私は疑わない（疑わなかった）．
 Sī hoc dīxissēs, pūnītus essēs.
  これを言ったら，君は罰せられただろう．
 → Nōn dubitō (dubitāvī) quīn, sī hoc *dīxissēs, pūnītus essēs*.
  君がこれを言ったら罰せられただろうことを私は疑わない（疑わなかった）．
 Sī hoc dīxissēs, errāvissēs.
  もしもこれを言ったら君は間違いだっただろう．
 → Nōn dubitō (dubitāvī) quīn, sī hoc *dīxissēs, errātūrus fueris*.
  君がこれを言ったら間違いだっただろうことを私は疑わない（なかった）．
 Dīc, quidnam *factūrus fueris*, sī illō tempore cēnsor *fuissēs*. (Liv. 9. 33. 7)
  もしそのとき監察官だったら，いったい何をしただろうか，言え．

## 5.　迫真表現 (repraesentātiō)

導入文が副時称のときに，間接話法の中の副文の接続法は，時称対応によって副時称になるのが原則である．しかしあらゆるものが接続法副時称になるのでは，直接話法で区別していたニュアンスが消えてしまう．そのために直接話法で直説法の本時称だったものだけは，接続法を本時称にしておくことがある．これは話者の観点に立つもので，迫真表現 (repraesentātiō) と呼ばれる．[　]内は著者の観点に立つ副時称．

 Sī hoc dīcis, errās. 君がこれを言えば，間違いだ．
 → Putābat, sī hoc *dīcās* [dīcerēs], tē errāre.
  君がこれを言えば間違いだと彼は思っていた．

Sī hoc dīcēs, errābis.　君がこれを言えば，間違いだろう．
→ Putābat, sī hoc *dīcās* [dīcerēs], tē errātūrum esse.
　　君がこれを言えば，間違いだろうと彼は思っていた．
Sī id fēceris【未来完了】, poenam dabis.
　これをしたら，君は罰を受けることになるだろう．
→ Putābat, sī id *fēceris*【接続法完了】[fēcissēs], tē poenam datūrum esse.
　　これをしたら君は罰を受けることになるだろうと彼は思っていた．
Caesar respondit: cōnsuēsse deōs immortālīs, quō gravius hominēs ex commūtātiōne rērum *doleant* [dolērent], quōs prō scelere eōrum ulcīscī *velint* [vellent], eīs secundiōrēs interdum rēs et diuturniōrem impūnitātem concēdere. (Caes. *Gal.* 1. 14. 5)

　カエサルが答えていわく，不死の神々は，その罪に対して罰しようと欲する人間どもが，事態の変化によってそれだけいっそう激しく苦しむようにするために，時には彼らにやや幸福な状態とやや長続きする執行猶予を認める慣わしである，と．

## 余録　16. 叙事詩のラテン語（3）Golden Line

　カトゥッルスは叙事詩の語配列に新しい手法を考案した．1行の中に2つの名詞を使う場合に，一方に形容詞を付加することが必要ならば，他方の名詞にも付加語形容詞をつけてバランスを取る．キケローの主張する concinnitās を「新詩人」なりの方法で実現したもので，408行から成る小叙事詩のおよそ5分の1の80行ほどに使われている．

　4語の順序は，ラテン語の語順の自由の建前からすると，12通りあるはずであるが，実際にはそうならない．名詞 A と B に付加される形容詞を a および b とすれば，abAB が圧倒的に多く（28例），続いて abBA（16例），aAbB（13例），AabB（8例）の4つの型にほぼ限定される．1例か2例ずつ出てくる他の4形を合わせて，形容詞が先に出てくる例が58で，圧倒的に多いのは，詩人の好みの反映であろう．しかし2種の平行配列（abAB, aAbB）と2種の交差配列（abBA, AabB）を織り交ぜているところには，単調を避けようとする意図が働いている．

　この4語の中央に動詞1を加えて，5語で1行を成すときに，これを golden line と呼ぶ(5例)．動詞が要の位置で左右に2つずつの名詞または形容詞を従えた図は，あたかもギリシア神殿の破風屋根のごとくで，古典的均整の典型である．動詞が1つ左に移ったもの(10例)も，そこが詩句の前半と後半を分ける切れ目の前に当たり，それほど不安定にならないので，R. D. Williams は golden line の variation と呼んでいる．

　これらの手法をウェルギリウスも継承している．しかし彼は意味のない形式美に陶酔する詩人ではない．控えめに，さまざまな変更を加えて，それとなく使っている．もし完全な golden line に行き当たったら，読者は詩人の意図がどこにあるのか考える楽しみを与えられることになる．『アエネーイス』は未完成であるが，隅々まで神経を行き渡らせ，彫琢の手を加えることを，彼は終生怠らなかった．

# III

# 上級篇
―講　読―

# 1. C. Iūlī Caesaris Commentāriōrum Dē Bellō Gallicō Liber Prīmus: 13. 3~7
(カエサル『ガッリア戦記』第Ⅰ巻より)

　ヘルウェーティイー族は現在のスイス西部に居住していたガッリア人(ケルト人)の部族で，より豊かな土地を西に求めて移動を開始する．カエサルはこれを追跡して，武力によって元の地に連れ戻す．これがカエサルのガッリア属州化のきっかけになる．スイスの現在のラテン語正式名は Confoederatio Helvetica (CH)．
　　　　　　　[　]内に元の直接話法の想定形を挙げる．

**13.**　3 Is ita cum Caesare ēgit: sī pācem populus Rōmānus cum Helvētiīs *faceret* [faciet], in eam partem *itūrōs* [ībunt] atque ibi *futūrōs* [erunt] *Helvētiōs* [Helvētiī] ubi eōs *Caesar* [(tū)] *cōnstituisset* [未来完了 cōnstitueris] atque esse *voluisset* [同 voluerit];

　彼 (Helvētiī 族の使節団長 Dīvicō) はカエサルと次のように談判した．(ここから7の最後まで間接話法)もしローマ国民がヘルウェーティイー族と和睦すれば，ヘルウェーティイー族は，彼らをカエサルが移住させて定住することを望んだ(＝要求した)地域へ行って，そこに留まるであろう．

4 sīn bellō persequī *persevērāret* [persevērābis], *reminīscerētur* [命令法 reminīscere/reminīscitor] et veteris incommodī populī Rōmānī et prīstinae virtūtis Hervētiōrum.

　だがもし彼があくまでも戦争することにこだわるなら，ローマ国民の昔の不都合とヘルウェーティイー族の前回の武勇とを想起するがよい．

5 quod imprōvīsō ūnum pāgum adortus *esset* [es], cum eī quī flūmen *trānsīssent* [trānsierant] suīs auxilium ferre nōn *possent* [poterant], nē ob eam rem aut *suae* [tuae] magnopere virtūtī

*tribueret* [禁止 (nē+接続法完了) tribueris] aut *ipsōs* [nōs] *dēspiceret* [同 dēspexeris].

> 川を渡った者たちが同胞を助けに行くことができなかったときに，不意に彼は一地区の住民に襲いかかったが，そのことで自己の武勇を自慢したり自分たちを軽蔑したりするな．

6 *sē* [nōs] ita ā patribus māiōribusque *suīs* [nostrīs] *didicisse* [didicimus], ut magis virtūte quam dolō *contenderent* [contendāmus] aut īnsidiīs *nīterentur* [nītāmur].

> 自分たちは自分たちの父親と祖先から，だまし討ちにしたり策略に頼ったりするよりも武勇で戦うようにと教えられている．

7 quārē *nē committeret* [nē+接・完 commīseris] ut is locus ubi *cōnstitissent* [完 cōnstitimus/接・完 cōnstiterimus] ex calamitāte populī Rōmānī et internecīōne exercitūs nōmen *caperet* [capiat] aut memoriam *prōderet* [prōdat].

> だから我々が立っているこの場所がローマ国民の惨敗と軍隊の殲滅から名を得て記憶を後世に伝えるようなことをするな，と．

## 2. Cornēliī Nepōtis Vītae: 23. 3. 2~4 / 4. 2~5. 1
（コルネーリウス・ネポース『伝記』23「ハンニバル」より）

ネポースはキケローともカトゥッルスとも親交のあった歴史家で，現存するラテン語最初の伝記集の作者．名文ではないが，素朴で簡明な文体で初習者にも分かりやすい．

**3.** 2 Sīc Hannibal minor V et XX annīs nātus imperātor factus proximō trienniō omnēs gentēs Hispāniae bellō subēgit, Saguntum, foederātam cīvitātem, vī expūgnāvit, trēs exercitūs maximōs comparāvit.

こうしてハンニバルは25 (quīnque et vīgintī) 歳よりも若い年齢で総司令官になり，続く3年間でヒスパーニアのすべての民族を戦争で征服し，(ローマとの)同盟都市サグントゥムを力ずくで攻め落として (BC 218)，最大の正規軍3師団を整えた．

3 ex hīs ūnum in Āfricam mīsit, alterum cum Hasdrubale frātre in Hispāniā relīquit, tertium in Italiam sēcum dūxit. saltum Pȳrēnaeum trānsiit. quācumque iter fēcit, cum omnibus incolīs cōnflīxit: nēminem nisi victum dīmīsit.

その1つをアフリカに送り，もう1つを兄弟のハスドルバルの指揮の下，ヒスパーニアに残し，第3隊を自ら指揮してイタリアへ導いた．ピューレーネー山脈を越えた．どこを進もうが，すべての住民と戦って，投降者以外の者を一人として釈放しなかった．

4 ad Alpēs posteāquam vēnit, quae Italiam ab Galliā sēiungunt, quās nēmō umquam cum exercitū ante eum praeter Herculem Grāium trānsierat (quō factō is hodiē saltus Grāius appellātur), Alpicōs cōnantēs prohibēre trānsitū concīdit, loca patefēcit, itinera mūniit, effēcit ut eā elephantus ōrnātus īre posset, quā anteā ūnus homō inermis vix poterat rēpere. hāc cōpiās trādūxit in Italiamque pervēnit.

イタリアをガッリアから隔てるアルプスへ来てから—それは彼より以前にはギリシアのヘーラクレースを除いて(この行為から今日これはギリシアの山脈と呼ばれている)誰も軍を率いて越えた者がいなかったが—，山越えを妨げようとするアルプスの民を滅ぼして，場所を通行可能にし，道路を敷設して，以前には非武装の人がただ一人辛うじて這って進むことしかできなかったところを，装備をつけた象が通れるようにした．ここを通って軍隊を山越えさせてイタリアへ到着した．

**4.** 2 inde per Ligurēs Appennīnum trānsiit, petēns Etrūriam. 3 hōc itinere adeō gravī morbō adficitur oculōrum, ut posteā numquam dextrō aequē bene ūsus sit. quā valētūdine cum etiamnum premerētur lectīcāque ferrētur, C. Flāminium cōnsulem apud Trasumēnum cum exercitū īnsidiīs circumventum occīdit, neque multō post C. Centēnium praetōrem cum dēlēctā manū saltūs occupantem. hinc in Āpuliam pervēnit.

> そこからリグリア人のところを通って，エトルーリアを目指してアペニン山脈を越えた．この行軍で重い目の病にかかったために，それからはもう右目は(前と)同じようによくは使えなくなった．依然としてこの健康状態に苦しめられ，輿で運ばれながら，トラスメーヌス湖の近くで執政官ガイユス・フラーミニウスとその軍隊を伏兵で包囲して倒し，その少しあとでは選り抜きの部隊で山地を占拠していた法務官ガイユス・ケンテーニウスを倒した．ここからアープリアに到着した．

4 ibi obviam eī vēnērunt duo cōnsulēs, C. Terentius et L. Aemilius. utrīusque exercitūs ūnō proeliō fugāvit, Paulum cōnsulem occīdit et aliquot praetereā cōnsulārēs, in hīs Cn. Servīlium Geminum, quī superiōre annō fuerat cōnsul.
**5.** 1 Hāc pūgnā pūgnātā Rōmam profectus est nūllō resistente.

> ここで2人の執政官ガイユス・テレンティウスとルーキウス・アエミリウスが彼を出迎えた．両者の軍隊を彼はただ一度の戦闘で敗走させ (BC 216年，カンナエの役)，執政官パウルス(=ルーキウス・アエミリウス)と，そのほか前年に執政官だったグナエウス・セルウィーリウス・ゲミヌスを含む何人かの前執政官を倒した．この戦いを戦ったあとは誰の抵抗も受けずにローマへ向かった．

# 3. A. Gelliī Noctium Atticārum Liber Quīntus: 5. 1~7
(ゲッリウス『アッティカの夜な夜な』第5巻より)

紀元2世紀の作家．さまざまな書物から得たさまざまな話題を寄せ集めた表題の書20巻を残した．失われた作品からの引用が多く，資料

としても珍重されている.

**5.** 1 In librīs veterum memoriārum scrīptum est Hannibalem Carthāginiēnsem apud rēgem Antiochum facētissimē cavillātum esse. 2 ea cavillātiō hūiuscemodī fuit: ostendēbat eī Antiochus in campō cōpiās ingentīs, quās bellum populō Rōmānō factūrus comparāverat, convertēbatque exercitum īnsīgnibus argenteīs et aureīs flōrentem; 3 indūcēbat etiam currūs cum falcibus et elephantōs cum turribus equitātumque frēnīs, ephippiīs, monīlibus, phalerīs praefulgentem.

> 古い話を集めた本にカルタゴ人ハンニバルがアンティオコス王のもとでまことに気の利いた皮肉を言ったことが書かれている．その皮肉とは次のようなものだった．アンティオコスは平原で彼に，ローマ国民に対して戦争をするつもりで準備した巨大な軍勢を見せて，銀と金の装飾品で華やいでいる軍隊を旋回させ，さらに鎌をつけた戦車の列と，塔をのせた象の群と，くつわ，鞍，首飾り，胸飾りで光り輝く騎馬隊を引き出させた．

4 atque ibi rēx contemplātiōne tantī ac tam ōrnātī exercitūs glōriābundus Hannibalem aspicit et 'putāsne' inquit 'cōnferrī posse ac satis esse Rōmānīs haec omnia?' 5 tum Poenus ēlūdēns īgnāviam inbelliamque mīlitum ēius pretiōsē armātōrum: 'Satis, plānē satis esse crēdō Rōmānīs haec omnia, etiamsī avārissimī sunt.' 6 nihil prōrsum neque[1] tam lepidē neque acerbē dīcī potest: 7 rēx dē numerō exercitūs suī ac dē aestimandā aequiperātiōne quaesīverat, respondit Hannibal dē praedā.

> そうしてここで王はこれほど多くのこのように飾られた軍隊の眺めを自慢するようにハンニバルに目を向けて，「比べ物にならないだろう，これだけあればローマ人には十分だと思わないか」といった．するとカルタゴ人は大金を掛けて武装した彼の兵士たちの士気の低さと戦闘能力のなさを蔑みながら，「十分だ，まったくこれだけあればローマ人には十分だと思うよ，ひどく欲の深い連中だけどね．」こ

れほど軽妙かつ辛らつに言うことは絶対にできない．王は自分の軍隊の数(規模)と対等性の評価(ローマ軍に匹敵すると評価すること)に関して尋ねたが，ハンニバルは戦利品に関して答えた．

> [1] neque...neque「でも...でもない」は nihil「何もない」とともに二重否定(=肯定文)を作るのではなく，nihil の否定の反復にすぎない．全体は1つの否定文である．

## 4. T. Līviī Ab Urbe Conditā Liber Quīntus: 47. 1~5
(リーウィウス『首都建設以来』第5巻より)

表題の書は142巻に及ぶ年代記式のローマ史書で，「アウグストゥスの平和」Pāx Augusta の完成に大輪の花を添えるものだった．そのうちの35巻が現存する．必ずしも科学的記述ではないが，文学的価値は低くない．

**47.** 1 Dum haec Vēiīs agēbantur[1], interim arx Rōmae Capitōliumque[2] in ingentī perīculō fuit.

これらのことがウェイーイで行なわれている間に，その間にローマの要塞とカピトーリウムが大変な危険に陥った．（BC 390）

> [1] 標準的には直説法現在 aguntur を使う．
>
> [2] カピトーリウム丘の2峰のうち北の峰を要塞 arx，ユッピテル神殿のある南西の峰を Capitōlium と呼んで区別することもあるが，全体をカピトーリウムの要塞と呼ぶこともある．ここでは後者の意味で，「ローマの要塞と」の「と」は「すなわち」の意味．「二語一義」という修辞法．

2 namque Gallī, seu vestīgiō notātō hūmānō, quā nūntius ā Vēiīs pervēnerat, seu suā sponte animadversō ad Carmentis[3] saxō in adscēnsum aequō, nocte sublūstrī cum prīmō inermem, quī temptāret viam, praemīsissent, trādentēs inde arma ubi quid inīquī esset, alternī innīxī sublevantēsque in vicem et trahentēs aliī aliōs, prout postulāret locus,

というのはガッリア人が,ウェイイーからの使者が到着した場所に人間の足跡を認めてか,あるいは自発的にカルメンティスの(聖域の?)あたりに登るのに都合のよい(?)平らな岩を見つけてか,薄暗い夜にまず道を探るための非武装の一人を先に行かせてから,次に平らなもの(足場)がないところで武器を渡して,場所が要求するのに応じて,交互に支え合い,交代に助け合い,互いに引っ張り合って,

<sup>(3)</sup>この前後 text に問題あり,おそらく 1 語か 2 語脱落.ただし諸説紛々.

3 tantō silentiō in summum ēvāsēre, ut nōn custōdēs sōlum fallerent, sed nē canēs quidem, sollicitum animal ad nocturnōs strepitūs, excitārent.

まったく静かに頂上によじ登ったために,監視に見つからなかっただけでなく,夜の騒ぎに臆病な動物の犬をさえも目覚めさせなかった.

4<sup>(4)</sup> ānserēs nōn fefellēre, quibus sacrīs Iūnōnis in summā inopiā cibī tamen abstinēbātur<sup>(5)</sup>. quae rēs salūtī fuit;

ガチョウに気づかれずにはいなかった.このユーノーの聖鳥には全くの餌不足のために食べ物が与えられていなかった.このことが幸いした.

<sup>(4)</sup>ここに接続詞がないのは,効果的な asyndeton(第33章6,p 260).

<sup>(5)</sup>自動詞の非人称受動.

namque clangōre eōrum ālārumque crepitū excitus M. Manlius, quī trienniō ante cōnsul fuerat, vir bellō ēgregius, armīs arreptīs simul ad arma cēterōs ciēns vādit et, dum cēterī trepidant, Gallum, quī iam in summō cōnstiterat, umbōne ictum dēturbat.

というのは,彼らの鳴き声と翼のばたばたする騒ぎで,3年前の執政官で抜群の戦士だったマールクス・マンリウスが起こされて,武器をつかんで,同時に武器を取るように他の人々を駆り立てながら進み出て,他の人々が慌てふためいている間に,すでに頂上に立っていたガッリア人を楯で打って転倒させる.

5 cūius cāsus prōlāpsī cum proximōs sterneret, trepidantēs aliōs armīsque omissīs saxa, quibus adhaerēbant manibus, amplexōs trucīdat.

転倒した彼の落下がすぐ近くの者たちを打ちのめすと，他の者たちが慌てふためいて武器を捨てて手でつかんでいた岩に抱きついたところを切り殺す．

iamque et aliī congregātī tēlīs missilibusque saxīs prōturbāre hostēs, ruīnāque tōtā prōlāpsā aciēs in praeceps dēferrī.

そうして今や他の仲間たちも集まって，投槍や投石で敵を混乱させる．総崩れになって落ちていくと，精鋭隊がまっしぐらに急降下する．

6 sēdātō deinde tumultū reliquum noctis, quantum in turbātīs mentibus poterat, cum praeteritum quoque perīculum sollicitāret, quiētī datum est.

それから騒ぎが鎮まると，夜の残りは，過ぎ去った危険も興奮させていたので，混乱した精神状態の中でできる限り，休息に当てられた．

## 5. Rēs Gestae Dīvī Augustī (Monumentum Ancȳrānum): 12. 2 / 13 / 34. 1~2
(『神君アウグストゥスの業績（アンキューラ記念碑）』より)

アウグストゥスが自己の業績を記録した文書．現存するのはその写しで，16世紀に現在のトルコのアンカラのモスク（旧ローマとアウグストゥスの神殿）の壁で発見されたためにアンキューラの名で呼ばれる．ギリシア語訳つき．

**12.** 2 cum Hispāniā Galliāque, rēbus in iīs prōvincīs prosperē gestīs, Rōmam redī, Ti. Nerōne P. Quīntīliō cōnsulibus, āram Pācis

Augustae senātus prō reditū meō cōnsacrandam cēnsuit ad campum Mārtium, in quā magistrātūs et sacerdōtēs virginēsque Vestālēs anniversārium sacrificium facere iussit.

> ティベリウス・ネローとプーブリウス・クィーンティーリウスが執政官の年（BC 13），ヒスパーニアとガッリアから，それらの属州において任務を順調に済ませたあとで，ローマに戻ったときに，元老院は私の帰還を祝って「アウグストゥスの平和の祭壇」（現存）がマールスの野の脇に奉納されるべきことを決議し，そこで行政官と神官とウェスタの巫女たちが毎年の犠牲式を行なうことを命令した．

13 Iānum Quirīnum, quem claussum[1] esse māiōrēs nostrī voluērunt cum per tōtum imperium populī Rōmānī terrā marīque esset parta victōriīs pāx, cum, priusquam nāscerer, ā conditā urbe bis omnīnō clausum fuisse prōdātur memoriae, ter mē prīncipe[2] senātus claudendum esse cēnsuit.

> 我らの祖先が，ローマ国民の支配圏全体で陸に海に勝利によって平和が獲得されたときには，閉められるようにと定めたヤーヌス・クィリーヌス(の社の扉)は，私が生まれる前には建都以来2回しか閉められなかったと伝承されているのに対して，私が筆頭市民[2]である間に元老院は3回閉められるべきことを決議した．
> 
> [1] 碑文にこの綴りが用いられているので，そのまま転写したもの　3行下に同じ語が別の形で出ている．
> 
> [2] prīnceps（第1の市民）は最高位の civilian を指し，軍人の最高司令官 imperātor と区別される．いずれも「皇帝」という意味ではない(ラテン語には「皇帝」という意味の名詞はない)けれども，実質的に皇帝のことである．

**34.** 1 In cōnsulātū[3] sextō et septimō, postquam bella cīvīlia exstīnxeram, per cōnsēnsum ūniversōrum potītus rērum omnium, rem pūblicam ex meā potestāte in senātūs populīque Rōmānī arbitrium trānstulī

6回目と7回目の執政官職[3]のとき（BC 28-27），内乱を鎮めたあとで，万人の同意によって国務をすべて掌握したときに，私は国政を私の権力から元老院とローマ国民の統治に移した．

> [3] 帝政は共和政の制度を形式上そのまま引き継いで，執政官 cōnsul を最高統治者にしている．独裁者として暗殺された Caesar の轍を踏まないようにした Augustus の深謀で，この段 (34.1) はとくにそれを宣伝している．

2 quō prō meritō meō senātūs cōnsultō Augustus appellātus sum et laureīs postēs aedium meārum vestītī pūblicē corōnaque cīvica super iānuam meam fīxa est et clupeus aureus in cūriā Iūliā positus, quem mihi senātum populumque Rōmānum dare virtūtis clēmentiaeque et iūstitiae et pietātis causā testātum est per ēius clupeī īnscrīptiōnem.

> この私の功労の見返りに私は元老院決議によってアウグストゥスと命名され，私の家の扉は公的に月桂冠で飾られ，入口の上には「市民の冠」（市民の救済者に贈られる樫の葉冠）が固定され，ユーリウス議事堂の中には黄金の楯が置かれた．これを元老院とローマ国民が私に武勇と寛容と正義と敬虔ゆえに贈ることがその楯の銘文によって証言されている．

# 6. L. Annaeī Senecae Dīvī Claudiī Apotheōsis per Saturam quae Apocolocyntōsis vulgō dīcitur: 1. 1 / 5. 2～3
（セネカの風刺文『神君クラウディウスの神になる記』俗称『瓢箪になる記』より）

「メニッポス風のサトゥラ」と呼ばれる散文に詩を織り交ぜた風刺文．悲劇と哲学書のほかにこんな面白いものもセネカは残した．

**1.** 1 Quid āctum sit in caelō ante diem III (tertium) Īdūs Octōbrīs annō novō, initiō saeculī fēlīcissimī, volō memoriae trādere. nihil nec offēnsae nec grātiae dabitur. haec ita vēra. sī quis quaesīverit unde sciam, prīmum, sī nōluerō, nōn respondēbō.

> 新しい年の，もっとも幸福な時代の初めの，10月の中日の前の三日目(=13日)[1]に天上で何が行なわれたか，語り伝えようと存ずる．恨みにもひいきにも耽るのではない．これはこのとおり真実である．もし誰かがどこから知ったのかと聞いても，まず，私は答えたくなければ答えないであろう．
>
> [1] 皇帝クラウディウスの没した日(54年)．

quis coāctūrus est? ego sciō mē līberum factum, ex quō[2] suum diem obiit[3] ille, quī vērum prōverbium fēcerat, aut rēgem aut fatuum nāscī oportēre[4]. sī libuerit respondēre, dīcam quicquid mihi in buccam vēnerit[5].

> 誰が強制しようとするものか．私はあの人が死んだ日から自分が自由になったことを知っている．あの人というのは，「王か馬鹿に生まれるべきだ」[4] という諺を真実にした人だ．答えたくなったら，何でもほっぺたに出てくる[5]ことを言おう．
>
> [2] ex quō＝ex eō diē quō「…した日から」．
>
> [3] suum diem obiit「自分の日(＝死ぬ日，最期)を迎えた」＝「死んだ」．
>
> [4] (続いて)「誰を侮辱しても罰せられないためには，なぜなら王と馬鹿の言葉と行為にはみんな我慢するから．だから彼らの下では誰も自由になれない」．
>
> [5] 「口に出る，口から出る」を滑稽に言ったもの．

**5.** 2 nūntiātur Iovī vēnisse quendam bonae statūrae, bene cānum; nesciō quid illum minārī, assiduē enim caput movēre; pedem dextrum trahere. quaesīsse sē, cūius nātiōnis esset: respondisse nesciō quid perturbātō sonō et vōce cōnfūsā; nōn intellegere sē linguam ēius, nec Graecum esse nec Rōmānum nec ūllīus gentis notae.

> ユッピテルに知らされる．誰かしら体格のよい，完全に白髪の人が

来た，何かが彼を脅かしている，なぜなら，絶えず頭を動かしているから，右足を引きずっている，自分は，どの民族の人かと尋ねた，彼は混乱した音とにごった声で何か答えた，自分には彼の言葉が分からない，ギリシア人でもローマ人でもなく，どの民族の特徴も持っていない，と．

3 tum Iuppiter Herculem, quī tōtum orbem terrārum pererrāverat et nōsse vidēbātur omnēs nātiōnēs, iubet īre explōrāre, quōrum hominum esset. tum Herculēs prīmō aspectū sānē perturbātus est, ut quī etiam nōn omnia mōnstra timuerit.

そこでユッピテルは世界中くまなく歩き回ったことがあってすべての民族を知っていると思われるヘーラクレースに，どの人種の者か，行って調べよと命令する．するとヘーラクレースは一目見て，まったく困ってしまった．まるでまだすべての怪物を恐れたのではなかった人のように．

ut vīdit novī generis faciem, īnsolitum incessum, vōcem nūllīus terrestris animālis sed quālis esse marīnīs bēluīs solet, raucam et implicātam, putāvit sibi tertium decimum labōrem[6] vēnisse.

新しい種類の顔，見慣れぬ歩き方，地上の動物ではなく海獣によくあるようなしわがれた，内にこもった声，それを見たとたんに，彼は第13番目の難行[6]が襲ってきたと思った．

[6]ヘーラクレースの無数の冒険・活躍の中でとくに女神ヘーラーによって課せられた「12の難行」が有名．

# 7. P. Ovidiī Nāsōnis Metamorphōseōn Liber Sextus: 288〜312
（オウィディウス『変身物語』第6巻より）

古典期の最後の詩人オウィディウスは，神々と英雄たちの崇高な活躍を歌うジャンルであった叙事詩の詩型で，神話系，英雄系，歴史系，

とりわけ民話系の，多数の伝説エピソードを延々と歌う．エピソードはいずれもそれ自体で完結している．しかしすべてのエピソードは複雑な組み紐と入れ子細工によってつながって，全体として華麗な絵巻物になっている．強者の犠牲になる弱者を描くとき，詩人の悲しみは最大になる．詩形は叙事詩(p 392–399)．

【テーバイの王妃ニオベーは女神ラートーナ(レートー)の崇拝を拒否したために，7人の息子たちをアポッローンの矢によって倒され，夫アンピーオーンは悲しみのあまり自害し，今，ディアーナ(アルテミス)の矢が7人の娘たちに襲いかかろうとしている】

illa malō est audāx. stābant cum vestibus ātrīs　　　　　288
ante torōs frātrum dēmissō crīne sorōrēs;

　彼女は苦痛のために大胆になっている．姉妹たちは黒い衣装をまとい，髪を垂れ下げて，兄弟の戸板の前に立っていた．

ē quibus ūna trahēns haerentia vīscere tēla　　　　　290
inpositō frātrī moribunda relanguit ōre;

　そのうちの1人が(兄の)内臓に刺さっている矢を引き抜こうとしている間に，兄の上に顔を載せて，死んでぐったりした．

altera sōlārī miseram cōnāta[(1)] parentem　　　　　292
conticuit subitō duplicātaque vulnere caecō est.
[ōraque compressit, nisi postquam spīritus ībat.][(2)]

　もう1人は悲しむ母を慰めようと試みている[(1)]間に，
　突然沈黙して，目に見えない傷によって2つ折りになった．
　[そうして口をつぐんだ，—ただし命の息が去ったあとではないけれど][(2)]

　　[(1)] 形式受動態動詞の完了分詞は現在分詞の意味に使われることがある(第20章2e, p 160)．
　　[(2)] この1行は偽作．

haec frūstrā fugiēns collābitur, illa sorōrī　　　　　295

inmoritur; latet haec, illam trepidāre vidērēs⁽³⁾.

> こちらの娘は逃げようとしたけれども空しく、くずおれる。あちらの娘は姉の上で死ぬ。こちらは隠れる。あちらがあたふたするのが見られたことであろう⁽³⁾。
>
> ⁽³⁾過去の可能性（第11章5(1) b, p 96)。

sexque datīs lētō dīversaque vulnera passīs⁽⁴⁾                     297
ultima restābat, quam tōtō corpore māter,
tōtā veste tegēns «ūnam minimamque relinque!
dē multīs minimam poscō» clāmāvit «et ūnam⁽⁵⁾.»              300

> そうして6人が「死」に与えられて、さまざまな傷を受けたあとで⁽⁴⁾、最後の1人が残っていた。それを母は全身で、
> 衣装全体で覆い隠しながら、「1人だけいちばん小さいのを残し給え、大勢の中からいちばん小さいのを1人だけ⁽⁵⁾お願いします」と叫んだ。
>
> ⁽⁴⁾時間的にあとのことを先に言う。hysteron proteron「うしろまえ」と俗に呼ばれる修辞法。重要な（全体的な）ことを先にして、末梢的（個別的）なことを後回しにする手法と説明される。
>
> ⁽⁵⁾ūnam minimam — minimam ūnam の語順は chiasmus「交差配列」というよく使われる修辞法。単調さを避ける方法の1つ。2列に書いて、同じ語を結ぶ線を引くと2本の線が交差してX（ギリシア文字のchī）の形になるので、chiasmus (=chī にすること）と呼ばれる。

dumque rogat, prō quā rogat, occidit: orba resēdit           301
exanimēs inter nātōs nātāsque virumque
dēriguitque malīs⁽⁶⁾; nūllōs movet aura capillōs,
in vultū color est sine sanguine, lūmina maestīs
stant inmōta genīs⁽⁷⁾, nihil est in imāgine vīvum.             305

> そうして頼んでいる間に、頼んでいる目的のその子が倒れた。子なしになった彼女は、
> 息絶えた息子たちと娘たちと夫の間に座って、

苦痛のために硬直してしまった[6]．そよ風も髪を動かさず，
顔には血の失せた色があり，目は悲しげな
頬の上で[7]じっと動かない．その姿には生きているものが何一つない．

> [6] 神罰を受けて子供を失ったけれども，変身は直接的には神罰によるのではなく，悲しみのためであり，いわば彼女自身の自由意志による選択であるという詩人の解釈．
>
> [7] 場所の奪格．＝in maestīs genīs. 詩ではよく in を省略する．

ipsa quoque interius cum dūrō lingua palātō　　　　　306
congelat, et vēnae dēsistunt posse movērī;
nec flectī cervīx nec bracchia reddere mōtūs
nec pēs īre potest; intrā quoque vīscera saxum est.

体内では舌すらもまた硬くなった上顎といっしょに固まり，
血管は動けることをやめている．
首も曲がることが，腕も動きを示すことが，
足も歩くことができない．中では内臓も石になっている．

flet tamen et validī circumdata turbine ventī　　　　　310
in patriam rapta est: ibi fixa cacūmine[8] montis
līquitur, et lacrimīs etiam nunc marmora mānant.

それでも彼女は泣いている．そうして強風の旋回に巻き込まれて
生まれ故郷へさらわれて行き，そこの山の頂に[8]固定されて
さめざめと泣き，今でも大理石が涙にぬれている．

> [8] fīgō は in のない奪格をとることがある．

# 8. Albiī Tibullī Liber Prīmus: 1. 1~10 / 41~48 / 53~78
（ティブッルス『詩集』第1巻第1歌より）

ティブッルスは恋愛エレゲイア詩人の1人であるが，1篇の詩に多数の対立テーマを盛り込むことによって，恋の生活の価値を浮き彫り

にする．戦争と平和，富と質素，過去と現在，苦労と平穏，名誉と無名，農業と軍務，生と死などの対立モティーフを縦横に織り込んだこの詩を巻頭において，manifesto にしたものである．

【偶数行の右寄せは，奇数行と韻律が異なることを示す．p 399 参照】

Dīvitiās alius fulvō sibi congerat aurō
 et teneat cultī iūgera multa solī,
quem labor adsiduus vīcīnō terreat hoste,
 Mārtia cuī somnōs classica pulsa fugent:
mē mea paupertās vītā trādūcat inertī,       5
 dum meus adsiduō lūceat igne focus.

 ほかの人は輝く黄金の富を自分のために積み上げて
  手入れの行き届いた耕地を何枚でも所有すればよい，
 その彼を，近くに敵がいるために，絶えない苦労が脅かし，
  戦のラッパの轟が彼から眠りを追い出すがよい．
 私は私の貧しさに導かれて無為の人生を渡って行きたい，
  我が家の炉が消えない火に輝いていさえすれば．

ipse seram tenerās mātūrō tempore vītēs      7
 rūsticus et facilī grandia pōma manū:
nec spēs dēstituat sed frūgum semper acervōs
 praebeat et plēnō pinguia musta lacū.       10

 時が満ちたら，農夫の私は慣れた手で
  柔らかいブドウの枝と豪華な果樹を自ら植えたいもの．
 「希望」も見放すことなくいつも穀物の山と
  大樽にみなぎる豊かな新酒を恵んで下さるように．

nōn ego dīvitiās patrum frūctūsque requīrō,     41
 quōs tulit antīquō condita messis avō:
parva seges satis est; satis est, requiēscere lectō
 sī licet et solitō membra levāre torō.      44

 私は父祖の富と収穫を求めない，—

刈り取って収めたものがいにしえの祖先にもたらしたものを．
　わずかな作物で十分だ．臥所に休んで
　　いつもの褥に体を軽くすることが許されれば十分だ．

quam iuvat immītēs ventōs audīre cubantem 45
　et dominam⁽¹⁾ tenerō continuisse sinū
aut, gelidās hībernus aquās cum fūderit Auster,
　sēcūrum somnōs igne iuvante sequī! 48

　何とうれしいことだろう，寝ながら無慈悲な風の音を聞き
　　愛する人⁽¹⁾を柔らかい懐にしかと抱きしめるのは，
　あるいは冬の南風が凍った水を注ぐときに
　　心配なく，火を喜びながら，眠りを追い求めることは．
　　　⁽¹⁾「恋の隷従」servitium amōris: 恋人が domina（女主人）になって男
　　　　を奴隷にする．

tē bellāre decet terrā, Messalla, marīque, 53
　ut domus hostīlēs praeferat exuviās:
mē retinent vinctum fōrmōsae vincla puellae, 55
　et sedeō dūrās iānitor ante forēs.⁽²⁾

　君にふさわしいのは，メッサッラよ，陸に海に戦うことだ，
　　敵から剥ぎ取ったものを館に展示するために．
　私は美しい乙女のいましめに縛られて動けず，
　　硬い扉の前に座って門番を務める．⁽²⁾
　　　⁽²⁾「締め出された情夫」exclūsus amātor: 男は苦情の歌を歌う．

nōn ego laudārī cūrō, mea Dēlia; tēcum 57
　dum modo sim, quaesō sēgnis inersque vocer⁽³⁾.
tē spectem, suprēma mihī⁽⁴⁾ cum vēnerit hōra;
　tē teneam moriēns dēficiente manū. 60

　私は賞賛されることに気を使わない，私のデーリアよ，君と一緒
に

いさえすれば，能無しの怠け者と呼ばれることを願う．
君を見つめていたいもの，私に最期が来たときに，
　君を抱いていたいもの，死ぬときに，力の抜けていく手で．

(3) = quaesō ut... vocer (ut の省略)．
(4) mihĭ は本書では原則として mihi と書いて来たが(序章 C4c の iambic shortning, p 24)，詩では韻律によって明らかに mihī であることが分ることがある．

flēbis et ārsūrō positum mē, Dēlia, lectō,
　trīstibus et lacrimīs ōscula mixta dabis.
flēbis: nōn tua sunt dūrō praecordia ferrō
　vincta, nec in tenerō stat tibi corde silex.

君は泣くだろう，焼けようとする台(戸板)に，デーリアよ，乗せられた私を，
　そうして悲しみの涙の混じった口付けをするだろう．
君は泣くだろう，君の胸は固い鉄鎖に縛られていないし，
　君の柔らかい心臓には石が入っていない．

illō nōn iuvenis poterit dē fūnere quisquam　　　　　　　65
　lūmina, nōn virgō sicca referre domum.
tū mānēs nē laede meōs, sed parce solūtīs
　crīnibus et tenerīs, Dēlia, parce genīs.(5)　　　　　　　68

その葬儀から若者は誰も，乙女は誰も
　乾いた目を家に持ち帰ることができないだろう．
君は私の霊魂を傷つけるな，解き流した髪を
　大切にせよ，柔らかい頬を，デーリアよ，大切にせよ．(5)

(5) 服喪の印に髪の結び目を解いて(飾りもすべてはずして)，爪で頬を傷つけること．

intereā, dum fāta sinunt, iungāmus amōrēs:
　iam veniet tenebrīs Mors adoperta caput;　　　　　　　70
iam subrēpet iners aetās, nec amāre decēbit,

dīcere nec cānō blanditiās capite.

> それまで，運命が許している間に，愛を結ぼう．
> 　やがて「死」が頭を闇に包んで訪れるだろう．
> やがて動きの鈍い老年が忍び寄り，恋することも，
> 　白髪頭で睦言を言うことも，似合わなくなる．

nunc levis est tractanda venus, dum frangere postēs
　nōn pudet et rixās inseruisse iuvat.[6]
hīc ego dux mīlesque bonus[7]: vōs, sīgna tubaeque　　　　75
　īte procul, cupidīs vulnera ferte virīs,
ferte et opēs: ego compositō sēcūrus acervō
　dītēs[8] dēspiciam dēspiciamque famem.

> 今は浮かれた恋を実行するべきだ，扉を破ることが
> 　恥ずかしくなく，喧嘩の言葉を投げ込むことが楽しい間に[6]．
> ここでは私は優れた将であり兵である[7]．お前たち，旗印とラッパは
> 　遠くへ行け．欲深の男どもに傷をもたらせ，
> 富ももたらせ．私は貯蔵した収穫物の山で心配なく
> 　金持ち[8]を軽蔑し，飢えを軽蔑するであろう．

[6] = (2)

[7]「恋の従軍」mīlitia amōris（恋は一種の従軍である）というモティーフ．

[8] dīs, dītis は dīves, dīvitis の短縮形（母音間の v 脱落による）．

## 9.　P. Vergiliī Marōnis Būcolica: 5. 20～44
### （ウェルギリウス『牧歌』第5歌より）

　ウェルギリウスの牧歌は，平和と友愛と詩歌の象徴である．牧歌の英雄の誕生は黄金時代を再来させ（第4歌），牧歌の主役のダプニスが死ぬと，牧人も，家畜も，野獣も，畑も，森も，神々もいっせいに泣き，牧歌世界は消沈する（第5歌）．文明世界が政治と戦争と暴力を

もって押しかけると，牧歌世界が破壊されて平和も歌も消え（第 1/9 歌），牧人が文明世界に恋人を持つと，心の安定が失われ（第 2 歌），牧歌は終る（第 10 歌）．詩形は叙事詩と同じ．

Exstīnctum Nymphae crūdēlī fūnere Daphnin[1] 20
flēbant (vōs corylī testēs et flūmina Nymphīs),
cum complexa suī corpus miserābile nātī
atque deōs atque astra vocat crūdēlia māter.

> 残酷な死によって息絶えたダプニスをニンフらは
> 泣いていた（お前たち，ハシバミと川がニンフらの証人だ），
> そのときわが子のかわいそうな遺体を抱いて
> 神々と星々を残酷と母は呼ぶ．
>> [1] Daphnis, -idis はギリシア語式に呼格 Daphni，対格 Daphnin を用いる．

nōn ūllī pāstōs illīs ēgēre diēbus
frīgida, Daphni, bovēs ad flūmina; nūlla neque amnem 25
lībāvit quadripēs nec grāminis attigis herbam.

> それらの日々には牛を放牧してから冷たい川へ，
> ダプニスよ，追って行く者は誰もいなかった．どの四本足も
> 流れをなめたり草の葉に触れたりしなかった．

Daphni, tuum Poenōs etiam ingemuisse leōnēs
interitum montēsque ferī silvaeque loquuntur.

> ダプニスよ，君の死を嘆いてカルタゴの獅子さえうめいたと
> 荒々しい山も森も語っている．

Daphnis et Armeniās currū subiungere tigrīs
īnstituit, Daphnis thiasōs indūcere Bacchī 30
et foliīs lentās intexere mollibus hastās.

> ダプニスはアルメニアの虎を車につなぐことを

教えた．ダプニスはバッコスの乱舞を導入して
強靭な杖に柔らかい葉を巻きつけることを教えた．

vītis ut arboribus decorī est, ut vītibus ūvae,
ut gregibus taurī, segetēs ut pinguibus arvīs,
tū decus omne tuīs. postquam tē fāta tulērunt,
ipsa Palēs agrōs atque ipse relīquit Apollō. 35

ブドウ蔓が木にとって，ブドウ蔓にとって房が，牛の群にとって雄牛が
作物が肥沃な畑にとって，誉れになるように，
君は君の仲間にとってあらゆる誉れ．運命が君を運び去ってから，
パレースさえも，アポッローンさえも，野を去った．

grandia saepe quibus mandāvimus hordea sulcīs,
īnfēlīx lolium et sterilēs nāscuntur avēnae;
prō mollī violā, prō purpureō narcissō
carduus et spīnīs surgit paliūrus acūtīs.

われらがいつも大粒の麦を託した畝間には
不毛のドクムギと無用のカラスムギが生えている．
柔らかいスミレの代りに，輝く水仙の代りに，
アザミや鋭いとげのイバラがのびてくる．

spargite humum foliīs, indūcite fontibus umbrās, 40
pāstōrēs (mandat fierī sibi tālia Daphnis),
et tumulum facite, et tumulō superaddite carmen:
'Daphnis ego in silvīs, hinc ūsque ad sīdera nōtus,
fōrmōsī pecoris custōs, fōrmōsior ipse.'

地面に花びらをまけ，泉の上に木陰を引き入れよ，
牧人たちよ（ダプニスは自分のためにそうすることを求めている），
そうして墓を作り，墓の上に碑銘を加えよ：
「私は森の中のダプニス，ここから天まで知られている，

美しい羊の群の守護,自らはいっそう美しい.」


## 10. Q. Horātiī Flaccī Carminum Liber Prīmus: 17
(ホラーティウス『カルミナ』第1巻第17歌)

『カルミナ』は,サッポーとアルカイオスの詩集がわずかな断片を残すのみになってしまったために,アイオリス風の抒情詩(竪琴の歌メロス)の形式による詩集としては現存する唯一完全なものである.人や物を称揚する詩が多いために,『頌詩』とよばれることもある.テーマは多岐,技巧は完璧である.詩形はアルカイオス詩節(p 405).

> 【各行の下の訳語は原文の順序で挙げてある.どの形容詞がどの名詞につくか,文法(性数格の一致)を頼りに判断しなければならない.これは他の詩にも散文にも見られるラテン語の特徴である】

Vēlōx amoenum saepe Lucrētilem
すばやい/心地よい/しばしば/Lを
mūtat Lycaeō Faunus et igneam
交換する/Lと/Fは/そして/火の
  dēfendit aestātem capellīs
  防ぐ/夏を/子山羊たちから
    ūsque meīs pluviōsque ventōs.
    ずっと/私の/そして雨の/風を.

    すばやいファウヌス(牧神パーン)はしばしば心地よいルクレーティリス(ホラーティウスの別荘地の山)をリュカイオン(アルカディアの山,パーンの聖地)と交換して(=リュカイオンから快いルクレーティリスへ移ってきて),私の子山羊たちから炎熱の夏と雨を含んだ風をずっと防いで下さっている.

impūne tūtum per nemus arbutōs       5
危険なく/安全な/一帯に/森/アルブトゥスを
quaerunt latentīs et thyma dēviae

探す/隠れた/そして/テュムムを/道からそれて
 olentis uxōrēs marītī,
  くさい/妻たちは/夫の
  nec viridīs metuunt colubrās
   また…ない/緑の/怖がる/蛇を
nec Mārtiālīs haediliae lupōs,
もない/マールスの/子山羊たちは/狼を
utcumque dulcī, Tyndari, fistulā          10
やいなやいつも/甘い/テュンダリスよ/牧笛によって
 vallēs et Ustīcae cubantis
  谷/と/ウスティーカの/寝姿の
  lēvia personuēre saxa.
   滑らかな/鳴り響いた/岩が

> 危険なしに，道からそれて，安全な森一帯に，くさい夫（雄山羊）の妻たちは隠れているアルブトゥス（ツツジ科の低木）やテュムム（ジャコウソウ，タイム）を探し，子山羊たちは緑の蛇をもマールス（軍神）の狼をも怖がらない，——いつも，テュンダリスよ，甘美な牧笛によって谷と寝姿のウスティーカ（丘）の滑らかな岩が鳴り響くや否や．

dī mē tuentur, dīs pietās mea
神々が/私を/守る/神々に/信心が/私の
et mūsa cordī est. hīc tibi cōpia
そして/歌が/心に/(叶う)/ここで/君に/豊穣が
 mānābit ad plēnum benīgnō          15
  流れる/になるまで/いっぱい/気前の良い
  rūris honōrum opulenta cornū:
   田舎の/誉れの/豊かな/角によって

> 神々が私を守り給う．神々の御心に私の信心と歌が叶う．ここでは君のために，田舎の誉れ（すばらしさ）の数々を出し惜しみしない角で豊かな豊穣（角は豊穣の象徴，一種の打ち出の小槌）が，いっぱいになるまで流れ出すであろう．

hīc in reductā valle Canīculae
ここ/(の中)で/引っ込んだ/谷/天狼星の
vītābis aestūs et fide Tēiā[1]
避ける/暑さを/そして/堅琴で/テオースの
   dīcēs labōrantīs in ūnō
   歌う/苦しむ/について/同一(の男)
     Pēnelopēn vitreamque Circēn:           20
     ペーネロペーを/そしてガラスのような/キルケーを

     ここの引っ込んだ谷底で君は，シーリウス星の(＝土用 dog days の)暑さを避けて，1人の男(オデュッセウス)に苦しむ(恋する)ペーネロペー(妻)とガラスのような(＝怪しげな？)キルケー(正しくはカリュプソー)のことを，テオースの(＝アナクレオーンの)堅琴で歌うであろう．
   [1]Tēiā は Tē-i-ā と 3 音節に読む

hīc innocentis pōcula Lesbiī
ここで/無害な/杯を/レスボス酒の
dūcēs sub umbrā, nec Semelēius[2]
飲む/(の下)で/木陰/そして…ない/セメレーの子の
   cum Mārte cōnfundet Thyōneus
   といっしょに/マールス/注ぎ出す/テュオーネウスは
     proelia, nec metuēs protervum
     争いを/また…ない/恐れる/厚かましい
suspecta Cȳrum, nē male disparī           25
疑われた/C を/のではと/ひどく/釣合わぬ
incontinentīs iniciat manūs
ずうずうしい/出す/手を
   et scindat haerentem corōnam
   そして/裂き取る/差してある/花冠を
     crīnibus immeritamque vestem.
     髪に/そして罪のない/衣装を

     ここの木陰で君は無害なレスボス酒の杯を飲み干すであろう，

だがセメレーの子のテュオーネウス(酒神バッコス)がマールス(軍神)と手を組んで騒乱を流し込むこと(宴会の乱痴気騒ぎ)はないであろうし，君が疑われて(=嫉妬されて)厚かましいキューロスを恐れることもないであろう，—彼がひどく釣り合わない君にずうずうしい手を出して，髪に差してある花冠と罪のない衣装を引きちぎるのではないかと．

[2] -lēius も -lē-i-us と 3 音節に読む．

> 【中央 13–14 行前半の「詩人の安全」を回転軸にして，詩の前半の牧歌的な「山羊たちの安全」と後半の「テュンダリスの安全」が対照的に描かれ，全体がホラーティウスの統一的な詩的世界をなす．古典的均整とヘレニズム的博学を結合した傑作】


# 11.　M. Tulliī Cicerōnis Prō A. Liciniō Archiā Poētā Ōrātiō ad Iūdicēs: 18~19 / 30
(キケロー『詩人アルキアース弁護演説』より)

18 atque sīc ā summīs hominibus ērudītissimīsque accēpimus, cēterārum rērum studia et doctrīnā et praeceptīs et arte cōnstāre, poētam nātūrā ipsā valēre et mentis vīribus excitārī et quasi dīvīnō quōdam spīritū īnflārī. quārē suō iūre noster ille Ennius sānctōs appellat poētās, quod quasi deōrum aliquō dōnō atque mūnere commendātī nōbīs esse videantur.

そうしてこのように最も教養のある最高の人々から我々は，他のことについての学習は訓練と規則と技術とに基づくけれども，詩人は本性のみによって力を持ち，精神力によって駆り立てられ，いわば神的とも言うべき霊気を吹き込まれると聞いている．だから我らのあのエンニウスは自らの権利によって，詩人たちがあたかも神々のある種の贈り物と賜物によって際立っているように我々に見えるという理由で，彼らを神聖な人々と呼んでいる．

19 sit igitur, iūdicēs, sānctum apud vōs, hūmānissimōs hominēs,

hoc poētae nōmen, quod nūlla umquam barbaria violāvit. saxa et sōlitūdinēs vōcī respondent, bēstiae saepe immānēs cantū flectuntur atque cōnsistunt⁽¹⁾; nōs īnstitūtī rēbus optimīs nōn poētārum vōce moveāmur?

> それゆえ，裁判官諸君，これまで野蛮（人）といえども穢したことのないこの詩人という名前は，最高の教養を備えた人間である諸君のもとにおいて，神聖であるべきである．岩や荒野も声に応え，物凄い野獣もしばしば歌に感動して立ち止まる⁽¹⁾．我ら最良のことを教えられた者が詩人たちの声に動かされないことがあろうか．
> 　⁽¹⁾オルペウス（Orpheus）の故事．

30 an vērō tam parvī animī videāmur esse omnēs, quī in rē pūblicā atque in hīs vītae perīculīs labōribusque versāmur, ut, cum ūsque ad extrēmum spatium nūllum tranquillum atque ōtiōsum spīritum dūxerimus, nōbīscum simul moritūra omnia arbitrēmur?

> それとも我々，国政に携わり人生のこの危険と苦難を経験している者がみな，行路の最後に至るまで平穏で閑雅な息を吸うことがないにしても，我々と同時にすべてが死ぬことになっていると考えるほど，ほんとうにそれほどちっぽけな心の持ち主であるように見られるであろうか．

an statuās et imāginēs, nōn animōrum simulācra, sed corporum, studiōsē multī summī hominēs relinquērunt; cōnsiliōrum relinquere ac virtūtum nostrārum effigiem nōnne multō mālle dēbēmus summīs ingeniīs expressam et polītam?

> それとも，多くの最高の人々が影像や肖像画を，精神のではなく肉体の似姿を，熱心に残したけれども，我々は最高の才能によって型取りされ磨き上げられた我々の知恵と徳の模像をこそ遥かに強く望むべきではないか．

ego vērō omnia, quae gerēbam, iam tum in gerendō spargere mē ac dissēmināre arbitrābar in orbis terrae memoriam sempiternam. haec vērō sīve ā meō sensū post mortem āfutūra est, sīve, ut sapientissimī hominēs putāvērunt, ad aliquam meī partem pertinēbit, nunc quidem certē cōgitātiōne quādam spēque dēlector.

> 私は実際，行なっていたすべてのことを，自分はすでにそのとき行ないながら世界の永遠の記憶の中へ散布し蒔き広げているのだと考えていた．ほんとうにこれ（記憶）が死後に私の知覚から離れることになるにせよ，あるいは最高に知恵のある人々が考えたように，私のいずれかの部分に届くにせよ，今は確かにそのような考察と希望を楽しんでいる．

## 12. M. Tulliī Cicerōnis Laelius Dē Amīcitiā: 26–28
(キケロー『ラエリウス 友情について』より)

26 Saepissimē igitur mihi dē amīcitiā cōgitantī maximē illud cōnsīderandum vidērī solet, utrum propter inbecillitātem atque inopiam dēsīderāta sit amīcitia, ut dandīs recipiendīsque meritīs, quod quisque minus per sē ipse posset, id acciperet ab aliō vicissimque redderet, an esset hoc quidem proprium amīcitiae, sed antīquior et pulchrior et magis ā nātūrā ipsā profecta alia causa:

> それゆえ私は，友情について考えるたびに，ますます次のことが考察されなければならないと考える習慣になってきている．それは，弱いところや足りないところがあるために，すなわち，親切にしてあげたりしてもらったりすることによって各人が自分だけではできないことを他の人から受けたり逆にお返ししたりするために，友情が必要と感じられてきたのか，それとも，これもたしかに友情の特性ではあるけれども，しかしいっそう大切でいっそう高貴な，むしろ本性そのものに由来する別の原因があるのか，ということである．

amor enim, ex quō amīcitia nōmināta est, prīnceps est ad benevolentiam coniungendam; nam ūtilitātēs quidem etiam ab iīs percipiuntur saepe, quī simulātiōne amīcitiae coluntur et observantur temporis causā; in amīcitiā autem nihil fictum est, nihil simulātum, et, quicquid est, id est vērum et voluntārium.

> というのは，友情 amicitia の名前の元になった愛 amor は，善意を結び合わせる原動力であるからである．なぜなら，有用性ならばたしかにしばしば，友情の見せかけによって尊敬され特殊な事情で注目される人々からさえも得られるけれども，友情には作り事や見せかけは何もない，あるのは真実で自発的なものだけである．

27 quāpropter ā nātūrā mihi vidētur potius quam ab indigentiā orta amīcitia, adplicātiōne magis animī cum quōdam sēnsū amandī quam cōgitātiōne quantum illa rēs ūtilitātis esset habitūra.

> したがって私には友情は，必要からよりもむしろ本性から出てきたもの，そのことがどれほどの利益をもつであろうかを考えることよりも以上に，ある種の愛の気持ちをこめて心を寄せることによって生じたものであると思われる．

quod quidem quāle sit etiam in bēstiīs quibusdam animadvertī potest, quae ex sē nātōs ita amant ad quoddam tempus et ab eīs ita amantur, ut facile eārum sēnsus adpāreat:

> これがどのようなものであるかは，ある種の動物にさえも認められることで，彼らは自分の子供たちを一定の時期まで彼らの気持ちが容易に目に見えるような様子で愛し，またそのような様子で子供たちから愛される．

quod in homine multō est ēvidentius, prīmum ex eā cāritāte, quae est inter nātōs et parentēs, quae dīrimī nisi dētestābilī scelere nōn potest, deinde cum similis sēnsus exstitit amōris, sī aliquem nactī sumus, cūius cum mōribus et nātūrā congruāmus, quod in eō quasi lūmen aliquod probitātis et virtūtis perspicere videāmur.

> これは人間の場合にははるかに明白である：第 1 には，子供と親の間にあって，忌まわしい犯罪によってしか奪い取ることのできない親子の間の親愛感情から，第 2 には，誰か我々と一致するような性

格や本性をもつ人に出会った場合に，その人の中に誠実さと徳の光のようなものが認められるように思われるために，愛に似た感情が生じたときに，である．

28 nihil est enim virtūte amābilius, nihil quod magis adliciat ad dīligendum, quippe cum propter virtūtem et probitātem etiam eōs, quōs numquam vīdimus, quōdam modō dīligāmus.

> たしかに徳よりも愛に価するものはなく，それ以上に大切に思う気持ちにさせるものはない．なにしろ我々は徳と誠実さのためなら一度も会ったことのない人々をさえも，ある種の仕方で大切に思うのであるから．

## 13. P. Cornēliī Tacitī Dē Vītā Iūliī Agricolae: 1. 1~4
(タキトゥス『アグリコラ伝』の序文)

アグリコラはタキトゥスの妻の父で，ブリタンニアの総督として現地の平和と社会秩序の構築に尽力した．この伝記は『ゲルマーニア』と並ぶタキトゥスのすぐれた小品で，イングランドの当時を知る貴重な資料の1つでもある．

**1.** 1 Clārōrum virōrum facta mōrēsque posterīs trādere, antīquitus ūsitātum, nē nostrīs quidem temporibus quamquam incūriōsa suōrum aetās omīsit, quotiēns magna aliqua ac nōbilis virtūs vīcit ac super gressa est vitium parvīs magnīsque cīvitātibus commūne, īgnōrantiam rēctī et invidiam.

> 名高い人々の行いと生き方を後世の人々に伝えるという古来の習わしを，我々の時代にも世の人々は，自分たちのことには無頓着ではあるけれども，やめたのではない，―誰か偉大にして高貴なる有徳の士が小国にも大国にも一般に見られる欠点，すなわち正しさへの無知および嫉妬という欠点を克服して乗り越えるたびに（その習わしを繰り返す）．

2 sed apud priōrēs ut agere dīgna memorātū prōnum magisque in apertō erat, ita celeberrimus quisque ingeniō ad prōdendam virtūtis memoriam sine grātiā aut ambitiōne bonae tantum cōnscientiae pretiō ducēbātur.

　しかし先人たちのもとでは語るに値することを行うのが容易で，今より自由にできたし，また，才能によって有名な人ほどえこひいきや利己心なしに，良いことをしているという意識の報酬のみに引かれて，すぐれた人の思い出を書き伝えたのである．

3 ac plērīque suam ipsī vītam narrāre fidūciam potius mōrum quam adrogantiam arbitrātī sunt, nec id Rutīliō et Scaurō citrā fidem aut obtrectātiōnī fuit: adeō virtūtēs īsdem temporibus optimē aestimantur, quibus facillimē gignuntur.

　それに多くの人々は，自分で自分の人生を物語ることは，うぬぼれであるよりもむしろ生き方への自信であると考えたし，またそれはルティーリウスやスカウルスにとっても疑われたり非難されたりすることではなかった．それほどに，すぐれた行いは，それがもっとも容易に生まれるその同じ時代に，もっともよく評価されるのである．

4 at nunc narrātūrō mihi vītam dēfūnctī hominis venia opus fuit, quam nōn petīssem incūsātūrus: tam saeva et īnfesta virtūtibus tempora.[1]

　ところが現代では，亡くなった人の生涯を語ろうとしたときに，私には許可が必要だった．中傷しようとしたのならば，許可など求めなかっただろう．それほど野蛮で，すぐれたものを敵視する時代だったのだ．

　　[1] ドミティアーヌス帝の恐怖政治を指す．

# IV

## ―付　録―

# I. 変則的な名詞

　すべての名詞が，唯一の語幹と唯一の性をもち，すべての数と格をそろえ，また単数と複数で同じ意味を保っているのではない．2つの性，あるいは2〜3の語幹の間で動揺している語(過剰名詞)があって，ラテン語といえども規範化(標準化)の力が必ずしも強くなかったことを示す一方，いずれかの格や数を欠く語(欠如名詞)も存在する．用語の定義と分類法(とくに過剰名詞の)は文法書によって異なる．ここでは分かりやすさを優先して，「過剰名詞」の名は広義にのみ用い，また難解な metaplasta (語形変異: 主格以外の格からの他の格の形成)は単独で扱わず，一般の heteroclita (異語幹混在: A (2))と区別しない．

　個々の単語については辞書の問題であるから，ここには少数の例を挙げるにとどめる．なお，これに準じる形容詞を含める．

## A. 過剰名詞 (**abundantia**)

(1) 異性混在名詞 (heterogenea)

(a) 同一語幹(第2変化)で男性・女性語尾と中性語尾を合わせもつもの．

|  |  |  |
|---|---|---|
| cāseus, -ī *m* | cāseum, -ī *n* | チーズ |
| clipeus, -ī *m* | clipeum, -ī *n* | 丸楯 |
| collum, -ī *n* | collus, -ī *m* | 首 |
| gladius, -ī *m* | gladium, -ī *n* | 短剣 |
| nāsus, -ī *m* | nāsum, -ī *n* | 鼻 |
| tergum, -ī *n* | tergus, -ī *n* | 背中 |
| buxus, -ī *f* | buxum, -ī *n* | ツゲ |

その他，使用頻度の低い語，とくに外来語が多い．

(b) 複数で性を変えるもの．

| iocus, -ī *m* | 複 iocī *m*/ioca *n* | 冗談 |
|---|---|---|
| locus, -ī *m* | 複 loca *n* | 場所 |
|  | locī *m* | 箇所 |

frēnum, -ī *n*　　複　frēna *n*/frēnī *m*　　くつわ
rāstrum, -ī *n*　　複　rāstrī *m* (rāstra *n*)　　鍬

(2) 異語幹混在名詞 (heteroclita). (1)(2)等は第1変化, 第2変化等.

　(a) 単数主格からすでに複数の語幹をもつもの.

　　esseda, -ae *f* (1)　　　essedum, -ī *n* (2)　　二輪馬車
　　dūritia, -ae *f* (1)　　　dūritiēs, -ēī *f* (5)　　固さ
　　dīluvium, -ī *n* (2)　　dīluviēs, -ēī *f* (5)　　大洪水
　　vās, vāsis *n* (3)　　　vāsum, -ī *n* (2)　　　容器
　　plēbs, -bis *f* (3)　　　plēbēs, -eī *f* (5)　　市民階級

　(b) 単数主格が(少なくとも見かけ上は)1語幹で, 他の格に複数語幹が現れるもの.

　　laurus, -ī (2)/-ūs (4) *f*　　月桂樹(ほかに植物名多数)
　　domus (4)(2) *f*　　　　　家(第7章 3b, p 70 参照)
　　requiēs, -ētis *f* (3), 対-ētem (3)/-em (5),
　　　　　　　　　　　　　奪-ēte (3)/-e (5) 休息
　　vesper, -erī *m* (2)/-eris (3), 対-erum (2)/-eram (1),
　　　　　　　　　　　　　奪-erō (2)/-erā (1)/-ere (3) 夕方

　(c) 第3変化の範囲内での2語幹の語.

　　femur, -minis/-moris *n*　　　　太腿部
　　iecur/iocur, iecoris/iocineris *n*　肝臓
　　iter, itineris *n*　　　　　　　　道
　　Iuppiter, Iovis *m*　　　　　　　ユッピテル

　(d) 形容詞の第1第2変化と第3変化の共存.

　　imbecillus, -a, -um　　imbecillis, -e　　　　弱い
　　violentus, -a, -um　　violēns, -entis　　　　激しい
　　hilaris, -e　　　　　　hilarus, -a, -um　　　快活な
　　auxiliāris, -e　　　　　auxiliārius, -a, -um　救援の

## B. 欠如名詞（dēfectīva）.

(1) 数の欠如.

(a) 単数しかないもの（singulāria tantum）. 固有名詞，物質名詞，抽象名詞，集合名詞に多い(実例は省略).

(b) 複数しかないもの（plūrālia tantum）.

| | | | |
|---|---|---|---|
| altāria, -ium *n* | 祭壇 | hīberna, -ōrum *n* | 冬営陣 |
| angustiae, -ārum *f* | 狭間 | līberī, -ōrum *m* | 子供たち |
| arma, -ōrum *n* | 武器 | mānēs, -ium *m* | 死者の霊魂 |
| dīvitiae, -ārum *f* | 富 | nūptiae, -ārum *f* | 結婚式 |
| exsequiae, -ārum *f* | 葬式 | reliquiae, -ārum *f* | 残骸 |
| fēriae, -ārum *f* | 祭日 | tenebrae, -arum *f* | 闇 |

(c) 複数に異なる意味があるもの（heterologa）.

| | | | |
|---|---|---|---|
| aedēs, -is *f* | 社 | aedēs, -ium | 家 |
| auxilium, -ī *n* | 援助 | auxilia, -ōrum | 援軍 |
| castrum, -ī *n* | 砦 | castra, -ōrum | 陣営 |
| cōpia, -ae *f* | 豊富 | cōpiae, -ārum | 軍勢 |
| fīnis, -is *m* | 国境 | fīnēs, -ium | 領土 |
| littera, -ae *f* | 文字 | litterae, -ārum | 手紙，文学 |
| lūdus, -ī *m* | 遊び，学校 | lūdī, -ōrum | 競技会 |

(2) 格の欠如（dēfectīva in cāsibus）

(a) 1格（おもに奪格）しかないもの.

| | | |
|---|---|---|
| [pondus *m*] | 奪 pondō | 重さで，ポンド |
| [spōns *f*] | 奪 sponte | 自由意志で |
| [iussus *m*] | 奪 iussū | 命令で |
| [in + iussus] | 奪 iniussū | 命令なしに |
| [nātus *m*] | 奪 nātū | 生まれにおいて |
| [promptus *m*] | 奪 in promptū | 用意のできた |

(b) 不変化名詞（indēclīnābilia）. 中性主格対格のみ.

fas *n*　　神の掟に叶うこと

nefās *n*　神の掟に反すること
īnstar *n*　ようなもの，［属］のように
secus *n*　性
māne *n*　（奪格としても）朝

(c) 2～3の格形しかもっていないもの．

対 naucum, 属 naucī *n*　クルミの殻
主 faex, 与 faecī, 複奪 faecibus *f*　（ブドウ酒の）おり
属 opis, 対 opem, 奪 ope *f*　力
主 vīs, 対 vim, 奪 vī *f*　力

(3) 欠如形容詞
(a) 一部の格しか使わない形容詞．

主 exspēs　希望のない
主 pernox, 奪 pernocte　夜通し続く

(b) 不変化形容詞

nēquam　無価値の
frūgī　倹約な
necesse　不可欠な

## II. ギリシア語系の名詞

 ギリシア語から入った名詞は大半がラテン語式変化に吸収されたが，少数の普通名詞と多くの固有名詞が一部の格にギリシア語の変化形を残している．ただしその多くがラテン語の格形も合わせ持っている．

 初期に導入されたギリシア語名詞は，いわば「自然に」ラテン語化されて，その多くがそのまま定着した．しかし古典期の，とくにアウグストゥス時代の詩人が，ギリシア叙事詩を模範とするラテン語叙事詩を作るときに，膨大な数のギリシア語固有名詞(および少数の普通名詞)を「意識的に」韻律に合わせてギリシア語式の語形で使った．これがたちまち散文にまで影響して，ギリシア語式の語形を使うことが知識人の指標のようになったために，ギリシア語由来の名詞をすべてギリシア語式語形にしようとする作家まで現れた．

 これは大雑把な歴史で，ほかにも学者による植物名の導入，ギリシア文字の単なる転写，誤解など，さまざまな事情があるけれども，とにかく文献に現れるギリシア語系の名詞は，ラテン語式，ギリシア語式，および擬似ギリシア語式の変化形をもち，しかもそれが単語ごと，格ごとに異なるから，標準的変化表を作ることは困難である．ギリシア語文法の名詞変化を学ぶほうが，以下に挙げる少数の例に頼るよりも役に立つ．なお，語幹もギリシア語のままではなく，変形しているものがあるけれども，格認識には直接的に関係しないから，ここでは語末に専念する．

(1) ギリシア語第1変化の例

 普通名詞は大部分がラテン語化した．学術用語には意識的に -ē を用いているが，その多くがラテン語形でも現れている．固有名詞の -ē は極めて多く，大部分は両言語形の間で動揺しているが，一部にギリシア語形(与格を除く)しか使われていないものが見られる．

 -ā のものには，主格と対格に -ā, -ān を残すものがある．-ā に短縮したものおよび本来の -ă のもので，まれに対格に -am の代わりに -ān をつかっていることがある．

 男性形 -ās, -ēs もラテン語 -a に変ったものが多いが，固有名詞と稀な普通名詞にはギリシア語形(属格，与格を除く)を守っているもの

がある．動揺しているものも多い．

|   | キャベツ f | キルケー f | アエネーアース m | ペルセース m |
|---|---|---|---|---|
| 主 | crambē | Circ-ē,-a | Aenēās | Persēs |
| 呼 | crambē | Circ-ē,-a | Aenē-ā,-a | Pers-ă,-ē |
| 属 | crambēs | Circ-ēs,-ae | Aenē-ae,-āī | Persae |
| 与 | crambae | Circae | Aenēae | Persae |
| 対 | crambēn | Circ-ēn,-am | Aenē-am,-ān | Pers-am,-ēn |
| 奪 | crambē | Circ-ē,-ā | Aenēā | Pers-ā,-ē |

(2) ギリシア語第2変化の例

詩と後期の散文にはギリシア語の語末を保っているものが多い．古典期の散文ではまれ．

-os, -on は地名を中心に主格，対格(中性は呼格も)に現れる．人名と普通名詞は多くない．属格 -ū, 複数主格 -oe, 複数属格 -ōn は散見するだけ (Menandrū メナンドロスの; cosmoe クレータ島の長官; Būcolicōn『牧歌集』の，など)．複数対格 -ūs は例外的 (hippagōgūs 馬運搬船を)．

-ūs に終る語で確実なものは例示した Panthūs のみ(一部の格は推定形)．

-ōs に終る語もわずかで，例示の2語が代表的なもの．一部の格に第3変化形が混入している (heteroclita)．

|   | デーロス島 f | イーリオン n | パントゥース m |
|---|---|---|---|
| 主 | Dēl-os, -us | Īli-on, -um, (-os f) | Panthūs, Panthous |
| 呼 | Dēle | Īli-on, -um | Panthū |
| 属 | Dēlī | Īliī | Panthī |
| 与 | Dēlō | Īliō | Panthō |
| 対 | Dēl-on, -um | Īli-on, -um | Panthūn |
| 奪 | Dēlō | Īliō | Panthō |

|   | アトース山 m | アンドロゲオース m |
|---|---|---|
| 主 | Athōs, Athō(n) | Androge-ōs,-us |
| 呼 | Athōs, Athō(n) | Androgeō |
| 属 | Ath-ō,-ī,-ōnis | Androgeī |

|   |   |   |
|---|---|---|
| 与 | Athō | Androgeō |
| 対 | Ath-ō,-ōn,-ŏn,-um,-ōnem,-ōna | Androge-ōn,-ō,-ōna |
| 奪 | Ath-ō,-ōne | Androgeō |

(3) ギリシア語第3変化の例

　第3変化でも詩語と後期の散文にギリシア語的語末がかなり使われている．とくに対格 -a/-n と複数対格 -ās が目立つ．属格 -os と複数属格 -ōn はまれ，与格 -ī や複数与・奪格 -si(n) はきわめて例外的である．呼格には主格の -s を落とすものが多い．

　それと並んで，長母音幹，二重母音幹の語を中心に，第3変化内での，あるいは第1，第2，第4変化との異語幹混在（heteroclita）がよく見られる．

|   | ソローン *m* | 空気 *m* | クセノポーン *m* |
|---|---|---|---|
| 主 | Solōn, Solō | āēr | Xenophōn |
| 呼 | Solōn | āēr | Xenophōn |
| 属 | Solōnis | āeris | Xenophōntis |
| 与 | Solōnī | āerī | Xenophōntī |
| 対 | Solōn-a,-em | āer-a,-em | Xenophōnt-a,-em |
| 奪 | Solōne | āere | Xenophōnte |

|   | アトラース *m* | タレース *m* | パリス *m* |
|---|---|---|---|
| 主 | Atlās | Thalēs | Paris |
| 呼 | Atlā | Thalē | Pari, Paris |
| 属 | Atlantis | Thal-ētis, -is | Parid-is,-os |
| 与 | Atlantī | Thal-ētī, -ī | Parid-ī,-i |
| 対 | Atlanta | Thal-ēta, -ēn,-em | Par-ida,-im,-in |
| 奪 | Atlante | Thalē | Paride |

|   | オルペウス *m* | オイディプース *m* | ソークラテース *m* |
|---|---|---|---|
| 主 | Orph-eus,-ĕŭs | Oedip-ūs,-us | Sōcratēs |
| 呼 | Orpheu | Oedipe | Sōcrat-ē,-es |
| 属 | Orph-eī,-ei,-eōs | Oedip-odis,-ī | Sōcrat-is,-ī |
| 与 | Orph-eō,-ei | Oedipodī | Sōcratī |
| 対 | Orph-eum,-ea | Oedip-um, oda | Sōcrat-ēn,-em |

|   |   |   |   |
|---|---|---|---|
| 奪 | Orpheō | Oedip-ode,-ō | Sōcrate |

|   | アキッレウス *m* | 英雄 *m* | （複数） |
|---|---|---|---|
| 主 | Achillēs,-eus | hērōs | hērōes |
| 呼 | Achillēs,-ē,-eu,-e | hērōs | hērōes |
| 属 | Achillis,-eī,-ī,-eōs | hērōis | hērōum |
| 与 | Achillī | hērōī | hērōibus |
| 対 | Achillem,-ea,-ēn | hērō-a,-em | hērōas |
| 奪 | Achille,-ē,-ī | hērōe | hērōibus |

|   | ディードー *f* | 詩 *n* | （複数） |
|---|---|---|---|
| 主 | Dīdō | poēma | poēmata |
| 呼 | Dīdō | poēma | poēmata |
| 属 | Dīd-ūs,-ōnis | poēmatis | poēmatum |
| 与 | Dīd-ō,-ōnī | poēmatī | poēmat-īs,-ibus |
| 対 | Dīd-ō,-ōnem | poēma | poēmata |
| 奪 | Dīd-ō,-ōne | poēmate | poēmat-īs,-ibus |

# III. 韻律の概要

(注意．カタカナ書きの専門用語がギリシア語に基づく場合には，ラテン語形とカタカナとの発音が一致しないことがある．英語も適宜用いる)

## 1. ラテン詩の韻律

(1) 韻律は『韻律学』という名の書物が書かれるほどに複雑かつ多様であって，文法書の巻末にその詳細を語り尽くすことは到底不可能である．ここではギリシア詩の韻律をできる限り忠実に――それでもやはりラテン的に――再現した古典期に限定して，叙事詩についてはある程度詳しく，その他については簡単に，音読するための最小限度の規則を解説するに留める．古典期以前の詩には当てはまらないことが多い．具体例を省略したものについては，カトゥッルス詩集，ホラーティウスの『カルミナ』«Odes» と『エポーディー』«Epodes» の注釈書を参照されたい．

(2) 韻律は長音節(―)と短音節(˘)の規則的な組み合わせによって形成される．脚韻や頭韻も効果を狙って利用されたけれども，古代を通じて規則化されることはなかった．だから厳密には「韻律」ではなく，「律」すなわち音楽上のリズムであり，それが音節の長短によって表わされる．ただし長短のみではなく，それに強弱の規則も付随する．

(3) 長音節は時間的な長さが短音節の2倍であると見なされる．このために，特定の韻律の特定の箇所に限って，1長音節の代りに2短音節を，あるいは2短音節の代りに1長音節を使うことが許される．前者は「分割」resolūtiō，後者は「引き寄せ」contractiō と呼ばれるが，音韻論や文法にも異なる種類の contractiō があるから注意を要する．

(4) 特定の韻律の特定の箇所に限って，長音節でも短音節でもかまわないこと(⏓)がある．「どちらでもよい」anceps という形容詞をこれに当てる．

## 2. 詩句，詩脚，メトロン，コーロン，詩節

(1) 例として，ウェルギリウスの叙事詩『アエネーイス』の第1巻

第1行の音節構成がどうなっているか，調べてみよう．

|━ ⌣ ⌣ | ━ ⌣ ⌣ | ━ ━ | ━ ━ | ━ ⌣ ⌣ | ━ ━ |
Arma virumque canō, Trōiae quī prīmus ab ōrīs
　武器と勇士を私は歌う．その人が初めてトロイアの岸辺から

詳細は追々解説していくことにして，この1行は「長短短」または「長長」という単位を6回重ねて作られている．

（2）詩の1行を「詩句」versus と言い，韻律の最小単位を「詩脚」pēs（=foot）と呼ぶ．詩脚は9種類（ほかに代替用あるいは自立性のない詩脚7種類）あり，すべてに名前がつけられている．詩脚の中には，そのままで韻律の基本単位「メトロン」metrum（meter）になるものと，2つで1つの「メトロン」になるものがある．叙事詩の韻律に使われる「長短短」詩脚は「ダクテュロス」dactylus と呼ばれ，そのままでメトロンになるので，叙事詩の詩句は「ダクテュロスの6メトロン詩句」dactylic hexameter と呼ばれる．単に hexameter と言えばこれを指す．

（3）「コーロン」cōlon も詩句を構成する韻律単位の一種である．その中には詩脚をメトロンよりも長く反復して作られたものもあるが，同一の詩脚に分けられないものが多い．いずれにせよ「単位」であるから，いろいろな詩句や詩節に使われるものでなければ cōlon と呼ぶことはできない．

（4）「詩節」strophē は異なる種類の詩句を2～5行組み合わせた韻律単位で，唱歌の1番，2番などに相当する．詩節を作らず1行単位で反復するものは stichic verse と呼ばれる．

## A． 詩脚に基づく詩句

### 3． **dactylus**

（1）dactylus は代替用詩脚「スポンデイオス」spondēus（長長）に置き換えることができる．気分的に dactylus が軽快，spondēus が重厚であるために，意味によってはどちらかを多くすることができるし，異なる組み合わせによって単調さを避けることもできる．

（2）hexameter の最後の詩脚は「トロカイオス」trochaeus（長短）

になる．これは異なる詩脚というよりも，dactylus の最後の短音節が落ちたものである．一般に詩句の最後の 1 ないし 2 音節が欠けることを，catalexis と言い，休止を表す．したがって厳密に言うとすれば，叙事詩の詩句は dactylic hexameter catalectic であるが，catalectic ではない（＝acatalectic）dactylic hexameter は存在しない．

（3）一般に詩句末音節は anceps になる．だから hexameter の最後の「長短」は「長長」spondēus に置き換えることができる．

（4）以上のことをまとめて図式化すると，叙事詩の詩句は次のようになる．ただし第 5 脚までのすべての詩脚が spondēus になる詩句が許されるということではない．

|—⏑⏑|—⏑⏑|—⏑⏑|—⏑⏑|—⏑⏑|—⏔|

（5）hexameter は叙事詩を筆頭に，いろいろなジャンルに使用される．古典期の主な詩に限っても，ルクレーティウスの哲学詩，カトゥッルスの小叙事詩と祝婚歌，ウェルギリウスの牧歌と教訓詩と叙事詩，ホラーティウスの風刺詩と書簡詩，オウィディウスの叙事詩がある．

## 4．音節の長短

音節の長短を規則正しく確保するために，さまざまな音韻上の規則または手法が活用される．

（1）語末音節．音節の長短は単語ごとに決めるのではない．後続語の語頭音が先行語の語末音節の長短に影響する．詩句全体が 1 語であるかのように考えて決定する．アクセント規則では語末音節の長短はアクセントの決定に関与しない（anceps）が，韻律規則では「短母音＋1 子音」で終る語の語末の音節は，次に続く語が母音で始まる語であれば短音節になり，子音で始まる語であれば長音節になる．mor-*tis* imāgō（死の幻影）は mor-*ti*-si-mā-gō となるから，-tis は短音節とみなされ，dī-vum pater（神々の父）の -vum は長音節になる．

（2）「閉鎖音＋流音」．これはアクセント規則では 1 子音扱いであるが（序章 D），韻律上は 2 子音としても扱われるので，té-ne-brae の -ne- は長音節としても短音節としても使うことができる（anceps「どちらにも」）．

|-́ — |-́ ⏑ ⏑|-́ ⏑ ⏑|-́ — |-́ ⏑ ⏑|-́ ⏑|

　et prīmō similis volucrī, mox vēra volucris (Ov. *Met.* 13, 607)
　　そうして初めは鳥に似て，やがてはほんとうの鳥

　前の volucrī の -lu- は短音節，あとの volucris の -lu- は長音節になる．

　ただし複合語の元の2語の間で分かれるものは，必ず2子音扱いになる（次項の2語間の場合と同じ）．abrumpō「突破する」＝ab＋rumpō の ab- は常に長音節である．

　（3）語末母音脱落．2語間で母音と母音がぶつかるときに，前の母音を落とすことは多くの言語に見られる現象で，ēlīsiō と呼ばれる．ラテン詩では通常，「母音または m」で終る語に，「母音または h」で始まる語が後続するときに，先行語の語末の母音（および m）を落とす．ただし落とす母音（および m）も書いてあるから，音読の際に落として読まなければ韻律が合わない．語末の m と語頭の h は独立子音ではなく，それぞれ母音を鼻母音化または気音化しているだけであると見なされる．

|-́　　—|-́　　—|-́　　—|-́　—|-́ ⏑ ⏑|-́　⏑|

mōnstr*um* horrend*um*, īnfōrm*e*, ingēns, cuī lūmen adēmptum
　（Verg. *A.* 3, 658）
　　身の毛もよだつ，不恰好な，巨大な，目を奪われた怪物
　【cuī は 1 音節に数える】

　ただし sum の 2/3 人称の es/est の前に「母音または m」で終る語がある場合には，es/est の e- を落とす．写本などにそう書かれているために，そのように印刷した校訂本もある．

　　amāta es → amātas, amātum est → amātumst

　長母音や二重母音を落とすと，往々にして意味不明になりかねないので，そのあとにはできるだけ母音で始まる語を使わないように努めているように見える．

　（4）語末母音残存．韻律の都合で，ēlīsiō を避けることがある．2

語間で母音と母音が連続すると，2語の間で口を閉じないので，「口を開けたまま」という意味の hiātus という語をこれに当てる．これには2種類あり，完全に残す場合と，長母音または二重母音をホメーロス風に短母音に数える場合がある．後者は「弱い hiātus」と呼ばれる．

⊢¯ ― ⊢¯́ ―⊢¯́―⊢¯́ ⌣⌣ ⊢¯́ ⌣⌣⊢ ¯́ ⌣ ⊦
ter sunt  cōnātī / impōnere Pēliŏ / Ossam (Verg. G. 1.281)
　　3度彼らはペーリオンの上にオッサを載せようと試みた

cōnātī はそのまま，Pēliō は Pēliŏ に短縮されている．

　二重母音の「弱い hiātus」，たとえば Panopēae/et（パノペーアに，そして）(Verg. G. 1. 437) の -ae をどう発音したのか，分からない．ēlīsiō についても，二重母音や「母音+m」をまったく発音しなくて通じたのか，疑わしい．

　(5) 語中母音融合．韻律の都合により，語中で隣接する 2 母音を 1 母音（長母音または二重母音）に数えることがある．一般には母音融合は contractiō と呼ばれるが，第 1 節で注意したようにこの用語は誤解される恐れがあるから，韻律上の母音融合には synizēsis という語を当てて区別する．

　　　dĕ-ĕst, dĕ-ĕ-rat → dēst, dērat　欠けている，欠けていた
　　　rĕ-ĭ-ce → rei-ce　投げ返せ　prŏ-ŭt → prout　に応じて

「短母音＋長母音」の synizēsis:

　　　hōc eōdem ferrō　この同じ剣で (Prop. 2. 8. 26)

　　　aureā composuit spondā (Verg. A. 1. 698)
　　　　黄金の寝椅子に横たえた

　　　in coniuge Tēreō (Ov. Met. 6. 635)
　　　　テーレウスなどという夫に関しては

母音 i/u が synizēsis によって子音化することがある．

　　　ă-bĭ-ĕ-tĕ → ab-ie-te (ie = je)　　樅（奪格）
　　　gĕ-nŭ ŭ → gen-ua (ua = wa)　　種類（複数）

（6）分音．韻律の都合で，逆に子音の i/u (=j/w) が母音の前で独立の母音になることがあり，diaeresis と呼ばれる．この用語にもまた，後述のように，別の意味（韻律の切れ目）があるけれども，いずれも使用頻度が低いから，このままにしておく．

 Gāiŭs (=Gaj-jŭs) → Gā-i-ŭs ガイユス（またはガイウス）
 sŏluō (=sŏl-wō) → sŏ-lŭ-ō 解く

（7）語中母音脱落．韻律の都合で，子音に挟まれた短母音を落とすことがあり，syncopē と呼ばれる．子音の一方が流音のことが多い．

 surripite → surpite ひそかに奪え
 copulāta → coplāta 結合された (*f*)

（8）語末音節短縮．韻律の都合で，まれに語末の長音節を短音節に変えるために，長母音を短縮することがある．

 nesciō → nesciŏ  知らない
 valē → valĕ  さらば

（9）語末音節延長．韻律の都合で，語末の短音節を長音節に数えることがある．後述の主要な「切れ目」の前，あるいは「下げ」（強調）の箇所に限られる．

  līmina*quĕ* laurusque deī (Verg. *A*. 3. 91) 神の社も月桂樹も

## 5.　「下げ」thesis と「上げ」arsis

 ギリシア語の thesis/arsis「下げ」/「上げ」は，ローマ時代から近代まで弱/強，あるいは低/高の意味と誤解されてきたが，じつは逆で，thesis「下げ」とは現代の指揮棒と同様に，拍子を取るときに手（または足）を「下ろす」という意味である．つまり「下げ」こそが強または高，「上げ」が弱または低である．通常「下げ」は長音節，叙事詩の場合はそれぞれの詩脚の第1音節（第1拍）である．

## 6.　アクセントと ictus

 詩脚の「下げ」の位置につけたアクセント記号は，正しくは ictus

の記号である．語の中の音節を強調するアクセント（accentus 音調）と区別するために，韻律上の「下げ」につく強調は ictus（打つこと）と呼ばれる．詩を朗読するときには，語アクセントよりも，「下げ」の ictus を重視することになっている．

　これは高低アクセント言語のギリシア詩では不自然なことではなかった．しかし英語のような強弱アクセント言語では違和感があろう．ラテン語のアクセントは強弱と高低のどちらであったのか．これには議論の余地があるけれども，少なくともアクセントに意味論上の役割がないから，英語の使用者ほどには不自然さを感じなかっただろうと思われる．しかしそれでも古典期の詩人たちが，hexameter の初めの 4 詩脚ではアクセントと ictus の不一致を一致よりも多用しながら（統計的に約 6 割），最後の 2 詩脚では圧倒的な比率で一致させていることは，偶然でも無意識的行為でもあるまい．前半で不一致を利用して緊張を高め，コーダで緩和するための工夫であろう．だから，一言一句どころか最後の 1 音にまで神経を尖らせているウェルギリウスが，まれに最後の 2 詩脚でアクセントと ictus を一致させないときには，何か特別な意図があると考えなければならない．彼は無意味にそういうことをしない詩人である．

## 7.　詩句の切れ目 caesūra と diaeresis

　10 音節を越えるような詩句には，いくつかの切れ目を入れることになっている．切れ目は，理屈上はすべての語と語の間に存在するけれども，日常語でそれをすべて意識しながら話しているのではないように，韻律上でも比較的大きい切れ目に限定して，その位置に名をつけている．

　詩脚の途中に入る切れ目を「カエスーラ」caesūra（切断），詩脚と詩脚の間に入る切れ目を「ディアイレシス」diaeresis（分断）と呼んで区別する．文は必ずしも詩句末で終らず，次の行へと続いて行って（enjambement「詩句またがり」と呼ばれる），caesūra で完結することがよくある．

## 8.　hexameter の切れ目

　hexameter の切れ目は古典期には 5 箇所に限定されるようになった．

その種類の名前と組み合わせ方を例示する.
① 第3詩脚の長音節のあとの caesūra: penthēmimerēs (pent 5＋hēmi 半＋meros 部分＝第5半脚の＝「2詩脚半の」という意味の形容詞で, 名詞 tomē＝caesūra の省略)
② 第4詩脚の長音節(第7半脚)のあとの caesūra: hephthēmimerēs (hept 7＋h…: h によって pt がともに有気音に変っている)
③ 第2詩脚の長音節(第3半脚)のあとの caesūra: trithēmimerēs (trit 3＋h…)
④ 第3詩脚の最初の短音節のあとの caesūra: kata triton trochaion (第3「長短」のあと, ギリシア語をそのままラテン文字に変えた言い方)
⑤ 第4詩脚のあとの diaeresis: bucolic diaeresis (牧歌の d.). diaeresis は強力な切れ目であるから, そのあとには文法上の変化が来る(文の切れ目, 人称の変更など).

①がもっとも普通の切れ目で, 単独でも頻繁に使われる. その他は単独使用はまれ, または皆無で, もう1つないし2つの切れ目を伴う.

|−́ ∪ ∪|−́ ∪ ∪|−́"−|−́−|−́ ∪ ∪|−́−| ①

Arma virumque canō, Trōiae quī prīmus ab ōrīs (Verg. A. 1. 1)
　武器と勇士を私は歌う, その人が初めてトロイアの岸辺から
　【参考. quī Trōiae とすれば第3脚のあとに diaeresis を作って詩節を2等分するから, 禁じ手とされる. Marx の法則(1922年発見). Trōiae quī はそれを避けた語順】

|−́ −|−́"−|−́ −|−́"−|−́ ∪ ∪|−́ ∪| ②＋③

armātī circumsistunt ipsumque domumque, (Verg. A. 8. 490)
　彼らは武装して, 彼とその館を包囲している

|−́ −|−́ ∪ ∪|−́ ∪"∪|−́ ∪ ∪|−́ ∪ ∪|−́ −| ④

spargēns ūmida mella sopōriferumque papāver. (Verg. A. 4. 486)
　液状の蜂蜜と眠りをもたらすケシの実を撒きながら.

|−́ −|−́"−|−́ ∪"∪|−́"∪ ∪|−́ ∪ ∪|−́ −| ④＋②＋③

īnfandum, rēgīna, iubēs renovāre dolōrem, (Verg. A. 2. 3)
　女王よ, あなたは言えないほどの苦しみを繰り返せと命ずる.

```
|−⏑⏑|−⏑⏑|−⏑"⏑⏑|−⏑⏑||−⏑⏑|−−| ⑤+①
```
Polli(ō) et ipse facit nova carmina : pāscite taurum.
(Verg. *Ecl.* 3. 86)
　　ポッリオーも自ら新しい歌を作る．君らは牡牛を放牧せよ．

## 9. エレゲイア

（1）dactylic hexameter と dactylic pentameter（5 メトロン詩句）を交互に使う 2 行単位の詩節 strophē である．2 行単位詩節はほかにも種々あるけれども，とくにこの 2 行の組み合わせを distichon（di-2+stichos 行）と呼び，distichon を用いる詩を elegēia または elegīa と言う．短いものはエピグラム（批評，感想，機知遊戯，添え文，墓碑銘等々），長いものは神話物語，ローマ恋愛詩など，きわめて使用範囲が広く，いわゆるエレジーではない．

（2）ただし pentameter は dactylus を 5 脚並べるのではなく，「2.5 脚」から成るコーロンを 2 つ重ねたもので，2 つのコーロンの間に diaeresis を入れる．このコーロンは hexameter の前半（penthēmimerēs）に由来するので，とくに hēmiepes（叙事詩句の半分）と呼ばれる．第 2 コーロンでは spondēus を使わない．前半にも 2 つは使わない．

```
|−⏑⏑|−⏑"−|−⏑⏑|−⏑"−|−⏑⏑|−⏑|
  |−⏑⏑|−⏑⏑|−⏑||−⏑⏑|−⏑⏑|−⏑̆|
```
Ōd(ī) et amō. quār(ē) id faciam, fortāsse requīris.
　nesciō, sed fierī sentiō et excrucior.　(Catul. 85)
　　　嫌いながら愛している．なぜそれができるかと，多分聞くだろう．
　　　　分からない．けどそうなるのを感じてもだえている．

## 10. その他の **dactylus**

ホラーティウスはエレゲイアを使わなかったけれども，別の 2 行単位の dactylus 詩節を『カルミナ』で用いている．それは hexameter + tetrameter（4 メトロン）catalectic, および hexameter + hēmiepes という 2 種類で，前者が『エポーディー』（12.エポーディー（1）③）にも出てくることに示されるように，これらはアルカイオスとサッ

ポーをモデルにした「レスボス風の抒情詩」ばかりの詩集『カルミナ』の中ではやや異色である．そのために他の2行単位や stichic の抒情詩と同様に4行単位にして伝承されている（実例は省略）．

## 11. iambus

(1)「イアンボス」iambus（短長詩脚）は，2詩脚で1メトロンを作る．「短」の「長」への変更（anceps），「長」の「短短」への分割（resolūtiō），「短短」の「長」への融合（contractiō）がかなり自由に行なわれるために，非常に多くの変種が生まれる．詩句には「2メトロン」dimeter や「4メトロン」tetrameter もあるが，「3メトロン」trimeter がいちばん多く，単に trimeter と言えば，iambic trimeter を指す．stichic にも使われるが他の種類の詩句とともに strophē を作ることもある．アルキロコスが誹謗詩に用いた伝統を，カトゥッルスとホラーティウスが継承した．

(2) 純粋な iambic trimeter の図式は次のようになる．

| ˘ ́ ˘ ́ | ˘ʺ ́ ˘ ́ | ˘ ́ ˘ ́ |

gemelle Castor et gemelle Castoris（Catul. 4. 27）
　　双子のカストールとカストールの双子の兄弟よ．

一般的には各メトロンの最初の音節は anceps である．「長」にすれば iambus（短長）が spondēus（長長）に，「長」にして分割すれば anapaestus（短短長）に，「長」にして2番目を分割すると「長短短」（ictus を無視すれば dactylus）になる．さらに「短」のままで2番目を分割したものは，tribrachys（短短短）と呼ばれる．各メトロンの第2脚の短音節だけは anceps にならないし，詩句末の anceps は分割されない．

(3) このように iambus は dactylus よりもはるかに複雑な anceps と resolūtiō の規則があり，極端な場合には20短音節を並べても ictus を正しくつければ iambic trimeter ができる理屈である．もちろん実際にはこんな破天荒な詩は存在しない．

(4) caesūra は普通第3脚の「上げ」（=第5半脚 penthēmimerēs），ときには第4脚の「上げ」（=第7半脚 hephthēmimerēs）のあとに入る．

| ⏑ – – ⏑ – | ⏑ – ‖ – ⏑ – | ⏑ – ⏑ – |

ub(i) iste post phasēlus anteā fuit (Catul. 4. 10)
　このののちの小船が前にいたところは

| ⏑ ⏑ – ⏑ – ⏑ – | ⏑ ‖ – ⏑ – – | ⏑ ⏑ – ⏑ – ⏑ – |

pavidumque lepor(em) et advenam laqueō gruem (Hor. *Epod.* 2. 35)
　また臆病なウサギと遠来のツルをわなで
【第1/5脚が anapaestus, 第2脚 tribrachys】

## 12. エポーディー

（1）ホラーティウスの『エポーディー』は別名『イアンビー』が示すように，dactylus のみによる1首を除き，iambus が必ずどこかに使われている．モデルはアルキロコスなどのイオーニア風の詩．「エポードス」epōdus とは「歌い足し詩句」と言うような意味で，1行目とは異なる韻律の2行目を指す語であったが，転じて2行まとめて「エポードイ」epōdī と呼び，さらに詩全体を指すようになった．以下にホラーティウスの使っている7種類を略記して，分かりにくいものだけ図式で説明する．［　］は2コーロンの詩句（実例は省略）．

① iambic trimeter + iambic dimeter
② iambic trimeter + [hemiepes + iambic dimeter][1]
③ dactylic hexameter + dactylic tetrameter catalectic
④ dactylic hexameter + [iambic dimeter + hemiepes][2]
⑤ dactylic hexameter + iambic dimeter
⑥ dactylic hexameter + 純 iambic trimeter
⑦ stichic iambic trimeter

　[1] = elegiambus: | – – ⏑ – | – ⏑ – | – ⏑ – ‖ – ⏑ ⏑ – ⏑ ⏑ – ⏑ – |
　[2] = iambelegus: ⏑ – ⏑ – | – ⏑ – | – ⏑ – ‖ – ⏑ ⏑ – | ⏑ ⏑ – ⏑ – |

（2）ホラーティウスの『カルミナ』にも iambus を一部に使う異色の2行詩句がある．やはりイオーニア風「エポードイ」に由来する．（実例省略）

① trochaic dimeter catalectic + iambic trimeter catalectic

(=ヒッポーナクス詩節)

② [dactylic tetrameter+ithyphallicus] [(1)] +iambic trimeter catalectic

    [(1)] = Archilochīus: |−⏑⏑−|−⏑⏑−|−⏑⏑−⏑⏑−||−⌣−⌣−⌣−

## 13. chōliambus

iambic trimeter の最後の iambus の「短」を「長」に変えた詩句を,「びっこのイアンボス」chōliambus と呼ぶ. 対照的に1つ前の「短」(第3メトロンの頭)は「長」に変えない. 誹謗詩人ヒッポーナクスの発明で, カトゥッルスはこれを普通の trimeter よりも好んでいる.

    |⏑−⏑−|⏑"−⏑−|⏑−−⏑|

    miser Catulle, dēsinās ineptīre (Catul. 8. 1)
        惨めなカトゥッルスよ, 愚行をやめよ

## 14. iōnicus ā minōre

「長長短短」詩脚および「短短長長」詩脚を「イオーニコス」と呼び, 後者を「短いほうから始まるイオーニコス」と呼ぶ. ホラーティウスにこれを40回重ねた詩があり, 退屈で物憂い心を描いている. 詩句や詩節の構成は, 明確ではないが, 10脚単位詩句であろう. 写本では4脚, 4脚, 2脚の3行詩節のようになっている. 基本図式は

    |⏑⏑−−   −− | ⏑   ⏑−−|⏑⏑−− | ⏑ ⏑ −−|....

    miserārum (e)st nequ(e) amōrī dare lūdum neque dulcī
    mala vīnō laver(e), aut exanimārī metuentēs【lavere=lavāre】
      patruae verbera linguae. (Hor. Carm. 3. 12. 1–3)
        惨めな女のすることだ, 恋に遊びを与えず, 甘い
        酒で不幸を洗わず, あるいは叔父の舌の鞭打ちを
          恐れて息も絶え絶えになるのは.

## 15. galliambus

galliambus と言う名は女神 Cybelē に仕える信徒たち Gallī に由来する. 基本図式は

```
|⏑⏑−⏑|−⏑−⏑−−||⏑⏑−⏑⏑−|⏑⏑−|
```
super alta vectus Attis celerī rate maria (Catul. 53. 1)
    アッティスは早舟で沖の海を乗り越えて

これは「イオーニコスの4メトロン詩脚」ionic tetrameter を catalectic (詩句末音節脱落) にして，前半に anaclasis (長短の変換：第1脚末と第2脚頭の長短が入れ替わっている) を加え，さらに第3脚末の「長」を分割したものである．教団の舞踏のリズムを反映した怪しげなリズムの詩句である．

## B. 抒情詩の詩句

### 16. glycōnēus と pherecratēus

(1) ここから先は同じ詩脚の反復によらないレスボス風抒情詩の詩句で，のちの詩人にちなんだ名がついていても，すべて古いレスボス島の抒情詩に由来する．詩句の中に「舞踊の iambus」choriambus (上記13. chōliambus と綴りが異なるから注意) と呼ばれる「長短短長」詩脚が1つ，または2つ，または3つ入るのが普通である．また音節数が詩句ごとに決まっていて，resolūtiō や contractiō によって音節数を増減することは許されないが，長短どちらでもよい音節は一定の置に現れる．

(2) glycōnēus と pherecratēus は，それぞれアレクサンドリアの Glykōn とアッティカの Pherekratēs の名を冠したコーロンであるが，いずれも単独で stichic に使われることはなく，詩節または詩句の構成要素になる．pherecratēus = glycōnēus catalecticus．基本図式はそれぞれ，

nīl mortālibus arduī (e)st: −⏑|−⏑⏑−|⏑−⏑
    人間には険しいものはない (Hor. *Carm*. 1. 3. 37)
Persās atque Britannōs:　−⏑|−⏑⏑−|⏑−
    ペルシア人とブリタンニア人を (Hor. *Carm*. 1. 21. 15)

となる．冒頭の2音節はホラーティウスでは spondēus が原則であるが，カトゥッルスは trochaeus や iambus も自由に用いている．

（3）カトゥッルスには glycōnēus 4 行+phrecratēus 1 行の 5 行単位の詩節の詩がある．（実例は省略）

## 17. priāpēus
豊穣の神 Priāpus の名に由来する priāpēus 詩句は，glycōnēus と pherecratēus を結合したもので，その間に diaeresis が入る．

　　$\stackrel{\smile}{-}-\mid\stackrel{\frown}{-}\mid-\smile\smile-\mid\smile-\stackrel{\smile}{-}\parallel\stackrel{\smile}{-}-\mid-\smile\smile-\mid\stackrel{\smile}{-}$

tālis iste meus stupor nīl videt, nihil audit. (Catul. 17. 21)
　　そのようにこの私の言う間抜け男は何も見ず，何も聞かない．

## 18. phalaecēus
アレクサンドリア派の詩人 Phalaikos がこの詩句を stichic に使ったためにこの名が付いている．カトゥッルスはこれを単に hendecasyllabus（11 音節詩）と呼んで愛好した．glycōnēus に「短長長」詩脚 bacchēus を結合したもので，choriambus のあと，またはその 1 音節前に切れ目のあることが多い．

　　$\stackrel{\smile}{-}-\mid\stackrel{\frown}{-}\smile\smile-\mid''\smile-\mid\smile-\stackrel{\smile}{-}$

cuī dōnō lepidum novum libellum (Catul. 1. 1)

## 19. asclēpiadēus
（1）glycōnēus の choriambus のあとにもう 1 つ choriambus をつけた詩句を asclēpiadēus minor と呼ぶ．ヘレニズム詩人 Asklēpiadēs の名にちなむ．次項のようにいろいろな詩節をつくるために，1 行単位のものも 4 行単位に区切られて伝承されてきて，「第 1 アスクレーピアデース詩節」と呼ばれている．

　　$\stackrel{\smile}{-}--\mid\stackrel{\frown}{-}\smile\smile-\parallel-\smile\smile-\mid\smile\stackrel{\smile}{-}$

Maecēnās atavīs ēdite rēgibus (Hor. *Carm.* 1. 1. 1)
　　古の王家の子孫のマエケーナースよ

（2）choriambus をさらにもう 1 つ加えたものを asclēpiadēs māior と言い，これも同じ事情で「第 5 アスクレーピアデース詩節」と呼ばれるが，ホラーティウスは stichic にのみ用いている．

```
 ⏑ —  | —́ ⏑ ⏑ —́ ‖ —́ ⏑ ⏑    —́ ‖ —́ ⏑ ⏑ —́ | ⏑ —́
```
quis post vīna gravem mīliti(am) aut pauperiem crepat?
<small>誰が酒のあとで厳しい軍務や貧乏をなじるか（Hor. *Carm.* 1. 18. 5）</small>

## 20. アスクレーピアデースの詩節

（1）1～3行目が asclēpiadēus minor, 4行目が glycōnēus という4行の詩節.

（2）1～2行目が asclēpiadēus minor, 3行目が pherecratēus, 4行目が glycōnēus という4行の詩節.

（3）1行目が glycōnēus, 2行目が asclēpiadēs minor という2行の詩節. これも4行単位に区切られて伝承されてきた.

（4）この順序に「第2」「第3」「第4」と呼ばれる. ただし編集者によって順序が異なることがあり, 番号はあてにならない（実例は省略）.

## 21. アルカイオスの詩節

1/2行目に「アルカイオス11音節詩句」, 3行目に「アルカイオス9音節詩句」, 4行目に「アルカイオス10音節詩句」を置く4行単位の詩節. ホラーティウスが1～3行の第5音節を長音節に統一する規格を固定したことで名高い（→ 上級篇10, p 372）.

```
  ⏑ —́ ⏑ —́ — ‖ —́ ⏑ ⏑ —́ | ⏑ —́    (×2行)
    ⏑ —́ ⏑ —́ ⏑ —́ — —́ ⏑ —́ ⏓
    —́ ⏑ ⏑ | —́ ⏑ ⏑ —́ | ⏑ —́ ⏓
```

Vēlōx amoenum saepe Lucrētilem
mūtat Lycaeō Faunus et igneam
　dēfendit aestātem capellīs
　　ūsque meīs pluviōsque ventōs. <small>(Hor. *Carm.* 1. 17. 1–4)</small>

## 22. サッポーの詩節

1～3行目に「サッポーの11音節詩句」, 4行目に「アドーニス詩句」Adōnēus を使う4行詩節. 前者は Aristophanēus（次項参照）の前に trochaeus のメトロンをつけたもの, 後者は Adōnis 神への祈りの言葉のリズムに由来する. ただし本来は3行目と4行目は合せて1

行をなし，全体は3行詩節だったという説も有力で，その痕跡がその2行の結合の仕方に見られることがある．

   −́ ∪ −́ —|−́ ∪ ∪ −́|∪ −́ ∪ （×3行）
    −́ ∪ ∪ −́ ∪

Ille mī pār esse deō vidētur,
ille, sī fās est, superāre dīvōs,
quī sedēns adversus identidem tē
 spectat et audit（Cat. 51. 1–4）
  その人は私には神に等しく見える，
  その人は，言うことが許されるなら，神々を凌ぐと，
  真向かいに座っていつまでも君を
   見聞きしているその人は

## 23. サッポーの大詩節

1行目にAristophanēus，2行目に「大サッポー詩句」を使う2行単位の詩節．前者は古喜劇詩人Aristophanēsの名にちなむ．後者は「サッポーの11音節詩句」のchoriambusを重複したものと考えれば覚えやすいが，choriambic tetrameter catalecticに由来する．

   −́ ∪ ∪ −́|∪ −́ ∪
 −́ ∪ −́ —|−́ ∪ ∪ −́‖−́ ∪ ∪ −́|∪ −́ ∪

 Lȳdia, dīc, per omnēs
tē deōs ōrō, Sybarin cūr properēs amandō
 perdere...（Hor. *Carm.* 1. 8. 1–3）
  リューディアよ，言え，すべての神々にかけて
 お前に願う，なぜ恋によってシュバリスを
  滅ぼそうと急ぐのか...

# IV. 暦

## 1. 旧暦

古い暦は太陰暦に基く農事暦で，冬季を除く304日を不均等な10ヶ月に分けていた．始まりは3月で，そのために9月 September (septem=7)〜12月 December (decem=10) は，名前と順番に2つのずれが今でも残っている．7月は Quīntīlis (quīnque=5)，8月は Sextīlis (sex=6) と呼ばれ，冬の2ヶ月は農作業がないから暦もなかった(伝「ロームルス暦」)．

やがて12ヶ月制度に変更されたが(伝「ヌマ暦」)，やはり太陰暦であったから，閏月の追加が行なわれたと思われる．しかし閏制の適正な使用は困難であり，太陽暦との間のずれは最大で3ヶ月半，ユーリウス暦採用の直前で3ヶ月弱になっていた．

旧暦の月の日数は，2月が28日，大の月(3, 5, 7, 10月)が31日，小の月(1, 4, 6, 8, 9, 11, 12月)が29日，閏がなければ年合計355日になる計算である．年始が執政官就任日の1月1日に変更されたのは，意外に新しく，前153年であった．

## 2. ユーリウス暦

G. Iūlius Caesar が，天文学者 Sōsigenēs の提言を入れて，まず，前46年の1年間を445日間とする臨時の措置によって，「ずれ」の是正をした上で，前45年から1年を365日にする暦制を施行した．これが西洋暦の始まりであり，その後1582年の教皇グレブリウス13世による閏年計算の修正など，若干の調整を経て，今日のカレンダーになっている．

## 3. 年

(1) 2人の執政官の名を次のように絶対的奪格で言うのが公式の言い方．

    Cn. Pompēiō M. Crassō cōnsulibus (=前70年に)
      グナエウス・ポンペイユスとマールクス・クラッススが執政官の年に

(2) 伝説上のローマ建国の年(前753年)から数える言い方．

annō ab urbe conditā sescentēsimō quadrāgēsimō（=annō a.u.c.DCXL）

　　首都建設から 640 年目に（=前 113 年に）

（3）キリスト生誕の年を基準にする言い方を導入したのは，スキュティア系のローマ在住の修道士 Dionȳsius Exiguus（525 年）であるが，のちに生誕年は前 4 年だったことが分かり，若干ずれている．

annō ante Chrīstum nātum quadrāgēsimō quārtō=annō a. Chr. n. XLIV
　　キリスト生誕前（AC）44 年に
annō post Chrīstum nātum centēsimō prīmō=annō p. Chr. n. CI
　　キリスト生誕後（PC）101 年に
annō Dominī mīllēsimō sescentēsimō quadrāgēsimō octāvō=AD MDCXLVIII
　　主の年（=西暦紀元）1648 年に

## 4. 月

7 月，8 月は，Iūlius Caesar と Augustus の名をとって，Quīntīlis, Sextīlis から Iūlius（前 44 年より），Augustus（前 8 年より）に変更された．月の名は通常，日の名称にかかる形容詞で，「何月の何日」という言い方になる．日数は現在と同じ．

Iānuārius, Februārius, Mārtius, Aprīlis, Māius, Iūnius,
Iūlius, Augustus, September, Octōber, November, December

## 5. 日

（1）月のうち 3 日だけ名前が付いている．

Kalendae/Calendae, -ārum *f pl*「ついたち」
Nōnae, -ārum *f pl*「5 日」，ただし 3, 5, 7, 10 月（旧暦の大の月）は「7 日」
Īdūs, -uum *f pl*「13 日」，ただし 3, 5, 7, 10 月は「15 日」
　Kalendīs Aprīlibus　　4 月 1 日に

| | |
|---|---|
| Nōnīs Augustīs | 8月5日に |
| Nōnīs Octōbribus | 10月7日に |
| Īdibus Decembribus | 12月13日に |
| Īdibus Mārtiīs | 3月15日に |

（2）その他の日はこれらの日を基準にして，そこからさかのぼって「ante diem＋順序数詞＋基準日＋月」（何月の基準日の前何日目）という言い方をする．その際，基準日を「第1日目」とする「数え」（「満」ではなく）の方式をとる．また，「前日」だけは「prīdiē＋基準日＋月」とする．ante diem と prīdiē は，あたかも対格支配の前置詞であるかのように，それ以下を対格にする．

　　ante diem sextum Nōnās Māiās（a. d. VI Non. Mai.）
　　　5月7日の前6日目(＝前5日目)に，5月2日に
　　ante diem ūndēvīcēsimum Kalendās Februāriās（a. d. XIX Kal. Febr.）
　　　2月1日の前19日目に，1月14日に
　　prīdiē Īdūs Iūliās（prid. Id. Iul.）
　　　7月15日の前日に，7月14日に

（3）2月29日は存在しない．閏年には2月24日を2日続けることで，その2日目を閏日（diēs intercalāris）にする．このために閏年は annus bissextīlis と呼ばれる．

　　ante diem bis sextum Kalendās Mārtiās（a. d. bis VI Kal. Mart.）
　　　3月1日の前6日目の2回目，2月の閏24日

（4）ante diem と prīdiē は，それ自身が名詞であるかのように，前置詞に支配される．

　　Lūdī futūrī sunt ab ante diem quārtum ūsque ad prīdiē Nōnās Māiās.
　　　競技会は5月4日から6日まで開催されようとしている．
　　ex a. d. III Kal. Mai.　4月29日以来

**6. 時間**

(1) 日の出から日没までを diēs（昼間）と呼んで，時間はこれを 12 等分する．日の出から 1 時間ごとに第 1 時，第 2 時などと呼び，時刻を指す．

  hōra tertia  第 3 時 (=9 時)  hōrā nōnā  第 9 時に (=15 時に)

(2) 夜間 nox は日没から日の出までを 4 等分して，vigilia「夜警時間」と呼ぶ．

  vigilia prīma  第 1 夜警時，日没後
  dē tertiā vigiliā  第 3 夜警時から，真夜中過ぎに

**7. 週**

(1) 古い時代の週は 8 日間であった．「数え」で 9 日目毎に (=「満」で 8 日に一度) 市が立つ日 (nūndinae *f pl*: nūn- = novem 9, -di- = diēs 日) を基準にして，市と市の間を nūndinum *n*「週」と呼んだ．

(2) 7 日を週 (septimāna, -ae *f*, hebdomas, -adis *f*) とする制度は，紀元後 2 世紀に始まり，のちに神の名をつける呼び方ができた．

  Sōlis diēs  日曜日  Iovis diēs  木曜日
  Lūnae diēs  月曜日  Veneris diēs  金曜日
  Mārtis diēs  火曜日  Sāturnī diēs  土曜日
  Mercuriī diēs  水曜日

# V. 度量衡と通貨

## 1. 長さ

(古) 1 ūncia = 1 pollex「拇指(の幅)」= $^1/_{12}$ pēs: 24.7mm
(新) 1 digitus「指(指の幅)」= $^1/_{16}$ pēs: 18.5mm
1 pēs「足」: 29.6cm
1 cubitus「肘(まで)」= 1.5 pedēs: 44cm
1 passus「尋」= 5 pedēs: 約 1.5m 【両腕を広げた幅】
mīlle passūs: 約 1.5km (マイル) 【英マイルより短い】
　複数(例)　decem mīlia passuum　10 マイル

## 2. 面積

1 pēs quadrātus (平方 pēs): 0.088m$^2$
1 iūgerum: 約 $^1/_4$ ha (軛 iugum でつながれた 2 頭の牡牛が 1 日に耕す畑の面積)

## 3. 容積
(1) 液体用

1 culleus = 20 amphorae/quadrantālia: 約 522 l
1 amphora/quadrantal: 約 26 l (amphora 両取っ手付き壺)
1 urna = $^1/_2$ amphora: 約 13 l (urna 壺, 瓶)
1 congius = $^1/_4$ urna: 約 3.26 l
1 sextārius = $^1/_6$ congius: 約 0.54 l
1 hēmīna = $^1/_2$ sextārius: 約 0.27 l
1 quārtārius = $^1/_4$ sextārius: 約 0.14 l
1 cyathus = $^1/_{12}$ sextārius: 約 45 ml (cyathus 杯)

(2) 穀物用

1 modius = 16 sextārius: 約 8.75 l (modius 枡)
1 medimnus = 6 modiī: 約 52.5 l (medimnus ギリシア枡)

## 4. 重さ

1 centumpondium = 100 lībrae: 約 32.6 kg
1 as / lībra / pondō: 約 326 g
1 ūncia = $^1/_{12}$ as: 約 27 g
1 scrīpulum/scrūpulum = $^1/_{24}$ ūncia: 約 1.14 g

## 5. 通貨

(1) 銅貨

古くは羊が通貨の役割を果たした (pecūnia 金銭: pecus 羊 など) が，銅がそれに取って代るようになり，前 3 世紀前半には銅貨が基準通貨に定められた．aes grave「重い青銅貨」(1 重量ポンド as lībrāris) で，「重さ」の単位をそのまま貨幣単位にした．

1 as (記号 I)
1 dupondius = 2 as (記号 II)
1 ūncia = $^1/_{12}$ as

次第に重量と価値を下げ，カエサルの時代には $^1/_{36}$ にまで下落して，補助通貨に過ぎなくなっていた．

(2) 銀貨

前 3 世紀末に銀貨を基準通貨に定めた (dēnārius = ギリシア drachma)．as 銅貨が本来の $^1/_6$ のときに，1 dēnārius 銀貨 = 銅貨 10 assēs の交換レートにした．しかし通貨単位になったのはその $^1/_4$ の sēstertius 銀貨である．

1 sēstertius = 2.5 as (記号 IIS, HS: S は sēmis = $^1/_2$ as)，のちに = 4 as
1 dēnārius = 4 sēstertiī (当初は = 10 as で，記号 X，のちに = 16 as になり，記号 X̶)
1 quadrīgātus = 1.5 dēnārius (4 頭立て馬車 quadrīga の刻印あり)
1 victōriātus = 0.5 dēnārius (勝利の女神 Victōria の刻印あり)

(3) 最小で最も多く流通した sēstertius が価格計算の基準になっ

た．貨幣は銀含有率の変動で価値も変るから，現代通貨への換算は無意味であるが，ある時期の近似値100円を目安にすればよい．

 HSX = decem sēstertiī: 10 セーステルティウス
 HSM = mīlle sēstertiī: 千セーステルティウス
 HSMM = duo mīlia sēstertium: 2千セーステルティウス

この複数属格 sēstertium (= sēstertiōrum) が中性単数と見なされるようになり，中性複数で使われた．数詞は基数詞または配分数詞で，ローマ数詞の上に横棒をつける．

 1 sēstertium = 1000 sēstertiī
 HSC̄ = centum/centēna sēstertia: 10万セーステルティウス
  = centum/centēna mīlia sēstertium

百万単位には本来の centum/centēna mīlia sēstertium が残されたが，やがて centum/centēna mīlia を落とすことになった．

 HS|X̄| = deciēs centum/centēna mīlia sēstertium: 100万セーステルティウス
  → deciēs sēstertium

(4) 金貨

第2次ポエニー戦争のときに，いろいろな価値の金貨 aureus を鋳造してから，独裁者たちが自分の金貨を発行するようになった．有名なカエサル金貨は

 1 aureus 金貨 = 銀貨 25 dēnāriī = 100 sēstertiī

帝政時代には皇帝が金貨と銀貨の鋳造を独占したが，悪貨の増加で価値の下落が続いた．4世紀初頭コンスタンティーヌスが貨幣の健全化を目指して solidus 金貨を発行した．

 1 solidus = $^1/_2$ aureus

# VI. 語形変化表

## A. 名　詞

### 1. 第1変化名詞女性・男性（-a）

īnsula *f* 島

|  | 単 |  | 複 |
|---|---|---|---|
| 主 | īnsula | | īnsulae |
| 呼 | īnsula | | īnsulae |
| 属 | īnsulae | | īnsulārum |
| 与 | īnsulae | | īnsulīs |
| 対 | īnsulam | | īnsulās |
| 奪 | īnsulā | | īnsulīs |

### 2. 第2変化男性・女性（-us），中性（-um）

① -us 型: dominus *m* 主人　② -ius 型: fīlius *m* 息子
③ -um 型: oppidum *n* 都市

|  | ① | ② | ③ |
|---|---|---|---|
| 単主 | dominus | fīlius | oppidum |
| 呼 | domine | fīlī | oppidum |
| 属 | dominī | fīliī | oppidī |
| 与 | dominō | fīliō | oppidō |
| 対 | dominum | fīlium | oppidum |
| 奪 | dominō | fīliō | oppidō |
| 複主/呼 | dominī | fīliī | oppida |
| 属 | dominōrum | fīliōrum | oppidōrum |
| 与 | dominīs | fīliīs | oppidīs |
| 対 | dominōs | fīliōs | oppida |
| 奪 | dominīs | fīliīs | oppidīs |

### 3. 第2変化男性名詞（-er, -ir）

① puer 型: puer *m* 少年　② ager 型: ager *m* 畑
③ vir 型: vir *m* 男

|  | ① | ② | ③ |
|---|---|---|---|
| 単主/呼 | puer | ager | vir |
| 属 | puerī | agrī | virī |
| 与 | puerō | agrō | virō |
| 対 | puerum | agrum | virum |
| 奪 | puerō | agrō | virō |
| 複主/呼 | puerī | agrī | virī |
| 属 | puerōrum | agrōrum | virōrum |
| 与 | puerīs | agrīs | virīs |
| 対 | puerōs | agrōs | virōs |
| 奪 | puerīs | agrīs | virīs |

## 4. 第3変化子音幹名詞

① l 幹: cōnsul *m* 執政官　② r 幹: labor *m* 苦労
③ r 幹 ager 型: pater *m* 父　④ n 幹男/女性: imāgō *f* 似姿
⑤ n 幹中性: nōmen *n* 名　⑥ s 幹: flōs *m* 花
⑦ p/b 幹: prīnceps *m* 筆頭者　⑧ t/d 幹: mīles *m* 兵士
⑨ t 幹中性: caput *n* 頭　⑩ c/g 幹: rēx *m* 王

|  | ① | ② | ③ |
|---|---|---|---|
| 単主/呼 | cōnsul | labor | pater |
| 属 | cōnsulis | labōris | patris |
| 与 | cōnsulī | labōrī | patrī |
| 対 | cōnsulem | labōrem | patrem |
| 奪 | cōnsule | labōre | patre |
| 複主/呼 | cōnsulēs | labōrēs | patrēs |
| 属 | cōnsulum | labōrum | patrum |
| 与 | cōnsulibus | labōribus | patribus |
| 対 | cōnsulēs | labōrēs | patrēs |
| 奪 | cōnsulibus | labōribus | patribus |

|  | ④ | ⑤ | ⑥ |
|---|---|---|---|
| 単主/呼 | imāgō | nōmen | flōs |
| 属 | imāginis | nōminis | flōris |

|  | | | |
|---|---|---|---|
| 与 | imāginī | nōminī | flōrī |
| 対 | imāginem | nōmen | flōrem |
| 奪 | imāgine | nōmine | flōre |
| 複主/呼 | imāginēs | nōmina | flōrēs |
| 属 | imāginum | nōminum | flōrum |
| 与 | imāginibus | nōminibus | flōribus |
| 対 | imāginēs | nōmina | flōrēs |
| 奪 | imāginibus | nōminibus | flōribus |

|  | ⑦ | ⑧ | ⑨ | ⑩ |
|---|---|---|---|---|
| 単主/呼 | prīnceps | mīles | caput | rēx |
| 属 | prīncipis | mīlitis | capitis | rēgis |
| 与 | prīncipī | mīlitī | capitī | rēgī |
| 対 | prīncipem | mīlitem | caput | rēgem |
| 奪 | prīncipe | mīlite | capite | rēge |
| 複主/呼 | prīncipēs | mīlitēs | capita | rēgēs |
| 属 | prīncipum | mīlitum | capitum | rēgum |
| 与 | prīncipibis | mīlitibus | capitibus | rēgibus |
| 対 | prīncipēs | mīlitēs | capita | rēgēs |
| 奪 | prīncipibus | mīlitibus | capitibus | rēgibus |

## 5. 第3変化中性 i 幹名詞

① -e 型: mare *n* 海　② -al 型: animal *n* 動物
③ -ar 型: calcar *n* 拍車

|  | ① | ② | ③ |
|---|---|---|---|
| 単主/呼 | mare | animal | calcar |
| 属 | maris | animālis | calcāris |
| 与 | marī | animālī | calcārī |
| 対 | mare | animal | calcar |
| 奪 | marī | animālī | calcārī |
| 複主/呼 | maria | animālia | calcāria |
| 属 | (marium) | animālium | calcārium |
| 与 | maribus | animālibus | calcāribus |

| 対 | maria | animālia | calcāria |
| 奪 | maribus | animālibus | calcāribus |

## 6. 第 3 変化男性・女性 i 幹名詞
① 純粋 i 幹 (-is): turris *f* 塔
② 混合 i 幹 (-is): collis *m* 丘
③ 混合 i 幹 (-ēs): vulpēs *f* 狐

| | ① | ② | ③ |
|---|---|---|---|
| 単主/呼 | turris | collis | vulpēs |
| 属 | turris | collis | vulpis |
| 与 | turrī | collī | vulpī |
| 対 | turrim | collem | vulpem |
| 奪 | turrī | colle | vulpe |
| 複主/呼 | turrēs | collēs | vulpēs |
| 属 | turrium | collium | vulpium |
| 与 | turribus | collibus | vulpibus |
| 対 | turrīs(-ēs) | collīs(-ēs) | vulpīs(-ēs) |
| 奪 | turribus | collibus | vulpibus |

## 7. 複子音幹名詞; 第 3 変化 u 幹名詞
① 複子音 (rb) 幹: urbs *f* 都市   ② 複子音 (nt) 幹: mōns *m* 山
③ 複子音 (rt) 幹: ars *f* 芸術   ④ 複子音 (ct) 幹: nox *f* 夜
⑤ 中性複子音 (ss) 幹: os *n* 骨  ⑥ 中性複子音 (rd) 幹: cor *n* 心臓
⑦ 第 3 変化 -u 幹: grūs *fm* 鶴  ⑧ 第 3 変化 -u 幹: sūs *mf* 豚

| | ① | ② | ③ |
|---|---|---|---|
| 単主/呼 | urbs | mōns | ars |
| 属 | urbis | montis | artis |
| 与 | urbī | montī | artī |
| 対 | urbem | montem | artem |
| 奪 | urbe | monte | arte |
| 複主/呼 | urbēs | montēs | artēs |
| 属 | urbium | montium | artium |

| | | | |
|---|---|---|---|
| 与 | urbibus | montibus | artibus |
| 対 | urbīs(-ēs) | montīs(-ēs) | artīs(-ēs) |
| 奪 | urbibus | montibus | artibus |

| | ④ | ⑤ | ⑥ |
|---|---|---|---|
| 単主/呼 | nox | os | cor |
| 属 | noctis | ossis | cordis |
| 与 | noctī | ossī | cordī |
| 対 | noctem | os | cor |
| 奪 | nocte | osse | corde |
| 複主/呼 | noctēs | ossa | corda |
| 属 | noctium | ossium | cordium(-um) |
| 与 | noctibus | ossibus | cordibus |
| 対 | noctīs(-ēs) | ossa | corda |
| 奪 | noctibus | ossibus | cordibus |

| | ⑦ | ⑧ |
|---|---|---|
| 単主/呼 | grūs | sūs |
| 属 | gruis | suis |
| 与 | gruī | suī |
| 対 | gruem | suem |
| 奪 | grue | sue |
| 複主/呼 | gruēs | suēs |
| 属 | gruum | suum |
| 与 | gruibus | subus (suibus, sūbus) |
| 対 | gruēs | suēs |
| 奪 | gruibus | subus (suibus, sūbus) |

## 8. 第 4 変化名詞男・女性 (-us), 中性 (-ū); 第 5 変化名詞男・女性 (-ēs)

① 第 4 変化 -us 型: manus *f* 手　② 第 4 変化 -ū 型: cornū *n* 角
③ 第 5 変化 -iēs 型: diēs *m* 日　④ 第 5 変化 -ēs 型: rēs *f* 物

|  | ① | ② | ③ | ④ |
|---|---|---|---|---|
| 単主/呼 | manus | cornū | diēs | rēs |
| 属 | manūs | cornūs | diēī | reī |
| 与 | manuī(-ū) | cornū | diēī | reī |
| 対 | manum | cornū | diem | rem |
| 奪 | manū | cornū | diē | rē |
| 複主/呼 | manūs | cornua | diēs | rēs |
| 属 | manuum | cornuum | diērum | rērum |
| 与 | manibus | cornibus | diēbus | rēbus |
| 対 | manūs | cornua | diēs | rēs |
| 奪 | manibus | cornibus | diēbus | rēbus |

## B．形　容　詞

### 1. 第1第2変化形容詞 -us, -a, -um

bonus, -a, -um 良い

|  | 男 | 女 | 中 |
|---|---|---|---|
| 単主 | bonus | bona | bonum |
| 呼 | bone | bona | bonum |
| 属 | bonī | bonae | bonī |
| 与 | bonō | bonae | bonō |
| 対 | bonum | bonam | bonum |
| 奪 | bonō | bonā | bonō |
| 複主/呼 | bonī | bonae | bona |
| 属 | bonōrum | bonārum | bonōrum |
| 与 | bonīs | bonīs | bonīs |
| 対 | bonōs | bonās | bona |
| 奪 | bonīs | bonīs | bonīs |

### 2. -er に終る第1第2変化形容詞
① puer 型: miser, -era, -erum 哀れな
② ager 型: piger, -gra, -grum 怠惰な

|  | 男 | 女 | 中 |
|---|---|---|---|
| 単主/呼 | ①miser | misera | miserum |
| 属 | miserī | miserae | miserī |
| 与 | miserō | miserae | miserō |
| 対 | miserum | miseram | miserum |
| 奪 | miserō | miserā | miserō |
| 複主/呼 | miserī | miserae | misera |
| 属 | miserōrum | miserārum | miserōrum |
| 与 | miserīs | miserīs | miserīs |
| 対 | miserōs | miserās | misera |
| 奪 | miserīs | miserīs | miserīs |
| 単主/呼 | ②piger | pigra | pigrum |
| 属 | pigrī | pigrae | pigrī |
| 与 | pigrō | pigrae | pigrō |
| 対 | pigrum | pigram | pigrum |
| 奪 | pigrō | pigrā | pigrō |
| 複主/呼 | pigrī | pigrae | pigra |
| 属 | pigrōrum | pigrārum | pigrōrum |
| 与 | pigrīs | pigrīs | pigrīs |
| 対 | pigrōs | pigrās | pigra |
| 奪 | pigrīs | pigrīs | pigrīs |

**3. 第3変化形容詞**
① 単数主格が2形のi幹: fortis, -e 強い
② 単数主格が3形のager型i幹: ācer, ācris, ācre 鋭い
　単数主格が3形のpuer型i幹: celer, -eris, -ere 速い
　【変化表は語末が②と同じになるので省略】
③ 単数主格が1形のi幹: fēlīx, -īcis 幸福な
④ 子音幹(単数主格1形): vetus, -eris 古い

|  | ①男・女 | 中 | ②男 | 女 | 中 |
|---|---|---|---|---|---|
| 単主/呼 | fortis | forte | ācer | ācris | ācre |
| 属 | fortis | fortis | ācris | | ācris |

|  |  |  |  |  |
|---|---|---|---|---|
| 与 | fortī | fortī | ācrī | ācrī |
| 対 | fortem | forte | ācrem | ācre |
| 奪 | fortī | fortī | ācrī | ācrī |
| 複主/呼 | fortēs | fortia | ācrēs | ācria |
| 属 | fortium | fortium | ācrium | ācrium |
| 与 | fortibus | fortibus | ācribus | ācribus |
| 対 | fortīs(-ēs) | fortia | ācrīs(-ēs) | ācria |
| 奪 | fortibus | fortibus | ācribus | ācribus |

|  | ③男・女 | 中 | ④男・女 | 中 |
|---|---|---|---|---|
| 単主/呼 | fēlīx | fēlīx | vetus | vetus |
| 属 | fēlīcis | fēlīcis | veteris | veteris |
| 与 | fēlīcī | fēlīcī | veterī | veterī |
| 対 | fēlīcem | fēlīx | veterem | vetus |
| 奪 | fēlīcī | fēlīcī | vetere | vetere |
| 複主/呼 | fēlīcēs | fēlīcia | veterēs | vetera |
| 属 | fēlīcium | fēlīcium | veterum | veterum |
| 与 | fēlīcibus | fēlīcibus | veteribus | veteribus |
| 対 | fēlīcīs(-ēs) | fēlīcia | veterēs | vetera |
| 奪 | fēlīcibus | fēlīcibus | veteribus | veteribus |

## 4. 現在分詞

① amō「愛する」の現在分詞: amāns, -antis
② eō「行く」の現在分詞: iēns, euntis

|  | ①男・女 | 中 | ②男・女 | 中 |
|---|---|---|---|---|
| 単主/呼 | amāns | amāns | iēns | iēns |
| 属 | amantis | amantis | euntis | euntis |
| 与 | amantī | amantī | euntī | euntī |
| 対 | amantem | amāns | euntem | iēns |
| 奪 | amante(-ī) | amante(-ī) | eunte(-ī) | eunte(-ī) |
| 複主/呼 | amantēs | amantia | euntēs | euntia |
| 属 | amantium | amantium | euntium | euntium |
| 与 | amantibus | amantibus | euntibus | euntibus |

| | | | | |
|---|---|---|---|---|
| 対 | amantēs(-īs) | amantia | euntēs(-īs) | euntia |
| 奪 | amantibus | amantibus | euntibus | euntibus |

## 5. 形容詞比較級

① altus「高い」の比較級: altior, -ius
② multus「多くの」の比較級: 単 plūs; 複 plūrēs, plūra

| | ①男女 | 中 | ②男女 | 中 |
|---|---|---|---|---|
| 単主/呼 | altior | altius | — | plūs |
| 属 | altiōris | altiōris | — | — |
| 与 | altiōrī | altiōrī | — | — |
| 対 | altiōrem | altius | — | plūs |
| 奪 | altiōre | altiōre | — | — |
| 複主/呼 | altiōrēs | altiōra | plūrēs | plūra |
| 属 | altiōrum | altiōrum | plūrium | plūrium |
| 与 | altiōribus | altiōribus | plūribus | plūribus |
| 対 | altiōrēs | altiōra | plūrēs | plūra |
| 奪 | altiōribus | altiōribus | plūribus | plūribus |

# C. 代 名 詞

## 1. 人称代名詞

| | 1人称 | | 2人称 | |
|---|---|---|---|---|
| | 単 | 複 | 単 | 複 |
| 主 | egŏ̄ | nōs | tū | vōs |
| 属 | meī | nostrī, nostrum | tuī | vestrī, vestrum |
| 与 | mihĭ̄ | nōbīs | tibĭ̄ | vōbīs |
| 対 | mē | nōs | tē | vōs |
| 奪 | mē | nōbīs | tē | vōbīs |

## 2. 再帰代名詞

|   | 1人称 単 | 1人称 複 | 2人称 単 | 2人称 複 | 3人称 単・複 |
|---|---|---|---|---|---|
| 属 | meī | nostrī | tuī | vestrī | suī |
| 与 | mihĭ | nōbīs | tibĭ | vōbīs | sibĭ |
| 対 | mē | nōs | tē | vōs | sē(sēsē) |
| 奪 | mē | nōbīs | tē | vōbīs | sē(sēsē) |

## 3. 疑問代名詞 quis, quid

|   | 「誰」 | 「何」 |
|---|---|---|
| 単主 | quis | quid |
| 属 | cūius | (cūius reī) |
| 与 | cuī | (cuī reī) |
| 対 | quem | quid |
| 奪 | quō | (quā rē) |

【複数には疑問形容詞複数を当てる】

## 4. 関係代名詞・疑問形容詞 quī, quae, quod

|   | 男 | 女 | 中 |
|---|---|---|---|
| 単主 | quī | quae | quod |
| 属 | cūius | cūius | cūius |
| 与 | cuī | cuī | cuī |
| 対 | quem | quam | quod |
| 奪 | quō | quā | quō |
| 複主 | quī | quae | quae |
| 属 | quōrum | quārum | quōrum |
| 与 | quibus | quibus | quibus |
| 対 | quōs | quās | quae |
| 奪 | quibus | quibus | quibus |

**5. 指示代名詞 is, ea, id「彼，彼女，それ，その」**

|  | 男 | 女 | 中 |
|---|---|---|---|
| 単主 | is | ea | id |
| 属 | ēius | ēius | ēius |
| 与 | eī | eī | eī |
| 対 | eum | eam | id |
| 奪 | eō | eā | eō |
| 複主 | iī(eī) | eae | ea |
| 属 | eōrum | eārum | eōrum |
| 与 | iīs(eīs) | iīs(eīs) | iīs(eīs) |
| 対 | eōs | eās | ea |
| 奪 | iīs(eīs) | iīs(eīs) | iīs(eīs) |

**6. 指示代名詞 hic, haec, hoc「これ，この」**

|  | 男 | 女 | 中 |
|---|---|---|---|
| 単主 | hic | haec | hoc |
| 属 | hūius | hūius | hūius |
| 与 | huīc | huīc | huīc |
| 対 | hunc | hanc | hoc |
| 奪 | hōc | hāc | hōc |
| 複主 | hī | hae | haec |
| 属 | hōrum | hārum | hōrum |
| 与 | hīs | hīs | hīs |
| 対 | hōs | hās | haec |
| 奪 | hīs | hīs | hīs |

**7. 指示代名詞 ille, -a, -ud「彼，彼女，それ，その，あの」**
【iste, -a, -ud「それ，その，君のその」も同じ変化】

|  | 男 | 女 | 中 |
|---|---|---|---|
| 単主 | ille | illa | illud |
| 属 | illīus | illīus | illīus |

|  |  | 男 | 女 | 中 |
|---|---|---|---|---|
| 与 |  | illī | illī | illī |
| 対 |  | illum | illam | illud |
| 奪 |  | illō | illā | illō |
| 複主 |  | illī | illae | illa |
| 属 |  | illōrum | illārum | illōrum |
| 与 |  | illīs | illīs | illīs |
| 対 |  | illōs | illās | illa |
| 奪 |  | illīs | illīs | illīs |

## 8. 指示代名詞 ipse, -a, -um「自身」

|  | 男 | 女 | 中 |
|---|---|---|---|
| 単主 | ipse | ipsa | ipsum |
| 属 | ipsīus | ipsīus | ipsīus |
| 与 | ipsī | ipsī | ipsī |
| 対 | ipsum | ipsam | ipsum |
| 奪 | ipsō | ipsā | ipsō |
| 複主 | ipsī | ipsae | ipsa |
| 属 | ipsōrum | ipsārum | ipsōrum |
| 与 | ipsīs | ipsīs | ipsīs |
| 対 | ipsōs | ipsās | ipsa |
| 奪 | ipsīs | ipsīs | ipsīs |

## 9. 指示代名詞 īdem, eadem, idem「同じ」

|  | 男 | 女 | 中 |
|---|---|---|---|
| 単主 | īdem | eadem | idem |
| 属 | ēiusdem | ēiusdem | ēiusdem |
| 与 | eīdem | eīdem | eīdem |
| 対 | eundem | eandem | idem |
| 奪 | eōdem | eādem | eōdem |
| 複主 | īdem | eaedem | eadem |
| 属 | eōrundem | eārundem | eōrundem |
| 与 | eīsdem | eīsdem | eīsdem |

| 対 | eōsdem | eāsdem | eadem |
| 奪 | eīsdem | eīsdem | eīsdem |

【男複主 別形 eīdem, iīdem; 複与/奪 別形(3性共通) iīsdem, īsdem】

## 10. 不定代名詞 aliquis, aliquid「誰か，何か」

| | 男/女 | 中 |
|---|---|---|
| 単主 | aliquis | aliquid |
| 属 | alicūius | alicūius |
| 与 | alicuī | alicuī |
| 対 | aliquem | aliquid |
| 奪 | aliquō | aliquō |

【複数は不定形容詞複数と同形】
【女性形に不定形容詞と同じ aliqua を使うこともある】

### 不定形容詞 aliquī, aliqua, aliquod

| | 男 | 女 | 中 |
|---|---|---|---|
| 単主 | aliquī | aliqua | aliquod |
| 属 | alicūius | alicūius | alicūius |
| 与 | alicuī | alicuī | alicuī |
| 対 | aliquem | aliquam | aliquod |
| 奪 | aliquō | aliquā | aliquō |
| 複主 | aliquī | aliquae | aliqua |
| 属 | aliquōrum | aliquārum | aliquōrum |
| 与 | aliquibus | aliquibus | aliquibus |
| 対 | aliquōs | aliquās | aliqua |
| 奪 | aliquibus | aliquibus | aliquibus |

## 11. 不定代名詞 quisque, quidque「各々」

| | 男/女 | 中 |
|---|---|---|
| 単主 | quisque | quidque |
| 属 | cūiusque | cūiusque |
| 与 | cuīque | cuīque |

|  | 男 | 女 | 中 |
|---|---|---|---|
| 対 | quemque | | quidque |
| 奪 | quōque | | quōque |

【複数は不定形容詞複数と同形】
【女性形に不定形容詞と同じ quaeque を使うこともある】

## 不定形容詞 quīque, quaeque, quodque「各々の」

|  | 男 | 女 | 中 |
|---|---|---|---|
| 単主 | quīque | quaeque | quodque |
| 属 | cūiusque | cūiusque | cūiusque |
| 与 | cuīque | cuīque | cuīque |
| 対 | quemque | quamque | quodque |
| 奪 | quōque | quāque | quōque |
| 複主 | quīque | quaeque | quaeque |
| 属 | quōrumque | quārumque | quōrumque |
| 与 | quibusque | quibusque | quibusque |
| 対 | quōsque | quāsque | quaeque |
| 奪 | quibusque | quibusque | quibusque |

## 12. 代名詞型形容詞

① ūnus, -a, -um:　　　　単属 ūnīus　　与 ūnī　　1つの
② sōlus, -a, -um:　　　　　　sōlīus　　　sōlī　　ただひとつの
③ tōtus, -a, -um:　　　　　　tōtīus　　　tōtī　　全部の
④ nūllus, -a, -um:　　　　　nūllīus　　　nūllī　　ひとつもない
⑤ ūllus, -a, -um:　　　　　　ūllīus　　　ūllī　　ひとつも
⑥ uter, utra, utrum:　　　　　utrīus　　　utrī　　どちらの
⑦ neuter, -tra, -trum:　　　　neutrīus　　neutrī　　どちらもない
⑧ uterque, utra-, utrum-:　　utrīusque　utrīque　両方とも
⑨ alius, -a, -ud:　　　　　　alīus　　　aliī　　他の
⑩ alter, -era, -erum:　　　　alterīus　　alterī　　もう一方の

|  | 男 | 女 | 中 |
|---|---|---|---|
| ⑨ 単主 | alius | alia | aliud |
| 属 | alīus | alīus | alīus |

| | | | |
|---|---|---|---|
| 与 | aliī | aliī | aliī |
| 対 | alium | aliam | aliud |
| 奪 | aliō | aliā | aliō |
| 複主 | aliī | aliae | alia |
| 属 | aliōrum | aliārum | aliōrum |
| 与 | aliīs | aliīs | aliīs |
| 対 | aliōs | aliās | alia |
| 奪 | aliīs | aliīs | aliīs |
| ⑩ 単主 | alter | altera | alterum |
| 属 | alterīus | alterīus | alterīus |
| 与 | alterī | alterī | alterī |
| 対 | alterum | alteram | alterum |
| 奪 | alterō | alterā | alterō |
| 複主 | alterī | alterae | altera |
| 属 | alterōrum | alterārum | alterōrum |
| 与 | alterīs | alterīs | alterīs |
| 対 | alterōs | alterās | altera |
| 奪 | alterīs | alterīs | alterīs |

# D. 数　詞

## 1. ローマ数字，基数詞

|   | ローマ数字 | 基数詞 |
|---|---|---|
| 1 | I | ūnus, -a, -um |
| 2 | II | duo, -ae, -o |
| 3 | III | trēs, trēs, tria |
| 4 | IV | quattuor |
| 5 | V | quīnque |
| 6 | VI | sex |
| 7 | VII | septem |
| 8 | VIII | octō |
| 9 | IX | novem |

| | | |
|---|---|---|
| 10 | X | decem |
| 11 | XI | ūndecim |
| 12 | XII | duodecim |
| 13 | XIII | tredecim |
| 14 | XIV | quattuordecim |
| 15 | XV | quīndecim |
| 16 | XVI | sēdecim |
| 17 | XVII | septendecim |
| 18 | XVIII | duodēvīgintī |
| 19 | XIX | ūndēvīgintī |
| 20 | XX | vīgintī |
| 21 | XXI | vīgintī ūnus |
| 22 | XXII | vīgintī duo |
| 28 | XXVIII | duodētrīgintā |
| 29 | XXIX | ūndētrīgintā |
| 30 | XXX | trīgintā |
| 40 | XL | quadrāgintā |
| 50 | L | quīnquāgintā |
| 60 | LX | sexāgintā |
| 70 | LXX | septuāgintā |
| 80 | LXXX | octōgintā |
| 90 | XC | nōnāgintā |
| 100 | C | centum |
| 200 | CC | ducentī, -ae, -a |
| 300 | CCC | trecentī, -ae, -a |
| 400 | CCCC | quadringentī, -ae, -a |
| 500 | D(IƆ) | quīngentī, -ae, -a |
| 600 | DC | sescentī, -ae, -a |
| 700 | DCC | septingentī, -ae, -a |
| 800 | DCCC | octingentī, -ae, -a |
| 900 | DCCCC | nōngentī, -ae, -a |
| 1,000 | M(CIƆ) | mīlle |
| 2,000 | MM(CIƆCIƆ) | duo (bīna) mīlia |

| | | |
|---|---|---|
| 5,000 | V̄ (IↃↃ) | quīnque (quīna) mīlia |
| 10,000 | X̄ (CCIↃↃ) | decem (dēna) mīlia |
| 50,000 | L̄ (IↃↃↃ) | quīnquāgintā (quīnquāgēna) mīlia |
| 100,000 | C̄ (CCCIↃↃↃ) | centum (centēna) mīlia |
| 500,000 | D̄ (IↃↃↃↃ) | quīngenta (quīngēna) mīlia |
| 1,000,000 | X̄ (CCCCIↃↃↃↃ) | deciēs centum (centēna) mīlia |

【碑文の数記号は以上のほかに：50 (⊥, ⊥), 1,000 (∞, ∞, ⊕),
100,000 (⊕), 500,000 (ҁ)】

## 2. 配分数詞，数副詞

| | 配分数詞 | 数副詞 |
|---|---|---|
| 1 | singulī, -ae, -a | semel |
| 2 | bīnī, -ae, -a【以下同】 | bis |
| 3 | ternī/trīnī | ter |
| 4 | quaternī/quadrīnī | quater |
| 5 | quīnī | quīnquiē(n)s |
| 6 | sēnī | sexiē(n)s |
| 7 | septēnī | septiē(n)s |
| 8 | octōnī | octiē(n)s |
| 9 | novēnī | noviē(n)s |
| 10 | dēnī | deciē(n)s |
| 11 | ūndēnī | ūndeciē(n)s |
| 12 | duodēnī | duodeciē(n)s |
| 13 | ternī dēnī | ter deciē(n)s/trediciē(n)s |
| 14 | quaternī dēnī | quater deciē(n)s/ quattuordeciē(n)s |
| 15 | quīnī dēnī | quīnquiē(n)s deciē(n)s/ quīndeciē(n)s |
| 16 | sēnī dēnī | sexiē(n)s deciēs/sēdeciē(n)s |
| 17 | septēnī dēnī | septiē(n)s deciē(n)s |
| 18 | duodēvīcēnī/ octōnī dēnī | duodēvīciē(n)s/ octiē(n)s deciē(n)s |

| 19 | ūndēvīcēnī/<br>novēnī dēnī | undēvīciē(n)s/<br>noviē(n)s deciē(n)s |
|---|---|---|
| 20 | vīcēnī | vīciē(n)s |
| 21 | vīcēnī singulī | semel et vīciē(n)s/<br>vīciē(n)s et semel/<br>vīciē(n)s semel |
| 22 | vīcēnī bīnī/<br>bīnī et vīcēnī | bis et vīciē(n)s/<br>vīciē(n)s et bis/<br>vīciē(n)s bis |
| 28 | duodētrīcēnī | duodētrīciē(n)s |
| 29 | ūndētrīcēnī | ūndētrīciē(n)s |
| 30 | trīcēnī | trīciē(n)s |
| 40 | quadrāgēnī | quadrāgiē(n)s |
| 50 | quīnquāgēnī | quīnquāgiē(n)s |
| 60 | sexāgēnī | sexāgiē(n)s |
| 70 | septuāgēnī | septuāgiē(n)s |
| 80 | octōgēnī | octōgiē(n)s |
| 90 | nōnāgēnī | nōnāgiē(n)s |
| 100 | centēnī | centiē(n)s |
| 200 | ducēnī/<br>du(o)centēnī | ducentiē(n)s |
| 300 | trecēnī/trecentēnī | trecentiē(n)s |
| 400 | quadringēnī/<br>-gentēnī | quadringentiē(n)s |
| 500 | quīngēnī/-gentēnī | quīngentiē(n)s |
| 600 | sescēnī/-centēnī | sescentiē(n)s |
| 700 | septingēnī/-gentēnī | septingentiē(n)s |
| 800 | octingēnī/-gentēnī | octingentiē(n)s |
| 900 | nōngēnī/-gentēnī | nōngentiē(n)s |
| 1,000 | singula mīlia/<br>millēnī | mīlliē(n)s |
| 2,000 | bīna mīlia | bis mīlliē(n)s |
| 5,000 | quīna mīlia | quīnquiē(n)s mīlliē(n)s |

|   |   |   |
|---|---|---|
| 10,000 | dēna mīlia | deciēs mīlliē(n)s |
| 50,000 | quīnquāgēna mīlia | quīnquāgiē(n)s mīlliē(n)s |
| 100,000 | centēna mīlia | centiē(n)s mīlliē(n)s |
| 500,000 | quīngēna mīlia | quīngentiē(n)s mīlliē(n)s |
| 1,000,000 | deciē(n)s centēna mīlia | mīlliē(n)s mīlliē(n)s/ deciē(n)s centiē(n)s mīlliē(n)s |

## 3. 順序数詞

順序数詞

1  prīmus, -a, -um
2  alter (secundus), -a, -um
3  tertius, -a, -um
4  quārtus, -a, -um
5  quīntus, -a, -um (古形 quīnctus)
6  sextus, -a, -um
7  septimus, -a, -um
8  octāvus, -a, -um
9  nōnus, -a, -um
10  decimus, -a, -um
11  ūndecimus, -a, -um
12  duodecimus, -a, -um
13  tertius decimus, -a, -um, -a, -um
14  quārtus decimus, -a, -um, -a, -um
15  quīntus decimus, -a, -um, -a, -um
16  sextus decimus, -a, -um, -a, -um
17  septimus decimus, -a, -um, -a, -um
18  duodēvīcē(n)simus, -a, -um
19  ūndēvīcē(n)simus, -a, -um
20  vīcē(n)simus, -a, -um
21  vicē(n)simus prīmus, -a, -um, -a, -um
22  vīcē(n)simus secundus, -a, -um, -a, -um

| | |
|---|---|
| 28 | duodētrīcē(n)simus, -a, -um |
| 29 | ūndētrīcē(n)simus, -a, -um |
| 30 | trīcē(n)simus, -a, -um |
| 40 | quadrāgē(n)simus, -a, -um |
| 50 | quīnquāgē(n)simus, -a, -um |
| 60 | sexāgē(n)simus, -a, -um |
| 70 | septuāgē(n)simus, -a, -um |
| 80 | octōgē(n)simus, -a, -um |
| 90 | nōnāgē(n)simus, -a, -um |
| 100 | centē(n)simus, -a, -um |
| 200 | ducentē(n)simus, -a, -um |
| 300 | trecentē(n)simus, -a, -um |
| 400 | quadringentē(n)simus, -a, -um |
| 500 | quīngentē(n)simus, -a, -um |
| 600 | sescentē(n)simus, -a, -um |
| 700 | septingentē(n)simus, -a, -um |
| 800 | octingentē(n)simus, -a, -um |
| 900 | nōngentē(n)simus, -a, -um |
| 1,000 | mīllē(n)simus, -a, -um |
| 2,000 | bis mīllē(n)simus, -a, -um |
| 5,000 | quīnquiē(n)s mīllē(n)simus, -a, -um |
| 10,000 | deciē(n)s mīllē(n)simus, -a, -um |
| 50,000 | quīnquāgiē(n)s mīlle(n)simus, -a, -um |
| 100,000 | centiē(n)s mīllē(n)simus, -a, -um |
| 500,000 | quīngentiē(n)s mīllē(n)simus, -a, -um |
| 1,000,000 | deciē(n)s centiē(n)s mīllē(n)simus, -a, -um |

## 4. 基数詞 ūnus, duo, trēs

| | 男 | 女 | 中 |
|---|---|---|---|
| 主 | ūnus | ūna | ūnum |
| 属 | ūnīus | ūnīus | ūnīus |
| 与 | ūnī | ūnī | ūnī |

|   | 男 | 女 | 中 |
|---|---|---|---|
| 対 | ūnum | ūnam | ūnum |
| 奪 | ūnō | ūnā | ūnō |

|   | 男 | 女 | 中 |
|---|---|---|---|
| 主 | duo | duae | duo |
| 属 | duōrum | duārum | duōrum |
| 与 | duōbus | duābus | duōbus |
| 対 | duōs(duo) | duās | duo |
| 奪 | duōbus | duābus | duōbus |

|   | 男/女 | 中 |
|---|---|---|
| 主 | trēs | tria |
| 属 | trium | trium |
| 与 | tribus | tribus |
| 対 | trēs/-īs | tria |
| 奪 | tribus | tribus |

# E. 動 詞

## 1. 規則動詞

(1) 基本形

[1]　amō, amāre, amāvī, amātum　　　愛する
[2]　moneō, monēre, monuī, monitum　警告する
[3]　regō, regere, rēxī, rēctum　　　　支配する
[3b]　capiō, capere, cēpī, captum　　　取る
[4]　audiō, audīre, audīvī, audītum　　聞く

(2) 直説法能動態: 未完了系3時称

|   |   | 現在 | 未完了過去 | 未来 |
|---|---|---|---|---|
| [1] | 単1 | amō | amābam | amābō |
|   | 2 | amās | amābās | amābis |
|   | 3 | amat | amābat | amābit |

|  |  |  | amāmus | amābāmus | amābimus |
|---|---|---|---|---|---|
|  | 複 | 1 | amāmus | amābāmus | amābimus |
|  |  | 2 | amātis | amābātis | amābitis |
|  |  | 3 | amant | amābant | amābunt |
| [2] | 単 | 1 | moneō | monēbam | monēbō |
|  |  | 2 | monēs | monēbās | monēbis |
|  |  | 3 | monet | monēbat | monēbit |
|  | 複 | 1 | monēmus | moēbāmus | monēbimus |
|  |  | 2 | monētis | monēbātis | monēbitis |
|  |  | 3 | monent | monēbant | monēbunt |
| [3] | 単 | 1 | regō | regēbam | regam |
|  |  | 2 | regis | regēbās | regēs |
|  |  | 3 | regit | regēbat | reget |
|  | 複 | 1 | regimus | regēbāmus | regēmus |
|  |  | 2 | regitis | regēbātis | regētis |
|  |  | 3 | regunt | regēbant | regent |
| [3b] | 単 | 1 | capiō | capiēbam | capiam |
|  |  | 2 | capis | capiēbās | capiēs |
|  |  | 3 | capit | capiēbat | capiet |
|  | 複 | 1 | capimus | capiēbāmus | capiēmus |
|  |  | 2 | capitis | capiēbātis | capiētis |
|  |  | 3 | capiunt | capiēbant | capient |
| [4] | 単 | 1 | audiō | audiēbam | audiam |
|  |  | 2 | audīs | audiebas | audiēs |
|  |  | 3 | audit | audiēbat | audiet |
|  | 複 | 1 | audīmus | audiēbāmus | audiēmus |
|  |  | 2 | audītis | audiēbātis | audiētis |
|  |  | 3 | audiunt | audiēbant | audient |

(3) 直説法能動態: 完了系3時称

|  |  |  | 完了 | 過去完了 | 未来完了 |
|---|---|---|---|---|---|
| [1] | 単 | 1 | amāvī | amāveram | amāverō |
|  |  | 2 | amāvistī | amāverās | amāveris |
|  |  | 3 | amāvit | amāverat | amāverit |

|      |     |   |                    |              |            |
|------|-----|---|--------------------|--------------|------------|
|      | 複  | 1 | amāvimus           | amāverāmus   | amāverimus |
|      |     | 2 | amāvistis          | amāverātis   | amāveritis |
|      |     | 3 | amāvērunt(-ēre)    | amāverant    | amāverint  |

【短縮形: 完了単 2 amāstī, 複 2 amāstis, 3 amārunt; 過去完了 amāram, amārās, *etc.*; 未来完了 amārō, amāris, *etc.*】

|      |     |   |                     |              |            |
|------|-----|---|---------------------|--------------|------------|
| [2]  | 単  | 1 | monuī               | monueram     | monuerō    |
|      |     | 2 | monuistī            | monuerās     | monueris   |
|      |     | 3 | monuit              | monuerat     | monuerit   |
|      | 複  | 1 | monuimus            | monuerāmus   | monuerimus |
|      |     | 2 | monuistis           | monuerātis   | monueritis |
|      |     | 3 | monuērunt(-ēre)     | monuerant    | monuerint  |
| [3]  | 単  | 1 | rēxī                | rēxeram      | rēxerō     |
|      |     | 2 | rēxistī             | rēxerās      | rēxeris    |
|      |     | 3 | rēxit               | rēxerat      | rēxerit    |
|      | 複  | 1 | rēximus             | rēxerāmus    | rēxerimus  |
|      |     | 2 | rēxistis            | rēxerātis    | rēxeritis  |
|      |     | 3 | rēxērunt(-ēre)      | rēxerant     | rēxerint   |
| [3b] | 単  | 1 | cēpī                | cēperam      | cēperō     |
|      |     | 2 | cēpistī             | cēperās      | cēperis    |
|      |     | 3 | cēpit               | cēperat      | cēperit    |
|      | 複  | 1 | cēpimus             | cēperāmus    | cēperimus  |
|      |     | 2 | cēpistis            | cēperātis    | cēperitis  |
|      |     | 3 | cēpērunt(-ēre)      | cēperant     | cēperint   |
| [4]  | 単  | 1 | audīvī              | audīveram    | audīverō   |
|      |     | 2 | audīvistī           | audīverās    | audīveris  |
|      |     | 3 | audīvit             | audīverat    | audīverit  |
|      | 複  | 1 | audīvimus           | audīverāmus  | audīverimus|
|      |     | 2 | audīvistis          | audīverātis  | audīveritis|
|      |     | 3 | audīvērunt(-ēre)    | audīverant   | audīverint |

【短縮形: 完了 audiī, audīstī, audiit, audiimus, audīstis, audiērunt; 過去完了 audieram, audierās, *etc.*; 未来完了 audierō, audieris, *etc.*】

(4) 直説法受動態: 未完了系 3 時称

|  |  | 現在 | 未完了過去 | 未来 |
|---|---|---|---|---|
| [1] | 単 1 | amor | amābar | amābor |
|  | 2 | amāris(-re) | amābāris(-re) | amāberis(-re) |
|  | 3 | amātur | amābātur | amābitur |
|  | 複 1 | amāmur | amābāmur | amābimur |
|  | 2 | amāminī | amābāminī | amābiminī |
|  | 3 | amantur | amābantur | amābuntur |
| [2] | 単 1 | moneor | monēbar | monēbor |
|  | 2 | monēris(-re) | monēbāris(-re) | monēberis(-re) |
|  | 3 | monētur | monēbātur | monēbitur |
|  | 複 1 | monēmur | monēbāmur | monēbimur |
|  | 2 | monēminī | monēbāminī | monēbiminī |
|  | 3 | monentur | monēbantur | monēbuntur |
| [3] | 単 1 | regor | regēbar | regar |
|  | 2 | regeris(-re) | regēbāris(-re) | regēris(-re) |
|  | 3 | regitur | regēbātur | regētur |
|  | 複 1 | regimur | regēbāmur | regēmur |
|  | 2 | regiminī | regēbāminī | regēminī |
|  | 3 | reguntur | regēbantur | regentur |
| [3b] | 単 1 | capior | capiēbar | capiar |
|  | 2 | caperis(-re) | capiēbāris(-re) | capiēris(-re) |
|  | 3 | capitur | capiēbātur | capiētur |
|  | 複 1 | capimur | capiēbāmur | capiēmur |
|  | 2 | capiminī | capiēbāminī | capiēminī |
|  | 3 | capiuntur | capiēbantur | capientur |
| [4] | 単 1 | audior | audiēbar | audiar |
|  | 2 | audīris(-re) | audiēbāris(-re) | audiēris(-re) |
|  | 3 | audītur | audiēbātur | audiētur |
|  | 複 1 | audīmur | audiēbāmur | audiēmur |
|  | 2 | audīminī | audiēbāminī | audiēminī |
|  | 3 | audiuntur | audiēbantur | audientur |

(5) 直説法受動態: 完了系3時称

完了　過去完了　未来完了

単 [1]　amātus, -a, -um  
　[2]　monitus, -a, -um  
　[3]　rēctus, -a, -um  　　＋　単 1　sum　　eram　　erō  
　[3b]　captus, -a, -um  　　　　 2　es　　 erās　　eris  
　[4]　audītus, -a, -um  　　　　 3　est　　erat　　erit  
複 [1]　amātī, -ae, -a  
　[2]　monitī, -ae, -a  
　[3]　rēctī, -ae, -a　　　　＋　複 1　sumus　erāmus　erimus  
　[3b]　captī, -ae, -a　　　　　　 2　estis　 erātis　eritis  
　[4]　audītī, -ae, -a　　　　　　 3　sunt　 erant　 erunt  

(6) 接続法能動態: 未完了系

|  |  |  | 現在 | 未完了過去 |
|---|---|---|---|---|
| [1] | 単 | 1 | amem | amārem |
|  |  | 2 | amēs | amārēs |
|  |  | 3 | amet | amāret |
|  | 複 | 1 | amēmus | amārēmus |
|  |  | 2 | amētis | amārētis |
|  |  | 3 | ament | amārent |
| [2] | 単 | 1 | moneam | monērem |
|  |  | 2 | moneās | monērēs |
|  |  | 3 | moneat | monēret |
|  | 複 | 1 | moneāmus | monērēmus |
|  |  | 2 | moneātis | monērētis |
|  |  | 3 | moneant | monērent |
| [3] | 単 | 1 | regam | regerem |
|  |  | 2 | regās | regerēs |
|  |  | 3 | regat | regeret |
|  | 複 | 1 | regāmus | regerēmus |
|  |  | 2 | regātis | regerētis |

|  |  | 3 | regant | regerent |
|---|---|---|---|---|
| [3b] | 単 | 1 | capiam | caperem |
|  |  | 2 | capiās | caperēs |
|  |  | 3 | capiat | caperet |
|  | 複 | 1 | capiāmus | caperēmus |
|  |  | 2 | capiātis | caperētis |
|  |  | 3 | capiant | caperent |
| [4] | 単 | 1 | audiam | audīrem |
|  |  | 2 | audiās | audīrēs |
|  |  | 3 | audiat | audīret |
|  | 複 | 1 | audiāmus | audīrēmus |
|  |  | 2 | audiātis | audīrētis |
|  |  | 3 | audiant | audīrent |

(7) 接続法能動態: 完了系

|  |  |  | 完了 | 過去完了 |
|---|---|---|---|---|
| [1] | 単 | 1 | amāverim | amāvissem |
|  |  | 2 | amāveris | amāvissēs |
|  |  | 3 | amāverit | amāvisset |
|  | 複 | 1 | amāverimus | amāvissēmus |
|  |  | 2 | amāveritis | amāvissētis |
|  |  | 3 | amāverint | amāvissent |

【短縮形: 完了 amārim, amāris, *etc.*; 過去完了 amāssem, amāssēs, *etc.*】

| [2] | 単 | 1 | monuerim | monuissem |
|---|---|---|---|---|
|  |  | 2 | monueris | monuissēs |
|  |  | 3 | monuerit | monuisset |
|  | 複 | 1 | monuerimus | monuissēmus |
|  |  | 2 | monueritis | monuissētis |
|  |  | 3 | monuerint | monuissent |
| [3] | 単 | 1 | rēxerim | rēxissem |
|  |  | 2 | rēxeris | rēxissēs |
|  |  | 3 | rēxerit | rēxisset |

|  |  | 複 | 1 | rēxerimus | rēxissēmus |
|---|---|---|---|---|---|
|  |  |  | 2 | rēxeritis | rēxissētis |
|  |  |  | 3 | rēxerint | rēxissent |
| [3b] |  | 単 | 1 | cēperim | cēpissem |
|  |  |  | 2 | cēperis | cēpissēs |
|  |  |  | 3 | cēperit | cēpisset |
|  |  | 複 | 1 | cēperimus | cēpissēmus |
|  |  |  | 2 | cēperitis | cēpissētis |
|  |  |  | 3 | cēperint | cēpissent |
| [4] |  | 単 | 1 | audīverim | audīvissem |
|  |  |  | 2 | audīveris | audīvissēs |
|  |  |  | 3 | audīverit | audīvisset |
|  |  | 複 | 1 | audīverimus | audīvissēmus |
|  |  |  | 2 | audīveritis | audīvissētis |
|  |  |  | 3 | audīverint | audīvissent |

【短縮形: 完了 audierim, audieris, *etc.*: 過去完了 audīssem, audīssēs, *etc.*】

(8) 接続法受動態: 未完了系

|  |  |  |  | 現在 | 未完了過去 |
|---|---|---|---|---|---|
| [1] |  | 単 | 1 | amer | amārer |
|  |  |  | 2 | amēris(-re) | amārēris(-re) |
|  |  |  | 3 | amētur | amārētur |
|  |  | 複 | 1 | amēmur | amārēmur |
|  |  |  | 2 | amēminī | amārēminī |
|  |  |  | 3 | amentur | amārentur |
| [2] |  | 単 | 1 | monear | monērer |
|  |  |  | 2 | moneāris | monērēris(-re) |
|  |  |  | 3 | moneātur | monērētur |
|  |  | 複 | 1 | moneāmur | monērēmur |
|  |  |  | 2 | moneāminī | monērēminī |
|  |  |  | 3 | moneantur | monērentur |
| [3] |  | 単 | 1 | regar | regerer |

|   |   | 2 | regāris(-re) | regerēris(-re) |
|---|---|---|---|---|
|   |   | 3 | regātur | regerētur |
|   | 複 | 1 | regāmur | regerēmur |
|   |   | 2 | regāminī | regerēminī |
|   |   | 3 | regantur | regerentur |

| [3b] | 単 | 1 | capiar | caperer |
|---|---|---|---|---|
|   |   | 2 | capiāris(-re) | caperēris(-re) |
|   |   | 3 | capiātur | caperētur |
|   | 複 | 1 | capiāmur | caperēmur |
|   |   | 2 | capiāminī | caperēminī |
|   |   | 3 | capiantur | caperentur |

| [4] | 単 | 1 | audiar | audīrer |
|---|---|---|---|---|
|   |   | 2 | audiāris(-re) | audīrēris(-re) |
|   |   | 3 | audiātur | audīrētur |
|   | 複 | 1 | audiāmur | audīrēmur |
|   |   | 2 | audiāminī | audīrēminī |
|   |   | 3 | audiantur | audīrentur |

(9) 接続法受動態: 完了系

|  |  |  | 完了 | 過去完了 |
|---|---|---|---|---|
| 単 [1] | amātus, -a, -um | | | |
| [2] | monitus, -a, -um | | 単 1 sim | essem |
| [3] | rēctus, -a, -um | + | 2 sīs | essēs |
| [3b] | captus, -a, -um | | 3 sit | esset |
| [4] | audītus, -a, -um | | | |
| 複 [1] | amātī, -ae, -a | | | |
| [2] | monitī, -ae, -a | | 複 1 sīmus | essēmus |
| [3] | rēctī, -ae, -a | + | 2 sītis | essētis |
| [3b] | captī, -ae, -a | | 3 sint | essent |
| [4] | audītī, -ae, -a | | | |

（10）命令法

|  |  | 能動 第1 | 第2 | 受動 第1 | 第2 |
|---|---|---|---|---|---|
| [1] | 単2 | amā | amātō | amāre | amātor |
|  | 3 | — | amātō | — | amātor |
|  | 複2 | amāte | amātōte | amāminī | — |
|  | 3 | — | amantō | — | amantor |
| [2] | 単2 | monē | monētō | monēre | monētor |
|  | 3 | — | monētō | — | monētor |
|  | 複2 | monēte | monētōte | monēminī | — |
|  | 3 | — | monentō | — | monentor |
| [3] | 単2 | rege | regitō | regere | regitor |
|  | 3 | — | regitō | — | regitor |
|  | 複2 | regite | regitōte | regiminī | — |
|  | 3 | — | reguntō | — | reguntor |
| [3b] | 単2 | cape | capitō | capere | capitor |
|  | 3 | — | capitō | — | capitor |
|  | 複2 | capite | capitōte | capiminī | — |
|  | 3 | — | capiuntō | — | capiuntor |
| [4] | 単2 | audī | audītō | audīre | audītor |
|  | 3 | — | audītō | — | audītor |
|  | 複2 | audīte | audītōte | audīminī | — |
|  | 3 | — | audiuntō | — | audiuntor |

（11）不定法

|  |  | 能動 | 受動 |
|---|---|---|---|
| [1] | 現在 | amāre | amārī |
|  | 完了 | amāvisse (amāsse) | amātus, -a, -um esse |
|  | 未来 | amātūrus, -a, -um esse | amātum īrī |
| [2] | 現在 | monēre | monērī |
|  | 完了 | monuisse | monitus, -a, -um esse |
|  | 未来 | monitūrus, -a, -um esse | monitum īrī |
| [3] | 現在 | regere | regī |

|      | 完了 | rēxisse | rēctus, -a, -um esse |
|---|---|---|---|
|      | 未来 | rēctūrus, -a, -um esse | rēctum īrī |
| [3b] | 現在 | capere | capī |
|      | 完了 | cēpisse | captus, -a, -um esse |
|      | 未来 | captūrus, -a, -um esse | captum īrī |
| [4]  | 現在 | audīre | audīrī |
|      | 完了 | audīvisse (audīsse) | audītus, -a, -um esse |
|      | 未来 | audītūrus, -a, -um esse | audītum īrī |

(12) 分詞

|      | 現在能動 | 完了受動 | 未来能動 |
|---|---|---|---|
| [1]  | amāns, -antis | amātus, -a, -um | amātūrus, -a, -um |
| [2]  | monēns, -entis | monitus, -a, -um | monitūrus, -a, -um |
| [3]  | regēns, -entis | rēctus, -a, -um | rēctūrus, -a, -um |
| [3b] | capiēns, -entis | captus, -a, -um | captūrus, -a, -um |
| [4]  | audiēns, -entis | audītus, -a, -um | audītūrus, -a, -um |

(13) 動名詞，動形容詞

|      | 動名詞 | 動形容詞 |
|---|---|---|
| [1]  | amandī, -ō, -um, -ō | amandus, -a, -um |
| [2]  | monendī, -ō, -um, -ō | monendus, -a, -um |
| [3]  | regendī, -ō, -um, -ō | regendus, -a, -um |
| [3b] | capiendī, -ō, -um, -ō | capiendus, -a, -um |
| [4]  | audiendī, -ō, -um, -ō | audiendus, -a, -um |

(14) 目的分詞

|      | I | II |
|---|---|---|
| [1]  | amātum | amātū |
| [2]  | monitum | monitū |
| [3]  | rēctum | rēctū |
| [3b] | captum | captū |
| [4]  | audītum | audītū |

## 2. 形式受動態動詞

(1) 基本形

    [1]  mīror, mīrārī, mīrātus sum       驚く
    [2]  vereor, verērī, veritus sum       恐れる
    [3]  loquor, loquī, locūtus sum       話す
    [3b] patior, patī, passus sum        こうむる
    [4]  mentior, mentīrī, mentītus sum   嘘を言う

【直説法, 接続法, 命令法は「1. 規則動詞」の受動態と同じ】

(2) 不定法

| | 現在 | 完了 | 未来 |
|---|---|---|---|
| [1] | mīrārī | mīrātus, -a, -um esse | mīrātūrus, -a, -um esse |
| [2] | verērī | veritus, -a, -um esse | veritūrus, -a, -um esse |
| [3] | loquī | locūtus, -a, -um esse | locūtūrus, -a, -um esse |
| [3b] | patī | passus, -a, -um esse | passūrus, -a, -um esse |
| [4] | mentīrī | mentītus, -a, -um esse | mentītūrus, -a, -um esse |

(3) 分詞

| | 現在 | 完了 | 未来 |
|---|---|---|---|
| [1] | mīrāns, -antis | mīrātus, -a, -um | mīrātūrus, -a, -um |
| [2] | verēns, -entis | veritus, -a, -um | veritūrus, -a, -um |
| [3] | loquēns, -entis | locūtus, -a, -um | locūtūrus, -a, -um |
| [3b] | patiēns, -entis | passus, -a, -um | passūrus, -a, -um |
| [4] | mentiēns, -entis | mentītus, -a, -um | mentītūrus, -a, -um |

(4) 動名詞, 動形容詞, 目的分詞

| | 動名詞 | 動形容詞 | 目的分詞 |
|---|---|---|---|
| [1] | mīrandī, -ō, -um, -ō | mīrandus, -a, -um | mīrātum, -ū |
| [2] | verendī, -ō, -um, -ō | verendus, -a, -um | veritum, -ū |
| [3] | loquendī, -ō, -um, -ō | loquendus, -a, -um | locūtum, -ū |
| [3b] | patiendī, -ō, -um, -ō | patiendus, -a, -um | passum, -ū |
| [4] | mentiendī, -ō, -um, -ō | mentiendus, -a, -um | mentītum, -ū |

## 3. 不規則動詞 sum

(1) 基本形　sum, esse, fuī, futūrus　ある，いる

(2) 直説法未完了系

|  | 現在 | 未完了過去 | 未来 |
|---|---|---|---|
| 単1 | sum | eram | erō |
| 2 | es | erās | eris |
| 3 | est | erat | erit |
| 複1 | sumus | erāmus | erimus |
| 2 | estis | erātis | eritis |
| 3 | sunt | erant | erunt |

(3) 直説法完了系

　完了　　　　fuī, fuistī, fuit, *etc.*
　過去完了　　fueram, fuerās, fuerat, *etc.*
　未来完了　　fuerō, fueris, fuerit, *etc.*

(4) 接続法

　現在　　　　sim, sīs, sit, *etc.*
　未完了過去　essem, essēs, esset, *etc.*
　完了　　　　fuerim, fueris, fuerit, *etc.*
　過去完了　　fuissem, fuissēs, fuisset, *etc.*

(5) 命令法

|  | 第1 | 第2 |
|---|---|---|
| 単2 | es | estō |
| 3 | — | estō |
| 複2 | este | estōte |
| 3 | — | suntō |

(6) 不定法

　現在　　esse

完了　fuisse
未来　futūrus, -a, -um esse（単独形 fore）

(7) 未来分詞　futūrus, -a, -um

## 4.　不規則動詞 possum

(1) 基本形　possum, posse, potuī, —　できる

(2) 直説法未完了系

|  | 現在 | 未完了過去 | 未来 |
|---|---|---|---|
| 単 1 | possum | poteram | poterō |
| 2 | potes | poterās | poteris |
| 3 | potest | poterat | poterit |
| 複 1 | possumus | poterāmus | poterimus |
| 2 | potestis | poterātis | poteritis |
| 3 | possunt | poterant | poterunt |

(3) 直説法完了系

完了　　　potuī, potuistī, potuit, *etc.*
過去完了　potueram, potuerās, potuerat, *etc.*
未来完了　potuerō, potueris, potuerit, *etc.*

(4) 接続法

現在　　　　possim, possīs, possit, *etc.*
未完了過去　possem, possēs, posset, *etc.*
完了　　　　potuerim, potueris, potuerit, *etc.*
過去完了　　potuissem, potuissēs, potuisset, *etc.*

(5) 不定法

現在　posse
完了　potuisse

## 5. 不規則動詞 dō

（1）基本形　dō, dare, dedī, datum　与える

（2）直説法

| 現在 | 能動 | 受動 |
|---|---|---|
| 単1 | dō | — |
| 2 | dās | daris (dare) |
| 3 | dat | datur |
| 複1 | damus | damur |
| 2 | datis | damini |
| 3 | dant | dantur |

未完了過去　能動　dabam, dabās, dabat, *etc.*
　　　　　　受動　dabar, dabāris, dabātur, *etc.*
未来　　　　能動　dabō, dabis, dabit, *etc.*
　　　　　　受動　dabor, daberis, dabitur, *etc.*
完了　　　　能動　dedī, dedistī, dedit, *etc.*
　　　　　　受動　datus sum, datus es, datus est, *etc.*
過去完了　　能動　dederam, dederās, dederat, *etc.*
　　　　　　受動　datus eram, datus erās, datus erat, *etc.*
未来完了　　能動　dederō, dederis, dederit, *etc.*
　　　　　　受動　datus erō, datus eris, datus erit, *etc.*

（3）接続法

現在　　　　能動　dem, dēs, det, dēmus, dētis, dent
　　　　　　受動　—, dēris(-re), dētur, dēmur, dēmini, dentur
未完了過去　能動　darem, darēs, daret, *etc.*
　　　　　　受動　darer, darēris(-re), darētur, *etc.*
完了　　　　能動　dederim, dederis, dederit, *etc.*
　　　　　　受動　datus sim, datus sīs, datus sit, *etc.*
過去完了　　能動　dedissem, dedissēs, dedisset, *etc.*
　　　　　　受動　datus essem, datus essēs, datus esset, *etc.*

(4) 命令法

    第 1   能動  dā, date     受動   dare, daminī
    第 2   能動  datō, datō, datōte, dantō
            受動  dator, dator, —, dantor

(5) 不定法

|  | 能動 | 受動 |
|---|---|---|
| 現在 | dare | darī |
| 完了 | dedisse | datus, -a, -um esse |
| 未来 | datūrus, -a, -um esse | datum īrī |

(6) 分詞

    現在  能動   dāns, -antis
    完了  受動   datus, -a, -um
    未来  能動   datūrus, -a, -um

(7) 動名詞   dandī, -ō, -um, -ō

(8) 動形容詞   dandus, -a, -um

(9) 目的分詞   datum, -ū

## 6. 不規則動詞 eō

(1) 基本形   eō, īre, iī(īvī), itum   行く

(2) 直説法

|  | 現在 | 未完了過去 | 未来 | 完了 |
|---|---|---|---|---|
| 単 1 | eo | ībam | ībō | iī(īvī) |
| 2 | īs | ībās | ībis | īstī(iistī, īvistī) |
| 3 | it | ībat | ībit | iit(īvit) |
| 複 1 | īmus | ībāmus | ībimus | iimus(īvimus) |
| 2 | ītis | ībātis | ībitis | īstis(iistis, īvistis) |
| 3 | eunt | ībant | ībunt | iērunt(iēre, īvērunt, -ēre) |

|      | 過去完了              | 未来完了             |
|------|----------------------|----------------------|
| 単 1 | ieram (īveram)       | ierō (īverō)         |
| 2    | ierās (īverās)       | ieris (īveris)       |
| 3    | ierat (īverat)       | ierit (īverit)       |
| 複 1 | ierāmus (īverāmus)   | ierimus (īverimus)   |
| 2    | ierātis (īverātis)   | ieritis (īveritis)   |
| 3    | ierant (īverant)     | ierint (īverint)     |

(3) 接続法

|      | 現在   | 未完了過去 |
|------|--------|-----------|
| 単 1 | eam    | īrem      |
| 2    | eās    | īrēs      |
| 3    | eat    | īret      |
| 複 1 | eāmus  | īrēmus    |
| 2    | eātis  | īrētis    |
| 3    | eant   | īrent     |

|      | 完了                | 過去完了                              |
|------|---------------------|---------------------------------------|
| 単 1 | ierim (īverim)      | iissem (īssem, īvissem)               |
| 2    | ieris (īveris)      | iissēs (īssēs, īvissēs)               |
| 3    | ierit (īverit)      | iisset (īsset, īvisset)               |
| 複 1 | ierimus (īverimus)  | iissēmus (īssēmus, īvissēmus)         |
| 2    | ieritis (īveritis)  | iissētis (īssētis, īvissētis)         |
| 3    | ierint (īverint)    | iissent (īssent, īvissent)            |

(4) 命令法

|      | 第 1 | 第 2  |
|------|------|-------|
| 単 2 | ī    | ītō   |
| 3    | —    | ītō   |
| 複 2 | īte  | ītōte |
| 3    | —    | euntō |

(5) 不定法

  現在 īre
  完了 iisse (īsse, īvisse)
  未来 itūrus, -a, -um esse

(6) 分詞

  現在 iēns, euntis
  完了 itum (3 単中)
  未来 itūrus, -a, -um

(7) 動名詞  eundī, -ō, -um, -ō

(8) 動形容詞  eundum (3 単中)

(9) 目的分詞  itum, -ū

## 7. 不規則動詞 fīō

(1) 基本形  fīō, fierī, factus sum  なる

(2) 直説法

  現在   fīō, fīs, fit, fīmus, fītis, fīunt
  未完了過去 fīēbam, fīēbās, fīēbat, *etc.*
  未来   fīam, fīēs, fīet, *etc.*
  完了   factus sum, factus es, factus est, *etc.*
  過去完了  factus eram, factus erās, factus erat, *etc.*
  未来完了  factus erō, factus eris, factus erit, *etc.*

(3) 接続法

  現在   fīam, fīās, fīat, *etc.*
  未完了過去 fierem, fierēs, fieret, *etc.*
  完了   factus sim, factus sīs, factus sit, *etc.*
  過去完了  factus essem, factus essēs, factus esset, *etc.*

(4) 命令法

```
        第1    第2
単2   fī     fītō
複2   fīte    —
```

(5) 不定法

現在　fierī
完了　factus, -a, -um esse
未来　factum īrī

(6) 完了分詞　factus, -a, -um

## 8. 不規則動詞 volō, nōlō, mālō

(1) 基本形

volō, velle, voluī, —　　欲する
nōlō, nōlle, nōluī, —　　欲しない
mālō, mālle, māluī, —　　むしろ欲する

(2) 直説法

現在

```
単1   volō       nōlō         mālō
 2    vīs        nōn vīs      māvīs
 3    vult       nōn vult     māvult
複1   volumus    nōlumus      mālumus
 2    vultis     nōn vultis   māvultis
 3    volunt     nōlunt       mālunt
```

未完了過去　volēbam, volēbās, volēbat, *etc*.
　　　　　　nōlēbam, nōlēbās, nōlēbat, *etc*.
　　　　　　mālēbam, mālēbās, mālēbat, *etc*.
未来　　　　volam, volēs, volet, *etc*.
　　　　　　nōlam, nōlēs, nōlet, *etc*.
　　　　　　mālam, mālēs, mālet, *etc*.

|  | 完了 | voluī, voluistī, voluit, *etc.* |
|---|---|---|
|  |  | nōluī, nōluistī, nōluit, *etc.* |
|  |  | māluī, māluistī, māluit, *etc.* |
|  | 過去完了 | volueram, voluerās, voluerat, *etc.* |
|  |  | nōlueram, nōluerās, nōluerat, *etc.* |
|  |  | mālueram, māluerās, māluerat, *etc.* |
|  | 未来完了 | voluerō, volueris, voluerit, *etc.* |
|  |  | nōluerō, nōlueris, nōluerit, *etc.* |
|  |  | māluerō, mālueris, māluerit, *etc.* |

(3) 接続法

    現在　　　velim, velīs, velit, *etc.*
    　　　　　nōlim, nōlīs, nōlit, *etc.*
    　　　　　mālim, mālīs, mālit, *etc.*
    未完了過去　vellem, vellēs, vellet, *etc.*
    　　　　　nōllem, nōllēs, nōllet, *etc.*
    　　　　　māllem, māllēs, māllet, *etc.*
    完了　　　voluerim, volueris, voluerit, *etc.*
    　　　　　nōluerim, nōlueris, nōluerit, *etc.*
    　　　　　māluerim, mālueris, māluerit, *etc.*
    過去完了　voluissem, voluissēs, voluisset, *etc.*
    　　　　　nōluissem, nōluissēs, nōluisset, *etc.*
    　　　　　māluissem, māluissēs, māluisset, *etc.*

(4) 命令法（nōlō のみ）

    第1　単2 nōlī;　　　　　　　複2 nōlīte
    第2　単2 nōlītō, 3 nōlītō;　複2 nōlītōte, 3 nōluntō

(5) 不定法

    現在　velle　　nōlle　　　mālle
    完了　voluisse　nōluisse　māluisse

(6) 現在分詞　volēns　nōlēns　—

## 9. 不規則動詞 ferō

(1) 基本形　ferō, ferre, tulī, lātum　運ぶ

(2) 直説法

|  | 現在 | 能動受動 |
|---|---|---|
| 単 1 | ferō | feror |
| 2 | fers | ferris(-re) |
| 3 | fert | fertur |
| 複 1 | ferimus | ferimur |
| 2 | fertis | feriminī |
| 3 | ferunt | feruntur |

| 未完了過去 | 能動 | ferēbam, ferēbās, ferēbat, *etc*. |
|---|---|---|
|  | 受動 | ferēbar, ferēbāris(-re), ferēbātur, *etc*. |
| 未来 | 能動 | feram, ferēs, feret, *etc*. |
|  | 受動 | ferar, ferēris(-re), ferētur, *etc*. |
| 完了 | 能動 | tulī, tulistī, tulit, *etc*. |
|  | 受動 | lātus sum, lātus es, lātus est, *etc*. |
| 過去完了 | 能動 | tuleram, tulerās, tulerat, *etc*. |
|  | 受動 | lātus eram, lātus erās, lātus erat, *etc*. |
| 未来完了 | 能動 | tulerō, tuleris, tulerit, *etc*. |
|  | 受動 | lātus erō, lātus eris, lātus erit, *etc*. |

(3) 接続法

| 現在 | 能動 | feram, ferās, ferat, *etc*. |
|---|---|---|
|  | 受動 | ferar, ferāris(-re), ferātur, *etc*. |
| 未完了過去 | 能動 | ferrem, ferrēs, ferret, *ec*. |
|  | 受動 | ferrer, ferrēris(-re), ferrētur, *etc*. |
| 完了 | 能動 | tulerim, tuleris, tulerit, *etc*. |
|  | 受動 | lātus sim, lātus sīs, lātus sit, *etc*. |
| 過去完了 | 能動 | tulissem, tulissēs, tulisset, *etc*. |
|  | 受動 | lātus essem, lātus essēs, lātus esset, *etc*. |

(4) 命令法

|  |  | 能動 | 受動 |
|---|---|---|---|
| 第1 | 単2 | fer | ferre |
|  | 複2 | ferte | feriminī |
| 第2 | 単2 | fertō | fertor |
|  | 3 | fertō | fertor |
|  | 複2 | fertōte | — |
|  | 3 | feruntō | feruntor |

(5) 不定法

現在　ferre　　　　ferrī
完了　tulisse　　　 lātus esse
未来　lātūrus esse　lātum īrī

(6) 分詞

現在　能動　ferēns, -entis
完了　受動　lātus, -a, -um
未来　能動　lātūrus, -a, -um

(7) 動名詞　ferendī, -ō, -um, -ō

(8) 動形容詞　ferendus, -a, -um

(9) 目的分詞　lātum, -ū

## 10.　不規則動詞 edō

(1) 基本形　edō, edere(ēsse), ēdī, ēsum　食べる

(2) 直説法

現在　単1　edō
　　　　2　edis(ēs)
　　　　3　edit(ēst), 受動【単3のみ】editur(ēstur)
　　　複1　edimus

```
             2    editis(ēstis)
             3    edunt
   未完了過去   edēbam, edēbās, edēbat, etc.
   未来        edam, edēs, edet, etc.
   完了        ēdī, ēdistī, ēdit, etc.
   過去完了    ēderam, ēderās, ēderat, etc.
   未来完了    ēderō, ēderis, ēderit, etc.
```

(3) 接続法

```
   現在        edam, edās, edat, etc.
   未完了過去   ederem(ēssem), ederēs(ēssēs), etc.
    同受動     ederētur(ēssētur)【3 単のみ】
   完了        ēderim, ēderis, ēderit, etc.
   過去完了    ēdissem(ēssem), ēdissēs(ēssēs), etc.
```

(4) 命令法

```
   第1   単2   ede(ēs)
         複2   edite(ēste)
   第2   単2   editō(ēstō)
         3    editō(ēstō)
         複2   editōte(ēstōte)
         3    eduntō
```

(5) 不定法

```
   現在   edere(ēsse)
   完了   ēdisse
   未来   ēsūrus esse
```

(6) 分詞

```
   現在   能動   (edēns)
   完了   受動   ēsus, -a, -um
   未来   能動   ēsūrus, -a, -um
```

（7）動名詞　edendī, -ō, -um, -ō

（8）動形容詞　edendus, -a, -um

（9）目的分詞　ēsum, -ū

## 11.　不完全動詞 queō, nequeō, āiō, inquam, fātur

（1）**queō**　できる

　　直説法　現在　queō, quīs, quit, quīmus, quītis, queunt
　　　　　　　未完了過去　quībam, ―, ―, ―, ―, ―
　　　　　　　未来　quībō, ―, ―, ―, ―, quībunt
　　　　　　　完了　quīvī, ―, quīvit, ―, ―, quīvērunt(-ēre)
　　接続法　現在　queam, queās, queat, queāmus, queātis, queant
　　　　　　　未完了過去　―, ―, quīret, ―, ―, quīrent
　　　　　　　完了　―, ―, quīverit, ―, ―, quierint
　　　　　　　過去完了　―, ―, ―, ―, ―, quīvissent
　　不定法　現在　quīre　完了　quīvisse
　　分詞　　現在　quiēns, queuntis　完了　quitum

（2）**nequeō**　できない

　　直説法　現在　単　nequeō, nōn quīs, nequit,
　　　　　　　　　　複　nequīmus, nequītis, nequeunt
　　　　　　　未完了過去　―, ―, nequībat, ―, ―, nequībant
　　　　　　　完了　単　nequīvī, nequīstī, nequīvit(nequiit),
　　　　　　　　　　複　nequīvimus, ―, nequīvērunt(nequiēre)
　　　　　　　過去完了　単　―, ―, nequīverat(nequierat),
　　　　　　　　　　　　複　―, ―, nequīverant(nequierant)
　　接続法　現在　単　nequeam, nequeās, nōn queat,
　　　　　　　　　　複　nequeāmus, ―, nequeant
　　　　　　　未完了過去　nequīrem, ―, nequīret, ―, ―, nequīrent
　　　　　　　完了　nequīverim, ―, nequīverit, ―, ―, nequīverint
　　　　　　　過去完了　単　―, ―, nequīvisset(nequīsset),

　　　　　　　　　　複 ―, ―, nequīssent
　　不定法　　　現在 nequīre　完了 nequīvisse (nequīsse)
　　現在分詞　　nequiēns, nequeuntis

(3) **āiō**　言う

　　直説法　　　現在　āiō, ais, ait, ―, ―, āiunt
　　　　　　　　未完了過去　単 āiēbam, āiēbās, āiēbat,
　　　　　　　　　　　　　　　複 āiēbāmus, āiēbātis, āiēbant
　　　　　　　　完了　―, ―, ait, ―, ―, ―
　　接続法　　　現在　―, āiās, āiat, ―, ―, āiant
　　命令法　　　ai
　　現在分詞　　āiēns　【形容詞として】

(4) **inquam**　言う

　　直説法　現在　単 inquam, inquis, inquit,
　　　　　　　　　複 inquimus, inquitis, inquiunt
　　　　　　未完了過去 ―, ―, inquiēbat, ―, ―, ―
　　　　　　未来 ―, inquiēs, inquiet, ―, ―, ―
　　　　　　完了 inquiī, inquīstī, inquit, ―, ―, ―
　　命令法　　　inque, inquitō

(5) **fātur**　言う

　　直説法　　　現在　―, ―, fātur, ―, ―, fantur
　　　　　　　　未来　fābor, ―, fābitur, ―, ―, ―
　　　　　　　　完了　―, ―, fātus est, ―, ―, fātī sunt
　　　　　　　　過去完了　fātus eram, ―, fātus erat, ―, ―, ―
　　命令法　　　fāre
　　不定法　　　fārī
　　現在分詞　　fantī, fantem　完了分詞　fātus, -a, -um
　　動名詞　　　fandī,　奪 fandō
　　動形容詞　　fandus
　　目的分詞　　fātū

(6) **ōdī** 嫌う, **meminī** 覚えている, **coepī** 始めた

| | | | | |
|---|---|---|---|---|
| 直説法 | 完了 | ōdī, ōdistī, *etc.* coepī, -istī, *etc.* | meminī, -istī, *etc.* | |
| | 過去完了 | ōderam, *etc.* coeperam, *etc.* | memineram, *etc.* | |
| | 未来完了 | ōderō, *etc.* coeperō, *etc.* | meminerō, *etc.* | |
| 接続法 | 完了 | ōderim, *etc.* coeperim, *etc.* | meminerim, *etc.* | |
| | 過去完了 | ōdissem, *etc.* coepissem, *etc.* | meminissem, *etc.* | |
| 不定法 | 完了 | ōdisse | meminisse | coepisse |
| 命令法 | | ― | mementō, -tōte | ― |
| 目的分詞 | | ōsum | ― | ― |
| 現在分詞 | | ― | meminēns | ― |
| 未来分詞 | | ōsūrus | ― | ― |
| 完了受動分詞 | | ― | ― | coeptus |

## 参考文献

### A. 和書
### 1. 文法書(ページ数は実質的な本文のみ)
(易しそうな,楽しそうな,または分量の多くないものから,本格的な,高級な,または分厚いものへ,という順.ただし筆者の主観的判断による.)

逸身喜一郎『ラテン語のはなし　通読できるラテン文法』284p(大修館書店)

岩崎務『CDエクスプレス　ラテン語』122p(白水社)

大西英文『はじめてのラテン語』284p(講談社現代新書)

風間喜代三『ラテン語・その形と心』282p(三省堂)

田中利光『ラテン語初歩』改訂版141p(岩波書店)

小林標『独習者のための　楽しく学ぶラテン語』264p(大学書林)

中山恒夫『ラテン語練習問題集』166p(白水社)

有田潤『初級ラテン語入門』187p(白水社)

沓掛良彦『マクミラン　新ラテン語コース』246p(マクミラン出版社)

松平千秋・国原吉之助『新ラテン文法』335p(東洋出版)

泉井久之助『ラテン広文典』386p(白水社)

呉茂一『ラテン語入門』191p(岩波全書)

### 2. その他

小林標『ラテン語文選　楽しく学ぶラテン語II』(大学書林)

有川貫太郎・長谷川洋・鈴木繁夫『現代ラテン語会話　カペラーヌス先生の楽しいラテン語会話教室』244p(大学書林)

ジャクリーヌ・ダンジェル　遠山一郎・髙田大介訳『ラテン語の歴史』(白水社　文庫クセジュ)

風間喜代三『ラテン語とギリシア語』(三省堂)

柳沼重剛『ギリシア・ローマ名言集』(岩波文庫)

小林標『ローマが残した永遠の言葉』(NHK出版　生活人新書)

小林標『ラテン語の世界　ローマが残した無限の遺産』(中公新書)

国原吉之助『新版　中世ラテン語入門』(大学書林)

田中秀央『ラテン文學史』(名古屋大学出版会)

**3.** 辞典

田中秀央『羅和辞典』（研究社）

國原吉之助『古典ラテン語辞典』（大学書林）

高津春繁『ギリシア・ローマ神話辞典』（岩波書店）

**B.** 洋書

**1.** 小辞典

H. Menge/E. Pertsch: Langenscheidts Taschenwörterbuch Lateinisch-Deutsch（Langenscheidt）

D. P. Simpson: Cassell's Concise Latin-English English-Latin Dictionary（Cassell）

S. C. Woodhouse: The Englishman's Pocket Latin-English and English-Latin Dictionary（Routledge & Kegan Paul）

**2.** 中辞典

C. T. Lewis: Elementary Latin Dictionary（Oxford University Press）

D. P. Simpson: Cassell's New Latin-English English-Latin Dictionary（Cassell）

W. Smith/J. Lockwood: Chambers Murray Latin-English Dictionary（Chambers/Murray）

E. Pertsch: Langenscheidts Handwörterbuch Lateinisch-Deutsch（Langenscheidt）

H. Goetzler: Dictionnaire Latin-Français（Garnier）

G. Pittàno: Dizionario latino-italiano italiano-latino（Mondadori）

**3.** 大辞典

C. T. Lewis/C. Short: A Latin Dictionary（Oxford UP）

P. G. W. Glare: Oxford Latin Dictionary（Oxford UP）

F. Gaffiot/P. Flobert: Le Grand Gaffiot Dictionnaire Latin-Français, Nouvelle édition（Hachette）

E. R. Bianchi/O. Lelli: Dizionario illustrato della lingua latina（Le Monnier）

A. E. Georges/H. Georges: Ausführliches Lateinisch-Deutsches Handwörterbuch, 2Bde.（Hahn）

**4. 他の辞典**

  N.G. L. Hammond/H.H. Scullard: The Oxford Classical Dictionary（Oxford UP）

  M.C. Howatson: The Oxford Companion to Classical Literature（Oxford UP）

  A. Ernout/A. Meillet: Dictionnaire étymologique de la langue latine（Klincksieck）

  A. Walde/J.B. Hofmann: Lateinisches etymologisches Wörterbuch, 2Bde.（Winter）

**5. 文法書など**

  B.L. Gildersleeve/G. Lodge: Latin Grammar（Macmillan）

  W.S. Allen: Vox Latina, The Pronunciation of Classical Latin（Cambridge UP）

  E.C. Woodcock: A New Latin Syntax（Methuen）

  R. Kühner/F. Holzweg: Ausführliche Grammatik der lateinischen Sprache, Erster Teil, Elementar-, Formen- und Lautlehre（Hahn）

  R. Kühner/C. Stegmann: Ausführliche Grammatik der lateinischen Sprache, Zweiter Teil, Satzlehre, 2Bde.（Hahn）

  Leumann-Hofmann-Szantyr: Lateinische Grammatik, 2Bde.（Beck）

  M. Niedermann: Phonétique historique du latin（Klincksieck）

  A. Ernout: Morphologie historique du latin（Klincksieck）

  A. Ernout/F. Thomas: Syntaxe latine（Klincksieck）

  L.R. Palmer: The Latin Language（Faber & Faber）

## 引用文出典

(Oxford Latin Dictionary に準拠する)

| | |
|---|---|
| Apul. *Met.* | *Āpulēius: Metamorphōsēs* アープレイユス『変身物語』 |
| Caes. *Civ.* | C. Iūlius Caesar: *dē Bellō Cīvīlī* カエサル『内乱記』 |
| Caes. *Gal.* | *dē Bellō Gallicō*『ガッリア戦記』 |
| Cato *Agr.* | M. Porcius Catō: *dē Agrī Cultūrā* カトー『農事論』 |
| Catul. | C. Valerius Catullus カトゥッルス『詩集』 |
| Cic. *Ac.* | M. Tullius Cicerō: *Acadēmica* キケロー『アカデーメイア派』 |
| Cic. *Amic.* | *dē Amīcitiā*『友情について』 |
| Cic. *Arch.* | *prō Archiā*『アルキアース弁護演説』 |
| Cic. *Att.* | *Epistulae ad Atticum*『アッティクス宛書簡集』 |
| Cic. *Brut.* | *Brūtus*『ブルートゥス』 |
| Cic. *Catil.* | *in Catilīnam*『カティリーナ弾劾演説』 |
| Cic. *Clu.* | *prō Cluentiō*『クルエンティウス弁護演説』 |
| Cic. *de Orat.* | *dē Orātōre*『弁論家について』 |
| Cic. *Div.* | *dē Dīvīnātiōne*『予言について』 |
| Cic. *Fam.* | *Epistulae ad Familiārēs*『親しい人々宛書簡集』 |
| Cic. *Fin.* | *dē Fīnibus Bonōrum et Malōrum*『善悪の究極について』 |
| Cic. *Inv.* | *dē Inventiōne*『発想論』 |
| Cic. *Leg.* | *dē Lēgibus*『法律論』 |
| Cic. *Lig.* | *prō Ligāriō*『リガーリウス弁護演説』 |
| Cic. *Mil.* | *prō Milōne*『ミロー弁護演説』 |
| Cic. *N. D.* | *dē Nātūrā Deōrum*『神々の本性について』 |
| Cic. *Off.* | *dē Officiīs*『義務論』 |
| Cic. *Parad.* | *Paradoxa Stōicōrum*『ストア哲学の逆説』 |
| Cic. *Part.* | *Partitiōnēs Ōrātōriae*『弁論術分類』 |
| Cic. *Phil.* | *Philippicae*『ピリッピカ』 |

| | | |
|---|---|---|
| | （アントーニウス弾劾演説） | |
| Cic. *Planc.* | prō Plancio『プランキウス弁護演説』 | |
| Cic. *Rep.* | dē Rēpūblicā『国家論』 | |
| Cic. *Sen.* | dē Senectūte『老年について』 | |
| Cic. *Sest.* | prō Sestiō『セスティウス弁護演説』 | |
| Cic. *S. Rosc.* | prō S. Rosciō Amerīnō『アメリアのロスキウス弁護演説』 | |
| Cic. *Sul.* | prō Sullā『スッラ弁護演説』 | |
| Cic. *Top.* | Topica『トピカ（常套表現）』 | |
| Cic. *Tusc.* | Tusculānae Disputātiōnēs『トゥスクルム荘での議論』 | |
| Cic. *Vat.* | in Vatinium『ワティニウス弾劾演説』 | |
| Cic. *Ver.* | in Verrem（āctiō secunda）『ウェッレース弾劾演説』 | |
| Enn. *Ann.* | Q. Ennius: Annālēs（V = Vahlen）エンニウス『年代記』 | |
| Hirt. *Gal.* | A. Hirtius ヒルティウス『カエサルのガッリア戦記第8巻』 | |
| Hor. *Ars.* | Q. Horātius Flaccus: Ars Poētica ホラーティウス『詩論』 | |
| Hor. *Carm.* | Carmina『カルミナ（歌章）』 | |
| Hor. *Ep.* | Epistulae『書簡詩』 | |
| Hor. *S.* | Sermōnēs『談論詩（風刺詩）』 | |
| Juv. | D. Iūnius Iuvenālis ユウェナーリス『風刺詩』 | |
| Liv. | T. Līvius: ab Urbe Conditā リーウィウス『建都以来』 | |
| Lucr. | T. Lucrētius Cārus: dē Rērum Nātūrā ルクレーティウス『万物の本性について』 | |
| Nep. *Ag.* | Cornēlius Nepōs: Agēsilāus ネポース『アゲーシラーオス』 | |
| Nep. *Ar.* | Aristīdēs『アリステイデース』 | |
| Nep. *Cha.* | Chabriās『カブリアース』 | |
| Nep. *Cim.* | Cimōn『キモーン』 | |

| | |
|---|---|
| Nep. *Eum.* | *Eumenēs*『エウメネース』 |
| Nep. *Lys.* | *Lȳsander*『リューサンドロス』 |
| Nep. *Milt.* | *Miltiadēs*『ミルティアデース』 |
| Nep. *Them.* | *Themistoclēs*『テミストクレース』 |
| Nep. *Timoth.* | *Tīmotheus*『ティーモテオス』 |
| Ov. *Am.* | P. Ovidius Nāsō: *Amōrēs* オウィディウス『恋の歌』 |
| Ov. *Ars.* | *Ars Amātōria*『恋の技法』 |
| Ov. *Met.* | *Metamorphōsēs*『変身物語』 |
| Ov. *Pont.* | *Epistulae ex Pontō*『黒海からの手紙』 |
| Ov. *Rem.* | *Remedia Amōris*『恋の療法』 |
| Ov. *Tr.* | *Trīstia*『悲歌』 |
| Pl. *Bac.* | T. Maccius Plautus: *Bacchides* プラウトゥス『バッキス姉妹』 |
| Pl. *Capt.* | *Captīvī*『捕虜』 |
| Pl. *Cur.* | *Curculiō*『クルクリオー』 |
| Pl. *Men.* | *Menaechmī*『メナエクムス兄弟』 |
| Pl. *Mer.* | *Mercātor*『商人』 |
| Pl. *Per.* | *Persa*『ペルシア人』 |
| Pl. *Poen.* | *Poenulus*『カルタゴ人』 |
| Pl. *Rud.* | *Rudēns*『綱引き』 |
| Plin. *Ep.* | C. Plīnius Caecilius Secundus: *Epistulae* 小プリーニウス『書簡集』 |
| Prop. | Sex. Propertius: *Elegīae* プロペルティウス『エレギーア詩集』 |
| Quint. *Inst.* | M. Fabius Quīntiliānus: *Īnstitūtiō Ōrātōriae* クィーンティリアーヌス『弁論家の教育』 |
| *Rhet. Her.* | *Rhētorica ad Herennium* 作者不明『ヘレンニウス宛の修辞学』 |
| Sal. *Cat.* | C. Sallustius Crispus: *Catilīna* サッルスティウス『カティリーナ』 |
| Sal. *Jug.* | *Iugurtha*『ユグルタ』 |
| Sen. *Ep.* | L. Annaeus Seneca: *Epistulae* セネカ『書簡集』 |
| Suet. *Aug.* | C. Suētōnius Tranquillus: *Augustus* |

|  |  |
|---|---|
|  | スエートーニウス『アウグストゥス』 |
| Suet. *Jul.* | *Iūlius*『ユーリウス(カエサル)』 |
| Tac. *Ann.* | Cornēlius Tacitus: *Annālēs* タキトゥス『年代記』 |
| Tac. *Hist.* | *Historiae*『歴史(同時代史)』 |
| Ter. *Ad.* | P. Terentius Āfer: *Adelphī* テレンティウス『兄弟』 |
| Ter. *Hau.* | *Heauton Tīmōrūmenos*『自虐者』 |
| Ter. *Hec.* | *Hecyra*『義母』 |
| Ter. *Ph.* | *Phormiō*『ポルミオー』 |
| Verg. *A.* | P. Vergilius Marō: *Aenēis* ウェルギリウス『アエネーイス』 |
| Verg. *Ecl.* | *Eclogae*『詩選(牧歌)』 |
| Verg. *G.* | *Geōrgica*『農耕詩』 |

# 文 法 用 語 索 引

（「IV 付録」は I. と II. のみを対象にする）

## A．五 十 音 順

### ア 行

i 幹　80–81, 98–100, 102, 105–108
アオリスト（ギリシア語の）　78
アクセント accentus　22, 25–26, 43
アスペクト aspectus → 相（アスペクト）
異語幹混在名詞 heteroclita　384
意志伝達動詞　248–249
異性混在名詞 heterogenea　383
一致の cum (cum coincidentiae)　296
意図文　113
意欲動詞 verba voluntātis　249, 252, 265
迂言的未来　167, 169, 312
音韻変化　229
音節 syllaba　22–26, 43, 232–234
　最後の〜 ultima　25
　最後から 2 番目の〜 paenultima　25
　最後から 3 番目の〜 antepaenultima　25
音量（音節の長さ）quantitās　25

### カ 行

懐疑疑問文　97, 257–258, 279
懐疑の接続法 dubitātīvus　97
下位文　269
価格の奪格 abl. pretiī　197, 223
格 cāsus　16, 31
　〜の用法　191–225
　〜の基本的用法　33–34
　〜の欠如 dēfectīva in cāsibus　385–386
格言的完了　78, 322
格変化 dēclīnātiō　16–17, 31, 36
過去完了（tempus）plūsquamperfectum　18, 75, 78
　〜受動態　88
過剰名詞 abundantia　383–384
価値の属格 gen. pretiī　197, 223
可能性の接続法　potentiālis　96–97, 110, 113, 290, 318, 338, 343
可能的条件文　96–97, 309–310, 342–343
家名 cognōmen　59
関係詞　20, 165, 265, 320, 327, 334, 340
関係代名詞　40, 68–69, 136, 164, 251, 303, 314, 327–334, 337
　〜 quod から接続詞への意味の発展　303
関係副詞　69, 295, 327–328, 330
関係文　69, 125, 141, 261, 265, 269, 272, 276, 288, 307, 327–339, 342
　〜中の接続法　125
感情動詞 verba affectūs　251, 304–306
勧奨の接続法 hortātīvus　92, 259
間接引用の接続法 coniūnctīvus oblīquus　109–110, 113, 266, 272–273, 278, 283, 306, 337, 340

〜の転嫁 272, 307
間接引用文 250, 338, 341
間接疑問詞 265, 279–281
間接疑問文 109, 111–112, 163, 250, 265–267, 272, 275, 277–281, 285, 333, 340, 342, 345
間接再帰 253, 273–274
間接命令文 109, 113
間接目的語 20, 33, 199–200
間接要求文 113, 250, 266, 283–284
間接話法 ōrātiō oblīqua (OO) 340–346
感嘆詞 interiectiō 16
感嘆の属格 gen. exclāmātiōnis 198
感嘆の対格 acc. exclāmātiōnis 211, 254
感嘆の不定法句 254
感嘆文 254, 256
観点(アスペクト) → 相(アスペクト)
幹母音(語幹形成母音 thematic vowel) e/o 178–179
　〜動詞 178
願望の小辞 94
願望の接続法 optātīvus, dēsīderātīvus 94, 259
完了(tempus) perfectum 18, 52, 74, 76
　〜受動態 86
完了幹 44, 74–75, 90, 114, 119, 144, 149, 171
完了系3時称 18, 74
　〜受動態 86
完了受動分詞(完了分詞) participium perfectum passīvum 18, 86–87, 90–91, 110, 122–123, 160–162, 168–169, 208, 221, 242, 267
関連の属格 gen. respectūs, gen.relātiōnis 192
関連の対格 acc. respectūs 192, 208–209
関連の奪格 abl. respectūs 192, 222
希求法 optātīvus 92
記述的属格 gen. dēscrīptiōnis 197
記述的奪格 abl. dēscrīptiōnis 218
基数詞 182
擬装疑問文 257
基本形(動詞の) 44, 120, 122–123, 144–145, 149, 156–157
疑問形容詞 40, 69
疑問詞 20, 46, 112, 165, 197, 257, 278, 320, 328
疑問詞疑問文 257
疑問代名詞 40, 68, 69, 164, 251
疑問副詞 41, 257
疑問文 20, 46, 97, 256–257, 259, 277, 280, 287, 340, 344–345
強意代名詞 140
共格 (cāsus) sociātīvus 17, 214
　〜に由来する奪格 216
共感の与格 dat. sympatheticus, dat. energicus 200
恐怖動詞 verba timendī 283, 285
恐怖文 145, 286
ギリシア語系の名詞 33, 387–390
ギリシア語式対格 acc. Graecus 208
禁止 93, 176
　〜の接続法 prohibitīvus 93
具格 (cāsus) īnstrūmentālis 17, 214
　〜に由来する奪格 218
傾向の関係文 335
傾向文 113, 292
形式受動態動詞 (verba) dēpōnentia 18, 65, 156, 160, 167, 172, 208, 220, 242

系統の奪格 abl. orīginis　216
形容詞
　　～第1第2変化　48, 57
　　～第3変化　105–108
　　～の用法　49
　　～の名詞化　49
結果の関係文　335
結果文　110–111, 113, 125, 265–267, 274, 290–294
　　～に由来する quod の文　307
結合的 (cōpulātīva) 並列　260
結合の (cōpulātīva) 接続詞　39, 260
欠如形容詞　386
欠如動詞 verba dēfectīva　179
欠如名詞 dēfectīva　385–386
決定疑問文　46, 257
結論の (conclūsīva) 接続詞　263
牽引による接続法の関係文　269–270, 339
原因の奪格 abl. causae　72, 221
原級　126–127, 322
　　～を欠く比較形　129
現在 (tempus) praesēns　18, 30, 44
　　～受動態　61
現在幹　44–46, 51, 65, 71, 86, 108, 119, 122, 150, 178
現在完了　77, 180
現在分詞 participium praesēns　18, 44, 108–109, 150, 159–161, 168–170, 193, 202, 208
限定句の接続法の関係文　338
限定の関係文　337
限定の属格 gen. līmitātiōnis　192
限定の対格 acc. līmitātiōnis　208
行為者　62, 151–152, 220, 242
　　～の与格 dat. auctōris　151, 202
後文 apodosis　95, 96, 309, 313, 342–344
呼格 (cāsus) vocātīvus　17, 32–33
語句疑問詞　281
語句疑問文　257, 278
告発の属格 gen. crīminis　196
語形変化 īnflectiō　16
語根　120, 178–179, 235
　　～動詞　178–179
語順　19
個人名 praenōmen　59–60
語末 (一覧表)　16–17, 31–32, 36, 56, 71, 81, 84, 98–99, 100, 126, 387–389

## サ　行

最上級　126–127, 131–132, 135, 165, 321, 323
差異の奪格 abl. differentiae, abl. discrīminis　222, 300, 321
子音　21
　　～異化 dissimulātiō　232
　　～延長　232
　　～挿入 epenthesis　232
　　～脱落　231–232
　　～重複 reduplicātiō　119
　　～同化 assimulātiō　230
(子音) v の消失　75, 90, 119, 145, 171
子音幹 (名詞)　80–85, 99–100, 102–103
仕方の奪格 abl. modī　217–218
指示代名詞　50, 58, 136, 137, 140, 331
事実の (事実確認の) quod　303
事実の条件文　309, 340, 342
時称 (時制) tempus　17–18, 30

〜対応 cōnsecūtiō temporum　110, 266–268, 272, 278–279, 283, 290, 324, 340, 342–343, 345

氏族名 nōmen（nōmen gentīle）　49–50, 59–60

実現可能な願望　94

自動詞　18, 62, 63, 86, 152, 162, 169, 199, 206–207, 244

斜格　33, 63

修辞的疑問文　256, 257, 259, 340, 342

従属化（主文の）　276–277

従属関係 hypotaxis　265

従属接続詞　20, 265, 333, 340

従属接続法 coniūnctīvus subiūnctīvus　266, 290

従属文　69, 265, 268, 275–277, 285

充満の奪格 abl. cōpiae　220

主格（cāsus）nōminātīvus　17, 245
　〜＋不定法　243, 245

主語　19, 33, 44, 51, 87–88, 109, 139, 162, 206, 244
　〜的属格　gen. subiectīvus　191, 194
　〜述語関係　139, 155, 240
　〜・目的語文　265

手段の奪格 abl. īnstrūmentī　62, 218–221

主張文　250–251, 256

述語 praedicātum　17, 19, 33, 41, 49, 72, 151, 169, 194, 197, 202, 204, 218, 247

述語的連結　109, 152, 155, 237–242
　名詞・形容詞の〜　237

述語名詞　139, 210, 244–245, 331

述詞 praedicātīvum　237

受動態（vōx）passīva　18, 61–63

〜に伴う対格　208–209

主文　256–264
　〜の接続法　92–97

種類の属格 gen. generis　196

順序数詞　185

上位文　110–111, 266, 269, 273, 303, 316, 320–321, 327, 332, 336, 340

条件的 cum（cum conditiōnāle）　295

条件的願望文（modo, dum, dummodo＋接続法）　314

条件の関係文　337

条件文　95–97, 276, 309–315, 342–345
　〜の間接話法　342–345

小辞　19, 26, 46, 94, 176

状態受動　169

譲歩の条件文　313

譲歩 cum（cum concessīvum）＋接続法　298, 317

譲歩の ut, nē＋接続法　317

譲歩の関係文　337

譲歩の接続法 concessīvus　95

譲歩文　298, 316–319

女性（genus）fēminīnum　16

所有形容詞　19, 51, 58–59, 136, 163, 191, 194, 242, 277

所有者の与格 dat. possesōris　43, 200

所有の属格　gen. possessīvus, gen. pertinentiae　33, 194

心性的与格 dat. ēthicus　201

随伴の cum（cum comitātīvum）　297

随伴の奪格 abl. comitātīvus　216

数 numerus　16, 17, 30, 31

数詞　182–187

数副詞　185

性 genus　16, 31

性質の属格 gen. quālitātis　197

性質の奪格 abl. quālitātis 218
接続詞 coniūnctiō 16, 19, 39, 43, 95, 113–114, 141, 259–263, 265, 283, 287, 290, 293, 295, 303, 305, 307, 309, 312–313, 316, 318, 323–324, 334
接続詞のない副文 265
接続法（modus）coniūnctīvus 18, 89–97, 109–111, 113–114, 125, 145, 176, 256–259, 266–270, 272–275, 278–281, 283–288, 290–294, 297–300, 303, 306–312, 314, 316–319, 324, 327, 335–340, 342–345
絶対時称 78, 92, 95, 110–111, 274–275, 279, 290
絶対的奪格 ablātīvus absolūtus 214, 217, 240–242, 333
　〜の特例 242
接中辞 119, 179
接頭辞 119, 179, 229
接尾辞 46, 51, 65, 75, 90, 108, 122, 150, 179, 233
説明の cum（cum explicātīvum） 296
説明の quod（quod explicātīvum） 303–304
説明の ut 284, 291
説明の属格 gen. explicātīvus 194, 196
先行詞 68, 69, 136, 261, 295, 320, 327, 329–332
　関係文中での〜の反復 331
　関係文中への〜の取り込み 332
前接辞 encliticum 26, 40, 43, 50, 59, 69
　〜のアクセント 26
全体の属格 gen.tōtīus 195
選択疑問文 47, 257

前置詞 praepositiō 16, 19–20, 33–34, 39, 51–52, 69, 115, 129, 131, 150, 207, 212, 214–217, 224–229, 300, 327, 330
前文 protasis 95–96, 309, 313, 340, 342–343
相（アスペクト）aspectus 18, 77, 79, 160
相関詞 320–321
相対時称 113, 168, 239, 243, 276, 279, 290, 299
　直説法の副文の〜 276
想定的条件文 309, 343
相反的な比較の ut 323
添え名 agnōmen 59
属格（cāsus）genetīvus 17
　〜の用法 191–198

タ 行

態 vōx 17–18, 30
対格（cāsus）accūsātīvus 17
　〜の用法 206–213
　〜＋不定法 accūsātīvus cum īnfīnītīvō 88, 210, 251
　〜＋分詞 210, 251
対照の cum（cum adversātīvum） 298, 317
対照の関係文 337
対等接続詞による並列 260–264
第 2 段階の副文 266, 333
第 2 未来 79
代名詞型形容詞 141–142, 182, 185
奪格（cāsus）ablātīvus 17
　〜の用法 214–225
他動詞 18, 155, 162, 170, 172, 193, 199, 206, 291

単数（numerus）singulāris　16
　〜しかない名詞　singulāria tantum　385
男性（genus）masculīnum　16
単独不定法　88, 243–247
地格（cāsus）locātīvus　17
　〜の用法　22
　〜に由来する奪格　223–224
知覚・思考動詞 verba sentiendī　249–251, 254, 304
中動的受動態 （vōx） mediopassīva　18, 62
直接疑問文　112, 278
直接再帰　253, 273–274
直説法（modus）indicātīvus　18
直接話法 ōrātiō rēcta（OR）　340
つなぎ cōpula　33
定義の属格 gen. dēfīnītīvus　194
定形動詞　19, 33, 208, 211
同格的属格 gen. appositiōnālis　194
同格名詞　142–143, 214, 324, 332
倒逆の cum（cum inversīvum）　296–297
動形容詞 gerundīvum　18, 44, 151–152, 160, 202, 204, 274, 340
　動名詞に代る〜　155–156
動作の仕方（Aktionsart）　77
動詞
　第1活用〜　30, 38, 41, 44, 51, 61, 63, 74–79, 86–97, 108
　第2活用〜　30, 38, 41, 44, 51, 61, 63, 74–79, 86–97, 108
　第3活用〜　116, 119–123
　第3変則活用〜　147, 149
　第4活用〜　143, 144
動詞幹　120, 122, 235
同族対格 acc. cognātus　206

同等比較の ac, atque　323
同等比較文　320, 322
導入文　250, 268, 272, 340, 342–343, 345
動名詞 gerundium　18, 44, 150, 155–156
時の cum（cum temporāle）　114, 295
時の奪格 abl. temporis　72, 223–224
時の文　266, 275–276, 295–302
独立関係文　334, 340, 342
独立文　247, 250, 256, 277
度数詞　182

ナ　行

内部目的語の対格　206–207
内容対格　207
人称 persōna　17, 30
　〜と法の変更　277
人称代名詞　50–51, 136, 137
人称変化(活用) coniugātiō　16, 17, 30
二重疑問文　47, 258, 278
二重主格　72, 210
二重対格　72, 210–211
二重否定　166
能動態（vōx）āctīva　18

ハ　行

配分数詞　184, 185
配慮・要求動詞 verba cūrandī et postulandī　283
迫真表現 repraesentātiō　340, 345
場所の奪格 abl. locī　224
場所の表現　225
発言動詞 verba dīcendī　249–250,

254, 284–285, 340
半形式受動態動詞（verba）sēmidēpōnentia　161, 174
判断者の与格 dat. iūdicantis　202
判断の基準の奪格 abl. mēnsūrae　222
反復の cum（cum iterātīvum）　296
反復の sī　312
比較級　126–132, 135
　～＋quam ut　294
比較形
　形容詞の～　126–132
　副詞の～　135
比較の quam　131, 216, 322
　～＋最上級　323
比較の ut　320, 323, 324
比較文　320–324
非現実
　～の接続法 irreālis　92, 95, 256–257, 266, 269, 275, 318, 324, 338–340, 342, 345
　～願望　94
　～条件文　95, 310, 344
　～表現　266, 310
否定代名詞　166
非人称
　～動詞　88, 162–163, 244, 253, 274, 290, 318
　～的述語（～的表現）　88, 163, 244, 253
　～受動　63, 86, 152, 172, 246
比例的比較文　321
部位を表す形容詞　238
付加語文　265
不完全動詞　179–180
不規則動詞　18, 170, 173–179
　～ sum　31, 45, 65, 74–75
複合時称　86, 169

複合動詞　39, 114–115, 171–172, 174–175, 179, 215, 229–234
複合文　265–270, 272–277
副詞 adverbium　16, 19–20, 33, 129, 133–135, 207, 217, 237, 239
　～的結果文　292
　～的対格　207
　～的副文　109, 125, 237, 239–240, 265, 295, 327
　～的目的文　113, 152, 265, 283, 288
　形容詞などからの～　133–134
複子音幹名詞　80–81, 100–102
副時称　110–111, 114, 266–268, 296, 308, 340, 345
複数（numerus）plūrālis　16
　～しかない名詞　plūrālia tantum　385
　～に異なる意味がある名詞　heterologa　385
副文　20, 69, 78, 95–96, 265–271
　～の分類　265
　～の接続法　109, 266
不定形の時称対応　267
不定形容詞　164
不定代名詞　164, 281
不定副詞　281
不定法（modus）īnfīnītīvus　18, 41, 243–247
　～現在　41
　～現在受動　61
　～完了　74
　～完了受動　87
　～未来　167, 250
　～未来受動　172, 250
不定法句　88, 248–255
　関係文中の～　333

部分的間接話法の quod（理由の間接表明） 306, 337
部分の属格 gen. partītīvus 51, 131, 195, 196
普遍化関係詞 328
不変化形容詞 386
不変化名詞 indēclīnābilia 385
普遍的未来 67
文肢 265, 303
分詞 participium 18, 110, 133
　〜の用法 168–169
　〜の付加語的用法と形容詞化 169–170
　〜の名詞的用法と名詞化 170
　〜の述語的連結 participium coniūnctum 109, 168, 238–242
分離格 sēparātīvus 214
分離の属格 gen. sēparātīvus 198
分離の奪格 abl. sēparātīvus 214–215, 220, 225
閉鎖音幹 80, 102
平叙文 250–251, 256–257, 276, 285, 340
　〜の間接引用 250
並列 43, 260–264
並列関係 parataxis 259
変則的な名詞 383
母音 20
　〜延長 120, 233
　〜交替 120, 178, 235
　〜弱化 234
　〜短化 233
　〜挿入 234
　〜同化 234
　〜融合 contractiō 232
　語中〜消失 syncopē 234
　語頭〜消失 aphaeresis 234
　語末〜消失 apocopē 234
法 modus 17, 30
　〜の牽引 attractiō modī 269, 339
妨害動詞 verba impediendī 286
方向の与格 204

## マ 行

未完了過去 （tempus） imperfectum 18, 38, 51
　〜受動態 61
未完了系 3 時称 18, 44
　〜受動態 61
見出し語(動詞の) 44
未来 （tempus） futūrum 18, 65
　〜受動態 65
未来完了 （tempus） futūrum perāctum 18, 75, 78
　〜受動態 88
未来不定法の書き換え 250, 292
未来分詞 participium futūrum 18, 110, 122, 153, 167–169, 239, 250, 267, 311, 342, 344–345
名詞
　第 1 変化〜 31, 32, 54
　第 2 変化〜 36, 38, 42, 55, 56
　第 3 変化〜 80–85, 98–103
　第 4 変化〜 69
　第 5 変化〜 71
名詞的目的文 113, 163, 265, 283–287
名詞類 nōmen （*pl* nōmina） 16, 18, 33, 188, 210, 244–245
命令の接続法 iussīvus 93, 259, 340
命令法 （modus） imperātīvus 18, 63, 93, 259
　第 1〜 63

第2〜 64
〜受動態 65, 158
〜の否定 93, 176
目的語的属格 gen. obiectīvus 191, 192
　動詞の目的語としての〜 193
　形容詞の目的語としての〜 192
　形容詞化した他動詞の現在分詞に伴う〜 193
目的語の与格
　他動詞の間接目的語 33, 199
　自動詞の目的語 199
目的地の対格 212
目的の関係文 125, 335
目的の与格 dat. fīnālis 202
　動形容詞による〜 204
目的表現 288
目的文 109–110, 113, 125, 145, 152, 163, 250, 265–267, 277, 283–289, 291, 298–299, 327, 337, 340
目的分詞 supīnum 18, 122, 125, 149, 160, 172, 267
目的分詞幹 44, 86, 122, 144, 149, 167, 235
文字 20
物語の cum (cum narrātīvum) 114, 297, 308

ヤ　行

要求の接続法 92, 259

要求の未来 67
要求文 259
与格 (cāsus) datīvus 17
　〜の用法 199–205

ラ　行

利害の与格 dat. commodī et incommodī 200, 202
理由
　〜の関係文 336
　〜の却下 307
　〜の quod 304–306
　〜の cum (cum causāle) 114, 298, 303, 308
　〜の (causālis) 接続詞 263
流音幹 80
理由文 114, 298, 303–308
歴史的 cum (cum historicum) 114, 297
歴史的完了 76
歴史的現在 52
　〜の時称対応 267
歴史的不定法 247
　〜の時称対応 267
連結分詞 participium coniūnctum 109, 168, 238–242
ロータシズム rhōtacismus 46, 65, 83, 178, 232
ローマ人の名前 59
論理的条件文 309, 342

## B. ラテン語

ablātīvus  17, 214
  abl. absolūtus  240
  abl. causae  221
  abl. comitātīvus  216
  abl. comparātiōnis  216
  abl. cōpiae  220
  abl. crīminis  196
  abl. dēscrīptiōnis  218
  abl. differentiae  222
  abl. discrīminis  222
  abl. īnstrumentī  218
  abl. locī  224
  abl. māteriae  216
  abl. mēnsūrae  222
  abl. modī  217
  abl. orīginis  216
  abl. pretiī  197, 223
  abl. quālitātis  218
  abl. respectūs  192, 222
  abl. sēparātīvus  214
  abl. temporis  223
abundantia  383
accentus  25
accūsātīvus  17, 206
  acc. cognātus  206
  acc. cum īnfīnītīvō  88
  acc. exclāmātiōnis  211
  acc. Graecus  208
  acc. līmitātiōnis  208
  acc. respectūs  208
  acc. spatiī  213
āctīva  18
adverbium  16
ager 型  56–58, 83, 105, 106
agnōmen  59

antepaenultima  25
aphaeresis  234
apocopē  234
apodosis  95, 96, 309
aspectus  18, 77
assimulātiō  230, 269
asyndeton  260
attractiō (modī)  269, 339
cāsus  16
cognōmen  59
concessīvus  95
coniugātiō  16
coniūnctiō  16, 259
  coniūnctiō adversātīva  262
  coniūnctiō causālis  263
  coniūnctiō conclūsīva  263
  coniūnctiō disiūnctīva  263
coniūnctīvus  18
  coniūnctīvus oblīquus  109, 266, 272
  coniūnctīvus subiūnctīvus  266
cōnsecūtiō temporum  266
contractiō  232
copula  33
cōpulātīva  260
cum
  cum adversātīvum  316, 317
  cum causāle  303, 308
  cum coincidentiae  296
  cum comitātīvum  298
  cum concessīvum  317
  cum conditiōnāle  295
  cum explicātīvum  296
  cum historicum  297
  cum inversīvum  296

cum iterātīvum 296
  cum narrātīvum 297
  cum temporāle 295
datīvus 17, 199
  dat. auctōris 202
  dat. commodī et incommodī 200
  dat. energicus 200
  dat. ēthicus 201
  dat. fīnālis 202
  dat. iūdicantis 202
  dat. possesōris 200
  dat. sympatheticus 200
dēclīnātiō 16
dēfectīva 385
dēfectīva in cāsibus 385
dēpōnentia 18, 156
dēsīderātīvus 94
dissimulātiō 232
dubitātīvus 97
encliticum 26
epenthesis 232
fēminīnum 16
futūrum 18
futūrum perāctum 18
genetīvus 17, 191
  gen. appositiōnālis 195
  gen. crīminis 196
  gen. dēfīnītīvus 194
  gen. dēscrīptiōnis 197
  gen. exclāmātiōnis 198
  gen. explicātīvus 194
  gen. generis 196
  gen. līmitātiōnis 192
  gen. māteriae 196
  gen. obiectīvus 191
  gen. partītīvus 195
  gen. pertinentiae 194
  gen. possessīvus 194
  gen. pretiī 197, 223
  gen. quālitātis 197
  gen. relātiōnis 192
  gen. respectūs 192
  gen. sēparātīvus 198
  gen. subiectīvus 191
  gen. tōtīus 195
genus 16
gerundium 18, 150
gerundīvum 18, 151
heteroclita 384
heterogenea 383
heterologa 385
hortātīvus 92
hypotaxis 265
imperātīvus 18
imperfectum 18
indēclīnābilia 385
indicātīvus 18
īnfīnītīvus 18
īnflectiō 16
īnstrūmentālis 17, 214
interiectiō 16
irreālis 95
iussīvus 93
locātīvus 17, 214, 225
masculīnum 16
mediopassīva 18
modus 17
neutrum 16
nōmen 16
nōmen gentīle 59
nōminātīvus 17
numerus 16, 17
optātīvus 92, 94
ōrātiō oblīqua (OO) 340

ōrātiō rēcta (OR)　340
paenultima　25
parataxis　259
　parataxis adversātīva　260
　parataxis conditiōnālis　260
　parataxis cōpulātīva　260
participium　18
　part. coniūnctum　109, 238
　part. futūrum　167
　part. perfectum passīvum　86
　part. praesēns　108
passīva　18
perfectum　18
persōna　17
plūrālia tantum　385
plūrālis　16
plūsquamperfectum　18
potentiālis　96
praedicātīvum　237
praedicātum　237
praenōmen　59
praepositiō　16
praesēns　18
prohibitīvus　93
protasis　95, 96, 309
puer 型　56, 57, 105, 106
quantitās　25

quod explicātīvum　303
reduplicātiō　119
repraesentātiō　340, 345
rhōtacismus　46
sēmidēpōnentia　161
sēparātīvus　214
singulāria tantum　385
singulāris　16
sociātīvus　17, 214
supīnum　18, 125
syllaba　25
syncopē　234
tempus　17
ultima　25
verbum:
　verba affectūs　251, 304
　verba cūrandī et postulandī　283
　verba dēfectīva　179
　verba dīcendī　249, 284, 340
　verba impediendī　286
　verba iūdiciālia　196
　verba sentiendī　249
　verba timendī　285
　verba voluntātis　249
vocātīvus　17
vōx　17

# 単 語 集

(序章と余録は対象外とする．また，「IV 付録」は I. と II. のみを掲載の対象にする)

## 凡　　例

| □ | 品詞，形態 | 〔 〕 | 交換可能 | [ ] | 格支配 |
| ～ | 見出し語と同形 | → | 見よ | / | and/or |

| 感 | 感嘆詞 | 形 | 形容詞 | 最 | 最上級 | 自 | 自動詞 |
| 主 | 主格 | 女 | 女性名詞 | 小 | 小辞 | 接 | 接続詞 |
| 前 | 前置詞 | 属 | 属格 | 他 | 他動詞 | 対 | 対格 |
| 代 | 代名詞 | 奪 | 奪格 | 単 | 単数 | 男 | 男性名詞 |
| 中 | 中性名詞 | 比 | 比較級 | 非 | 非人称動詞 | 副 | 副詞 |
| 複 | 複数 | 不変 | 不変化 | 分 | 分詞 | 名 | 名詞 |
| 与 | 与格 | | | | | | |

規則動詞は基本形に不定法現在を記載せず，代りに活用形の種類を[1]，[2]，[3]，[3b]，[4]で示す．また，基本形が，第1活用で -āre, -āvī, -ātum（形式受動態では -ārī, -ātus sum）となるもの，第2活用で -ēre, -uī, -itum（同 -ērī, -itus sum）となるもの，第4活用で -īre, -īvī/-iī, -ītum（同 -īrī, -ītus sum）となるものは，完了と目的分詞も記載しない．

## A

**ā/ab** 前 [奪]から，に，によって，の側に

**abdō** [3] -didī, -ditum 他 隠す，埋める

**abeō**, -īre, -iī, -itum 自 去る，撤退する

**aberrō** [1] 自 迷う，誤る

**abiciō** [3b] -iēcī, -iectum 他 投げ出す

**absēns**, -entis 分・形 いない，不在の

**absolvō** [3] -solvī, -solūtum 他 無罪を宣告する，釈放する

**abstineō** [2] -tinuī, -tentum 他 差し控える，（手を）出さない；自 [属]を与えない

**absum**, abesse, āfuī, āfutūrus 自 ない，いない，不在である，離れている；nōn multum abest quīn もう少しで…する

**ac** → atque

**Acadēmicus**, -ī 男 アカデーメイア（プラトーンの学園）学派の哲学者

**accēdō** [3] -cessī, -cessum 自 近寄る，加わる
**accendō** [3] -cendī, -cēnsum 他 点火する，ともす
**accidō** [3] -cidī, — 自 当たる，出会う; *accidit* 非 起きる，生じる
**accipiō** [3b] -cēpī, -ceptum 他 受け取る，聞く
**accūrātē** 副 正確に
**accūsō** [1] 他 訴える，非難する，告発する
**ācer**, -cris, -cre 形 鋭い
**acerbē** 副 辛らつに
**acerbus**, -a, -um 形 ひどい，にがい
**acervus**, -ī 男 積み上げた山，堆積
**Acherōn**, -ontis 男 アケローン（冥界の川），冥界
**Achillēs**, -is/-ī/-eī 男 アキッレウス（ギリシアの英雄）
**aciēs**, -ēī 女 刃，尖端；戦線，前線，戦闘隊形，野戦，軍隊，精鋭
**acquiēscō** [3] -quiēvī, -quiētum 自 休息する
**āctūrus** →agō
**acuō** [3] -uī, -ūtum 他 磨く
**acūtus**, -a, -um 形 鋭い，とがった
**ad** 前 [対]へ，まで，のそばに，ために，およそ
**adaequō** [1] 他 [対]を[与]に等しくする
**addō** [3] -didī, -ditum 他 加える
**addūcō** [3] -dūxī, -ductum 他 連れて行く
**adeō**[1] 副 それほど，それほどまでに
**adeō**[2], -īre, -iī/-īvī, -itum 自 他 行く，近づく，訪れる
**ader-; ades-** →adsum

**adhaereō** [2] -haesī, -haesum 自 しっかりとつかむ
**adhibeō** [2] -buī, -bitum 他 つける，当てる，使う
**adhortātiō**, -ōnis 女 けしかけ
**adhūc** 副 まだ，これまでに
**adi-; adī-** 等 →adeō[2]
**adiaceō** [2] —, — 自 接する，隣接する
**adiuvō** [1] 他 助ける
**adl-** →all-
**administrō** [1] 他 司る
**admīrātiō**, -ōnis 女 驚嘆
**admīror** [1] 他 驚嘆する，嘆賞する
**admoneō** [2] 他 警告する
**admonitus**, -ūs 男 想起
**admoveō** [2] -mōvī, -mōtum 他 近づける
**adoperiō** [4] -ruī, -rtum 他 包む，覆い隠す
**adorior** [4] -ortus sum 他 襲いかかる
**adōrō** [1] 他 崇める，祈願する
**adp-, adr-, ads-, adsc-** それぞれ→ app-, arr-, ass-, asc-
**adsum**, adesse, affuī, affutūrus 自 来ている，居合わせる；[与]を助ける
**adulēscēns**, -entis 形 若い；男 若者
**adveniō** [4] -vēnī, -ventum 自 到着する
**adventus**, -ūs 男 到着
**adversārius**, -ī 男 相手，敵対者，政敵，敵
**adversus**[1] 前 [対]に対抗して，に向かって
**adversus**[2], -a, -um 形 向かってくる，逆の；rēs *adversae* 逆境

**advocō** [1] 他 招く，呼び寄せる
**advolō** [1] 自 飛んで来る，跳んでくる
**aedēs**, -is 女 神殿; 複 家
**aedificium**, -ī 中 建物
**aedificō** [1] 他 建てる，建造する
**aeger**, -gra, -grum 形 病気の
**aegrē** 副 辛うじて
**aegrōtō** [1] 自 病む，病気である
**aegrōtus**, -a, -um 形 病気の; 男 女 病人
**Aegyptiī**, -ōrum 男・複 エジプト人
**Aegyptus**, -ī 女 アエギュプトゥス，エジプト
**Aemilia**, -ae 女 アエミリア(女性名)
**Aemilius**, -ī 男 アエミリウス(氏族名)
**Aenēās**, -ae 男 アエネーアース，アイネイアース(トロイアの英雄，ローマの始祖)
**aequābilitās**, -ātis 女 安定
**aequē** 副 同様に，等しく
**aequiperātiō**, -ōnis 女 対等性，匹敵すること
**aequitās**, -ātis 女 正義，公平
**aequor**, -oris 中 平面，海面
**aequus**, -a, -um 形 平らな，平静な，公正な
**aerumna**, -ae 女 苦境
**aes**, aeris 中 銅，青銅
**Aesculāpius**, -ī 男 アエスクラーピウス(医術の神，ギリシアのアスクレーピオス)
**aestās**, -ātis 女 夏
**aestimō** [1] 他 評価する
**aestīvus**, -a, -um 形 夏の
**aestus**, -ūs 男 暑さ
**aetās**, -ātis (複・属 -um/-ium) 女 年齢，時代，世代
**aevum**, -ī 中 年齢
**afferō**, afferre, attulī, allātum 他 届ける
**afficiō** [3b] -fēcī, -fectum 他 保つ，扱う，充たす; afficī [奪]を受ける，にかかる
**affirmō** [1] 他 確言する，主張する
**affluō** [3] -flūxī, —  自 [奪]があふれるほどある
**affu-** →adsum
**Āfrica**, -ae 女 アフリカ(カルタゴを指すこともある)
**Āfricānus**, -ī 男 アーフリカーヌス，アフリカ征服者(添え名)
**Āfricus**, -a, -um 形 アフリカの
**āfu-** →absum
**agāsō**, -ōnis 男 厩番
**ager**, agrī 男 畑，土地，原野
**agger**, -eris 男 土塁，堤防
**aggredior** [3b] -gressus sum 他 襲撃する，襲いかかる
**agmen**, -minis 中 行軍隊列
**agnōmen**, -minis 中 添え名
**agnus**, -ī 男 子羊
**agō** [3] ēgī, āctum 他 する，行う，追う，交渉する，談判する，問題にする，論争する
**agricola**, -ae (複・属 -ārum/-um) 男 農夫
**āiō** 自 言う
**āla**, -ae 女 翼
**Albīnus**, -ī 男 アルビーヌス(家名)
**ālea**, -ae 女 賽
**Alexander**, -drī 男 アレクサンドロス(大王)
**aliā** 副 他の経路で

**aliās** 副 他の時には

**aliēnus**, -a, -um 形 他人の; aliēnum, -ī 中 他人の財産〔土地〕

**aliō** 副 よそへ、他へ

**aliquandō** 副 いつか、いつの日か、かつて

**aliquis**, -quid 代 (形 -quī, -qua, -quod; 中・複 -qua) 誰か、何か、ある

**aliquot** 形・不変 何人かの、いくつかの

**aliter** 副 他の方法で、異なるように

**alius**, -a, -ud (属 alīus または alterīus, 与 aliī) 形 他の、ある; *aliī aliōs* 互いに他を

**allātum** →afferō

**alliciō** [3b] -lēxī, (-lectum) 他 誘う、気にさせる、引き寄せる

**alligō** [1] 他 つなぐ

**Alpēs**, -ium 女・複 アルプス

**Alpicus**, -ī 男 アルプスの住人

**altē** 副 高く

**alter**, -tera, -terum (属 -īus, 与 -ī) 形 (2つの)いずれか、片方の、第2の

**alternus**, -a, -um 形 交互の

**altus**, -a, -um 形 高い

**amābilis**, -e 形 愛に値する

**amāns**, -antis 形 [属]を愛している

**amārus**, -a, -um 形 にがい、つらい

**ambitiō**, -ōnis 女 野心、利己心

**ambō**, ambae, ambō 形 2人とも、両者

**ambulō** [1] 自 散歩する

**amīca**, -ae 女 女友達

**amīcitia**, -ae 女 友情

**amictus**, -ūs 男 衣、外衣

**amīcus**, -ī 男 友達、友人

**amita**, -ae 女 叔母

**āmittō** [3] -mīsī, -missum 他 失う

**amnis**, -is 男(女) 川、流れ

**amō** [1] 他 愛する

**amoenus**, -a, -um 形 魅力的な、心地よい、美しい

**amor**, -ōris 男 愛

**amphora**, -ae, (複・属 -ārum/-um) 女 両取っ手壺、枡(計量単位)

**amplector** [3] -exus sum 他 抱きつく、抱擁する

**amplus**, -a, -um 形 広大な、有力な; amplius 比・中 より多く、以上

**an** 小 それとも…か、…か; ~ nōn それともないか、か否か; utrum… ~ …→utrum

**Ancȳrānus**, -a, -um 形 アンキューラ(現アンカラ)の

**anguis**, -is 男・女 蛇

**angustus**, -a, -um 形 狭い

**animadvertō** [3] -versī, -versum 他 気づく、見つける

**animal**, -ālis 中 動物

**animāns**, -antis 男・女 生き物

**animus**, -ī 男 精神、心、霊魂; mihi in *animō* est 私は考えている、目論んでいる; in *animō* habēre するつもりである

**anniversārius**, -a, -um 形 毎年の、年に一度の祭礼の

**annus**, -ī 男 年、年齢、…歳; *annī* tempus 季節

**annuus**, -a, -um 形 1年任期の

**ānser**, -eris 男・女 ガチョウ

**ante** 前 [対]の前に

**anteā** 副 その前に、それまで、以前

**antepōnō** [3] -posuī, -positum 他 優先する

**antequam/ante… quam** 接 …する前

に

**anterior**, -ius 形・比 より前の

**Antiochus**, -ī 男 アンティオコス(シュリアの王)

**antīquitās**, -ātis 女 古代のもの，古代の遺跡

**antīquitus** 副 古くから

**antīquus**, -a, -um 形 古代の，古い；antīquior, -ius 比 いっそう大切な

**Antōnius**, -ī 男 アントーニウス(氏族名)

**ānulus**, -ī 男 指輪

**anxius**, -a, -um 形 不安な，心配している

**aperiō** [4] -ruī, -rtum 他 開ける

**apertum**, -ī 中 開けた場所；in *apertō* 野外で，自由に

**apis**, -is (複・属 -ium/-um) 女 ミツバチ

**Apollō**, -inis/-ōnis 男 アポッローン(神，牧歌では牧神の一人)

**appāreō** [2] -uī, -itūrus 自 現れる，見える；*appāret* 非 明らかである

**apparō** [1] 他 用意する

**appellātiō**, -ōnis 女 名称

**appellō** [1] 他 呼ぶ，名づける

**Appennīnus**, -ī 男 アペニン山脈

**appetēns**, -entis 分・形 [属]を熱望している

**appetō** [3] -tīvī/-tiī, -tītum 他 熱望する

**Appia**, -ae 女 アッピア街道 (= via Appia)

**Appius**, -ī 男 アッピウス(個人名)

**applicātiō**, -ōnis 女 (心を)寄せること，向けること

**apportō** [1] 他 持って来る〔行く〕

**appropinquō** [1] 自 [与]に近づく，接近する

**Aprīlis**, -e 形 4月の; ~, -is 男 4月

**aptus**, -a, -um 形 ふさわしい

**apud** 前 [対]のところに，もとに，家に

**Āpulia**, -ae 女 アープリア(イタリアのアドリア海側の地方)

**aqua**, -ae 女 水

**āra**, -ae 女 祭壇

**arātrum**, -ī 中 犁(鋤，鍬)

**Arbēla**, -ōrum 中・複 アルベーラ(アッシュリアの市，前331年のアレクサンドロスの戦勝の地)

**arbitrium**, -ī 中 統治

**arbitror** [1] 自 思う

**arbor/arbōs**, -oris 女 木

**arbutus**, -ī 女 アルブトゥス(灌木の一種)

**arca**, -ae 女 金庫

**arceō** [2] -uī, — 他 防ぐ

**accessō** [3] -īvī, -ītum 他 呼び寄せる，招く

**Archiās**, -ae 男 アルキアース(ギリシアの詩人)

**Archimēdēs**, -is 男 アルキメーデース(数学者)

**ārdeō** [2] ārsī, ārsum 自 燃える

**ārdor**, -ōris 男 炎上，情火，情熱

**argenteus**, -a, -um 形 銀の

**Argīvī**, -ōrum/-um 男・複 アルゴス人，ギリシア人

**argūmentum**, -ī 中 証拠

**Ariovistus**, -ī 男 アリオウィストゥス(ゲルマーニア人の王)

**Aristīdēs**, -is/-ī 男 アリステイデース(アテーナイの政治家)

**arma**, -ōrum 中・複 武器
**armātus**, -a, -um 形 武装した; -ī, -ōrum 男・複 武装兵
**Armenius**, -a, -um 形 アルメニアの
**armenta**, -ōrum 中・複 牛，牛群
**Arminius**, -ī 男 アルミニウス(氏族名)
**arō** [1] 他 耕す
**Arria**, -ae 女 アッリア(女性名，帝政初期の女傑)
**arripiō** [3b] -ripuī, -reptum 他 裂き取る，摑み取る
**arrogantia**, -ae 女 うぬぼれ，思い上がり
**ars**, artis 女 技術，芸術，学問
**artifex**, -ficis 男 女 (複・属 -ium) 芸術家
**artūs**, -uum 男・複 体，手足，四肢
**Arvernus**, -ī 男 アルウェルヌス人(ガッリアのアルウェルニー族の人)
**arvum**, -ī 中 畑，耕地
**arx**, arcis 女 要塞，城砦
**as**, assis 男 アス(銅貨); *assis* 一文の価値の〔すら〕
**ascendō** [3] -endī, -ēnsum 他 登る
**ascēnsus**, -ūs 男 登り，登攀
**ascrībō** [3] -scrīpsī, -scrīptum 他 書き加える
**Asia**, -ae 女 アシア，小アジア
**asinus**, -ī 男 ロバ
**aspectus**, -ūs 男 眺め
**asper**, -era, -erum 形 乱暴な
**aspiciō** [3b] -spexī, -spectum 他 眺める，目に留める，目を向ける
**asportō** [1] 他 運び去る
**assentior** [4] assēnsus sum 自 賛成する
**assiduē** 副 絶えず

**assiduus**, -a, -um 形 絶えない
**assuēfaciō** [3b] -fēcī, -factum 他 慣れさせる
**astrum**, -ī 中 星座，星; 複 星々，天
**at** 接 しかし，だが; ～ certē だがしかし，しかしそれでも
**atavus**, -ī 男 祖父〔祖母〕の祖父; 複 祖先
**āter**, -tra, -trum 形 黒い
**Athēnae**, -ārum 女・複 アテーナイ(市); *Athēnīs* アテーナイに
**Athēniēnsis**, -is 男 アテーナイ人
**atque/ac** 接 と
**atquī** 接 然るに
**attamen** 接 しかしそれでも
**attentē** 副 注意深く
**attentus**, -a, -um 形 注意深い
**Attica**, -ae 女 アッティカ
**Atticus**, -ī 男 アッティクス (Cicerō の友 T. Pompōnius ～)
**attineō** [2] -tinuī, -tentum 他 抑える
**attingō** [3] -tigī, -tactum 他 触れる
**attulī**→afferō
**auceps**, -cipis 男 鳥刺し
**auctōritās**, -ātis 女 人望，信望，影響力，威厳，品格
**audācia**, -ae 女 大胆さ，厚かましさ
**audācter** 副 大胆に
**audāx**, -ācis 形 大胆な
**audeō** [2] ausus sum 自(他) 敢えてする
**audiō** [4] 他 聞く
**aufugiō** [3b] -fūgī, ― 自 逃げ去る
**augeō** [2] auxī, auctum 他 増加させる
**augur**, -uris 男 鳥占い師
**augurium**, -ī 中 予言

**augurō** [1] 自 予言する

**Augustus**¹, -ī 男 アウグストゥス(ローマの初代皇帝)

**Augustus**², -a, -um 形 8月の; 〜, -ī 男 8月

**aula**, -ae 女 アートリウム(中庭式の広間)

**Aulus**, -ī 男 アウルス(個人名)

**aura**, -ae 女 そよ風, 微風

**aureus**, -a, -um 形 黄金の

**auris**, -is 女 耳

**aurum**, -ī 中 黄金

**auspex**, -spicis 男(女) 鳥占い師

**Auster**, -trī 男 南風(風の神の名, 方向はあまり重要ではない)

**aut** 接 または, それとも; 〜………か…か

**autem** 接 (後置)しかし

**autumnus**, -ī 男 秋

**auxilior** [1] 自 [与]を助ける

**auxilium**, -ī 中 援助, 助力, 援軍

**avāritia**, -ae 女 貪欲

**avārus**, -a, -um 形 貪欲な, 欲の深い

**avē** 感 さらば, ようこそ

**avēna**, -ae 女 カラスムギ

**āversus**, -a, -um 形 背中を向けた, 敗走する

**avia**, -ae 女 祖母

**avis**, -is 女 鳥

**āvocō** [1] 他 引き離す

**avunculus**, -ī 男 (母方の)叔父, 伯父

**avus**, -ī 男 祖父, 祖先

### B

**Bacchus**, -ī 男 バッコス(酒神)

**baculum**, -ī 中 杖

**barbaria**, -ae 女 野蛮

**barbarus**, -ī 男 異国人, 野蛮人

**beātus**, -a, -um 形 幸福な, 恵まれた

**Belgae**, -ārum 男·複 ベルガエ族(ガッリア北部のゲルマン系の民族)

**bellicus**, -a, -um 形 戦争の

**bellō** [1] 自 戦う

**bellum**, -ī 中 戦争

**bēlua**, -ae 女 獣, けもの

**bene** 副 良く, ちゃんと

**beneficium**, -ī 中 恩恵, 恩

**benevolentia**, -ae 女 善意

**benevolus**, -a, -um 形 親切な

**benīgnus**, -a, -um 形 寛大な, 気前の良い

**bēstia**, -ae 女 野獣

**bibō** [3] bibī, — 他 飲む

**biennium**, -ī 中 2年, 2歳

**bīlis**, -is 女 胆汁

**bīnī**, -ae, -a (属 -um) 形·複 2つずつの

**bis** 副 2回, 2倍

**blandior** [4] 自 こびる, へつらう

**blanditiae**, -ārum 女·複 お世辞, お愛想, お追従, 閨の睦言

**bonitās**, -ātis 女 親切

**Bonna**, -ae 女 ボンナ(要塞, 現在のボン)

**bonum**, -ī 中 善, 良いこと, 得; 複 良いことの数々, 財産

**bonus**, -a, -um 形 良い, 善良な, 優れている

**bōs**, bovis (複·属 boum) 男 女 牛

**bracchium**, -ī 中 腕

**brevis**, -e 形 短い; *brevī/brevī* tempore まもなく

**Britannia**, -ae 女 ブリタンニア(属州)

**Brundisium**, -ī 中 ブルンディシウム（イタリア南部の市）
**bucca**, -ae 女 頰，口
**būcolica**, -ōrum 中・複 牧歌

## C

**cacūmen**, -minis 中 頂上
**cadō** [3] cecidī, cāsūrus 自 落ちる，倒れる，死ぬ
**caecus**, -a, -um 形 目の見えない，目に見えない
**caedēs**, -is 女 殺人，殺戮
**caedō** [3] cecīdī, caesum 他 倒す，殺す
**caelicola**, -ae (複・属 -ārum/-um) 男 天の居住者，神
**caelō** [1] 他 彫る，刻む
**caelum**, -ī 中 空，天
**caeruleus/caerulus**, -a, -um 形 青い
**Caesar**, -aris 男 カエサル（家名，ローマの政治家）
**calamitās**, -ātis 女 損害，不幸，惨敗
**calcar**, -āris 中 拍車
**calumnior** [1] 自他 中傷する
**Campānia**, -ae 女 カンパーニア（地方）
**campus**, -ī 男 野，野良，野原
**Canīcula**, -ae 女 天狼星，シリウス星（7月下旬に見え始め，土用の暑さをもたらす）
**canīna**, -ae 女 犬の肉
**canis**, -is (複・属 -um) 男 女 犬
**Cannae**, -ārum 女・複 カンナエ（前216年にローマ軍がカルタゴ軍に敗れたイタリアの地域）
**Cannēnsis**, -e 形 カンナエの

**canō** [3] cecinī, — 他 歌う，（ラッパを）鳴らす
**cantō** [1] 自他 歌う
**cantus**, -ūs 男 歌
**cānus**, -a, -um 形 白髪の
**capella**, -ae 女 子山羊
**capillus**, -ī 男 髪
**capiō** [3b] cēpī, captum 他 取る，捕らえる，占領する，受ける，（計画を）立てる，（決意を）固める
**Capitōlium**, -ī 中 カピトーリウム（ローマの丘）
**captīva**, -ae 女 捕虜女
**captīvus**, -ī 男 捕虜
**captō** [1] 他 捕まえる
**captus**, -ūs 男 理解力，教養水準，知識の程度
**Capua**, -ae 女 カプア（カンパーニアの首都）
**capulus**, -ī 男 柄（つか）
**caput**, -pitis 中 頭，命，生死，首都；*capitis* 生死にかかわる（罪，罰），極刑（を求める，を言い渡す，に処する，など）
**Caralēs**, -ium 女 カラレース（サルディニア南部の町と岬）
**carcer**, -eris 男 牢獄
**carduus**, -ī 男 アザミ
**cāritās**, -ātis 女 親愛の情
**carmen**, -inis 中 歌，碑銘
**Carmentis**, -is 女 カルメンティス（イタリアの予言の女神）
**carnufex**, -ficis 男 縛り首役，皮剝ぎ人
**carō**, carnis 女 肉
**carrus**, -ī 男 荷車
**Carthāginiēnsis**, -is 男 カルタゴ人

**Carthāgō**, -ginis 女 カルタゴ
**castellum**, -ī 中 砦
**castīgō** [1] 他 こらしめる
**castra**, -ōrum 中・複 陣営
**cāsus**, -ūs 男 落下, 偶然; *cāsū* たまたま
**catēna**, -ae 女 鎖
**Catilīna**, -ae 男 カティリーナ(家名, 前62年の陰謀の主導者)
**Catullus**, -ī 男 カトゥッルス(家名, ローマの詩人)
**causa**, -ae 女 原因, 口実, 訴訟; *causā* [属]のために
**caveō** [2] cāvī, cautum 自 他 警戒する, 気をつける
**cavillātiō**, -ōnis 女 皮肉
**cavillor** [1] 自 皮肉を言う
**cecidī**[1]→cadō
**cecīdī**[2]→caedō
**cecinī**→canō
**cēdō** [3] cessī, cessum 自 順応する, 譲歩する
**celeber**, -bris, -bre 形 賑わっている, 有名な
**celer**, -eris, -ere 形 速い
**celeritās**, -ātis 女 速さ
**celeriter** 副 速く
**celerrimē** 副・最 もっとも速く, すばやく, またたく間に
**cēna**, -ae 女 食事
**cēnō** [1] 自 食事する
**cēnseō** [2] -suī, -sum 他 考える, 決議する
**cēnsor**, -ōris 男 監察官
**Centēnius**, -ī 男 ケンテーニウス(氏族名)
**centēsimus**, -a, -um 形 第100番目の

**centum** 形・不変 100
**centuria**, -ae 女 百人隊
**centuriō**, -ōnis 男 百人隊長
**cēpī**→capiō
**Cerberus**, -ī 男 ケルベロス(冥界の犬)
**Cerēs**, Cereris 女 ケレース(穀物の女神)
**cernō** [3] crēvī, crētum 他 見る, 見分ける, 確認する
**certātim** 副 競って
**certē** 副 確かに; at ~ それでも, しかし
**certō**[1] 副 正確に, 確実に
**certō**[2] [1] 自 争う, 戦う
**certus**, -a, -um 形 確実な, ある, ある種の; *certiōrem* facere [対]に知らせる; *certior* fierī 知らされる
**cervīx**, -īcis 女 首, 首筋
**cessī**→cēdō
**cessō** [1] 自 ためらう, ぐずぐずしている
**cēterum** 接 ほかに, さらに, しかし
**cēterus**, -a, -um 形 ほかの
**Cheruscī**, -ōrum 男・複 ケルスキー人(ゲルマーニア人の一部族)
**Chrīstus**, -ī 男 キリスト
**cibus**, -ī 男 食べ物, 食糧
**Cicerō**, -ōnis 男 キケロー(家名; 政治家, 文筆家)
**cicōnia**, -ae 女 コウノトリ
**cieō** [2] cīvī, citum 他 駆り立てる
**Cincinnātus**, -ī 男 キンキンナートゥス(家名, 前460年の執政官 L. Quīnctius ~)
**cingō** [3] cinxī, cinctum 他 巻きつける; *cingor* 身に帯びる
**cinis**, -neris 中 灰

**circā** 前［対］の周りに

**Circē**, -ēs/**Circa**, -ae 女 キルケー（魔術を使う女神，オデュッセウスを愛した）

**circulus**, -ī 男 円，円の図形

**circum** 前［対］の周りに

**circumclūdō** [3] -clūsī, -clūsum 他 包囲する

**circumdō**, -dare, -dedī, -datum 他 ［対］を［奪］で囲む，［与］に［対］を巻きつける

**circumveniō** [4] -vēnī, -ventum 他 包囲する

**circus**, -ī 男（円形）競技場，競走路

**cis** 前［対］のこちら側に

**citer**, -tra, -trum 形（古）こちら側の

**citerior**, -ius 形・比 こちら側の

**citimus**, -a, -um 形・最 最も近い

**citō** 副 速く

**citrā** 副 こちら側に;前［対］のこちら側に，のない

**citrō** 副 こちら側へ

**citus**, -a, -um 形 速い

**cīvicus**, -a, -um 形 市民の; corōna *cīvica* 市民の冠（市民の救済者に贈られる樫の葉冠）

**cīvīlis**, -e 形 市民の; bellum *cīvīle* 内乱

**cīvis**, -is 男女 市民

**cīvitās**, -ātis（複・属 -um）女 市，国（都市国家），部族，部族民たち，市民権

**clādēs**, -is 女 敗北

**clāmō** [1] 自 叫ぶ

**clāmor**, -ōris 男 叫び声

**clangor**, -ōris 男 音響，響き，鳴き声

**clārus**, -a, -um 形 有名な

**classicum**, -ī 中 ラッパ

**classis**, -is 女 艦隊

**Claudius**, -ī 男 クラウディウス（氏族名）

**claudō** [3] clausī, clausum 他 閉める

**claudus**, -a, -um 形 身体に障害のある，足の不自由な

**claussum** = clausum → claudō

**clēmentia**, -ae 女 寛容

**clīvus**, -ī 男 丘，坂，坂道

**clupeus**, -ī 男 楯

**coāctūrus** → cōgō

**cōdex**, -icis 男 手帳，メモ帳，書物

**coepī**, coepisse, coeptum 自（完了）始めた

**coerceō** [2] 他 懲戒する

**cōgitātiō**, -ōnis 女 考察，考えること

**cōgitō** [1] 自 考える

**cognōmen**, -minis 中 家名，添え名

**cognōscō** [3] -gnōvī, -gnitum 他 知る，認識する，調べる

**cōgō** [3] coēgī, coāctum 他 強いる，集める

**cohaereō** [2] -haesī, -haesūrus 自 くっついている

**cohors**, -hortis（複・属 -ium/-um）女 部隊，大隊

**cohortor** [1] 他 励ます

**coiciō** = coniciō

**collābor** [3] -lapsus sum 自 倒れる，崩れる

**collis**, -is 男 丘

**collocō** [1] 他 置く，設置する

**colloquium**, -ī 中 会見，対談

**colloquor** [3] -locūtus sum 自 話し合いをする，会話をする

**collum**, -ī 中 首

**collūstrō** [1] 他 照らす
**colō** [3] coluī, cultum 他 耕す，手入れをする，住む，守る，大切にする，崇める，尊敬する
**colōnia**, -ae 女 植民地，植民都市
**color**, -ōris 男 色
**colubra**, -ae 女 蛇
**coma**, -ae 女 髪
**comes**, -mitis 男 女 同伴者，従者，部下
**comitia**, -ōrum 中・複 民会
**commemorō** [1] 他 挙げる，言及する
**commendātus**, -a, -um 形 際立っている
**commendō** [1] 他 推薦する
**commentātiō**, -ōnis 女 研究
**committō** [3] -mīsī, -missum 他 犯す，行う，預ける，(悪いことを)する
**commonefaciō** [3b] -fēcī, -factum 他 [対]に[属]を想起させる
**commoveō** [2] -mōvī, -mōtum 他 揺り動かす，揺り起こす，奮い立たせる
**commūnis**, -e 形 共通の，普通の，あたりまえの
**commūtātiō**, -ōnis 女 変化
**cōmō** [3] cōmpsī, cōmptum 他 (髪を)整える
**comparō** [1] 他 比較する; 用意する，整える
**comperiō** [4] -perī, -pertum 他 聞いて知る
**compescō** [3] -uī, — 他 断つ，押さえつける
**complector** [3] complexus sum 他 抱く
**complūrēs**, -plūra/-plūria (属 -ium) 形・比・複 いくつかの，少数の
**compōnō** [3] -posuī, -positum 他 整える，貯蔵する
**comportō** [1] 他 届ける
**compositiō**, -ōnis 女 配語法
**comprehendō** [3] -hendī, -hēnsum 他 理解する，分かる
**comprimō** [3] -pressī, -pressum 他 ふさぐ，つぐむ
**concēdō** [3] -cessī, -cessum 他 認める
**concidō**[1] [3] -cidī, — 自 倒れる，倒れて死ぬ
**concīdō**[2] [3] -cīdī, -cīsum 他 倒す，滅ぼす
**concilium**, -ī 中 会議
**conclūdō** [3] -clūsī, -clūsum 他 閉じ込める
**concordia**, -ae 女 団結，一致協力
**concurrō** [3] -(cu)currī, -cursum 自 走り集まる
**concutiō** [3b] -cussī, -cussum 他 揺り動かす，揺さぶる
**condiciō**, -ōnis 女 条件
**condō** [3] -didī, -ditum 他 建設する，葬る，収納する，しまい込む; ab urbe *conditā* 都建設以来，ローマ建国以来
**cōnectō** [3] -nexī/-nexuī, -nexum 他 結合する
**cōnferō**, cōnferre, contulī, collātum 他 集める，比較する，匹敵させる
**cōnfestim** 副 すぐに，即座に
**cōnficiō** [3b] -fēcī, -fectum 他 成し遂げる，済ませる，製造する，加工

する; 疲れ果てさせる, 死にそうにさせる

**cōnfīdō** [3] -fīsus sum 自 [与/奪]を信用する, 信じる

**cōnfirmō** [1] 他 断言する, 励ます, 安心させる, 確認する, 認める

**cōnfiteor** [2] -fessus sum 他 告白する, 自白する, 認める

**cōnflīgō** [3] -īxī, -īctum 自 激戦する

**cōnfluō** [3] -flūxī, —— 自 流れ集まる, 集まる

**cōnfundō** [3] -fūdī, -fūsum 他 混同する, 混乱させる, 注ぎ出す, 流し込む

**congelō** [1] 自 固まる

**congerō** [3] -gessī, -gestum 他 積み上げる

**conglobātiō**, -ōnis 女 結集

**congregō/congregor** [1] 自 群がり集まる

**congruō** [3] -uī, —— 自 一致する

**coniciō** [3b] -iēcī, -iectum 他 投げつける

**coniūnctiō**, -ōnis 女 親密な関係

**coniūrātiō**, -ōnis 女 陰謀

**coniūrātus**, -ī 男 共謀者, 陰謀者

**coniūrō** [1] 自 一緒に誓う, 軍隊への忠誠を誓う, 共謀する

**coniux**, -iugis（複・属 -ium）女 妻

**cōnor** [1] 他 試みる

**cōnsacrō** [1] 他 奉納する

**cōnscendō** [3] -endī, -ēnsum 他 乗る, 登る

**cōnscientia**, -ae 女 意識, 良心

**cōnscīscō** [3] -scīvī/-sciī, -scītum 他 選び取る, 引き受ける; mortem sibi ipse *cōnsciit* 彼は自殺した

**cōnscius**, -ī 男 情報共有者, 関知する人, 仲間

**cōnsēnsus**, -ūs 男 意見一致

**cōnservō** [1] 他 維持する

**cōnsīderō** [1] 他 考える

**cōnsilium**, -ī 中 忠告, 審議, 計画, 決心, 意図, 知恵

**cōnsistō** [3] -stitī, —— 自 立つ, 立ち止まる; *cōnstitī* 立っている

**cōnsobrīnus**, -ī 男 従兄弟

**cōnsōlor** [1] 他 慰める

**cōnspectus**, -ūs 男 視野, 注視, 視線

**cōnspiciō** [3b] -spexī, -spectum 他 目に留める, 見る

**cōnspicor** [1] 他 目に留める, 見る

**cōnstāns**, -antis 形 毅然とした, 不変の

**cōnstanter** 副 毅然として, しっかりと

**cōnstantia**, -ae 女 剛毅, 自制心

**cōnstituō** [3] -uī, -ūtum 他 確立する, 決定する, 決議する, 移住させる

**cōnstō** [1] -stitī, -statūrus 自 [奪]から成る, に基づく; *cōnstat* 非 知れ渡っている

**cōnstruō** [3] -strūxī, -strūctum 他 建設する

**cōnsuēscō** [3] -suēvī, -suētum 自 慣れる; *cōnsuēvī* …する習慣である

**cōnsuesse** = *cōnsuēvisse*

**cōnsuētūdō**, -dinis 女 習慣; *cōnsuētūdine* 習慣により

**cōnsul**, -ulis 男 執政官

**cōnsulāris**, -is 男 執政官経験者, 前〔元〕執政官

**cōnsulātus**, -ūs 男 執政官職

**cōnsulō** [3] -suluī, -sultum 自他 伺う，相談する，気を使う，心配する，考える

**cōnsultō** [1] 自 相談する，協議する

**cōnsultum**, -ī 中 (元老院の)決議

**cōnsurgō** [3] -surrēxī, -surrēctum 自 起き上がる

**contagium**, -ī 中 感染

**contegō** [3] -tēxī, -tēctum 他 覆う，隠す

**contemnō** [3] -tempsī, -temptum 他 軽蔑する

**contemplātiō**, -ōnis 女 眺め

**contemplor** [1] 他 眺める

**contendō** [3] -tendī, -tentum 自 勝負する，戦う，急いでいく，急行する

**contentus**, -a, -um 形 [奪]満足している

**conticēscō** [3] -ticuī, — 自 沈黙する

**continenter** 副 間断なく

**contineō** [2] -tinuī, -tentum 他 捕まえておく，監禁する，しっかりと抱く，阻止する，妨げる

**contingō** [3] -tigī, -tactum 自 与えられる，身に起こる; contingit 非 できる，成功する

**continuō** 副 直ちに

**contrā** 前 [対]に対抗して，逆らって，逆に

**contrārius**, -a, -um 形 対極の，反対側の

**contumēlia**, -ae 女 冷遇

**cōnūbium**, -ī 中 結婚

**conveniō** [4] -vēnī, -ventum 自 集まる，会見する

**convertō** [3] -vertī, -versum 他 旋回させる，方向転換させる

**convincō** [3] -vīcī, -victum 他 [対]の[属]を立証する

**convīva**, -ae 男 客，食客

**convocō** [1] 他 招集する

**cōpia**, -ae 女 多数，大量，貯え，豊穣；複 軍勢，軍隊

**cor**, cordis (複 corda, cordium/-um) 中 心臓; cordī esse [与]が気がかりである，心に叶う

**cōram** 副 面前に; 前 [奪]の面前で

**Corinthus/-os**, -ī 女 コリントス(ギリシアの市); Corinthum コリントスへ

**Cornēlia**, -ae 女 コルネーリア(女性名)

**Cornēlius**, -ī 男 コルネーリウス(氏族名)

**cornū**, -ūs 中 角(つの)

**corōna**, -ae 女 冠，花冠，葉冠(葉枝で編んだ環)

**corpus**, -poris 中 体，肉体，遺骸

**corrumpō** [3] -rūpī, -ruptum 他 買収する，堕落させる

**corruō** [3] -ruī, -ruitūrus 自 倒壊する

**corylus**, -ī 女 ハシバミ

**cottīdiē** 副 毎日

**crās** 副 明日

**crassus**, -a, -um 形 粗い，粗織りの

**Crassus**, -ī 男 クラッスス(家名)

**crēber**, -bra, -brum 形 頻繁な

**crēdibilis**, -e 形 信じられる

**crēdō** [3] crēdidī, crēditum 自他 信じる

**creō** [1] 他 選出する

**crepitus**, -ūs 男 大音響，叩く音，打つ音

**crēscō** [3] crēvī, crētum 自 増える

**crīmen**, -minis 中 告発, 罪を負わせること
**crīnis**, -is 男 髪
**Croesus**, -ī 男 クロイソス(リューディアの王)
**cruciō** [1] 他 拷問にかける, 苦しめる; *crucior* 苦しむ
**crūdēlis**, -e 形 残酷な
**crūdēlitās**, -ātis 女 残酷さ
**crux**, crucis 女 十字架
**cubō** [1] -buī, -bitum 自 寝る
**cuī; cūius** → quī², quae, quod; quis¹ᐟ²
**cūiusque** → quisque
**cūiusvīs** → quīvīs
**culīna**, -ae 女 台所
**culpa**, -ae 女 罪, 禍根
**cultus** → colō
**cum**¹ 前 [奪] と, と一緒に, 共に
**cum**² 接 ときに, とそのとき, ときはいつも; ので, のに; ~…tum……も…も
**cūnctus**, -a, -um 形 すべての
**cupiditās**, -ātis (複・属 -um/-ium) 女 欲望, 意欲
**cupidus**, -a, -um 形 望んでいる, 欲深の
**cupiō** [3b] -īvī/iī, -ītum 他 欲する
**cupressus**, -ī/-ūs 女 糸杉
**cūr** 副 なぜ, どうして
**cūra**, -ae 女 心配, 悩み, 気がかり, 配慮
**cūrātiō**, -ōnis 女 治療法
**cūria**, -ae 女 元老院議事堂; ~ Iūlia ユーリウスの議事堂
**Curius**, -ī 男 クリウス(氏族名)
**cūrō** [1] 他 世話をする, 治療する, させる, させるように取り計らう, 気をつける, 気を使う, 心配する
**currō** [3] cucurrī, cursum 自 走る
**currus**, -ūs 男 車, 馬車, 戦車
**cursus**, -ūs 男 走路, 行路
**custōdia**, -ae 女 牢
**custōdiō** [4] 他 警護する
**custōs**, -ōdis 男 女 番人
**Cypros/-us**, -ī 女 キュプロス島
**Cȳrus**, -ī 男 キューロス(男性名, とくにペルシア王)

# D

**da-** → dō
**Daedalus**, -ī 男 ダイダロス(ギリシア神話の工匠)
**damnō** [1] 他 断罪する, 有罪判決を下す
**Danaī**, -ōrum/-um 男・複 ダナオスの子孫, アルゴス人, ギリシア人
**Dānuvius**, -ī 男 ダーヌウィウス(川), ドナウ川
**Daphnis**, -idis (呼 -i, 対 -in) 男 ダプニス(牧人, 牧歌の英雄)
**daps**, -pis 女 (祭の)ご馳走
**Dardanidēs**, -ae (複・属 -ārum/-um) 男 ダルダノスの子孫, トロイア人
**dē** 前 [奪] から下へ, について, のことを
**dea**, -ae 女 女神
**dēbeō** [2] 自 他 借りている, 負う, ねばならぬ, べきである
**dēbilitō** [1] 他 弱める
**dēcēdō** [3] -cessī, -cessum 自 去る, 死ぬ
**decem** 形・不変 10
**December**, -bris, -bre 形 12月の; ~,

-bris 男 12月

**decemvirī**, -ōrum/-um 男・複 10人委員会

**deceō** [2] -cuī, — 他 似合う; *decet* 非 似合う, ふさわしい, 適する

**dēcernō** [3] -crēvī, -crētum 他 与えることを決議する, 決意する

**decimus**¹, -a, -um 形 第10番目の

**Decimus**², -ī 男 デキムス(個人名)

**dēcipiō** [3b] -cēpī, -ceptum 他 だます, 裏をかく

**decus**, -oris 中 誉れ; *decorī* esse 誉れである

**dēdeceō** [2] -uī, — 他 似合わない; *dēdecet* 非 似合わない, ふさわしくない, 適さない

**dēdecus**, -oris 中 恥

**dedī** → dō

**dēdō** [3] -didī, -ditum 他 引き渡す; *sē dēdere* 降伏する

**dēdūcō** [3] -dūxī, -ductum 他 設立する

**dēesse** → dēsum

**dēfendō** [3] -fendī, -fēnsum 他 防ぐ, 守る, 弁護する, 擁護する

**dēfēnsor**, -ōris 男 防衛人; 複 防衛隊, 守備隊

**dēferō**, -ferre, -tulī, -lātum 他 突き刺す, 突き落とす; *dēferrī* 突進する, 落下する, 急降下する

**dēfessus**, -a, -um 形 疲れ果てた

**dēficiō** [3b] -fēcī, -fectum 自 弱る; animō *dēficere* 気落ちする; 他 見捨てる; pecūnia mē *dēficit* (金銭が私を見捨てる)＝私にはお金がない

**dēfīgō** [3] -fīxī, -fīxum 他 固定する, じっと一箇所に向けている

**dēflāgrō** [1] 自 全焼する, 焼け落ちる

**dēfuī** → dēsum

**dēfungor** [3] -fūnctus sum 自 亡くなる, 死ぬ

**dēgō** [3] dēgī, — 他 過ごす

**dehortor** [1] 他 思いとどまらせる, 諌止する

**dēiciō** [3b] -iēcī, -iectum 他 下へ投げる, 投げ落とす

**deinde** 副 それから

**dēlectō** [1] 他 喜ばせる; *dēlector* 喜ぶ, 楽しむ

**dēleō** [2] -ēvī, -ētum 他 破壊する, 滅ぼす

**Dēlia**, -ae 女 デーリア(ティブッルスの恋人の名)

**dēlīberō** [1] 自 よく考える, 熟慮する, 思案する

**dēligō** [3] -lēgī, -lēctum 他 選ぶ

**Dēlos/-us**, -ī 女 デーロス島

**Delphī**, -ōrum 男・複 デルポイ(ギリシアの市, アポッローンの聖地)

**Delphicus**, -a, -um 形 デルポイの

**dem** → dō

**dēmittō** [3] -mīsī, -missum 他 下げる, 垂れる

**Dēmocritus**, -ī 男 デーモクリトス(ギリシアの哲学者)

**dēmōnstrō** [1] 他 示す, 証明する

**dēmum** 副 結局

**dēnī**, -ae, -a (属 -um) 形・複 10ずつの

**dēnsus**, -a, -um 形 濃い

**Dentātus**, -ī 男 デンタートゥス(家名; Curius ～ はイタリア山岳民族サムニーテースを征服した)

**dēplōrō** [1] 他 嘆く
**dēpūgnō** [1] 自 徹底的に戦う
**dērigēscō** [3] -guī, — 自 硬直する
**dēserō** [3] -seruī, -sertum 他 見捨てる
**dēsīderium**, -ī 中 あこがれ
**dēsīderō** [1] 他 待ち望む、あこがれる、見当たらない; *dēsīderor* 失われる
**dēsinō** [3] -siī, -situm 自 やめる
**dēsistō** [3] -stitī, -stitūrus 自 やめる
**dēspērō** [1] 自 絶望する、信頼しない
**dēspiciō** [3b] -spexī, -spectum 他 軽蔑する
**dēstituō** [3] -tuī, -tūtum 他 置き去りにする、見捨てる、見殺しにする、やめる
**dēstringō** [3] -strīnxī, -strictum 他 （剣を）抜く
**dēsum**, -esse, -fuī, — 自 欠けている、ない; [与]を怠る
**dēterior**, -ius 形・比 より劣る
**dēterreō** [2] 他 脅してやめさせる
**dēterrimus**, -a, -um 形・最 最悪の
**dētestābilis**, -e 形 忌まわしい
**dētrīmentum**, -ī 中 損害
**dētulī** → **dēferō**
**dēturbō** [1] 他 転倒させる
**deūrō** [3] -ussī, -ustum 他 焼き払う
**deus**, -ī 男 神
**dēvincō** [3] -vīcī, -victum 他 打ち負かす
**dēvius**, -a, -um 形 道からそれた
**dēvorō** [1] 他 むさぼり食う
**dexter**, -tra(-tera), -trum(-terum) 形 右の

**dext(e)ra**, -ae 女 右手、右; ā *dext(e)rā* 右に
**dext(e)rā** 副 右に
**dexterē** 副 巧みに
**dī** = deī → deus
**Diāna**, -ae 女 ディアーナ（女神、ギリシアのアルテミスに同一化）
**dīcō** [3] dīxī, dictum 他 言う、取り決める、と呼ぶ、に任命する、歌う
**dictātor**, -ōris 男 独裁官
**dictō** [1] 他 書き取らせる
**dīdūcō** [3] -dūxī, -ductum 他 引き離す
**diēs**, -ēī 男（女） 日、日中、時; suum *diem* obīre 自分の（最後の）日を迎える、死ぬ
**differō**, differre, distulī, dīlātum 自 異なる; 他 広める
**difficilis**, -e 形 難しい
**diffīdō** [3] -fīsus sum 自 [与]を信じない、に不信感を抱く
**dīgnus**, -a, -um 形 [奪]にふさわしい、値する
**dīiūdicō** [1] 他 判別する
**dīligēns**, -entis 形 注意深い、入念な、[属]を大切にする、愛する
**dīligenter** 副 注意して、丁寧に、入念に
**dīligentia**, -ae 女 注意深さ、思慮深さ
**dīligō** [3] -lēxī, -lectum 他 大切にする、尊重する、愛する
**dīmicō** [1] 自 戦う
**dīmidium**, -ī 中 半分
**dīmidius**, -a, -um 形 半分の
**dīmittō** [3] -mīsī, -missum 他 釈放する、去らせる

**dīnōscō** [3] -nōvī, — 他 識別する
**dīrimō** [3] -ēmī, -ēmptum 他 引き離す，奪い取る
**dīripiō** [3b] -ripuī, -reptum 他 略奪する
**dīrus**, -a, -um 形 忌まわしい
**dīs**¹ = deīs → deus
**dīs**², dītis 男 女 金持ち
**discēdō** [3] -cessī, -cessum 自 離れて行く，去る
**discessus**, -ūs 男 退去
**disciplīna**, -ae 女 授業
**discipula**, -ae 女 女生徒
**discipulus**, -ī 男 生徒
**discō** [3] didicī, — 他 学ぶ
**discordia**, -ae 女 不和
**dīscrībō** [3] -scrīpsī, -scrīptum 他 分割する
**disertus**, -a, -um 形 雄弁な
**disiciō** [3b] -iēcī, -iectum 他 ばらばらにする，分散させる
**dispār**, -paris 形 釣り合わない，等しくない
**displiceō** [2] 自 気に入られない
**dispōnō** [3] -posuī, -positum 他 分散配置する
**dispositē** 副 順序正しく，整然と
**disputō** [1] 自 議論する
**dissēminō** [1] 他 蒔き広げる
**dissēnsiō**, -ōnis 女 意見の対立
**dissimilis**, -e 形 似ていない
**dissolvō** [3] -solvī, -solūtum 他 解体する，支払う
**distribuō** [3] -buī, -būtum 他 分配する
**distulī** → differō
**diū** 副 長い間; iam ～ すでに久しく，もうずっと前から; 比 diutius/diūtius, 最 diutissimē
**diuturnus**, -a, -um 形 長続きする
**dīversus**, -a, -um 形 さまざまな
**dīves**, -vitis 形 富んだ，金持ちの，裕福な
**dīvidō** [3] -vīsī, -vīsum 他 分ける
**dīvīnus**, -a, -um 形 神の，神のごとき
**dīvitiae**, -ārum 女・複 富
**dīvus**, -a, -um 形 神的なる
**dō**, dare, dedī, datum 他 与える，…にする，（人質を）出す，許す
**doceō** [2] docuī, doctum 他 教える
**doctrīna**, -ae 女 学識，訓練
**doctus**, -a, -um 形 博学な，教養のある
**documentum**, -ī 中 教訓，警告
**doleō** [2] doluī, dolitūrus 自 悲しむ，悩む，痛い，残念に思う
**dolium**, -ī 中 樽
**dolor**, -ōris 男 苦痛，悲しみ
**dolus**, -ī 男 だまし，欺瞞
**domicilium**, -ī 中 居住地
**domina**, -ae 女 女主人，女支配者，恋人
**dominus**, -ī 男 主人，支配者，主，飼い主
**Domitius**, -ī 男 ドミティウス(氏族名)
**domus**, -ūs 女 家; *domō* 家から; *domum* 家へ; *domī* 家に，家で
**dōnec** 接 までの間，間でずっと，限り，間は，間中ずっと
**dōnō** [1] 他 [与]に[対]を/[対]に[奪]を与える，贈る
**dōnum**, -ī 中 贈り物，供物
**dormiō** [4] 自 眠る

**dōs**, dōtis (複・属 -ium) 女 持参金

**drachma**, -ae (複・属 -ārum/-um) 女 ドラクマ(ギリシアの銀貨，通貨単位)

**dubiē** 副 疑わしく; haud ～ 疑いなく

**dubitō** [1] 自 疑う

**dubius**, -a, -um 形 疑わしい

**ducentēsimus**, -a, -um 形 第200番目の

**ducentī**, -ae, -a 形・複 200

**dūcō** [3] dūxī, ductum 他 引いて行く，吸う，飲む，導く，案内する，引き延ばす; …と取る，思う，見なす

**dūdum** 副 久しく，(少し)前から，とっくに

**dulce** 副 甘く，楽しく

**dulcis**, -e 形 甘い，甘美な，愉しい

**dum** 接 間に，…しながら，まで，までの間，までずっと，限り，間は，間中ずっと，しさえすれば

**dummodo/dum modo** 接 しさえすれば

**Dumnorīx**, -īgis 男 ドゥムノリークス(ガッリアのハエドゥイー族の人)

**duo**, duae, duo 形 2

**duodēsexāgēsimus**, -a, -um 形 第58番目の

**duodētrīgintā** 形・不変 28

**duodēvīcēsimus**, -a, -um 形 第18番目の

**duodēvīgintī** 形・不変 18

**duplicō** [1] 自 くず折れる，2つに折れる

**dūrus**, -a, -um 形 硬い，ひどい

**duumvirī**, -ōrum/-um 男・複 2人委員会

**dux**, ducis 男 女 指導者，将軍，道案内人

**dūxī**→dūcō

E

**ē**→ex

**ea**[1]; **ea-**; **eā-**→is, ea, id

**eā**[2] 副 そこに，そこを通って

**ebur**, eboris 中 象牙

**ecloga**, -ae 女 詩選，短詩，牧歌

**ecquis**, -quid 代 (形 -quī, -qua/-quae, -quod) 誰か〔何か〕が…か？

**ēdiscō** [3] -didicī, — 他 覚える

**ēditus**, -a, -um 形 …から生まれた，の後裔〔子孫〕

**edō**, edere/ēsse, ēdī, ēsum/ēssum 他 食べる

**ēducō**[1] [1] 他 育てる，教育する

**ēdūcō**[2] [3] -dūxī, -ductum 他 連れ出す

**efferō**, efferre, extulī, ēlātum 他 産出する

**efficiō** [3b] -fēcī, -fectum 他 もたらす，作る，生じさせる，完成する; *efficere* ut (…できる)ようにする

**effigiēs**, -ēī 女 模像，彫像

**effugiō** [3b] -fūgī, -fugitūrus 自 逃げ出す，免れる

**egēnus**, -a, -um 形 貧しい

**egeō** [2] -uī, — 自 〔奪/属〕を必要とする

**ēgī**→agō

**egō/ego**, meī, mihī/mihi, mē, mē 代 私

**ēgredior** [3b] ēgressus sum 自 出る

**ēgregius**, -a, -um 形 抜群の
**eī; eīs; eīus** →is, ea, id
**ēlegantia**, -ae 女 上品さ
**elephantus**, -ī 男 象
**ēligō** [3] ēlēgī, ēlēctum 他 選ぶ
**ēloquentia**, -ae 女 雄弁
**ēloquor** [3] ēlocūtus sum 他 話す，口に出して言う
**ēlūdō** [3] -ūsī, -ūsum 他 蔑む
**ēmigrō** [1] 自 移住する
**emō** [3] ēmī, ēmptum 他 買う
**ēmolliō** [4] 他 和らげる
**enim** 接 (後置) なぜなら
**enimvērō** 接 しかし
**Ennius**, -ī 男 エンニウス(ローマの詩人)
**ēnsis**, -is 男 剣，長剣 (cf. gladius)
**ēnūntiō** [1] 他 通報する，漏らす
**eō**[1]**; eōrum; eōs** →is, ea, id
**eō**[2] 副 そこへ，それだけ (→quō)
**eōdem** →īdem, eadem, idem
**Epamīnōndās**, -ae 男 エパメイノーンダース(テーバイの将軍)
**Ephesius**, -a, -um 形 エペソス市の
**Ephesus**, -ī 女 エペソス(イオーニアの市)
**ephippium**, -ī 中 鞍
**Epidaurus**, -ī 女 エピダウロス(ギリシアの市)
**Ēpīrus**, -ī 女 エーペイロス(ギリシアの地方)
**epistula**, -ae 女 手紙
**eques**, equitis 男 騎兵，騎士
**equitātus**, -ūs 男 騎兵隊
**equitō** [1] 自 馬に乗る
**equus**, -ī 男 馬
**era-** →sum

**ergā** 前 [対]に対して
**ergō** 接 それゆえ
**ērigō** [3] -rēxī, -rēctum 他 立ち上がらせる，奮い立たせる
**errō** [1] 自 間違える，迷う
**error**, -ōris 男 過ち
**ērubēscō** [3] -buī, — 自 赤面する
**ērudītus**, -a, -um 形 教養のある
**es; esse**[1]**; est; estis; estō** →sum
**ēsse**[2] →edō
**et** 接 と，そして，および，もまた，さえも; ～… ～… …も…も
**etenim** 接 なぜなら
**etiam** 副 接 も，もまた，さえも，さらに
**etiamnum** 副 それでもなお，いぜんとして
**etiamsī** 接 としても，けれども
**Etrūria**, -ae 女 エトルーリア(現トスカーナ地方)
**Etrūscī**, -ōrum 男・複 エトルーリア人，エトルースキー人
**etsī** 接 としても，けれども
**Eurōpa**, -ae 女 ヨーロッパ
**ēvādō** [3] -āsī, -āsum 自 出る，登る，よじ登る
**ēvellō** [3] -vellī/-vulsī, -vulsum 他 引き抜く
**ēveniō** [4] -vēnī, -ventum 自 成り行く，起こる
**ēvidēns**, -entis 形 明白な
**ēvītō** [1] 他 免れる
**ēvolō** [1] 自 飛び出す，逃げ出す
**ex/ē** 前 [奪]の中から(外へ)，から，のうちで; ～ quō 以来
**exanimis**, -e 形 息絶えた
**excellēns**, -entis 形 秀でた

**excieō** [2] ―, -citum 他 起こす
**excipiō** [3b] -cēpī, -ceptum 他 除外する
**excitō** [1] 他 起こす，目覚めさせる，駆り立てる
**exclūdō** [3] -clūsī, -clūsum 他 排除する
**excūsō** [1] 他 弁解する
**exemplum**, -ī 中 例，範例，教訓，手本; *exemplī* grātiā たとえば
**exeō**, -īre, -iī/-īvī, -itum 自 出て行く
**exerceō** [2] 他 鍛える，訓練する
**exercitātiō**, -ōnis 女 訓練
**exercitus**, -ūs 男 軍隊，（訓練された）正規軍
**exhērēdō** [1] 他 廃嫡する
**exilium**, -ī 中 追放
**eximō** [3] -ēmī, -ēmptum 他 取り出す
**exīstimō** [1] 他 思う，判断する，評価する
**expediō** [4] 自 収益がある
**expellō** [3] -pulī, -pulsum 他 追い出す，追放する
**experīmentum**, -ī 中 実験
**experior** [4] -pertus sum 他 試す
**expers**, -ertis 形 授かっていない
**expetō** [3] -petīvī, -petītum 他 求める
**expleō** [2] -plēvī, -plētum 他 満たす
**explōrātor**, -ōris 男 偵察者，偵察兵
**explōrō** [1] 他 調べる
**exprimō** [3] -pressī, -pressum 他 型取りする
**expūgnō** [1] 他 攻め落とす，攻略する
**exsequiae**, -ārum 女・複 葬式，葬送行進
**exsistō** [3] -stitī, ― 自 生じる
**exsolvō** [3] -solvī, -solūtum 他 解き放す
**exspectō** [1] 他 待つ
**exstinguō** [3] -īnxī, -īnctum 他 鎮める，消す，滅ぼす; *exstinguor* 死ぬ
**exsultō** [1] 自 小躍りする
**extemplō** 副 すぐに，たちまち
**exterior**, -ius 形・比 そとの
**externus**, -a, -um 形 そとからの，外国の
**exterus**, -a, -um 形 そとの
**extimēscō** [3] -timuī, ― 他 恐れる
**extimus**, -a, -um 形・最 もっともそとの，最後の
**extrā** 副 そとに，以外に; 前 のそとに
**extrēmus**, -a, -um 形・最 もっともそとの，最後の
**extrīnsecus** 副 そとから
**extulī** → efferō
**exuviae**, -ārum 女・複 剝ぎ取った武器，戦利品

## F

**fābella**, -ae 女 戯曲
**faber**, -brī（複・属 -brōrum/-brum）男 手職人
**fābula**, -ae 女 物語，お話
**facētus**, -a, -um 形 気のきいた，機知に富む
**faciēs**, -ēī 女 顔
**facile** 副 簡単に，容易に
**facilis**, -e 形 容易な，慣れた; 最 facillimus
**faciō** [3b] fēcī, factum 他 行う，作

る，評価する; certiōrem *facere*〔対〕に知らせる

**factiō**, -ōnis 囡 派閥

**factum**, -ī 中 行い，行為，行動

**facultās**, -ātis 囡 能力，余地，機会

**faex**, faecis 囡（酒の）おり，沈殿物

**fāgus**, -ī 囡 ブナ

**fallō**〔3〕fefellī, — 他 間違えさせる，に気づかれない，見つけられない; *fallī* 間違っている，勘違いする

**falsus**, -a, -um 形 にせの，偽りの，間違った

**falx**, -cis 囡 鎌

**fāma**, -ae 囡 評判，噂

**famēs**, -is 囡 飢え

**familia**, -ae（古 -ās）囡 家族（使用人を含めて）

**familiāris**, -e 形 親しい

**fās** 中・不変 神の掟，正しいこと，して良いこと; ～ est 正しい

**fātālis**, -e 形 宿命的な

**fatīgātus**, -a, -um 形 疲れた

**fātum**, -ī 中 運命，定め

**fatuus**, -ī 男 馬鹿

**faucēs**, -ium 囡・複 のど

**Faunus**, -ī 男 ファウヌス（牧神，ギリシアのパーンに同一化）

**faveō**〔2〕fāvī, fautum 自 好意を示す

**fax**, facis（複・属 -ium）囡 松明

**febris**, -is 囡 熱

**Februārius**, -a, -um 形 2月の; ～, -ī 男 2月

**fēcī** → faciō

**fēcundus**, -a, -um 形 肥沃な

**fefellī** → fallō

**fēlīciter** 副 幸運に，順調に

**fēlīx**, -īcis 形 幸福な，豊かな

**fēmina**, -ae 囡 女

**ferē/fere** 副 およそ，ほぼ

**fēriae**, -ārum 囡・複 休暇

**feriō**〔4〕—, — 他 打つ

**ferō**, ferre, tulī, lātum 他 運ぶ，もたらす，耐える，我慢する，通じる，言う; *ferrī* 突進する，突き進む

**ferōciter** 副 荒々しく

**ferōx**, -ōcis 形 荒々しい

**ferre** → ferō

**ferreus**, -a, -um 形 鉄の

**ferrum**, -ī 中 鉄，剣，穂先

**ferus**, -a, -um 形 野蛮な，荒々しい

**fessus**, -a, -um 形 疲れた

**festīnō**〔1〕自 急ぐ

**fictus**, -a, -um 形 作られた，作り事の，虚構の

**fidēlis**, -e 形 忠実な

**fidēliter** 副 忠実に

**Fīdēnae**, -ārum 囡・複 フィーデーナエ（ラティウムの市）

**Fīdēnātēs**, -ium 男・複 フィーデーナエの人々

**fidēs**[1], -eī 囡 信義，誠実，誠意; citrā *fidem* 信ずるに値しない

**fidēs**[2], -is 囡 腸弦（ガット弦）; 複 弦楽器，七弦琴（リュラ）

**fīdūcia**, -ae 囡 自信

**fīdus**, -a, -um 形 信頼できる，誠実な

**fīgō**〔3〕fīxī, fīxum 他 固定する

**fīlia**, -ae 囡 娘

**fīlius**, -ī 男 息子

**fīlum**, -ī 中 糸

**fingō**〔3〕fīnxī, fictum 他 偽る，想像する，形作る

**fīniō**〔4〕他 終結する，終える

**fīnis**, -is 男 境界，国境，終り; 複 領

域，領土
**fīō**, fierī, factus sum 自 なる，作られる，催される
**firmō** [1] 他 固める，強化する
**firmus**, -a, -um 形 丈夫な，堅固な
**fistula**, -ae 女 牧笛
**fīx-** →fīgō
**Flaccus**, -ī 男 フラックス（家名）
**flāgitium**, -ī 中 破廉恥行為
**flāgitō** [1] 他 催促する
**Flāminius**, -ī 男 フラーミニウス（氏族名）
**flammō** [1] 自 燃える
**flāvus**, -a, -um 形 黄色の，黄金色の
**flectō** [3] -exī, -exum 他 曲げる，（心を）動かす；*flectī* 曲がる
**fleō** [2] flēvī, flētum 自 泣く
**flētus**, -ūs 男 泣き
**flōrēns**, -entis 形 繁栄している，華やかである，強力な
**flōreō** [2] -uī, ─ 自 花が咲く，花を咲かせる
**flōs**, -ōris 男 花
**flūctus**, -ūs 男 流れ，潮，潮流
**flūmen**, -minis 中 流れ，川
**fluvius**, -ī 男 川
**focus**, -ī 男 炉
**foederātus**, -a, -um 形 同盟を結んだ
**foedō** [1] 他 汚す
**foedus**, -deris 中 条約，契約，誓約，約束
**folium**, -ī 中 葉，花びら
**fōns**, fontis 男 泉
**for**, fārī, fātus sum 自 言う
**forās** 副 戸外へ，外へ
**fore** = futūrum esse（sum の未来不定法）

**foris**¹, -is 女 扉
**forīs**² 副 外に
**Formiānum**, -ī 中 (キケローの)フォルミアエの荘園
**formīdō**, -dinis 女 恐怖
**fōrmōsus**, -a, -um 形 美しい
**forte** 副 たまたま，偶然
**fortis**, -e 形 強い
**fortiter** 副 強く，勇敢に
**fortitūdō**, -dinis 女 強さ，戦力
**fortūna**, -ae 女 財産，境遇，運命；*Fortūna* 運命の女神
**fortūnātus**, a, um 形 幸運な
**forum**, -ī 中 フォルム（都市の中央広場）
**fossa**, -ae 女 堀(濠，壕)
**fovea**, -ae 女 穴
**frangō** [3] frēgī, frāctum 他 砕く
**frāter**, -tris 男 兄弟
**fraus**, fraudis (複・属 -um/-ium) 女 欺瞞
**fremō** [3] -uī, -itum 自 騒ぐ，文句を言う
**frēnum**, -ī 中 くつわ
**frequēns**, -entis 形 頻繁な
**frīgidus**, -a, -um 形 冷たい
**frīgus**, -goris 中 寒さ
**frōns**, frontis 女 前面
**frūctus**, -ūs 男 生産物（主に農畜産物），収穫
**frūgī** 形・不変 質素な; 比 frūgālior, 最 frūgālissimus
**frūmentārius**, -a, -um 形 穀物の，食糧の; rēs *frūmentāria* 食糧の補給
**frūmentum**, -ī 中 穀物(小麦)
**fruor** [3] frūctus/fruitus sum 自 [奪] 享受する

**frūstrā** 副 空しく，無駄に

**frūx**, frūgis 女 作物，農産物，穀物，実り

**fu-** →sum

**fuga**, -ae 女 逃亡

**fugiō** [3b] fūgī, fugitūrus 自 他 逃げる; mē *fugit* 非（私から逃げる）私は失念している

**fugō** [1] 他 逃がす，追い払う，追い出す，敗走させる

**fulgeō** [2] fulsī, — 自 輝く; *fulget* 非 稲妻が光る

**fulgur**, -uris 中 稲妻

**fulmen**, -inis 中 稲妻

**fulvus**, -a, -um 形 黄色の，きらめく，輝く

**fundō** [3] fūdī, fūsum 他 注ぐ，蹴散らす，追い払う

**fungor** [3] fūnctus sum 自 [奪]を果たす，勤める

**fūnus**, -eris 中 葬儀

**fūr**, fūris 男 女 泥棒，盗賊

**fūrtim** 副 こっそりと，ひそかに

**fūrtīvus**, -a, -um 形 ひそかな，ひそひそ声の

**futūrus**[1] sum の未来分詞

**futūrus**[2], -a, -um 形 未来の

## G

**Gāius**, -ī 男 ガイユス（個人名）

**Gallī**, -ōrum 男・複 ガッリア人，ケルト人（単 Gallus, -ī）

**Gallia**, -ae 女 ガッリア（ケルト人の居住地）

**Gallicus**, -a, -um 形 ガッリアの

**gallus**, -ī 男 鶏

**gaudeō** [2] gāvīsus sum 自 [奪]喜ぶ

**gaudium**, -ī 中 喜び

**gelidus**, -a, -um 形 凍った，冷たい

**Geminus**, -ī 男 ゲミヌス（家名）

**gena**, -ae 女 頬

**Genava**, -ae 女 ゲナワ，ジュネーヴ

**gēns**, gentis 女 氏族，民族; iūs *gentium* 国際法

**gentīlicus**, -a, -um 形 氏族の

**gentīlis**, -e 形 氏族の

**genus**, -neris 中 種類，種族

**Germānī**, -ōrum 男・複 ゲルマーニア人（単 Germānus, -ī）

**Germānia**, -ae 女 ゲルマーニア

**Germānicus**, -ī 男 ゲルマーニクス（ティベリウス帝の弟 Claudius Nerō Drūsus の尊称，対ゲルマーニア戦の勝利者）

**gerō** [3] gessī, gestum 他 する，行なう，実行する，勤める; rēs *gestae* 勲功，政治的軍事的功績

**gignō** [3] genuī, genitum 他 生む

**gladiātor**, -ōris 男 剣闘士

**gladius**, -ī 男 剣，短剣（cf. ēnsis）

**glōria**, -ae 女 名誉，名声

**glōriābundus**, -a, -um 形 自慢げな，誇らしい

**glōrior** [1] 自 [奪]自慢する

**glōriōsus**, -a, -um 形 誇らしい

**Gnaeus**, -ī 男 グナエウス（個人名）

**gnātus** = nātus

**gracilis**, -e 形 痩せた

**Graecī**, -ōrum 男・複 ギリシア人（単 Graecus, -ī）

**Graecia**, -ae 女 ギリシア

**Graecum**, -ī 中 ギリシア語

**Graecus**, -a, -um 形 ギリシアの，ギ

リシア語の
**Grāius**, -a, -um 形 ギリシアの
**grāmen**, -minis 中 草
**grandis**, -e 形 大きい，大粒の，豪華な
**grandō**, -dinis 女 霰，雹
**Granīcus**, -ī 男 グラニーコス（ミューシアの川，前334年のアレクサンドロスの戦勝の場）
**grātia**, -ae 女 恩恵，親切，感謝，ひいき; *grātiā* [属]に配慮して，のために; *grātiās* agere / *grātiam* habēre 感謝する
**grātulor** [1] 自 お祝いを言う
**grātus**, -a, -um 形 感謝している
**gravis**, -e 形 重い，激しい
**graviter** 副 重く，激しく
**grex**, gregis 男 家畜の群，畜群
**grūs**, gruis（複・属 gruum）女 鶴
**gubernō** [1] 他 舵取りする
**gustus**, -ūs 男 味

## H

**habeō** [2] 他 持っている，留め置く，…と思う，考える
**habitō** [1] 自 他 住む
**hāc**; **hae**; **haec**; **hanc**; **hārum**; **hās** → hic¹
**haedilia**, -ae 女 子山羊
**Haeduī**, -ōrum 男・複 ハエドゥイー族（ガッリアの部族）
**haereō** [2] haesī, haesum 自 くっついている，刺さっている，差してある
**haesitō** [1] 自 立ち止まる
**Hannibal**, -alis 男 ハンニバル（カルタゴの将軍）
**Hasdrubal**, -alis 男 ハスドゥルバル（ハンニバルの弟，およびその他のカルタゴ人）
**hasta**, -ae 女 杖
**haud** 副 ない
**hauriō** [4] hausī, haustum 他 汲む
**Hector**, -oris 男 ヘクトール（トロイアの英雄）
**Helvētiī**, -ōrum 男・複 ヘルウェーティイー族（ガッリアの部族）
**herba**, -ae 女 草，茎，葉
**Herculēs**, -is/-ī 男 ヘーラクレース（ギリシアの英雄）
**hērēs**, -ēdis 男 女 相続人
**herī** 副 昨日
**heu** 感 ああ
**heus** 感 おい，もしもし
**hī**; **hīs** → hic¹
**hībernus**, -a, -um 形 冬の
**hic**¹, haec, hoc 代 これ
**hīc**² 副 ここに
**hiems**, -mis 女 冬
**hinc** 副 ここから
**Hispānī**, -ōrum 男・複 ヒスパーニア人
**Hispānia**, -ae 女 ヒスパーニア
**hoc**; **hōrum**; **hōs** → hic¹
**hodiē** 副 今日
**Homērus**, -ī 男 ホメーロス（ギリシアの詩人）
**homō**, -minis 男 人間
**honestās**, -ātis 女 名誉
**honestus**, -a, -um 形 立派な，高貴な
**honor**, -ōris 男 名誉，栄誉，誉れ，尊敬
**hōra**, -ae 女 時間，時
**Horātius**, -ī 男 ホラーティウス（氏族

名，ローマの詩人)
**hordeum**, -ī 中 大麦
**horrendus**, -a, -um 形 恐ろしい
**horreō** [2] -uī, — 他 おびえる，怖がる
**hortor** [1] 他 励ます
**hortus**, -ī 男 庭園
**hospes**, pitis 男 客，外来者，外国人
**hospitālis**, -e 形 もてなしのよい
**hostīlis**, -e 形 敵(から)の
**hostis**, -is 男 女 敵
**hūc** 副 ここへ
**huīc; hūius; hunc**→hic¹
**hūiuscemodī/hūiusce modī** (性質の属格より)このような，次のような
**hūmānē** 副 人間らしく
**hūmāniter** 副 人間らしく
**hūmānus**, -a, -um 形 人間の，教養のある; genus *hūmanum* 人類
**humilis**, -e 形 低い
**humus**, -ī 女 土地; *humī* 地上に，地面に

# I

**iaceō** [2] -uī, — 自 横たわる，寝る，無力である，空しい
**iaciō** [3b] iēcī, iactum 他 投げる
**iam** 副 もう，すでに，今や
**iānitor**, -ōris 男 門番，守衛
**iānua**, -ae 女 戸，扉，玄関
**Iānuārius**, -a, -um 形 1月の; 〜, -ī 男 1月
**Iānus**, -ī 男 ヤーヌス(アーチ型門の神格化，入口と出口に顔のある両面神，戦時に開け，平時に閉める)
**ibī/ibi** 副 ここに，そこに

**Īcarus**, -ī 男 イーカロス(ダイダロスの子)
**īcō** [3] īcī, ictum 他 打つ，突く；[対]に[奪]を投げつける，射当てる
**id**→is, ea, id
**idcircō** 副 それゆえに
**īdem**, eadem, idem 代 同じ，その同じ彼が，同時に
**ideō** 副 それゆえに
**idōneus**, -a, -um 形 適した，ふさわしい
**Īdūs**, -uum 女・複 中日(13日，ただし3月，5月，7月，10月は15日)
**iēcī**→iaciō
**Iēsūs**, -ū 男 イエス(キリスト)
**igitur** 接 (後置) それゆえ
**īgnārus**, -a, -um 形 知らない
**īgnāvia**, -ae 女 臆病，卑怯，敵前逃亡，士気の低さ
**īgnāvus**, -a, -um 形 怠惰な，臆病な
**igneus**, -a, -um 形 火のように熱い，炎熱の
**ignis**, -is 男 火
**īgnōrantia**, -ae 女 無知
**īgnōrō** [1] 他 知らない
**īgnōscō** [3] īgnōvī, īgnōtum 自 赦す，大目に見る
**iī; iīs**→is, ea, id
**Īlias**, -adis 女 『イーリアス』(ホメーロスの叙事詩)
**illābor** [3] -lapsus sum 自 落ちて来る
**ille**, illa, illud 代 あの，あれ
**illigō** [1] 他 結びつける
**illūc** 副 あちらへ
**illūstris**, -e 形 名高い，有名な
**imāgō**, -ginis 女 似姿，肖像

**imbecillitās**, -ātis 女 弱さ, 弱点
**imbellia**, -ae 女 戦闘能力のなさ
**imber**, -bris 男 にわか雨
**imitor** [1] 他 模倣する
**immānis**, -e 形 物凄い, 怪物的な
**immātūrus**, -a, -um 形 未熟の
**immemor**, -oris 形 覚えていない, 忘れている
**immēnsus**, -a, -um 形 計り知れない, 途方もなく大きい
**immeritus**, -a, -um 形 無実の, 罪のない
**immineō** [2] —, — 自 迫る
**immisceō** [2] -miscuī, -mixtum 他 混入する
**immītis**, -e 形 無慈悲な, 容赦ない
**immolō** [1] 他 犠牲に捧げる
**immorior** [3] -mortuus sum 自 [与]の上で死ぬ
**immortālis**, -e 形 不死の
**immōtus**, -a, -um 形 動かない, 不動の
**impavidus**, -a, -um 形 恐れを知らない
**impedīmentum**, -ī 中 妨げ; *impedīmentō* est [与]の邪魔になる
**impediō** [4] 他 歩けなくする, 通行を妨害する, 妨げる
**imperātor**, -ōris 男 将軍, 総司令官, 皇帝
**imperītus**, -ī 男 素人
**imperium**, -ī 中 支配, 支配権, 帝国
**imperō** [1] 自 命令する, 要求する
**impetrō** [1] 他 達成する
**impetus**, -ūs 男 押し寄せ, 襲来, 突撃
**impius**, -a, -um 形 神をないがしろにする, 敬虔でない
**impleō** [2] -ēvī, -ētum 他 満たす
**implicō** [1] -āvī/-uī, -ātum/-itum 他 巻き込む; *implicārī* in morbum 病気にかかる
**implōrō** [1] 他 嘆願する
**impōnō** [3] -posuī, -positum 他 載せる, の上に置く
**importō** [1] 他 輸入する
**impotēns**, -entis 形 抑えられない
**improbus**, -a, -um 形 不正直な, 悪い; 〜, -ī 男 悪人, ならず者
**imprōvīsō** 副 不意に, いきなり
**impūne** 副 罰を受けずに, 安全に
**impūnitās**, -ātis 女 罰せられないこと, 執行猶予
**īmus**, -a, -um 形・最 いちばん下の
**in** 前 [奪]の中[上]に; [対]の中[上]へ, の意に反して, 逆らって
**inb-** → imb-
**incautus**, -a, -um 形 不注意な
**incēdō** [3] -cessī, -cessum 自 堂々と〔悠々と〕歩いて行く
**incendō** [3] -cendī, -cēnsum 他 放火する, 火をつける
**inceptum**, -ī 中 開始, 企て, 計画
**incertus**, -a, -um 形 不確かな
**incessus**, -ūs 男 歩き方, 大股歩き
**incidō** [3] -cidī, — 自 落ちる, 陥る, 訪れる; *incidere* in の中に落ちる, を受ける
**incipiō** [3b] -cēpī, -ceptum 自 始まる, 始める
**incitō** [1] 他 駆り立てる
**incohō** [1] 他 始める
**incola**, -ae 男 女 住人, 住民
**incolō** [3] -coluī, -cultum 自 住む

**incolumis**, -e 形 無傷の，無事の
**incommodum**, -ī 中 不都合，不幸
**incontinēns**, -entis 形 ずうずうしい
**incrēdibilis**, -e 形 信じられない
**incūriōsus**, -a, -um 形 [属]に無頓着な
**incūsō** [1] 他 中傷する
**inde** 副 そこから，それから，その時から；〜 ā/ab のときから
**indicō** [1] 他 告知する，示す，裏切る；sē *indicāre* 素性が知れる
**indigentia**, -ae 女 本性
**indigeō** [2] -uī, — 自 [属]必要とする
**indīgnus**, -a, -um 形 品位に欠ける
**indoctus**, -a, -um 形 無学な
**indūcō** [3] -dūxī, -ductum 他 引き込む，引き入れる，受け入れる，導入する，覆う
**induō** [3] -uī, -ūtum 他 着る，身にまとう
**industria**, -ae 女 勤勉
**ineō**, -īre, -iī, -itum 自 他 入る，始まる，始める
**inermis**, -e 形 非武装の
**iners**, -rtis 形 無為の，怠惰な
**īnfāns**, -antis (複・属) -ium/-um) 男 女 子供
**īnfēlīx**, -īcis 形 不幸な，不毛の，実りのない
**īnferī**, -ōrum 男・複 冥界，死者の国，死者たち
**īnferior**, -ius 形・比 より下の，より低い
**īnferō**, īnferre, intulī, illātum 他 もたらす
**īnferus**, -a, -um 形 下の

**īnfestus**, -a, -um 形 敵意のある，[奪]を敵視する
**īnfīdus**, -a, -um 形 不実の
**īnfimus**, -a, -um 形・最 いちばん下の
**īnfirmus**, -a, -um 形 弱い
**īnflammō** [1] 他 点火する，燃え上がらせる
**īnflectō** [3] -flexī, -flexum 他 曲げる；sē *īnflectere* 曲がる
**īnflō** [1] 他 [対]に[奪]を吹き込む
**īnfōrmis**, -e 形 醜い，不面目な
**īnfrā** 副 下に；前 [対]の下に
**ingemīscō** [3] -muī, — 他 うめく，嘆く
**ingenium**, -ī 中 才能
**ingēns**, -entis 形 巨大な
**ingenuus**, -a, -um 形 自由身分の，上流階級の
**ingrātus**, -a, -um 形 感謝していない，不満の
**iniciō** [3b] -iēcī, -iectum 他 入れる，投入する，出す
**inimīcus**, -ī 男 敵，政敵
**inīquus**, -a, -um 形 平らでない
**initiō** 副 初めに，初めは
**initium**, -ī 中 初め，根源
**initus** → ineō
**iniūria**, -ae 女 不正，加害，侮辱；*iniūriā* 不正に
**iniūstē** 副 不当に，不公正に
**iniūstus**, -a, -um 形 不正の
**inm-** → **imm-**
**innītor** [3] -nīxus/-nīsus sum 自 寄りかかる，身を支える
**innocēns**, -entis 形 潔白な，無害な
**inopia**, -ae 女 欠乏，困窮
**inp-** → **imp-**

**inquam** 自 言う

**īnsānus**, -a, -um 形 正気でない，狂った

**īnscītus**, -a, -um 形 奇妙な

**īnscrībō** [2] -scrīpsī, -scrīptum 他 刻みつける，書き込む

**īnscrīptiō**, -ōnis 女 銘文

**īnsequor** [3] -secūtus sum 自 続く

**īnserō** [3] -ruī, -rtum 他 中へ入れる，差し込む，はめ込む

**īnsidiae**, -ārum 女・複 待ち伏せ，待ち伏せ場所，伏兵，策略

**īnsīgne**, -is 中 装飾品

**īnsīgnis**, -e 形 際立つ

**īnsolitus**, -a, -um 形 見慣れない

**īnstituō** [3] -uī, -ūtum 他 [対]に[奪]を教える; 始める

**īnstō** [1] -stitī, -statūrus 自 迫る

**īnstruō** [3] -rūxī, -rūctum 他 配置する，組み立てる，編成する

**īnsula**, -ae 女 島

**integer**, -gra, -grum 形 無傷の，けがれのない

**intellegō** [3] -lēxī/-lēgī, -lēctum 他 理解する，気がつく

**inter** 前 [対]の間に; ～ sē 互いに

**interclūdō** [3] -clūsī, -clūsum 他 切り離す，妨げる

**interdīcō** [3] -dīxī, -dictum 自 [与]に禁止する

**interdum** 副 ときどき，時折，ときには

**intereā** 副 その間，それまでの間

**interest** → intersum

**interficiō** [3b] -fēcī, -fectum 他 殺す

**interim** 副 その間に

**interior**, -ius 形・比 中の，より奥の

**interitus**, -ūs 男 全滅，死

**interius** 副 内部で

**intermittō** [3] -mīsī, -missum 他 過ぎ行かせる

**interneciō**, -ōnis 女 殲滅，皆殺し

**internus**, -a, -um 形 国内の

**interrogō** [1] 他 に質問する

**intersum**, -esse, -fuī, — 自 間にある，現場にいる，[与]に参加する; *interest* 非 重要である，利益になる

**intexō** [3] -texuī, -textum 他 [対]に[奪]を巻きつける

**intimus**, -a, -um 形・最 いちばん奥の

**intrā** 副 中に，内に; 前 [対]の内部に

**intrō** [1] 自 入る

**intrōrsus** 副 中へ

**intrōvorsus** = intrōrsus

**intulī** → īnferō

**intus** 副 中に，中で

**inundō** [1] 他 灌漑する

**inūtilis**, -e 形 役に立たない

**inveniō** [4] -vēnī, -ventum 他 発明する，考案する

**investīgō** [1] 他 調査する，つきとめる

**invicem/in vicem** 副 かわるがわる，交互に

**invideō** [2] -vīdī, -vīsum 自 [与]妬む

**invidia**, -ae 女 嫉妬，憎しみ

**invītō** [1] 他 招待する

**invītus**, -a, -um 形 嫌がっている，意に反して，心ならずも

**iocus**, -ī 男 冗談

**Iov-is, -ī, -em, -e** → Iuppiter

**ipse**, ipsa, ipsum 代 自分が，自分で，自体，そのもの，正にその，当の本

人が

**īra**, -ae 女 怒り

**īrācundus**, -a, -um 形 怒りっぽい

**īrāscor** [3] —, — 自 怒る

**īrātus**, -a, -um 形 怒った

**īre** → eō

**is**, ea, id 代 それ, その; 彼, 彼女, それ; *id* est すなわち

**Issus**, -ī 女 イッソス (キリキアの市, 前333年のアレクサンドロスの戦勝の地)

**iste**, ista, istud 代 それ, 君のそれ

**ita** 副 そのように, そう

**Italia**, -ae 女 イタリア

**itaque**[1] 副 = et ita

**itaque**[2] 接 だから, そのために, その結果

**īte** → eō

**iter**, itineris 中 道, 旅, 通行; 〜 facere 旅をする, 行く; (時間当たりの)行程; magnīs *itineribus* 強行軍で

**iterō** [1] 他 繰り返す

**iterum** 副 2度目に

**itidem** 副 同様に

**iubeō** [2] iussī, iussum 他 命じる, 決議する

**iūcundus**, -a, -um 形 好ましい

**iūdex**, -dicis (複・属 -ium) 男 判事

**iūdicium**, -ī 中 判断

**iūdicō** [1] 他 判断する, と思う, と公示する

**iūgerum**, -ī (複・属 -um) 中 ユーゲルム(畑の面積単位, 1/4 ha)

**Iugurtha**, -ae 男 ユグルタ(ヌミディアの王)

**Iūlia**, -ae 女 ユーリア(女性名)

**Iūlius**[1], -ī 男 ユーリウス(氏族名)

**Iūlius**[2], -a, -um 形 7月の; 〜, -ī 男 7月

**iungō** [3] iūnxī, iūnctum 他 結ぶ, 結合する

**Iūnia**, -ae 女 ユーニア(女性名)

**iūniōrēs**, -um 男・複 青壮年(20-45歳)の人々

**Iūnius**, -a, -um 形 6月の; 〜, -ī 男 6月

**Iūnō**, -ōnis 女 ユーノー(女神, ギリシアのヘーラーに同一化)

**Iuppiter/Iūpiter**, Iovis 男 ユッピテル(最高神, ギリシアのゼウスに同一化)

**iūre** 副 正当に

**iūrō** [1] 自 誓う

**iūs**, iūris 中 法, 法律, 権利; 〜 iūrandum 誓い

**iussus**, -ūs 男 命令

**iūsta**, -ōrum 中・複 葬儀

**iūstitia**, -ae 女 正義, 正義心

**iūstus**, -a, -um 形 公正な, 正しい

**iuvenis**, -is (複・属 -um) 男 形 青年, 若い; 比 iūnior, 最 maximus nātū

**iuventūs**, -ūtis 女 青年たち

**iuvō** [1] iūvī, iūtum 他 助ける, 喜ばせる; mē *iuvat* 非 私は喜んでいる

**iuxtā** 前 [対] ぴったりそばに

## L

**Labiēnus**, -ī 男 ラビエーヌス(家名, Caesar の副官 T. Attius 〜)

**labor**[1], -ōris 男 苦労, 仕事, 労働, 難行

**lābor**[2] [3] lapsus sum 自 滑る, 滑り落ちる

**labōriōsus**, -a, -um 形 勤勉な，働き者の
**labōrō** [1] 自 働く，苦しむ
**lac**, lactis 中 乳
**Lacedaemoniī**, -ōrum 男・複 ラケダイモニア人，スパルタ人
**lacertus**, -ī 男 上膊，肩
**lacessō** [3] -īvī/-iī, -ītum 他 挑発する，挑戦する，挑む
**lacrima**, -ae 女 涙
**lacus**, -ūs 男 湖，大樽
**laedō** [3] laesī, laesum 他 打つ，傷つける
**Laelius**, -ī 男 ラエリウス（氏族名，スキーピオー・アエミリアーヌスの友，キケローの『友情論』の主役）
**laetitia**, -ae 女 喜び
**laetor** [1] 自 喜ぶ
**laevus**, -a, -um 形 左の，愚かな
**lampas**, -adis 女 松明
**langueō** [2] -guī, — 自 ぐったりしている，無気力である
**laniō** [1] 他 引き裂く
**lapis**, -idis 男 石
**largē** 副 惜しまずに
**largiter** 副 惜しまずに
**largus**, -a, -um 形 出し惜しみしない
**latēns**, -entis 形 隠れている
**lateō** [2] -uī, — 自 隠れる
**Latīnus**, -a, -um 形 ラティウムの，ラテン語の
**Lātōna**, -ae 女 ラートーナ（女神，ギリシアのレートー）
**lātum**, **lātus**[1] → ferō
**latus**[2], lateris 中 側面，脇腹
**lātus**[3], -a, -um 形 幅の広い
**laudātiō**, -onls 女 賞賛演説

**laudō** [1] 他 ほめる，賞賛する
**laurea**, -ae 女 月桂樹，月桂冠
**laurus**, -ī 女 月桂樹
**laus**, laudis (複・属) -um/-ium) 女 賞賛
**lavō** [1] lāvī, lautum 他 洗う; *lavor* 入浴する，水浴する
**lectīca**, -ae 女 担架，輿
**lectus**, -ī 男 寝床，（死者を載せる）台
**lēgātus**, -ī 男 使者，使節，副官
**legiō**, -ōnis 女 軍団
**legō** [3] lēgī, lēctum 他 読む，選出する
**lēniō** [4] 他 軽減する
**lēnis**, -e 形 穏やかな
**lentus**, -a, -um 形 強靱な
**leō**, -ōnis 男 獅子
**lepidē** 副 軽妙に
**Lesbium**, -ī 中 レスボス島産のブドウ酒
**lētum**, -ī 中 死
**levis**[1], -e 形 軽い
**lēvis**[2], -e 形 滑らかな
**levō** [1] 他 軽くする
**lēx**, lēgis 女 法律，法文; *lēge* 法に従って
**libenter** 副 喜んで
**liber**[1], -brī 男 本，巻
**līber**[2], -era, -erum 形 自由な, [属] から解放された
**līberālitās**, -ātis 女 高潔さ
**līberātor**, -ōris 男 解放者
**līberī**, -ōrum/-um 男・複 子供たち
**līberō** [1] 他 解放する
**lībertās**, -ātis 女 自由
**lībertus**, -ī 男 解放された奴隷，解放奴隷
**libet/lubet** [2] -buit/-bitum est 非

[与]にとって好ましい，の気に入る
**lībō** [1] 他 触れる，さわる
**licet**[1] [2] -uit/-itum est 非 [与]に許されている，してもよい，できる
**licet**[2] 接 としても
**Licinia**, -ae 女 リキニア(女性名)
**Licinius**, -ī 男 リキニウス(氏族名)
**Ligurēs**, -um 男・複 リグリア人(北イタリアの民族=リグリア)
**lingua**, -ae 女 舌，言語
**linter**, -tris 女 小舟
**līquor** [3] ── ── 自 融ける，液体を流す，泣く
**līs**, lītis 複・属 -ium 女 喧嘩
**lītigō** [1] 自 争う，喧嘩する
**littera**, -ae 女 文字；複 手紙，文書，知らせ，文学，学問，書物
**locus**, -ī 男 場所，身分(複は中 loca, -ōrum)；locō [属]として，のように
**lolium**, -ī 中 ドクムギ
**longē** 副 遠くまで，ずば抜けて
**longus**, -a, -um 形 長い
**loquor** [3] locūtus sum 自 話す
**lūceō** [2] -xī, ── 自 輝く
**Lūcius**, -ī 男 ルーキウス(個人名)
**Lucrētilis**, -is 男 ルクレーティリス山(ホラーティウスの荘園のあるサビーニー地方の山)
**lūctus**, -ūs 男 悲しみ
**lūcus**, -ī 男 神苑，杜，森
**lūdus**, -ī 男 遊び，競技；複 競技会；*lūdīs* 競技会のときに
**lūgeō** [2] lūxī, lūctum 自 悲しむ，嘆く
**lūmen**, lūminis 中 光，日，眼差し
**lūna**, -ae 女 (天体の)月
**lupus**, -ī 男 狼

**lūx**, lūcis 女 光，昼間；*lūcī/lūce* 日中に
**luxuria**, -ae 女 享楽
**Lycaeus**, -ī 男 リュカイオン山(アルカディアの山，パーンの聖地)
**Lȳdī**, -ōrum 男・複 リューディア人
**Lȳsander**, -drī 男 リューサンドロス(スパルタの将軍，前404年アテーナイ征服)

## M

**Macedonĕs**, -num 男・複 マケドニア人
**machaera**, -ae 女 剣
**Maecēnās**, -ātis 男 マエケーナース(家名：アウグストゥスの親友，文芸保護者，フランス語「メセナ」の語源)
**maereō** [2] -uī, ── 自 悲しむ
**maestus**, -a, -um 形 悲しい
**magis** 副・比 より多く，むしろ；nōn ~ … quam… …と同様に…も(ある)，…も…もない
**magister**, -trī 男 教師
**magistra**, -ae 女 女教師
**magistrātus**, -ūs 男 官職，行政官
**magnificus**, -a, -um 形 すばらしい，立派な: 比 -centior, 最 -centissimus
**magnitūdō**, -dinis 女 大きさ
**magnopere** 副 大いに；~ tribuere [与]を誇る，威張る，自慢する
**magnus**, -a, -um 形 大きい；*magnī* 価値が高い，大いに，きわめて
**Maharbal**, -alis 男 マハルバル(カルタゴ軍の隊長)
**māior**, -ius 形・比 より大きい；~ nātū

年上の

**māiōrēs**, -um 男・複 祖先

**Māius**, -a, -um 形 5月の; 〜, -ī 男 5月

**male** 副 悪く, ひどく

**maledicus**, -a, -um 形 悪口を言う

**maleficium**, -ī 中 悪事, 悪行

**mālim** むしろ…するように（mālō の接続法現在より）

**māllem** むしろ…であればよいのに（mālō の接続法未完了過去より）

**mālō**, mālle, māluī, — 自 むしろ欲する

**malum**, -ī 中 悪, 不幸, 苦痛, 悲しみ

**malus**[1], -a, -um 形 悪い

**mālus**[2], -ī 女 リンゴの木

**mandātum**, -ī 中 任務

**mandō** [1] 他 預ける, 渡す, 任せる, 求める

**māne** 副 朝, 早朝に

**maneō** [2] mānsī, mānsum 自 残る, 留まる

**mānēs**, -ium 男・複 死者の霊魂

**manifestus**, -a, -um 形 見破られた, ばれた

**manipulus**, -ī 男 中隊

**Mānius**, -ī 男 マーニウス（個人名）

**Manlius**, -ī 男 マンリウス（氏族名）

**mānō** [1] 自 流れる, 滴る,［奪］に濡れている

**manus**, -ūs 女 手, 群, 一団, 部隊

**Marathōn**, -ōnis 男（女）マラトーン（ギリシアの村）

**Mārcellus**, -ī 男 マールケッルス（家名, ローマの将）

**Mārcus**, -ī 男 マールクス（個人名）

**mare**, maris 中 海; ā *marī* 海側に; terrā *marī*que 陸に海に, 陸上でも海上でも

**marīnus**, -a, -um 形 海の

**marītus**, -ī 男 夫

**Marius**, -ī 男 マリウス（氏族名, ローマの政治家・軍制改革者）

**marmor**, -oris 中 大理石

**Mārs**, Mārtis 男 マールス（ローマの軍神）

**Mārtiālis**, -e 形 マールス神の

**Mārtius**, -a, -um 形 マールスの, 戦争の, 3月の; 〜, -ī 男 3月

**mās**, maris 男 男

**māter**, -tris 女 母; 〜 familiae〔古 familiās〕主婦

**mātrōna**, -ae 女 主婦, 妻, 夫人

**mātūrus**, -a, -um 形 熟した

**Māvors**, -ortis 男 = Mārs

**maximē** 副・最 もっとも多く, 最大に, とくに

**maximus**, -a, -um 形・最 最大の

**mē** → egō

**mēcum** = cum + mē 私と一緒に, 内心で

**medeor** [2] — 自［与］を治療する, 治す

**medicīna**, -ae 女 薬, 医学, 医療

**medicus**, -ī 男 医師

**meditor** [1] 他 熟慮する

**medius**, -a, -um 形 中央の, 中の; *medium* mare 地中海; *media* nox 真夜中

**meī** → egō; meus

**mel**, mellis 中 蜜

**melior**, -ius 形・比 より良い

**membrum**, -ī 中 体の部分;［複］手足,

四肢，体
**meminī**, -isse 自 覚えている，思い出す（現在幹を欠き，完了が現在の意味になる）
**memor**, -oris 形 覚えている
**memoria**, -ae 女 記憶，記憶力，時代，記録，伝承，伝説; *memoriā* tenēre 覚える; *memoriae* prōdere〔trādere〕伝承する，伝える
**memorō** [1] 他 語る
**mendāx**, -ācis 形 嘘つきの
**mēns**, mentis 女 精神，理性，心
**mēnsa**, -ae 女 テーブル
**mēnsis**, -is （複・属 -ium/-um）男 （暦の）月
**mentior** [4] 自 嘘をつく
**Mercurius**, -ī 男 メルクリウス（神）
**merīdiē** 副 正午に
**merīdiēs**, -ēī 女 正午
**meritum**, -ī 中 功績，親切
**Messāla/Messalla**, -ae 男 メッサーラ，メッサッラ（家名，ティブッルスのパトロン）
**messis**, -is 女 取り入れ，刈り入れ，収穫物
**metamorphōsis**, -is 女 変身; 複 *Metamorphōsēs*, -seōn『変身物語』
**Metellus**, -ī 男 メテッルス（家名）
**mētior** [4] mēnsus sum 他 量る，計測する，分配する
**metuō** [3] -uī, — 他 恐れる
**metus**, -ūs 男 恐怖
**meus**, -a, -um 形 私の
**mī** 1 meus の男性単数呼格 2=mihĭ
**micō** [1] -cuī, — 自 ぴくぴくする
**mihī/mihi**→egō
**mīles**, -litis 男 兵士

**Mīlēsius**, -a, -um 形 ミーレートスの
**Mīlētus**, -ī 女 ミーレートス（イオーニアの市，タレースの生地）
**mīlia**→mille
**mīlitāris**, -e 形 軍隊の; rēs ～ 軍隊のこと，軍事
**mīlitia**, -ae 女 軍務，戦場勤務，従軍; domī mīlitiaeque 家でも戦場でも，平時にも戦時にも
**mīlitō** [1] 自 従軍する，軍務に服す
**mīlle** 形・不変 1000（複数は名詞: mīlia, -um 中・複）
**Miltiadēs**, -is/-ī 男 ミルティアデース（Athēnae の政治家，マラトーンの勝利者）
**minae**, -ārum 女・複 脅迫
**mināx**, -ācis 形 脅迫的な
**Minerva**, -ae 女 ミネルワ（女神，ギリシアのアテーナーに同一化）
**minimē** 副・最 もっとも少なく，少しもない
**minimus**, -a, -um 形・最 最小の; *minimī* 最小の価値の
**minor**[1] [1] 他 脅かす，脅迫する
**minor**[2], minus 形・比 より小さい，より若い，より劣っている; *minōris* 価値〔価格〕がより低い〔低く〕
**Minucius**, -ī 男 ミヌキウス（氏族名）
**minuō** [3] -nuī, -nūtum 他 減らす; *minuī* 減る，減退する
**minus** 副・比 より少なく; nōn ～ quam... ...と同様に...も，...も も; sī ～ もしなければ，だめなら
**mīror** [1] 他 驚嘆する，驚く
**mīrus**, -a, -um 形 不思議な
**misceō** [2] miscuī, mixtum 他 混ぜる

**miser**, -era, -erum 形 哀れな,惨めな,悲しい
**miserābilis**, -e 形 哀れむべき,かわいそうな
**miserē** 副 みじめに
**misereor** [2] 自 [属]を憐れむ
**miseret** [2] ―, ― 非 mē miseret 私は[属]を哀れむ
**misericordia**, -ae 女 慈悲心,憐憫
**missilis**, -e 形 投擲用の,飛び道具の
**mītēscō** [3] ―, ― 自 穏やかになる
**mittō** [3] mīsī, missum 他 送る,派遣する
**mixtus** → misceō
**modestē** 副 謙虚に
**modestia**, -ae 副 慎み
**modestus**, -a, -um 形 質素な,控え目な,謙虚な
**modius**, -ī (複・属 -ium) 男 モディウス (穀物の枡単位)
**modo**[1] 副 のみ,だけ,たった今; nōn 〜 のみならず; 〜…〜…あるときは…あるときは…
**modo**[2] 接 しさえすれば
**modus**, -ī 男 制限,限度,方法,種類
**moenia**, -ium 中・複 城壁
**mōlēs**, -is 女 塊
**molestē** 副 わずらわしく,不愉快に;〜 ferre 腹が立つ,腹を立てる
**molestus**, -a, -um 形 わずらわしい,重苦しい
**mōlior** [4] 他 企てる
**mollis**, -e 形 柔らかい,軟弱な
**moneō** [2] 他 警告する,忠告する,注意する
**monīle**, -is 中 首飾り

**mōns**, montis 男 山
**mōnstrum**, -ī 中 怪物
**monumentum**, -ī 中 記念碑
**morbus**, -ī 男 病気
**moribundus**, -a, -um 形 死につつある
**morior** [3b] mortuus sum 自 死ぬ
**moror** [1] 自他 留まる,引き留める
**mors**, mortis 女 死,死刑
**mortālis**, -e 形 死すべき,人間の; 〜, -is 男 死すべきもの,人間
**mortuus**, -a, -um 形 死んだ; 〜, -ī 男 死者
**mōs**, -ōris 男 習慣,方法,仕方; mōre [属]のように; mōrēs 複 性格,振舞い,生き方
**mōtus**, -ūs 男 動き
**moveō** [2] mōvī, mōtum 他 動かす,移動する,感動させる; movērī 動く
**mox** 副 まもなく
**Mūcius**, -ī 男 ムーキウス(氏族名); G. 〜 Scaevola ポルセンナ暗殺を企てたローマの英雄
**mulier**, -eris 女 女,妻
**multiplex**, -plicis 形 多数倍の,何倍もの
**multitūdō**, -dinis 女 多数
**multō**[1] 副 はるかに
**multō**[2] [1] 他 罰する
**multum** 副 大いに,しばしば
**multus**, -a, -um 形 多くの,大量の
**mundus**, -ī 男 世界
**mūniō** [4] 他 (道路を)敷設する
**mūnus**, -neris 中 贈り物,賜物,賄賂
**mūrus**, -ī 男 壁,城壁
**mūs**, mūris (複・属 -ium/-um) 男 ネズミ

**Mūsa**, -ae 女 ムーサ(学問・芸術の女神); *mūsa* 音楽, 歌, 詩, 文芸
**mustum**, -ī 中 新酒
**mūtō** [1] 他 変える, 交換する

## N

**nam/namque** 接 なぜなら
**nancīscor** [3] nactus sum 他 たまたま手に入れる, 出会う
**narcissus**, -ī 男 水仙
**narrō** [1] 他 話す, 物語る, 話して聞かせる
**nāscor** [3] nātus sum 自 生まれる, 生える
**Nāsō**, -ōnis 男 ナーソー(家名)
**nāsus**, -ī 男 鼻
**nāta**, -ae 女 娘
**nātiō**, -ōnis 女 民族, 国
**natō** [1] 自 泳ぐ
**nātūra**, -ae 女 自然, 本性, 特性; *nātūrā* 本来
**nātus**[1], -a, -um 分・形 生まれた, 生まれの, 年齢で
**nātus**[2], -ī 男 息子
**nātus**[3], -ūs 男 生まれ; minor *nātū* 年下の; māior *nātū* 年上の
**nauta**, -ae 男 船乗り
**nāvicula**, -ae 女 小舟
**nāvigium**, -ī 中 船
**nāvigō** [1] 自 船で行く, 船を進める
**nāvis**, -is 女 船; ~ longa 軍船
**-ne**[1] 小 か
**nē**[2] 副 するな; ~... quidem 決してない, さえも…ない
**nē**[3] 接 ないように, するのではないかと, ことを, ないとしても

**Neāpolis**, -is 女 ネアーポリス(市), ナポリ
**nebula**, -ae 女 霧
**nec** → neque
**necessārius**, -a, -um 形 必要な
**necesse** 形・不変 (中性単数) 不可避の; ~ est 必要である
**necne** 小 か否か
**necō** [1] 他 殺す
**nefās** 中・不変 不法, 罪; ~ est 罪である
**neglegēns**, -entis 形 いい加減な; [属] を怠っている
**neglegentia**, -ae 女 だらしなさ, 怠慢
**neglegō** [3] -lēxī, -lēctum 他 無視する
**negō** [1] 他 否定する, ではないと言う
**negōtium**, -ī 中 仕事
**nēmō**, —, nēminī, nēminem, — 男 誰も…ない
**nemus**, -oris 中 森
**Neoclēs**, -is 男 ネオクレース(アテーナイの人, テミストクレースの父)
**nepōs**, -ōtis 男 孫
**Neptūnus**, -ī 男 ネプトゥーヌス(神, 海の支配者, ギリシアのポセイドーンに同一化)
**nēquam** 形・不変 無価値の; 比 nēquior, 最 nēquissimus
**neque/nec** 接 もない, また…ない; *neque…neque…* / *nec…nec…* …も…もない; nihil *neque… neque…* …も…もない
**nequeō**, nequīre, nequīvī, — 自 できない
**Nerō**, -ōnis 男 ネロー(家名)

— 512 —

**nesciō** [4] 他 知らない；～ quis 誰か；～ quid 何か；～ quō pactō 何とかして；～ quandō いつの間にか

**nescius**, -a, -um 形 知らない

**nēve** 接 また…ないように

**nex**, necis 女 殺害

**nī**→nisi

**nīdus**, -ī 男 巣

**nihil** 中・不変 副 何もない，ぜんぜん…ない，無

**nihilī** まったく価値のない(価値の属格)(nihil の古形 nihilum の属格)

**nihilō** まったく安く(価格の奪格)(同上の奪格)

**nihilōminus/nihilō minus** 副 それにもかかわらず，それでも

**nīl**＝nihil

**nimis** 副 あまりにも

**ningit** [3] nīnxit, — 非 雪が降る

**Nioba/Niobē**, -ae 女 ニオベー(ギリシア神話の女性．傲慢の罰で子供たちをアポッローンとディアーナに殺された)

**nisī/nisi/nī** 接 もし…なければ，…以外

**nītor** [3] nīxus/nīsus sum 自 寄りかかる，身を支える，頼る

**nix**, nivis (複・属 -ium) 女 雪

**nōbilis**, -e 形 高貴な，有名な

**nōbīs**→nōs

**nōbīscum**＝cum＋nōbīs 我々といっしょに

**noctū** 副 夜に，夜中に

**nocturnus**, -a, -um 形 夜の

**nōdus**, -ī 男 呪縛，束縛

**nōlim** ないように (nōlō の接続法現在より)

**nōllem** でなければよいのに (nōlō の接続法未完了過去より)

**nōlō**, nōlle, nōluī, — 自 欲しない，認めない

**nōmen**, -minis 中 名前，名目；氏族名 (＝ nōmen gentīle/gentīlicium)；*nōmine* [属]の名目で，として

**nōminō** [1] 他 名づける，呼ぶ

**nōn** 副 …ない；～…sed… …ではなく…である；～ sōlum… sed etiam … …のみならず…もまた

**nōndum** 副 まだ…ない

**nōnne** 小 だろうね

**nōnnūllus**, -a, -um 形 若干の，いくつかの

**nōnus**, -a, -um 形 第9番目の

**nōs**, nostrī/nostrum, nōbīs, nōs, nōbīs 代 我々

**nōscō** [3] nōvī, nōtum 他 知る；nōvī, nōvisse/nōsse 知っている

**nōsse**→nōscō

**noster**, -tra, -trum 形 我々の

**nostrī; nostrum**→nōs; noster

**notō** [1] 他 認める，気づく

**nōtus**, -a, -um 形 知られている，有名な；[与]に知られている，が知っている

**novem** 形・不変 9

**November**, -bris, -bre 形 11月の；～, -bris 男 11月

**nōvī**→nōscō

**novus**, -a, -um 形 新しい，新奇な，奇怪な；*novae* rēs 新しい事態，政変

**nox**, noctis 女 夜

**nūbēs**, -is 女 雲

**nūdus**, -a, -um 形 裸の，むき出しの

**nūllus**, -a, -um (属 -īus, 与 -ī) 形 ひ

とつもない，誰も…ない
**num** 小 だろうか
**numerō** [1] 他 数える，持つ
**numerus**, -ī 男 数，規模; *numerō* 数の点で，数において
**Numidae**, -ārum 男·複 ヌミディア人（北アフリカの民族）
**nummus**, -ī（複·属 nummum）男 金銭，貨幣
**numquam** 副 決してない
**nunc** 副 今
**nuncupō** [1] 他 名を言う
**nūntiō** [1] 他 知らせる，報告する
**nūntius**, -ī 男 使者，伝令，知らせ，通知
**nūper** 副 最近
**nux**, nucis（複·属 -ium）女 堅果，くるみ
**Nympha**, -ae / **Nymphē**, -ēs 女 ニンフ

## O

**ō** 感 おお，何と
**ob** 前［対］のために（原因）
**obeō**, -īre, -iī/-īvī, -itum 自 死ぬ
**obiciō** [3b] -iēcī, iectum 他 向ける
**oblīvīscor** [3] -lītus sum 自（他）［属〔対〕］を忘れる
**oboediō** [4] 自 従う，言うことを聞く
**obruō** [3] -ruī, -rutum 他 押しつぶす
**obscūritās**, -ātis 女 曖昧さ
**obscūrō** [1] 他 曖昧にする
**obsecrō** [1] 他 切願する，誓う
**obsequor** [3] -secūtus sum 自［与］に従う，を守る

**observō** [1] 他 観察する，注目する
**obses**, -sidis 男 女 人質
**obsideō** [2] -sēdī, -sessum 他 包囲する
**obstantia**, -ae 女 障害物
**obstō** [1] -stitī, -statūrus 自 妨げる
**obtemperō** [1] 自［与］に従う
**obtineō** [2] -tinuī, -tentum 他 獲得する
**obtrectātiō**, -ōnis 女 非難，軽蔑; *obtrectātiōnī* esse 非難の的になる，軽蔑される（目的の与格）
**obtulī** → offerō
**obviam** 副 出迎えに，向かって
**occāsiō**, -ōnis 女 機会
**occidēns**, -entis 形 沈む，没する; 男 西
**occidō**[1] [3] -cidī, -cāsum 自 滅びる，倒れる，死ぬ
**occīdō**[2] [3] -cīsī, -cīsum 他 殺す，打ち殺す
**occultō** [1] 他 隠す; sē *occultāre* 隠れる
**occupō** [1] 他 占領する，占拠する
**occurrō** [3] -currī/-cucurrī, -cursum 自 駆け寄る
**Ōceanus**, -ī 男 大洋，外海
**ocellus**, -ī 男 目玉，大切なもの
**ōcior**, -ius 形·比 より速い
**ōcissimus**, -a, -um 形·最 最速の
**Octāvia**, -ae 女 オクターウィア（女性名）
**Octāviānus**, -ī 男 オクターウィアーヌス（オクターウィウス氏族からの養子の意．のちの皇帝アウグストゥス）
**octāvus**, -a, -um 形 第8の

**octō** 形・不変 8

**Octōber**, -bris, -bre 形 10月の；～, -bris 男 10月

**octōgintā** 形・不変 80

**octōnī**, -ae, -a 形・複 8つずつの

**oculus**, -ī 男 目

**ōdī**, ōdisse, ōsūrus 他 憎む，嫌う（現在幹を欠き，完了が現在の意味になる）

**odium**, -ī 中 憎しみ，嫌悪；*odiō* esse 嫌われている

**offendō** [3] -fēnsī, -fēnsum 他 傷つける，不快にする

**offēnsa**, -ae 女 恨み

**offēnsiō**, -ōnis 女 不快感，腹立ち

**offerō**, offerre, obtulī, oblātum 他 持ってくる

**officium**, -ī 中 勤務，義務，義務感

**olea**, -ae 女 オリーブの木

**olēns**, -entis 形 くさい

**oleum**, -ī 中 オリーブ油

**ōlim** 副 かつて，昔

**Olympia**, -ōrum 中・複 オリュンピア競技会，オリンピック

**omittō** [3] -mīsī, -missum 他 放棄する，抜かす，やめる

**omnīnō** 副 完全に，まったく，全部で，…しか

**omnis**, -e 形 すべての

**onustus**, -a, -um 形 [奪]を背負った，積んだ

**opēs** → ops

**opīniō**, -ōnis 女 意見，見解，予想；～ est と考えられている

**opīnor** [1] 自 思う，推測する

**oportet** [2] -uit, — 非 べきである，ねばならぬ

**opperior** [4] -pertus sum 自 待つ

**oppidānus**, -ī 男 町民，市民

**oppidum**, -ī 中 町，都市，城郭都市

**Oppius**, -ī 男 オッピウス（氏族名）

**opportūnē** 副 幸運に

**opprimō** [3] -pressī, -pressum 他 圧迫する，制圧する，弾圧する，奇襲する，襲撃する

**oppūgnātiō**, -ōnis 女 攻撃

**oppūgnō** [1] 他 攻撃する

**ops**, opis 女 力，助力，助け；opēs, -um 複 富，財産

**optimē** 副 もっとも良く

**optimus**, -a, -um 形・最 最良の，最優秀の

**optō** [1] 他 願う，望む

**opulentus**, -a, -um 形 豊かな

**opus**, operis 中 著作，作品，仕事；～ est 必要である

**ōrāculum**, -ī 中 神託

**ōrātiō**, -ōnis 女 演説，説教，言葉

**ōrātor**, -ōris 男 雄弁家，演説家

**orbis**, -is 男 円形，天空；～ terrārum〔terrae〕世界

**orbus**, -a, -um 形 子のない

**ōrdo**, -dinis 男 階層，階級

**Orestēs**, -ae/-is 男 オレステース（ギリシアの英雄）

**Orgetorīx**, -īgis 男 オルゲトリークス（ヘルウェーティイー族の指導者）

**oriēns**, -entis 形 昇る，男 東

**ōrnāmentum**, -ī 中 飾り，装飾

**ōrnātum**, -ī 中 装飾

**ōrnō** [1] 他 飾る，装備を施す

**ōrō** [1] 他 懇願する，願う，祈る

**ortus**, -a, -um 形 [奪]の生まれの，出身の

**os**¹, ossis (複 ossa, ossium) 中 骨
**ōs**², ōris 中 口，顔
**ōsculum**, -ī 中 おちょぼ口，口づけ
**ostendō** [3] -tendī, -tentum 他 差し出す，見せる，約束する
**Ōstia**, -ae 女 オースティア(ラティウムの市)
**ōtiōsus**, -a, -um 形 暇な，勤務を離れている，閑雅な
**ōtium**, -ī 中 休暇
**Ovidius**, -ī 男 オウィディウス(氏族名，ローマの詩人)
**ōvum**, -ī 中 卵

## P

**pābulum**, -ī 中 飼料
**pācātus**, -a, -um 形 平和に生きている，おとなしい
**pacīscor** [3] pactus sum 自 他 取り決める，条約を締結する
**pactum**, -ī 中 方法
**Padus**, -ī 男 パドゥス川，ポー川
**paedagōgus**, -ī 男 養育係，家庭教師
**paene** 副 ほとんど，すんでのところで
**paenīnsula**, -ae 女 半島
**paenitet** [2] -tuit, — 非 mē paenitet 私は〔属〕を後悔する
**pāgus**, -ī 男 村，地区(の住民たち)
**palaestra**, -ae 女 格技場
**Palātīnus**, -a, -um 形 パラーティウム丘の
**palātum**, -ī 中 上顎，口蓋
**Palēs**, -is 女 パレース(イタリアの牧人の守護女神)
**paliūrus**, -ī 男 女 キリストイバラ

**palla**, -ae 女 (女性用)長上衣，マント
**pallium**, -ī 中 (ギリシア風の)外套
**palūs**, -ūdis (複・属 -ium) 女 沼
**pānis**, -is (複・属 -um) 男 パン
**parātus**, -a, -um 形 用意〔覚悟〕のできた
**parcō** [3] pepercī, parsūrus 自 〔与〕を大目に見る，容赦する，大切にする
**parēns**, -entis (複・属 -ium/-um) 男 女 親，父，母
**pāreō** [2] -ruī, -ritūrus 自 〔与〕に従う，の言うことを聞く，服従する
**pariēs**, -etis 男 壁
**pariō** [3b] peperī, partum 他 生む，獲得する
**parō** [1] 他 用意する，準備する，備える; sē parāre 覚悟する
**pars**, partis (複・属 -ium/-um) 女 部分，地域，面，方面，方向，側
**particeps**, -cipis 形 〔属〕を授かっている，の分配にあずかっている，を与えられている
**partim** 副 一部は
**partior** [4] 他 分割する
**parum** 中 副 わずか(しか)
**parvus**, -a, -um 形 小さい，幼い，少しの，安い; parvī 価値の低い
**pāscō** [3] pāvī, pāstum 他 放牧する
**passim** 副 至るところに
**pāstor**, -ōris 男 牧人
**patefaciō** [3b] -fēcī, -factum 他 開ける，通行可能にする
**patefīō**, -fierī, -factus sum 自 開けられる
**pateō** [2] -uī, — 自 開く
**pater**, -tris 男 父; ～ familiae 〔古

familiās〕家父長

**patior** [3] passus sum 他 耐える，受ける，こうむる，許す，容認する

**patria**, -ae 女 祖国，故郷

**patricius**, -ī 男 貴族階級の人

**Patroclus/-os**, -ī 男 パトロクロス(アキッレウスの親友)

**patrōnus**, -ī 男 パトロン，法的保護者(解放奴隷の元主人)，旦那

**patruus**, -ī 男 (父方の)叔父，伯父

**paucus**, -a, -um 形 少数の，少し

**paulātim** 副 すこしずつ

**paulō** 副 少し(差異の奪格より)

**paulum** 副 少し(程度の対格より)

**Paulus**, -ī 男 パウルス(家名)

**pauper**, -eris 形 貧しい

**paupertās**, -ātis 女 貧困

**pāx**, pācis 女 平和

**peccātum**, -ī 中 罪

**peccō** [1] 自 罪(過ち)を犯す

**pecten**, -tinis 男 櫛，筬(おさ)

**pectus**, -toris 中 胸

**pecūnia**, -ae 女 お金，金銭，罰金

**pecus**[1], -coris 中 (集合的に)家畜(羊，山羊，豚；牛馬を除く)

**pecus**[2], -cudis 女 (個々の)家畜(羊，山羊，豚；牛馬を除く)

**ped-** → pēs

**pedes**, -ditis 男 歩兵

**pēior**, -ius 形・比 より悪い

**pelagus**, -ī 中 海

**pellō** [3] pepulī, pulsum 他 鳴らす，轟かせる

**Peloponnēsus**, -ī 女 ペロポンネーソス(半島)

**pendeō** [2] pependī, — 自 ぶら下がる

**Pēnelopē**, -ēs / Pēnelopa, -ae 女 ペーネロペー(オデュッセウスの妻)

**penes** 前 [対]の掌中に

**penetrō** [1] 自 進入する

**penitus** 副 真底から

**pēnsitō** [1] 他 支払う

**pēnsum**, -ī 中 宿題

**peperī** → pariō

**per** 前 [対]を通って，を通して，の間；~ sē それ自体，単独で，自分だけで

**peragrō** [1] 他 を旅行する，歩き回る

**percipiō** [3b] -cēpī, -ceptum 他 得る，受ける

**percutiō** [3b] -cussī, -cussum 他 打つ

**perdō** [3] -didī, -ditum 他 失う，損なう，だめにする

**perdūcō** [2] -dūxī, -ductum 他 (細長いものを)建造する，引く

**pereō**, -īre, -iī, -itum 自 滅びる，死ぬ

**pererrō** [1] 自 歩き回る

**perficiō** [3b] -fēcī, -fectum 他 完成する，成し遂げる

**perfodiō** [3b] -fōdī, -fossum 他 突き刺す

**perfuga**, -ae 男 脱走兵

**perfugiō** [3b] -fūgī, — 自 逃走する

**pergō** [3] perrēxī, perrēctum 自 進む，続ける

**pergrātus**, -a, -um 形 たいへん有難い

**perīclitor** [1] 他 試す

**perīculōsus**, -a, -um 形 危険な

**perīculum**, -ī 中 危険

**perītus**, -a, -um 形 腕の良い，経験のある，熟練した

**permagnus**, -a, -um 形 きわめて大きい; *permagnō* きわめて高い値段で

**permultus**, -a, -um 形 非常に多くの

**perniciēs**, -ēī 女 破滅

**perniciōsus**, -a, -um 形 破滅的な

**pernoctō** [1] 自 泊まる，宿泊する

**perpetior** [3b] -pessus sum 他 耐える，耐え忍ぶ

**perpetuō** 副 絶えず

**perrumpō** [3] -rūpī, -ruptum 他 突破する

**Persae**, -ārum 男・複 ペルシア人

**persaepe** 副 きわめてよく，非常にしばしば

**persequor** [3] -secūtus sum 他 追求する; bellō *persequī* と戦う

**persevērō** [1] 他 し続ける，あくまでも…することにこだわる

**personō** [1] -uī, ― 自 鳴り響く，反響する

**perspiciō** [3b] -spexī, -spectum 他 認める

**persuādeō** [2] -suāsī, -suāsum 自 [与]を説得する，に説いて聞かせる

**perterreō** [2] 他 怖がらせる，脅かす

**pertinācia**, -ae 女 強情

**pertināciter** 副 執拗に，強情に

**pertineō** [2] -uī, ― 自 届く，達する

**pertulī** → perferō

**perturbō** [1] 他 混乱させる，困惑させる

**perungō** [3] -ūnxī, -ūnctum 他 塗る

**perveniō** [4] -vēnī, -ventum 自 到着する

**pēs**, pedis 男 足，フィート; eī sē ad *pedēs* abicere 彼の足下に身を投げる

**pessimus**, -a, -um 形・最 最悪の

**petō** [3] -tīvī/-tiī, -tītum 他 求める，目指して行く

**phalanx**, -angis 女 密集方陣

**phalerae**, -ārum 女・複 胸飾り

**philosophia**, -ae 女 哲学

**philosophus**, -ī 男 哲学者

**Phoebus**, -ī 男 ポイボス(アポッローンの別名)

**Phrygius**, -a, -um 形 プリュギアの

**pictūra**, -a 女 絵画

**pietās**, -ātis 女 孝養心，敬愛の心，思いやり，敬虔，信心

**piger**, -gra, -grum 形 怠惰な

**piget** [2] -guit, ― 非 mē *piget* 私は[属]にむかつく，腹が立つ，うんざりする

**pinguis**, -e 形 豊かな，肥沃な

**pīrāta**, -ae 男 海賊

**pirus**, -ī 女 ナシの木

**Pīsō**, -ōnis 男 ピーソー(家名，キケローの政敵)

**pius**, -a, -um 形 敬虔な

**placō** [1] 他 鎮める，なだめる

**plānē** 副 完全に

**Plataeēnsēs**, -ium 男・複 プラタイアイ(ギリシアの市)の市民たち

**Platō**, -ōnis 男 プラトーン(ギリシアの哲学者)

**plaudō** [3] -sī, -sum 自 拍手する

**plēbs**, -bis 女 平民; tribūnus *plēbis* 護民官

**plēnus**, -a, -um 形 [属]に満ちた，満…，いっぱいの，みなぎる，あふれる; ad *plēnum* いっぱいになるまで

― 518 ―

**plērīque**, plēraeque, plēraque 形・複 たいていの，ほとんどの，多数派の

**pluit** [3] pluit, — 非 雨が降る

**plūrēs**, plūra 形・比・複 (原級は multus) より多数の

**plūrimē/plūrimum** 副・最 もっとも多く

**plūrimus**, -a, -um 形・最 最多の；*plūrimī* 最大の価値の

**plūs** 中副 より多く；*plūris* より高い価値〔価格〕の〔に〕，より高く

**Plūtō(n)**, -ōnis 男 プルートーン (神，冥界の支配者)

**pluvia**, -ae 女 雨

**pluvius**, -a, -um 形 雨を降らせる，雨を含んだ

**pōclum/pōculum**, -ī 中 酒盃

**poēma**, -atis 中 詩

**poena**, -ae 女 罰；*poenā* afficere 罰する；*poenam* dare 罰せられる (「罰金を支払う」というような補償の観念に基づく)

**Poenus**, -a, -um 形 カルタゴの；〜, -ī 男 ポエヌス人，カルタゴ人

**poēta**, -ae 男 詩人

**poliō** [4] 他 磨く

**polliceor** [2] 他 約束する

**pōmārium**, -ī 中 果樹園

**Pompēius** -ī 男 ポンペイユス (氏族名，カエサルの政敵)

**pōmum**, -ī 中 果物，果樹

**pondus**, -eris 中 重り，重量，大量

**pōnō** [3] posuī, positum 他 置く，かける，脱ぐ

**pōns**, pontis 男 橋

**populāris**, -e 形 人の気を引く

**populātiō**, -ōnis 女 略奪

**populor** [1] 他 荒らす，略奪する

**populus**[1], -ī 男 国民，人民，民会，大衆

**pōpulus**[2], -ī 女 ポプラ

**Porsenna**, -ae 男 ポルセンナ (エトルーリアの王)

**porta**, -ae 女 門，城門，入口，玄関

**portō** [1] 他 運ぶ，持ち歩く

**portus**, -ūs (複・与/奪 -ibus/-ubus) 男 港

**poscō** [3] poposcī, — 他 求める，願う

**positus** ▶ pōnō

**possessiō**, -ōnis 女 所有地

**possum**, posse, potuī, — 自 できる

**post** 副 うしろに，あとで；前〔対〕のあとで

**posteā** 副 のちに，その後，あとで

**posteāquam** 接 …したあとで，して以来

**posterior**, -ius 形・比 のちの

**posterus**, -a, -um 形 のちの，次に続く，次の

**postis**, -is 男 (ドアの) 側柱，かまち；複 ドア，玄関の扉

**postquam** 接 …したあとで，して以来

**postrēmus**, -a, -um 形・最 最後の

**postrīdiē** 副 翌日

**postulō** [1] 他 要求する，ねだる

**postumus**, -a, -um 形・最 最後の

**pote-** → possum

**potēns**, -entis 形 有力な

**potestās**, -ātis 女 支配，権力

**potior**[1] [4] 自 [奪] 掌握する，手に入れる，占領する

**potior**[2], -ius 形・比 より良い

— 519 —

**potis**, -e 形 有力な，有能な
**potissimus**, -a, -um 形・最 最良の
**potius** 副・比 むしろ
**pōtō** [1] 他 飲む
**potu-** →possum
**prae** 前 [奪]よりも前方に
**praebeō** [2] 他 与える，示す，差し出す
**praeceps**, -cipitis 中 落下; in ～ まっさかさまに，まっしぐらに
**praeceptum**, -ī 中 指示，規則
**praecipiō** [3b] -cēpī, -ceptum 他 教える
**praeclārus**, -a, -um 形 すばらしい
**praecō**, -ōnis 男 触れ役，布告人
**praecordia**, -ōrum 中・複 胸
**praeda**, -ae 女 略奪品，戦利品
**praedicō**[1] [1] 他 賞賛する，宣伝する
**praedīcō**[2] [3] -dīxī, -dictum 他 前もって言う
**praeditus**, -a, -um 形 [奪]に恵まれた
**praees-** →praesum
**praefectus**, -ī 男 長官，隊長，総指揮官
**praeferō**, -ferre, -tulī, -lātum 他 展示する
**praeficiō** [3b] -fēcī, -fectum 他 [与]の指揮を執らせる
**praefu-** →praesum
**praefulgeō** [2] -fulsī, — 自 輝き出る，光り輝く
**praemittō** [3] -mīsī, -missum 他 先発させる，先に行かせる
**praemium**, -ī 中 褒賞，報酬
**praenōmen**, -minis 中 個人名
**praesēns**, -entis 形 目の前にある，現在の

**praesertim** 副 とくに，とりわけ
**praesidium**, -ī 中 防備，護衛，守備隊
**praestō** [1] -stitī, -stitum/-statūrus 他 果たす，示す; 自 [与]よりも優れている，凌ぐ
**praesum**, -esse, -fuī, (-futūrus) 自 [与]を支配する，の指揮官になる
**praeter** 前 [対]のそばを通って，を除いて，以外に
**praetereā** 副 さらに，その上に，そのほかに
**praetereō**, -īre, -iī, -itum 他 通りすぎる，大目に見る
**praeteritus**, -a, -um 形 過ぎ去った，過去の
**praetermittō** [3] -mīsī, -missum 他 怠る
**praetor**, -ōris 男 プラエトル，法務官（ローマの官職の一，執政官に次ぐ高位，属州長官と将軍職も務める）
**praetōrius**, -ī 男 法務官経験者，前〔元〕法務官
**praetūra**, -ae 女 法務官職
**prandeō** [2] prandī, prānsum 自 朝食を取る
**precor** [1] 他 願う
**premō** [3] pressī, pressum 他 圧迫する
**prēndō** [3] -ēndī, -ēnsum 他 つかむ
**pretiōsē** 副 高価に，大金を掛けて
**pretium**, -ī 中 価格，報酬
**prīdem** 副 ずっと前に
**prīdiē** 副 前の日に
**prīmō** 副 初めに，まず
**prīmum** 副 初めて，初めに，まず，最初は; ut/ubī/cum ～ や否や，…

すると

**prīmus**, -a, -um 形 最初の, 第1の, 一番の, 初めて

**prīnceps**, -cipis 形 第1位の, 筆頭の; 男 創立者, 第一人者, 筆頭者, 筆頭市民, 部族長, 首領, 原動力

**prīncipātus**, -ūs 男 首位, 主席

**prīncipium**, -ī 中 初め

**prior**, -ius 形・比 前の, より早い, 先の

**prīstinus**, -a, -um 形 以前の, 前回の

**priusquam/prius… quam** 接 …する前に

**prīvō** [1] 他 [対]から[奪]を奪う

**prō** 前 [奪]の前に, 代りに, ために, を祝って, 記念して

**probitās**, -ātis 女 誠実さ

**probō** [1] 他 試す, 吟味する, 是認する, 正しいと認める

**probus**, -a, -um 形 正直な, 正しい, 有能な

**procāx**, -ācis 形 厚かましい

**prōcēdō** [3] -cessī, -cessum 自 前進する, 進軍する

**prōcērus**, -a, -um 形 背の高い, そびえる

**procul** 副 遠くへ

**prōcurrō** [3] -(cu)currī, -cursum 自 走り出る

**prōdeō**, -īre, -iī, -itum 自 出てくる

**prōdes-** → prōsum

**prōditiō**, -ōnis 女 反逆, 裏切り

**prōdō** [3] -didī, -ditum 他 暴露する, 公表する, 伝える

**proelium**, -ī 中 戦闘, 開戦, 合戦

**profānus**, -a, -um 形 世俗の, 穢れた

**prōferō**, -ferre, -tulī, -lātum 他 出す

**proficīscor** [3] -fectus sum 自 出発する, 向かう

**profiteor** [2] -fessus sum 他 白状する

**prōfu-** → prōsum

**prohibeō** [2] 他 防ぐ, 妨げる, 阻止する

**prōiciō** [3b] -iēcī, -iectum 他 前へ投げる

**proinde** 接 それゆえ; ～ ac sī あたかも…のように

**prōlābor** [3] -lāpsus sum 自 前のめりになる, 倒れる, 落下する

**prōmittō** [3] -mīsī, -missum 他 約束する

**prōnus**, -a, -um 形 容易な

**prōpāgō** [1] 他 拡張する

**prope** 副 近くに, ほとんど, すんでのところで; 前 [対]の近くに

**properō** [1] 自 急ぐ, 急行する

**propinquus**, -a, -um 形 [与]に近い, 隣接する

**propior**, -ius 形・比 より近い

**propitius**, -a, -um 形 恵み深い

**proprium**, -ī 中 特権, 特性

**propter** 前 [対]のために

**proptereā** 副 それゆえに

**prōpulsō** [1] 他 撃退する

**prōrsum** 副 まったく, 絶対に

**prōrumpō** [3] -rūpī, -ruptum 自 どっと飛び出す

**prosperē** 副 順調に

**prosperus**, -a, -um 形 有望な, 成功する

**prōspiciō** [3b] -spexī, -spectum 自 [与]に配慮する

**prōsum**, prōdesse, prōfuī, — 自 役に

— 521 —

**protervus**, -a, -um 形 厚かましい
**prōtulī**→prōferō
**prōturbō** [1] 他 混乱させる
**prout** 接 に応じて
**prōverbium**, -ī 中 諺
**prōvideō** [2] -vīdī, -vīsum 自 他 先を見る，予見する；[与]に配慮する，心配する
**prōvidus**, -a, -um 形 注意深い
**prōvincia**, -ae 女 属州
**prōvocō** [1] 他 呼び出す，招く，挑発する
**proximus**, -a, -um 形 いちばん近い，隣の，今度の，次の
**prūdēns**, -entis 形 賢明な，聡明な，思慮深い
**prūdenter** 副 賢く，慎重に
**prūdentia**, -ae 女 思慮，先見の明
**pūblicē** 副 公に，公的に
**pūblicum**, -ī 中 公共の場所，街頭
**pūblicus**, -a, -um 形 国民の，国の
**Pūblius**, -ī 男 プーブリウス(個人名)
**pudet** [2] -duit, — 非 mē pudet 私は[属]を恥じる
**pudor**, -ōris 男 恥
**puella**, -ae 女 少女，女，恋人
**puer**, -erī 男 少年，子供
**pueritia**, -ae 女 少年時代，幼時
**pūgiō**, -ōnis 男 短刀
**pūgna**, -ae 女 戦闘
**pūgnō** [1] 自 闘う，戦う
**pulcher**, -chra, -chrum 形 美しい，高貴な
**pulchrē** 副 美しく
**pulsō** [1] 他 叩く
**pulsus**→pellō

**Pūnicus**, -a, -um 形 カルタゴの，ポエニー人の
**pūniō** [4] 他 罰する
**puppis**, -is 女 船尾
**pūrgō** [1] 他 清める，洗浄する，排泄する
**purpureus**, -a, -um 形 輝く色の
**putō** [1] 自 思う，信じる
**Pydna**, -ae 女 ピュドナ(マケドニアの市)
**Pyladēs**, -ae/-is 男 ピュラデース(オレステースの親友)
**Pȳrēnaeus**, -a, -um 形 ピューレーネー(山脈)の
**Pyrrhus**, -ī 男 ピュッロス(ギリシアのエーペイロスの王)
**Pȳthagorās**, -ae 男 ピュータゴラース(ギリシアの哲学者)
**Pȳthia**, -ae 女 ピューティア(デルポイのアポッローン神殿の巫女)

## Q

**quā**[1]; **quae**→quī[2], quae, quod
**quā**[2] 副 どこに；のところに，のところを通って
**quācumque** 副 どこでも
**quadrāgēsimus**, -a, -um 形 第40番目の
**quadrāgintā** 形・不変 40
**quadringentēsimus**, -a, -um 形 第400番目の
**quadringentī**, -ae, -a 形・複 400
**quadripēs**, -pedis 男 女 四足獣
**quaerō** [3] quaesīvī/-siī, quaesītum 他 探す，探索する，尋ねる，求める；拷問によって聞き出す (dē servō

in dominum 主人に不利なことを奴隷から)

**quaesīsse** = quaesīvisse → quaerō

**quaesō** [3] —, — 他 願う, 求める

**quālis**, -e 形 どのような, …のような

**quāliscumque**, quāle- 形 …ものはどのようなものでも

**quam**[1] → quī[2], quae, quod

**quam**[2] 副 どれほど, 何と; (比較級のあとで)よりも; (最上級の前で)できるだけ

**quamdiū** 接 限り, 間は, 間中ずっと

**quamquam** 接 のに, けれども

**quamvīs** 副 接 けれども, いかに…でも

**quandō**[1] 副 いつ

**quandō**[2] 接 (なんと言っても)…だから

**quandōcumque** 副 …のときはいつでも

**quandōquidem/quandoquidem** 接 (何と言っても)…だから

**quantī** どれほど高く, いくらで(価値の属格)

**quantō** どれだけ(差異の奪格); 〜…tantō… であればあるはどますます

**quantopere** 副 どれほど

**quantum** だけ, 限り(程度の対格)

**quantus**, -a, -um 形 どれほど大きい〔多い〕

**quantuscumque**, quanta-, quantum- 形 …ものはどれほどの(大きさまたは量の)ものでも

**quāpropter** 副 したがって, それゆえ

**quārē/quā rē** 副 だから, なぜ

**quārtus**, -a, -um 形 第4番目の

**quārum; quās** → quī[2], quae, quod

**quasi** 接 あたかも…のように

**quātenus** 副 どこまで

**quater** 副 4倍, 4回

**quaternī**, -ae, -a 形・複 4つずつの

**quattuor** 形・不変 4

**-que** 接 と, そして, および

**quem** → quī[2], quae, quod; quis[1/2]

**quemquam** → quisquam

**quendam** → quīdam

**queō**, quīre, quīvī, — 自 できる

**querella**, -ae 女 嘆き

**queror** [3] questus sum 他 嘆く

**quī**[1] 副 なぜ

**quī**[2], quae, quod 代 …ところの, どの, 誰, 何

**quia** 接 ので, から

**quibus** → quī[2], quae, quod

**quīcumque**, quae-, quod- 代 ところのものは何でも

**quid**[1] 副 なぜ, どうして

**quid**[2] 代 何

**quīdam**, quaedam, quiddam (形 quoddam) 代 ある, ある種の, ある人

**quidem** 副 確かに, 実に, 少なくとも; nē…〜 すらない (nōn の強調)

**quidnam** → quisnam

**quiēs**, -ētis 女 安静, 休息

**quiēscō** [3] -ēvī, -ētum 自 休む

**quīlibet**, quae-, quid- (形 quod-) 代 誰でも, 何でも

**quīn**[1] 副 なぜないか; 〜 etiam さえも

**quīn**[2] 接 ことを, ことは, ないものは, ないほどに; nōn 〜 ないからではなく

**quīngentēsimus**, -a, -um 形 第500番目の

**quīngentī**, -ae, -a 形・複 500
**quīnquāgēsimus**, -a, -um 形 第50番目の
**quīnquāgintā** 形・不変 50
**quīnque** 形・不変 5
**quīnquiēs** 副 5倍，5回
**Quīntia**, -ae 女 クィーンティア(女性名)
**Quīntīlius**, -ī 男 クィーンティーリウス(氏族名)
**quīntus**¹, -a, -um 形 第5の
**Quīntus**², -ī 男 クィーントゥス(個人名)
**quippe** 副 とくに，とりわけ
**Quirīnus**, -ī 男 クィリーヌス(ローマ初代の王ロームルスの別名，またヤーヌスの異名)
**quis**¹, cūius, cuī, quem, quō（複数はquī², quae, quodと同じ）代 誰
**quis**², quid（形 quī, qua/quae, quod）代 誰か，何か，ある
**quisnam**, quid- 代 いったい誰が，いったい何が
**quisquam**, quid-/quic-（形 ūllus, -a, -um）代 誰も，何も
**quisque**, quae-, quid-（形 quod-）代 各人，おのおの，みんな
**quisquis**, quidquid 代 …のものはだれ(何)でも
**quīvīs**, quae-, quid-（形 quod-）代 誰でも，何でも
**quō**¹ → quī², quae, quod; quis^(1/2)
**quō**² 副 どこへ；〜+[比]…eō+[比]……であればあるほどますます…
**quō**³ 接 +[比]（それだけいっそう）…するように；nōn 〜 からではなく；nōn 〜 nōn ないからではなく

**quoad** 接 まで，までの間，までずっと，限り，間は，間中ずっと
**quōcumque/quōquō** 副 どこへ…とも
**quod**¹ → quī², quae, quod
**quod**² 接 ので，から，ことを，限り
**quodsī/quod sī** 接 だがもし
**quōminus/quō minus** 接 ことを
**quondam** 副 かつて，昔
**quoniam** 接 (なにしろ)…だから，ので
**quoque** 副 もまた
**quōrum; quōs** → quī², quae, quod
**quot** 形・不変 いくつの，ほど多くの
**quotannīs** 副 毎年
**quotcumque/quotquot** 形・不変 …ものはいくつでも
**quotiēns** 副 何回，…するたびに
**quotiēnscumque** 副 何回…しようとも

## R

**rabula**, -ae 男 饒舌家
**rāna**, -ae 女 蛙
**rapiō** [3b] rapuī, raptum 他 奪う，略奪する，引っ立てて行く，さらって行く
**rārē** 副 まばらに
**rārō** 副 まれに
**rārus**, -a, -um 形 まれな，まばらな，少ない
**ratiō**, -ōnis 女 方法，分別，熟考，理性
**raucus**, -a, -um 形 しわがれた
**Rēa Silvia/Rhēa Silvia**, -ae -ae 女 レーア・シルウィア(ローマの始祖

ロームルスとレムスの母)
**recēns**, -entis 形 新しい
**receptus**, -ūs 男 退却
**recipiō** [3b] -cēpī, -ceptum 他 取り戻す, 回復する, 受け取る, 迎え入れる, 収容する; sē *recipere* 退却する, 立ち直る
**recitō** [1] 他 朗読する
**recordor** [1] 他 思い出す
**recreō** [1] 他 元気にする
**rēctā** 副 まっすぐに
**rēctē** 副 正しく, 正確に
**rēctum**, -ī 中 正しさ
**rēctus**, -a, -um 形 正しい, 良い
**recuperō** [1] 他 取り返す
**recūsō** [1] 他 拒む
**reddō** [3], -didī, -ditum 他 返す, 示す, [対]を[対]にする
**redeō**, -īre, -iī, -itum 自 帰る, 戻る
**redī** = rediī → redeō
**reditus**, -ūs 男 帰還, 帰国
**redūcō** [3] -dūxī, -ductum 他 返還する, 引っ込める
**reductus**, -a, -um 形 後退した, 引っ込んだ
**referō**, referre, rettulī, relātum 他 持ち帰る, 戻す, 報告する
**rēfert**, rēferre, rētulit, — 非 重要である, 利益になる
**refugiō** [3b] -fūgī, -fugitūrus 自 他 逃げる, 避ける
**rēg-** → rēx
**rēgius**, -a, -um 形 王の
**rēgnō** [1] 自 王である, 王として支配する
**rēgnum**, -ī 中 王位
**regō** [3] rēxī, rēctum 他 支配する,

治める
**rēiciō** [3b] -iēcī, -iectum 他 追い返す, 投げ返す
**relanguēscō** [3] -guī, — 自 ぐったりする
**relēgō** [1] 他 遠ざける
**religiō**, -ōnis 女 ためらい, 良心, 良心の呵責, 心のやましさ, 宗教, 迷信
**relinquō** [3] -līquī, -lictum 他 残す, あとにする, 立ち去る
**reliquum**, -ī 中 残り物, 残り
**reliquus**, -a, -um 形 残りの
**remaneō** [2] -mānsī, -mānsum 自 残る
**remedium**, -ī 中 治療, 治療法
**remigrō** [1] 自 帰る
**reminīscor** [3] — — 自 [属]のことを想起する, 思い出す
**remittō** [3] -mīsī, -missum 他 返す, 送り返す
**renovō** [1] 新たにする, 繰り返す
**reor** [2] ratus sum 自 他 思う
**repente** 副 突然
**reperiō** [4] repperī, repertum 他 見つける
**rēpō** [3] rēpsī, rēptum 自 這う, 這って進む
**reprehendō** [3] -hendī, -hēnsum 他 非難する
**repūgnō** [1] 自 反撃する, 反抗する
**requiēscō** [3] -ēvī, -ētum 自 休む
**requīrō** [3] -sīvī/-siī, -sītum 他 求める
**rēs**, reī 女 物, 財産, 事, 事実, 話題; quā *rē*/quam ob *rem* なぜ; *rēs* pūblica 国家, 国務, 国政, 行政, 政治;

*rēs* gestae → gerō
**resalūtō** [1] 他 に挨拶を返す
**resīdō** [3] -sēdī, -sessum 自 座る
**resistō** [3] restitī, — 自 抵抗する
**respiciō** [3b] -spexī, -spectum 自他 振り返る，考慮する
**respondeō** [2] -spondī, -spōnsum 自 答える
**respōnsum**, -ī 中 返事
**restō** [1] -stitī, — 自 残る
**restringō** [3] -strīnxī, -strictum 他 縛り付ける
**retineō** [2] -tinuī, -tentum 他 保持する，記憶する，拘留する，拘束する，引き留める，やめさせる; sē *retinēre* 踏みとどまる
**retractō** [1] 他 拒む
**reus**, -ī 男 被告
**revertor** [3] -vertī, -versus 自 戻る，もう一度来る
**rēx**, rēgis 男 王
**Rhēnus**, -ī 男 レーヌス川，ライン川
**rhīnocerōs**, -ōtis 男 犀
**Rhodanus**, -ī 男 ロダヌス川，ローヌ川
**Rhodus/-os**, -ī 女 ロドス島
**rīdeō** [2] rīsī, rīsum 自他 笑う
**rīpa**, -ae 女 川岸
**rīvus**, -ī 男 水路
**rixa**, -ae 女 喧嘩，口論
**rōbur**, -boris 中 強さ，強靱さ
**rogō** [1] 他 頼む，求める，尋ねる
**rogus**, -ī 男 火あぶり用の薪の山
**Rōma**, -ae 女 ローマ(市)
**Rōmānī**, -ōrum 男・複 ローマ人
**Rōmānum**, -ī 中 ローマ語(ラテン語 Latīnum と言う代りに)

**Rōmānus**, -a, -um 形 ローマの
**Rōmulus**[1], -ī 男 ロームルス(ローマ初代の王)
**Rōmulus**[2] **Augustulus**, -ī -ī 男 ロームルス・アウグストゥルス(ローマ帝国最後の皇帝)
**rosa**, -ae 女 バラ
**rōstrum** -ī 中 嘴，船嘴
**rubēns**, -entis 形 赤い，赤みがかった
**rudis**, -e 形 未熟な，粗野な
**ruīna**, -ae 女 遺跡，廃墟，破片，落下，転倒，崩壊
**rūmor**, -ōris 男 噂
**rūrsus/-um** 副 ふたたび，もとへ
**rūs**, rūris 中 田舎; *rūre* 田舎から; *rūrī* 田舎に; *rūs* 田舎へ
**rūsticus**, -ī 男 農夫
**rūsus/-um** 副 = rūrsus/-um
**Rutīlius**, -ī 男 ルティーリウス(氏族名)

## S

**sabbatum**, -ī 中 安息日
**Sabīnī**, -ōrum 男・複 サビーニー人(イタリア山岳民族，ローマ人の祖先の一)
**sacer**, -cra, -crum 形 [与]に捧げられた，聖なる; via *sacra* 聖道(フォルムの)
**sacerdōs**, -ōtis 男 女 神官
**sacrificium**, -ī 中 犠牲式
**saeculum**, -ī 中 時代，世紀
**saepe** 副 しばしば，何回も
**saevus**, -a, -um 形 野蛮な
**sagitta**, -ae 女 矢
**Saguntīnī**, -ōrum 男・複 サグントゥム

の住民

**Saguntum**, -ī 中 サグントゥム（ヒスパーニアの市，前 218 年ハンニバルに征服された）

**sāl**, salis 中 塩

**Salamīs**, -īnis 女 サラミース島（前 480 年のペルシア艦隊との海戦の場所）

**saliō** [4] -luī, -ltum 自 跳ぶ

**saltō** [1] 自 踊る

**saltus**, -ūs 男 山脈，山地

**salūs**, -ūtis 女 安全，安寧，息災，無事，救い，幸い; *salutem dicere* 挨拶する，よろしくと言う

**salūtō** [1] 他 に挨拶する

**salveō** [2] ―, ― 自 元気である; *salvē/salvēte* ようこそ，こんにちは

**salvus**, -a, -um 形 無事な，元気な

**Samnītēs**, -ium/-um 男・複 サムニーテース人（イタリア中部山岳民族）

**Samus/-os**, -ī 女 サモス島

**sānctus**, -a, -um 形 神聖な，神聖不可侵な

**sānē** 副 まさに

**sanguis**, -inis 男 血

**sānō** [1] 他 治す，治療する

**Santonī**, -um 男・複 サントニー族（ガッリアの部族）

**sānus**, -a, -um 形 健康な，元気な，健全な

**sapiēns**, -entis 形 賢明な; 男 賢者

**sapientia**, -ae 女 知恵

**Sardinia**, -ae 女 サルディニア

**satelles**, -itis 男 護衛，従者

**satis** 副 十分; ～ esse [与]にとって十分である，満足している

**saucius**, -a, -um 形 傷ついた，負傷者

**saxum**, -ī 中 岩

**Scaevola**, -ae 男 スカエウォラ（家名）

**scālae**, -ārum 女・複 梯子

**Scaurus**, -ī 男 スカウルス（家名）

**scelus**, sceleris 中 罪

**schola**, -ae 女 学校

**scientia**, -ae 女 知識

**scindō** [3] scidī, scissum 他 裂く，裂き取る

**scintilla**, -ae 女 火花

**sciō** [4] 他 知っている，知る

**Scīpiō**, -ōnis 男 スキーピオー（家名）

**scrībō** [3] scrīpsī, scrīptum 他 書く

**scūtum**, -ī 中 楯

**sē** → suī

**secō** [1] secuī, sectum 他 切る

**sēcum** = cum + sē 一人で，内心で，自分と一緒に

**secundum** 前 [対]に従って，則って，沿って，次いで

**secundus**, -a, -um 形 第 2 番目の，次の; 幸福な，順調な; rēs *secundae* 順境

**sēcūritās**, -ātis 女 安全，安心

**sēcūrus**, -a, -um 形 心配のない

**secūtus** → sequor

**sed** 接 しかし

**sēdecim** 形・不変 16

**sedeō** [2] sēdī, sessum 自 座っている

**sēdēs**, -is (複・属 -um) 女 住居

**sēditiō**, -ōnis 女 紛争

**sēdō** [1] 他 鎮める

**sēdulus**, -a, -um 形 勤勉な

**seges**, -etis 女 畑の作物

**segmentum**, -ī 中 切片

**sēgnis**, -e 形 怠惰な，無精な，無気力な

**sēiungō** [3] -iūnxī, -iūnctum 他 分け隔てる

**sella**, -ae 女 椅子

**Semelēius**, -ī 形 セメレーの(セメレーの子ディオニューソス＝バッコスの枕詞)

**semper** 副 いつも

**sempiternus**, -a, -um 形 永遠の

**senātor**, -ōris 男 元老院議員

**senātōrius**, -a, -um 形 元老院の

**senātus**, -ūs 男 元老院

**senectūs**, -ūtis 女 老年

**senex**, senis (複・属 -um) 男 女 形 老人，老いた; 比 senior, 最 maximus nātū

**senior**, -ōris 男 老人

**sēnsus**, -ūs 男 知覚，気持ち

**sententia**, -ae 女 格言，見解，意見，本題

**sentiō** [4] sēnsī, sēnsum 他 感じる，思う，考える

**sēparō** [1] 他 隔てる

**sepeliō** [4] -pelīvī, -pultum 他 埋葬する

**septem** 形・不変 7

**September**, -bris, -bre 形 9月の; ～, -bris 男 9月

**septendecim** 形・不変 17

**septiēs** 副 7回

**septimus**, -a, -um 形 第7番目の

**septingentēsimus**, -a, -um 形 第700番目の

**septingentī**, -ae, -a 形・複 700

**septuāgēsimus**, -a, -um 形 第70番目の

**sepulcrum**, -ī 中 墓

**Sēquana**, -ae 男 セークァナ川，セーヌ川

**Sēquanī**, -ōrum 男・複 セークァニー族(ガッリアの部族)

**sequor** [3] secūtus sum 他 ついてくる，従う，追跡する，追い求める

**sermō**, -ōnis 男 言葉，台詞

**serō**[1] [3] sēvī, satum 他 植える

**sērō**[2] 副 遅く，遅すぎで，間に合わずに

**serpō** [3] -psī, -ptum 自 忍び寄る

**Sertōrius**, -ī 男 セルトーリウス(氏族名)

**sērus**, -a, -um 形 遅い

**serva**, -ae 女 女奴隷，侍女

**Servīlius**, -ī 男 セルウィーリウス(氏族名)

**serviō** [4] 自 [与]に従う，仕える，隷従する

**servitium**, -ī 中 奴隷制

**servitūs**, -tūtis 女 奴隷制，奴隷身分

**Servius**, -ī 男 セルウィウス(個人名)

**servō** [1] 他 守る，救う，救出する

**servus**, -ī 男 奴隷

**sēsē** → suī

**sēstertius**, -ī (複・属 -um) 男 セーステルティウス(銀貨，のち銅貨; 貨幣単位)

**seu** → sīve

**sex** 形・不変 6

**sexāgēsimus**, -a, -um 形 第60番目の

**sextus**[1], -a, -um 形 第6番目の

**Sextus**[2], -ī 男 セクストゥス(個人名)

**sī** 接 もし，かどうかと; ～ nōn / ～ minus もしなければ，でなければ

**sibi** → suī

**sībilō** [1] 他 口笛でやじる

**sīc** 副 そのように，こうして

**siccus**, -a, -um 形 乾いた
**Sicilia**, -ae 女 シキリア，シチリア
**Siculī**, -ōrum 男・複 シクリー人，シチリア人
**sīcut** 接 ちょうど…のように
**sīdus**, -eris 中 星，星座；複 天
**sīgnificō** [1] 他 意味する
**sīgnum** -ī 中 合図，信号，旗印，軍の標識
**silentium**, -ī 中 沈黙，静かさ
**sileō** [2] -uī, ― 自 黙っている
**silex**, silicis 男(女) 小石，硬い石，岩
**silva**, -ae 女 森
**sim**, **sīs**, **sit** 等 → sum
**similis**, -e 形 [与]に似ている，と同様の，同類の
**similitūdō**, -dinis 女 類似
**simul**[1] 副 同時に
**simul**[2]/**simulac**/**simul ac**/**simul atque** 接 …すると，や否や
**simulācrum**, -ī 中 肖像，似姿
**simulātiō**, -ōnis 女 見せかけ
**simulō** [1] 他 見せかける
**sīn/sīn autem** 接 だがもし
**sine** 前 [奪] なしに，のない
**singulāris**, -e 形 特異な，無類の
**singulī**, -ae, -a 形・複 １つずつの
**sinister**, -tra, -trum 形 左の
**sinō** [3] sīvī/siī, situm 他 許す，させる
**sinus**, -ūs 男 懐，衣の襞
**siquidem** 接 （ほんとうなら）…だから
**sitis**, -is 女 渇き
**situs**, -a, -um 形 ある，位置する
**sīve/seu** 接 または，あるいはもし，すなわち；〜…〜…，か　か

**socius**, -ī 男 同盟者
**Sōcratēs**, -is 男 ソークラテース（アテーナイの哲人）
**sōl**, sōlis 男 太陽
**sōlācium**, -ī 中 慰安，慰め
**soleō** [2] solitus sum 自 する習慣である，常である
**sōlitūdō**, -inis 女 荒野
**solitus**, -a, -um 形 いつもの
**sollicitō** [1] 他 興奮させる
**sollicitus**, -a, -um 形 心配な，臆病な
**sōlor** [1] 他 慰める
**solum**[1], -ī 中 地面
**sōlum**[2] 副 のみ；nōn 〜…, sed etiam … …のみならず…もまた
**sōlus**, -a, -um （属 -īus, 与 -ī) 形 単独の，独りの，…だけ
**solvō** [3] solvī, solūtum 他 解く，ほどく，支払う
**somniō** [1] 自 夢を見る
**somnium**, -ī 中 夢
**somnus**, -ī 男 眠り
**sonus**, -ī 男 音，声
**soror**, -ōris 女 姉妹
**sors**, sortis 女 くじ，運命
**sospes**, -pitis 形 無事な，恵まれた
**spargō** [3] -rsī, -rsum 他 撒く，散布する
**Sparta**, -ae 女 スパルタ
**Spartānus**, -ī 男 スパルタ人
**spatium**, -ī 中 走路，行路
**speciēs**, -ēī 女 姿，形，容姿; *speciē* 容姿の点で
**spectō** [1] 他 見る，眺める，観察する，見極める
**spērātus**, -a, -um 分 → spērō
**spērō** [1] 他 望む，希望を抱く，見

込む
**spēs**, -eī 女 希望
**spīna**, -ae 女 とげ
**spīritus**, -ūs 男 息, 命の息, 霊気
**spīrō** [1] 自 息をする
**sponte** 女·奪 suā〔meā, tuā 等〕～ 自分で, 自発的に, 自ら進んで
**Spurius**, -ī 男 スプリウス(個人名)
**stabilitās**, -ātis 女 堅固さ
**stabulum**, -ī 中 厩
**stadium**, -ī 中 走路, スタディオン(長さの単位)
**statim** 副 直ちに
**statīvus**, -a, -um 形 固定した, 動かさない
**statua**, -ae 女 立像, 彫像
**statūra**, -ae 女 体格
**sterilis**, -e 形 不毛の, 実りのない
**sternō** [3] strāvī, strātum 他 打ちのめす
**Stēsagorās**, -ae 男 ステーサゴラース(アテーナイ人)
**Stichus**, -ī 男 スティクス(奴隷名)
**stō** [1] stetī, statum 自 立っている, 止まっている, 動かない, (費用が)かかる
**stomachor** [1] 自 いらいらする
**strepitus**, -ūs 男 騒ぎ
**stringō** [3] strīnxī, strictum 他 (さっと)引き抜く
**struēs**, -is (複·属)-ium 女 堆積
**studeō** [2] -uī, — 自 努める, 努力する, 熱望する, 励む, 精を出す, 勉強する
**studiōsē** 副 熱心に
**studium**, -ī 中 熱意, 学問, 学習
**stultitia**, -ae 女 愚かさ

**stultus**, -a, -um 形 愚かな
**suādeō** [2] suāsī, suāsum 自 他 忠告する, 説き勧める
**sub** 前 [奪]の下に, の頃に;[対]の下へ
**subeō**, -īre, -iī, -itum 他 近づく
**subigō** [3] -ēgī, -āctum 他 平定する, 征服する
**subitō** 副 突然
**subiungō** [3] -iūnxī, -iūnctum 他 下に(結び)つける, につなぐ
**sublātus**→tollō
**sublevō** [1] 他 助ける
**sublūstris**, -e 形 薄明るい, 薄暗い
**subministrō** [1] 他 届ける
**subrēpō** [3] -rēpsī, -rēptum 自 忍び寄る, こっそり這って入る
**subsidium**, -ī 中 援軍
**subtrahō** [3] -trāxī, -tractum 他 取り去る
**succēdō** [3] -cessī, -cessum 自 [与]を継承する, に近づく
**succingō** [3] -cīnxī, -cīnctum 他 すそをからげる, 身支度する, 武装する
**succumbō** [3] -cubuī, — 自 屈服する
**succurrō** [3] -currī, -currum 自 助けに行く
**Suēbī**, -ōrum 男·複 スウェービー族
**suffugiō** [3b] -fūgī, — 自 逃げ込む
**suī**, sibī/sibi, sē/sēsē, sē/sēsē (主格なし) 代 自分自身
**sulcus**, -ī 男 畝間
**sum**, esse, fuī, futūrus 自 ある, いる
**summa**, -ae 女 総計
**summoveō** [2] -mōvī, -mōtum 他 取

り除く

**summum**, -ī 中 頂上

**summus**, -a, -um 形 最高の，最大の; ～ mōns 山頂

**sūmō** [3] sūmpsī, sūmptum 他 取る，選ぶ，迎える

**Sūnion/-um**, -ī 中 スーニオン岬

**super** 前 [対]の上方に，を越えて; [奪]の上方に; ～ gredior→supergredior

**superaddō** [3] -didī, -ditum 他 上に加える

**superbia**, -ae 女 思い上がり，傲慢

**superbus**, -a, -um 形 傲慢な，思い上がった

**supergredior** [3b] -gressus sum 他 乗り越える

**superior**, -ius 形・比 さらに上の，より高い，前の

**superō** [1] 他 征服する，打ち負かす，超える，凌ぐ

**supersum**, -esse, -fuī, — 自 生き残っている

**superus**, -a, -um 形 上の，上にある，天上の; superī, -ōrum/-um 男・複 天上の神々

**suppleō** [2] -ēvī, -ētum 他 補充する

**supplex**, -licis (複・属 -ium) 男 嘆願者

**suppliciter** 副 嘆願者として

**supplicium**, -ī 中 極刑

**suprā**[1] 前 [対]の上方に，かなたに

**suprā**[2] 副 上方に

**suprēmus**, -a, -um 形 最高の

**surgō** [3] surrēxī, surrēctum 自 起きる，成長する，伸びる

**sūs**, suis (複・属 suum) 女 豚

**suscēnseō** [2] -uī, — 自 激昂する，腹を立てる

**suscipiō** [3b] -cēpī, -ceptum 他 受け入れる，引き受ける

**suscitō** [1] 他 引き起こす

**suspectus**, -a, -um 形 疑われた

**suspendō** [3] -pendī, -pēnsum 他 ぶら下げる

**suspīciō**, -ōnis 女 疑い，疑惑

**suspicor** [1] 自 想像する

**sustineō** [2] -tinuī, -tentum 他 辛抱する，耐える，支える

**sustulī**→tollō

**suus**, -a, -um 形 自分の，自分たちの，名 自分のもの，身内，部下

**Syrācūsae**, -ārum 女・複 シュラークーサイ（シキリアの市）

**Syrācūsānī**, -ōrum 男 シュラークーサイ人

## T

**tabula**, -ae 女 絵画

**taceō** [2] 自 黙っている

**tacitus**[1], -a, -um 形 沈黙の，内緒の

**Tacitus**[2], -ī 男 タキトゥス（家名，ローマの歴史家）

**taedet** [2] (-duit, -sum) 非 mē *taedet* 私は[属]に嫌気がさしている，うんざりだ，むかつく

**tālis**, -e 形 そのような

**tam** 副 それほど

**tamen** 接 しかし，それでも

**tametsī** 接 としても，けれども

**tamquam/tanquam sī** 接 まるで…のように，あたかも…のごとくに

**tandem** 副 つまるところ，結局，最後には，もう

**tangō** [3] tetigī, tāctum 他 触れる

**tantopere** 副 それほどまでに，そんなにはなはだしく

**tantum** 副 だけ，のみ，ただ

**tantus**, -a, -um 形 それほどの，それほどの大きさ〔量〕の; *tantī* それほどの価値〔価格〕の〔に〕

**tardē** 副 のろのろと，おそく

**Tarentum**, -ī 中 タレントゥム(イタリア南部の市)

**Tarquinius**, -ī 男 = Tarquinius Superbus 傲慢王 タルクィニウス(王政ローマ最後の王)

**taurus**, -ī 男 雄牛

**taxus**, -ī 女 イチイ

**tē** → tū

**tēctum**, -ī 中 屋根，家

**tēcum** = cum + tē あなたとともに

**tegō** [3] tēxī, tēctum 他 おおう

**tēgula**, -ae 女 屋根瓦

**Tēius**, -a, -um 形 テオス(イオーニアの町，アナクレオーンの生地)の，アナクレオーンの

**tellūs**, -ūris 女 大地

**tēlum**, -ī 中 投槍，(攻撃用)武器

**temere** 副 軽はずみに，軽率に，無造作に

**temperō** [1] 他 抑制する

**tempestās**, -ātis 女 嵐

**templum**, -ī 中 神殿

**temptō** [1] 他 試みる，探る

**tempus**, -poris 中 時，時間，時勢，季節; (in) *tempore* 良い時に，間に合って，定時に; annī ～ 季節; *temporis* causā 特殊な事情で

**tendō** [3] tetendī, tentum 他 差し出す; 自 行く，向かう

**tenebrae**, -ārum 女・複 闇，暗闇

**teneō** [2] tenuī, tentum 他 保持する，持つ，抱く，束縛する，たどる，理解する; memoriā *tenēre* 覚える; sē *tenēre* こもる

**tener**, -era, -erum 形 柔らかい，か弱い

**tenus** 前 (後置) 〔奪〕まで

**ter** 副 3倍，3回

**Terentius**, -ī 男 テレンティウス(氏族名，とくにカンナエの役の敗者 C. ～ および喜劇作家 P. ～ Āfer)

**tergum**, -ī 中 背中; ā *tergō* 背後に

**ternī**, -ae, -a (属 -um) 形・複 3つずつの

**terra**, -ae 女 土，土地，国; 複 世界; ā *terrā* 陸側に; *terrā* marīque 陸に海に，陸上と海上とに

**terreō** [2] 他 脅かす; *terreor* 恐れる

**terrestris**, -e 形 地上の

**terrigena**, -ae (複・属 -ārum/-um) 男 女 地から生まれたもの，巨人

**tertium** 副 3回目に

**tertius**, -a, -um 形 第3の

**testātus**, -a, -um 形 証言されて

**testificor** [1] 自 証言する

**testis**, -is 男 女 証人

**Thalēs**, -ētis/-is 男 ターレス(ギリシアの哲学者)

**Themistoclēs**, -is/-ī 男 テミストクレース(アテーナイの政治家)

**Thermopylae**, -ārum 女・複 テルモピュライ(ギリシアの地峡)

**Thessalia**, -ae 女 テッサリア(ギリシアの地方)

**thiasus**, -ī 男 (酒神祭の)狂乱踊り，どんちゃん踊り

**thymum**, -ī 中 テュムム，タチジャコウソウ，タイム

**Thyōneus**, -eī 男 テュオーネウス，バッコス(異説によるディオニューソス/バッコスの母テュオーネーより)

**Tiberis**, -is 男 ティベリス川(ローマ市内を流れる)

**Tiberius**, -ī 男 ティベリウス(個人名)

**tibi** → tū

**tigris**, -is 女 虎

**timeō** [2] -uī, — 他 恐れる，心配する

**timor**, -ōris 男 恐怖

**tinnitus**, -ūs 男 響き

**titulus**, -ī 男 碑銘

**Titus**, -ī 男 ティトゥス(個人名)

**Tītyrus**, -ī 男 ティーテュルス(牧人の名)

**toga**, -ae 女 トガ(ゆったりした衣)

**tolerō** [1] 他 耐える

**tollō** [3] sustulī, sublātum 他 挙げる，取り去る，捨てる

**Tolōsātēs**, -ium 男・複 トローサ(ガッリアの町，トゥルーズ)の住民

**tonat** [1] -nuit, — 非 雷が鳴る

**tondeō** [2] totondī, tōnsum 他 (髭を)剃る，(髪を)刈る

**tōnsor**, -ōris 男 理髪師

**torreō** [2] torruī, tostum 他 焼く

**torus**, -ī 男 褥，寝床，(死者を運ぶ)台，担架，戸板

**tot** 形・不変 これほど多くの

**tōtus**, -a, -um (属 -īus，与 -ī) 形 全…，…の全体

**trabs**, -abis 女 梁

**tractō** [1] 他 実行する，成就する

**trādō** [3] -didī, -ditum 他 伝える，報告する，渡す; sē *trādere* 降伏する

**trādūcō** [3] -dūxī, -ductum 他 移す，渡す，渡らせる，山越えさせる，(時を)過ごさせる

**trahō** [3] trāxī, tractum 他 引く，引いて行く，引きずる，引き込む，引き抜く

**trāiciō** [3b] -iēcī, -iectum 他 渡す，渡らせる

**trānō** [1] 他 泳いで渡る

**tranquillus**, -a, -um 形 平穏な

**trāns** 前 [対]を越えて，の向こうに

**trānseō**, -īre, -iī, -itum 他 渡る，越える

**trānsferō**, -ferre, -tulī, -lātum 他 移す

**trānsiliō** [4] -siluī/-silīvī/-siliī, — 自 飛び越える

**trānsitus**, -ūs 男 山越え

**trānsportō** [1] 他 渡す，渡らせる

**Trasumēnus**, -ī 男 トラスメーヌス湖(エトルーリアの湖，前217年ハンニバル勝利の場)

**tremō** [3] -uī, — 自 震える

**trepidō** [1] 自 あたふたする

**trepidus**, -a, -um 形 あわてている

**trēs**, tria 形 3

**trēsvirī**, -ōrum/-um 男・複 3人委員会

**tribūnus**, -ī 男 軍団司令官 (= ~ mīlitum); 護民官 (= ~ plēbis)

**tribuō** [3] -buī, -būtum 他 呈する，与える; …にする，と見なす; magnopere *tribuere* [与]を自慢する，誇る

**trīcēnī**, -ae, -a 形・複 30ずつの

**trīcēsimus**, -a, -um 形 第30番目の
**trīduum**, -ī 中 3日間
**triennium**, -ī 中 3年
**trīnī**, -ae, -a (属 -um) 形・複 3つずつの、3つの
**triplex**, -plicis 形 3重の
**trīstis**, -e 形 無残な、悲しい
**triumphō** [1] 自 凱旋する、凱旋行進〔凱旋式〕を挙行する
**triumphus**, -ī 男 凱旋、凱旋行進
**triumvirī**, -ōrum/-um 男・複 3人委員会
**Trōia**, -ae 女 トロイア
**Trōiānī**, -ōrum 男・複 トロイア人
**trucīdō** [1] 他 切り殺す
**tū**, tuī, tibī/tibi, tē, tē 代 あなた
**tuba**, -ae 女 ラッパ
**tueor** [2] tūtātus/tuitus sum 他 保護する、助ける、守る
**tuī**→tū; tuus
**tul-**→ferō
**Tullia**, -ae 女 トゥッリア(女性名)
**Tullius**, -ī 男 トゥッリウス(氏族名)
**tum** 副 そのとき、それから; cum...〜... ...も...も
**tumeō** [2] -uī, — 自 膨れる、腫れる
**tumultus**, -ūs 男 騒動、騒乱、動乱
**tumulus**, -ī 男 盛り土、塚、墓
**tunica**, -ae 女 (ローマ人が直接肌に着る袖なしの)上着
**turba**, -ae 女 群衆
**turbō**[1], -inis 男 旋回、渦巻き、竜巻
**turbō**[2] [1] 他 乱す
**turpis**, -e 形 醜い、卑劣な、恥ずかしい
**turpiter** 副 屈辱的に、醜く、醜悪に
**turris**, -is 女 塔

**tūtō** 副 安全に
**tūtor**, -ōris 男 保護者、守護神
**tūtus**, -a, -um 形 安全な
**tuus**, -a, -um 形 あなたの
**Tyndaris**, -idis (呼 -i) 女 テュンダリス(芸妓)
**tyrannus**, -ī 男 僭主、暴君

## U

**ūber**, -era, -erum 形 豊かな、豊穣の
**ubī/ubi**[1] 副 どこに; ...のところに
**ubī/ubi**[2] 接 ...すると、や否や; 〜 prīmum や否や
**Ubiī**, -ōrum 男・複 ウビイー族
**ulcīscor** [3] ultus sum 他 罰する、に復讐する; の仇を討つ
**ūllus**, -a, -um (属 -īus, 与 -ī) 形 ひとつも、何の...も
**ulterior**, -ius 形・比 向こうの
**ultimus**, -a, -um 形・最 もっとも遠い、最後の
**ultrā**[1] 副 あちら側に、さらに
**ultrā**[2] 前 [対]の彼方に
**ultrō** 副 あちら側へ
**umbō**, -ōnis 男 楯
**umbra**, -ae 女 木陰、陰
**umerus**, -ī 男 肩
**umquam** 副 いつか、決して、一度として、いまだかつて
**ūnā** 副 いっしょに
**unde** 副 どこから、...のところから (from where), の人から (from whom)
**ūndētrīgintā** 形・不変 29
**undique** 副 いたるところに〔から〕
**ūnicē** 副 特別に、とりわけ

ūniversus, -a, -um 形 …全体; ūniversī, -ōrum 男・複 万人

ūnus, -a, -um (属 -īus, 与 -ī) 形 1

ūnusquisque, ūnaquae-, ūnumquid- (形 ūnumquod-) 代 各人, おのおの, みんな

urbs, urbis 女 町, 市, 都

ūrō [3] ussī, ustum 他 焼く

ūsque 副 ずっと続けて; ～ ad まで

Ustīca, -ae 女 ウスティーカ(丘)

ūsus¹ → ūtor

ūsus², -ūs 男 使用, 役立ち

ut¹ 副 いかに, 何と, ように, ので, から, としても, たしかに; ～ … sīc … …ではあるがしかし…; sīc ～ sī… あたかも…のように

ut² 接 ように, ために, ないのではないかと, のでその結果, ほど, ことが〔を〕, …すると, するや否や

utcumque 副 どれほど…しようとも; 接 いつでも…するときには

uter, utra, utrum (属 -īus, 与 -ī) 形 (2つの)どちら

uterque, utraque, utrumque (属 -īusque, 与 -īque) 形 (2つの)どちらも

ūtilis, -e 形 有益な

ūtilitās, -ātis 女 利益

utinam 小 しますように

ūtor [3] ūsus sum 自 [奪]使う, 扱う, 交際する, もつ

utpote 副 たしかに, とくに, とりわけ

utrum 小 ～…an… …か…か

utut 副 どれほど…しようとも

ūva, -ae 女 ブドウの房

uxor, -ōris 女 妻

# V

vacō [1] 自 空である, 持っていない, あいている, 暇である

vacuus, -a, -um 形 空っぽの

vādō [3] ―, ― 自 行く, 進む, 歩く

vadum, -ī 中 浅瀬

vagor [1] 自 放浪する, さまよう

valeō [2] -uī, -itūrus 自 健康である, 元気である, 強力である, 力がある; valē/valēte お元気で, さようなら

Valerius, -ī 男 ワレリウス(氏族名)

valētūdō, -dinis 女 健康, 健康状態, 病気

validus, -a, -um 形 強い, 強固な

vallēs, -is 女 谷

vallum, -ī 中 塁壁, 防塁

vānum, -ī 中 空しさ

vānus, -a, -um 形 空しい, 空虚な, 空っぽの, 間違えて

varius, -a, -um 形 さまざまな

Vārus, -ī 男 ワールス(家名, 後9年対ケルスキー戦に戦死したローマの将軍)

vās, vāsis 中 容器; 複 家具, 什器

vāstitās, -ātis 女 荒廃

vāstō [1] 他 荒らす

vātēs, -is (複・属 -um/-ium) 男 女 預言者

vectīgal, -ālis 中 (通常 複)税金, 関税

vehō [3] vēxī, vectum 他 走らせる; vehī 乗っていく

Vēiī, -ōrum 男・複 ウェイイー(エトルーリアの古都)

vel 副 あるいは, または, でさえも;

535

〜…〜……か…か
**velim** しますように（volō² の接続法現在より）
**velle** →volō²
**vellem** であればよいのに（volō² の接続法未完了過去より）
**vēlō** [1] 他 覆う
**vēlōx**, -ōcis 形 速い
**velut sī** 接 あたかも…のごとくに
**vēna**, -ae 女 血管
**vēnālis**, -e 形 売り物の
**vēnātiō**, -ōnis 女 狩
**vendō** [3] -didī, -ditum 他 売る
**venia**, -ae 女 許可
**veniō** [4] vēnī, ventum 自 来る，行く
**venter**, -tris 男 胃袋
**ventūrus**, -a, -um 形 来たるべき
**ventus**, -ī 男 風
**Venus**, -neris 女 ウェヌス（女神）; *venus* 恋
**vēr**, vēris 中 春
**verberō** [1] 他 鞭打つ，打つ
**verbum**, -ī 中 言葉，語; *verba* facere 演説する
**Vercingetorīx**, -īgis 男 ウェルキンゲトリークス（ガッリアのアルウェルニー族の王）
**vērē** 副 真実に，正しく
**vereor** [2] 自 恐れる
**Vergilius**, -ī 男 ウェルギリウス（氏族名，詩人）
**vēritās**, -ātis 女 真実
**vernus**, -a, -um 形 春の
**vērō**¹ 副 ほんとうに
**vērō**² 接（後置）しかし
**versor** [1] 自 携わっている，従事している，生きている，中にいる
**versus** 前（通常後置）［対］へ向かって
**vertō** [3] vertī, versum 他 向ける；…にする，と見なす
**vērum**¹ 接 しかし
**vērum**², -ī 中 真実
**vērus**, -a, -um 形 真の，真実の
**vēscor** [3] —, — 自［奪］を食べる，で生きる，を食べて生きる
**vesper**, -erī 男 夕暮; *vesperī/vespere* 夕方に
**vespertīnus**, -a, -um 形 夕暮れ時の
**Vestālis**, -e 形 ウェスタ（炉の女神）の
**vester**, -tra, -trum 形 諸君の
**vestīgium**, -ī 中 足跡
**vestiō** [4] 他 着せる，飾る
**vestis**, -is 女 衣装
**vestrī; vestrum** →vōs; vester
**vetō** [1] -uī, -itum 他 禁じる
**vetus**, -eris 形 古い，昔の，古代の
**vexō** [1] 他 悩ます，揺るがす
**via**, -ae 女 道，道路，道程; ~ Appia アッピア街道，（正しくは）アッピウス街道
**vīcēsimus**, -a, -um 形 第20番目の
**vīcīnus**, -a, -um 形 隣の; ~, -ī 男 隣人
**vicissim** 副 交互に，交代に
**victor**, -ōris 男 征服者，勝利者
**victōria**, -ae 女 勝利
**victus**, -a, -um 分 →vincō
**vīcus**, -ī 男 村
**videō** [2] vīdī, vīsum 他 見る，会う，配慮する; *videor* 見える，思われる，らしい
**vigeō** [2] -uī, — 自 栄える
**vigil**, -lis 男 夜警

**vigilō** [1] 自 夜警をする
**vīgintī** 形・不変 20
**vīlicus**, -ī 男 荘園管理人
**vīlla**, -ae 女 別荘，荘園，田舎屋
**vinc(u)lum**, -ī 中 いましめ，縄，革紐
**vinciō** [4] vinxī, vinctum 他 縛る
**vincō** [3] vīcī, victum 他 征服する，勝つ，破る
**Vindobona**, -ae 女 ウィンドボナ(市)，ウィーン
**vīnca**, ae 女 ブドウ園
**vīnum**, -ī 中 ブドウ酒
**viola**, -ae 女 スミレ
**violō** [1] 他 穢す
**vir**, virī 男 男，夫，大人
**virgō**, -ginis 女 乙女，巫女
**viridis**, -e 形 緑の
**virtūs**, -ūtis 女 有能さ，徳，武勇，勇気，強さ，たくましさ，人格
**vīrus**, -ī (対 -us) 中 毒
**vīs**[1] → volō[2]; *vīsne* してくれないか，してくれ
**vīs**[2], ―, ―, vim, vī 女 力，暴力; vīrēs, vīrium 複 兵力
**vīscus**, -eris 中 (通常 複) 肉，内臓
**vīsitō** [1] 他 訪れる
**vīsō** [3] vīsī, ― 他 会う
**vīta**, -ae 女 生活，人生，伝記
**vītis**, -is 女 ブドウの木
**vitium**, -ī 中 悪行，悪習，欠点
**vītō** [1] 他 避ける
**vitreus**, -a, -um 形 ガラスの，怪しげな，いかがわしい

**vituperō** [1] 他 叱る，非難する
**vīvō** [3] vīxī, vīctūrus 自 生きる; *vīxī* (生きてきた=)もう生きていない
**vīvus**, -a, -um 形 生きている
**vix** 副 辛うじて，ほとんど…ない; ~ … cum や否や
**vixdum** 副 まず…ない
**vōbīs** → vōs
**vōbīscum** = cum + vōbīs 諸君といっしょに
**vocābulum**, -ī 中 単語
**vocō** [1] 他 呼ぶ
**volō**[1] [1] 自 飛ぶ
**volō**[2], velle, voluī, ― 自 欲する，つもりである，決める，定める
**volucris**, -is 女 鳥
**voluntārius**, -a, -um 形 自発的の
**voluntās**, -ātis 女 意思，意欲，善意
**voluptās**, -ātis (複・属 -ium/-um) 女 欲望，享楽
**vōs**, vestrī/vestrum, vōbīs, vōs, vōbīs 代 諸君，あなた方
**vōx**, vōcis 女 声，言葉
**vulgus**, -ī 中 民衆，群
**vulnerō** [1] 他 傷つける
**vulnus**, -eris 中 傷
**vulpēs**, -is 女 狐
**vult; vultis** → volō[2]
**vultus**, -ūs 男 顔

# X

**Xenophōn**, -ōntis 男 クセノポーン(ギリシアの歴史家)

著者略歴
1933年生．1956年東京大学教養学科卒．西洋古典学専攻．文学博士．大阪大学・筑波大学・共立女子大学教授を歴任．
主要著書「詩人ホラーティウスとローマの民衆」
　　　　「ローマ恋愛詩人の詩論」
主要訳書「ローマ恋愛詩人集」，エウリピデス「救いを求める女たち」

## 古典ラテン語文典

2007年 8月20日 第 1 刷発行
2023年11月10日 第12刷発行

著　者 © 中　山　恒　夫

発行者　　岩　堀　雅　己

印刷所　　株式会社三秀舎

発行所　101-0052東京都千代田区神田小川町3の24
　　　　電話03-3291-7811（営業部），7821（編集部）　　株式会社 白水社
　　　　www.hakusuisha.co.jp
　　　　乱丁・落丁本は，送料小社負担にてお取り替えいたします．

振替 00190-5-33228　　Printed in Japan　　株式会社松岳社

ISBN978-4-560-06784-0

▷本書のスキャン、デジタル化等の無断複製は著作権法上での例外を除き禁じられています。本書を代行業者等の第三者に依頼してスキャンやデジタル化することはたとえ個人や家庭内での利用であっても著作権法上認められていません。

◆ 白水社のラテン語 ◆

## ラテン語のしくみ 《新版》　小倉博行 著

はじめての外国語なのにスラスラ読める！　文法用語や表に頼らない，とっても楽しい入門書です．名前しか知らなかった"言葉"が，あなたのお気に入りになるかもしれません．おまけ音源無料ダウンロードあり．

◆ B6変型　◆ 146頁

## ニューエクスプレスプラス　ラテン語　岩崎 務 著

会話＋文法，入門書の決定版がパワーアップ．日常的な会話文からラテン語の文法を学びましょう．凱旋式や公衆浴場など，古代ローマの情景が音声つきで蘇ります．名言集も収録．

◆ A5判　◆ 155頁　◆ CD付

## 初級ラテン語入門　有田 潤 著

生硬な説明は極力避け，平明に解説．第1課は発音，第2課から第34課まで文法編．そのうち3分の1を読章にあて，各読章は，単語→注→訳の順で，徹底的に理解できるよう工夫されています．

◆ B6判　◆ 216頁